杜亚斌 著

高等院校经济学管理学系列教材

金融建模

Financial Modeling

图书在版编目(CIP)数据

金融建模/杜亚斌著. —北京：北京大学出版社，2015.6
（高等院校经济学管理学系列教材）
ISBN 978-7-301-25708-1

Ⅰ. ①金… Ⅱ. ①杜… Ⅲ. ①金融—经济模型—高等学校—教材 Ⅳ. ①F830.49

中国版本图书馆 CIP 数据核字(2015)第 084311 号

书　　　名	金融建模
著作责任者	杜亚斌　著
责 任 编 辑	杨丽明　王业龙
标 准 书 号	ISBN 978-7-301-25708-1
出 版 发 行	北京大学出版社
地　　　址	北京市海淀区成府路 205 号　100871
网　　　址	http://www.pup.cn
电 子 信 箱	sdyy_2005@126.com
新 浪 微 博	@北京大学出版社
电　　　话	邮购部 62752015　发行部 62750672　编辑部 021-62071998
印 刷 者	北京鑫海金澳胶印有限公司
经 销 者	新华书店
	787 毫米×1092 毫米　16 开本　21.5 印张　537 千字
	2015 年 6 月第 1 版　2018 年 12 月第 2 次印刷
定　　　价	49.00 元

未经许可，不得以任何方式复制或抄袭本书之部分或全部内容。
版权所有，侵权必究
举报电话：010-62752024　电子信箱：fd@pup.pku.edu.cn
图书如有印装质量问题，请与出版部联系，电话：010-62756370

前　　言

　　金融学研究经济中的货币资金运动。经济活动一方面可以看作是产品的生产、流通和销售过程，另一方面可以看作是以投资为起点、以投资收回为终点的货币资金运动过程。

　　货币资金在运动中有现金和有价证券(债券和股票)两种基本形态。现金来自销售或融资，用于支付和投资。现金运动涉及流动性风险和市场风险。前者与现金不足和资产不能按买价转让有关，后者与资产市场价格变化有关。

　　有价证券是发行人的融资工具，投资者的金融资产。有价证券的发行和投资产生金融资产的定价和风险管理问题。资产价格是发行主体未来现金流的现值，因此，资产定价涉及对发行主体未来现金流的估计和贴现率的确定问题。而风险来自发行主体未来现金流和对应贴现率的不确定性，以及未来证券市场供求关系的变化，前者产生信用风险和利率风险，后者产生市场风险和流动性风险。

　　金融资产除了货币(外汇)、债券和股票之外，还包括以这些资产为基础的金融衍生证券，这些衍生证券又有自己独特的定价和风险问题。

　　因此，金融学作为研究经济主体的货币资金管理的学科，涉及金融资产定价、融资——投资方案设计(金融工程)和金融风险管理等领域。对这些领域的研究形成金融学的分支和各种具体的金融理论。

　　金融学是高度数量化的应用学科，其发展与概率论和数理统计的发展息息相关，因为资产定价和风险管理涉及估计证券发行主体的未来现金流的均值和波动性问题。而其应用学科的性质则要求所有的金融理论或模型都具备可在实践中应用的属性，这种可运用性在当代就是金融理论涉及的范畴可以数量化，范畴之间的关系可以表示为变量之间的关系，并通过计算机程序完成计算。

　　理论阐述范畴之间的因果关系，模型是因果关系的数量化。因为金融学的所有范畴都直接具有质和量两个方面的规定，所以，从某种意义上说，所有金融理论同时都是金融模型。金融理论的创立同时就是金融模型的创立。

　　但是，把理论中的金融模型转换为电子数据表模型和可以执行的计算机程序，还需要做更多和更深入的量化工作。这一工作是由金融建模来完成的。金融建模研究金融模型在计算机上的实现问题，是在计算机软件上构建实用金融模型的一门技术。

　　金融建模使用的计算机软件主要是电子数据表和计算机程序。其中，电子数据表主要是微软公司的 Excel，计算机语言主要使用 C++、Matlab、S-plus 和 VBA 等。VBA 是微软公司主要为非专业程序员的 Excel 用户开发对象导向语言，用于增强 Excel 的功能，有内置于 Excel、不用支付额外费用和相对简单的优点，是一般金融建模中使用最广泛的计算机程序。本书的金融建模就是以 Excel 和 VBA 为工具的。

　　这本书的目的是在对金融模型高度量化的基础上，展示使用 Excel 和 VBA 构建数字化金融模型的各种方法。通过本书的学习，读者可以同时实现三个目标：

　　(1) 在高度数量化基础上掌握现代金融学的一些基本模型；

　　(2) 掌握在计算机上构建数字化金融模型的技术和方法；

(3) 提高 Excel 和 VBA 的操作能力。

因为 Excel 和 VBA 是金融业使用最广泛的计算机软件,所以,本书可以帮助大学金融专业学生为未来的职业生涯作好准备,缩短从职场新手成长为熟练专业人员的时间。而对金融从业人员来说,则可以帮助他们提高工作效率,减少劳动强度,取得职场上的优势。

本书由 11 章正文和两个附录构成。本书各章的基本结构是:(1) 金融模型的数量化分析;(2) 使用 Excel 和 VBA 进行金融计算和构建数字化金融模型的方法。其中,第 1 章至第 3 章主要涉及固定收益证券的建模;第 4 章主要介绍金融资产的波动性建模问题;第 6 章至第 8 章讨论与组合投资有关的理论和建模问题;第 9 章至第 11 章主要解释与期权定价的理论和建模有关的问题。附录 A 和附录 B 分别对 Excel 和 VBA 作了简要介绍。

相较于笔者 2010 年出版的《金融建模》,本书的变化是:

(1) 几乎重写了所有章节的文字部分和公式推导部分。
(2) 新增了利率互换定价和金融资产波动性建模的内容。
(3) 将原来版本的关于二项式期权定价的第 7 章和第 8 章合并为一章,即第 9 章。
(4) 更新了几乎所有的 Excel 模型,并根据需要新增一些 Excel 模型。
(5) 新增了一些 VBA 代码。
(6) 重新编排了在书中展示 Excel 模型的方法,使其变得更简洁。

本书正文中提到的 Excel 模型都可以到北京大学出版社的网站上下载,地址为 www.pup.cn。

在此感谢所有选修我的金融建模课的学生,特别感谢在上课之余以各种方式对本书提出过修改意见的学生。北京大学出版社的姚文海编辑和杨丽明编辑为本书的出版付出了大量的艰辛劳动,我愿借此表示对他们的感谢之意。另外,我还要感谢我的家人邱鹭风和杜嫣在工作和生活中给予我的巨大帮助和鼓励。

目 录

第一章 利率和到期收益率 (1)
- 第一节 利息率 (1)
- 第二节 到期收益率 (9)
- 第三节 用 Excel 和 VBA 计算利率和到期收益率 (13)

第二章 债券价格的利率敏感性 (34)
- 第一节 影响债券价格利率敏感性的因素 (34)
- 第二节 衡量债券价格利率敏感性的尺度 (37)
- 第三节 用 Excel 分析债券价格敏感性 (44)

第三章 远期利率和利率互换 (57)
- 第一节 远期利率 (57)
- 第二节 利率互换及其定价 (62)
- 第三节 用 Excel 计算远期利率和互换利率 (66)

第四章 金融资产的回报和波动性 (75)
- 第一节 金融资产的回报及其概率分布 (75)
- 第二节 条件异方差 (81)
- 第三节 用 Excel 分析金融资产的回报和波动性 (87)

第五章 组合回报的均值和方差 (100)
- 第一节 组合回报的均值和方差 (100)
- 第二节 组合的风险分散效应 (102)
- 第三节 用 Excel 和 VBA 估计组合回报的均值和方差 (104)

第六章 组合优化模型 (116)
- 第一节 资产权重与组合的风险和回报 (116)
- 第二节 有效前沿 (122)
- 第三节 在 Excel 中构造有效前沿 (126)

第七章 资本资产定价模型 (141)
- 第一节 单一指数模型和证券市场线 (141)
- 第二节 用 Excel 构造单一指数模型和资本资产定价模型 (145)

第八章 在险价值 (157)
- 第一节 在险价值及其计算方法 (157)
- 第二节 在险价值的解构和回测 (161)

第三节　用 Excel 构建 VaR 模型 …………………………………………（165）

第九章　二项式期权定价 …………………………………………………（189）
　　第一节　二项式随机股票价格 ……………………………………………（189）
　　第二节　二项式期权定价方法 ……………………………………………（192）
　　第三节　随机股票价格的二项式分布与对数正态分布 …………………（198）
　　第四节　用 Excel 构建二项式期权价格模型 ……………………………（201）

第十章　布朗运动和伊藤公式 ……………………………………………（222）
　　第一节　随机游走和布朗运动 ……………………………………………（222）
　　第二节　伊藤积分和伊藤公式 ……………………………………………（228）
　　第三节　用 Excel 构造随机游走、布朗运动和股票价格过程 …………（232）

第十一章　布莱克—斯科尔斯模型 ………………………………………（246）
　　第一节　布莱克—斯科尔斯方程和公式 …………………………………（246）
　　第二节　希腊字母和暗含波动性 …………………………………………（251）
　　第三节　用 Excel 构建 BS 模型 …………………………………………（254）

附录 A　Excel 简介 ………………………………………………………（274）
　　第一节　Excel 的设置和快捷键 …………………………………………（274）
　　第二节　公式、名称和函数 ………………………………………………（278）
　　第三节　外部数据的导入和编辑 …………………………………………（285）
　　第四节　模拟分析工具 ……………………………………………………（288）
　　第五节　图表和控件 ………………………………………………………（298）

附录 B　VBA 简介 …………………………………………………………（303）
　　第一节　VBE 和 VBA 过程 ………………………………………………（303）
　　第二节　VBA 的变量类型和运算符 ………………………………………（309）
　　第三节　VBA 语句 …………………………………………………………（312）
　　第三节　参数 ………………………………………………………………（318）
　　第四节　VBA 过程的调试 …………………………………………………（320）
　　第五节　VBA 编程实例 ……………………………………………………（322）

第一章 利率和到期收益率

本章说明利息和到期收益率的计算方法及其如何在 Excel 和 VBA 中实现。其中,第一节讲解简单利息和复合利息的计算方法,第二节说明不同支付方式下到期收益率的计算方法;第三节讲解 Excel 中的利率和到期收益率的计算方法。

第一节 利 息 率

一、利息及其计算参数

货币具有两种使用价值:充当交易手段,用于商品和服务的交易;充当资本,用于实体或金融资产的投资。货币占有者在一定期限内将货币使用价值转让给他人使用的行为称为信用,前者为债权人或投资者,后者为债务人或融资者。利息是货币使用价值或简单地说是货币的转让价格,是以信用方式投资的收益,或以信用方式取得他人货币的费用。单位货币在单位时间内的转让价格即利率。信用的标准货币单位是 100 元,标准时间是 1 年,因此,利率 6% 一般表示 100 元货币转让 1 年的价格。

利率作为融资费用率是债务凭证发行时货币的价格,作为投资收益率是债务凭证在发行和转让时货币的价格。融资费用率在债务期内是恒定不变的。尽管浮动利率债务在一个合同期内会定期对债务重新定价,但在各分期之内债务利率是固定不变的。投资收益率却会在到期前随货币市场供求而变化。当货币市场供大于求,凭证价格上升,凭证的投资收益率下降。反之,当货币市场供小于求,凭证价格下降,凭证的投资收益率上升。总之,融资费用率和投资收益率都是同一信用市场的市场利率,但是,前者是债权凭证发行时的市场利率,后者是债权凭证从发行至到期各时点上的市场利率。

由于存在以上差别,所以本节将分别从债务利率和投资收益率两个角度来考察利率的计算问题。首先说明作为融资费用的利率计量问题,然后再说明作为投资收益的利率计量问题。

债务利率的计算涉及面值、价格、计息期、期限、每期付款、支付频率和日数基准等要素。

面值(face value)是借据或债券等债权凭证所代表的货币。在债务到期时,债权人凭借据或债券向债务人索回与面值等额的资金,因此,借据或债券的面值又称为赎回价值(redemption)或清偿价值。

债券价格是交易时用债券市场利率对债券未来现金流贴现所得的现值,是债权的市场价值或货币占有者取得该债权的费用。债券发行价格涉及融资者和投资者之间的关系,债券流通价格涉及债券投资者之间的关系,与债务人无关。

计息期(interest period)是从开始计息到利息支付的时间,也就是货币出售一次的时间。现代社会货币出售的标准单位时间即利率的标准单位时间是年,因此行情表上的利率均为年利率。例如,"当前 3 月期借款利率为 4%",表示当前借款 3 个月的利率按年计算为 4%。

计息期始于起息日(value date)，终于结算日(settlement date)或结息日。固定利率债务只有一个结算日，而浮动利率债务在其生命期有两个以上的结算日。

期限(term)是债务合同从生效到失效的时间，即债务的生命期。生效日(effective date)是债权人将货币交付给债务人的时间，失效日(expiry date)是最后一次偿还债务本息的时间。债券的期限始于首个起息日，终于到期日(maturity date)。首个起息日常常也是发行日(issue date)，但我国的首个起息日通常在发行日之后的两天。到期日是债券最后一次付息和债权人用债券赎回债务本金的时间。

期限小于等于1年的债务为短期债务，否则为长期债务。同一货币可以在一个期限内反复出售，因此，一个期限可以包括多个计息期。1年付息4次的1年期债务有4个计息期。因为计息期最长为1年，所以1年付息1次的债务的计息期数等于到期年数。

每期付款是计息期结束时债务人应支付给债权人的利息。在计息期结束债务人未对债权人支付利息的情况下，应付利息转化为债权人的追加放款或债务人的新增借款。

支付频率(frequency)是1年内的利息支付周期。长期国债一般1年支付2次，企业债券或工商业贷款一般1年支付1次。在借款人信用较差时，贷款的支付频率常常会增加到1年2次甚至4次。

日数基准(day count basis)指不同地区金融市场确定1个月和1年日数的惯例。日数基准主要有4类，见表1-1。举例来说，8月有31天，2016年为闰年，有366天，该月天数除以2016年全年天数所得年分数，在不同的日数基准下有不同的值。在贷款市场上，常常采取"实际/实际"的日数基准，在货币市场上，一般采取"实际/360"的基准。

表 1-1 日数基准

序号	每月天数	1年天数	表示法	闰年8月的年分数
1	实际天数	实际天数	ACT/ACT	31/366＝0.0847
2	实际天数	360	ACT/360	31/360＝0.0861
3	实际天数	365	ACT/365	31/365＝0.0849
4	30	360	30/360	30/360＝0.0833

二、简单利率和复合利率

(一) 简单利率

将计息期小于1年的利率转化为年利率的公式是：

$$r_y = \frac{R_t}{100}\frac{B}{E} = r_t \frac{B}{E} \tag{1.1}$$

式中 r_y 是年利率，R_t 和 r_t 分别是计息期利息和利率，B 为全年天数，E 为计息期天数。

假如我们规定不论实际如何每月都是30天，每年都是360天，则

$$\text{隔夜利率} = \frac{1\text{日利息额} \times 360}{100}$$

$$3\text{月期利率} = \frac{90\text{日利息额}}{100} \times \frac{360}{90} = \frac{90\text{日利息} \times 4}{100}$$

$$6\text{月期利率} = \frac{180\text{日利息额}}{100} \times \frac{360}{180} = \frac{180\text{日利息} \times 2}{100}$$

债务期限大于等于1年的贷款则被看作多个1年期限贷款的重复，因此，

$$n\text{年期利率} = \frac{n\text{年利息额}}{100 \times n}$$

把多期债务看作单期债务的简单重复时所计算的利率称为简单利率或单利。单利是在各计息期本金不变的条件下的利率,其一般公式是:

$$r_s = \frac{R}{P \times T} = \frac{R}{P \times D/B} \tag{1.2}$$

其中,r_s 是简单利率,P 代表本金,R 代表债务到期前的付息总额,T 代表期限年数,D 为到期天数,B 为 1 年的天数。因为在简单利率下债务的到期付款 F 的公式可以写为:

$$F = P + R = P(1 + r_s T) = P\left(1 + r_s \frac{D}{B}\right)$$

所以,简单利率的计算公式还可以写为:

$$r_s = \left(\frac{F}{P} - 1\right)\frac{1}{T} = \left(\frac{F}{P} - 1\right)\frac{B}{D} \tag{1.3}$$

本金 100 元,期限分别为 0.25 年、0.5 年、1 年和 3 年,每期付息分别为 1.5 元、3 元、6 元和 18 元,各笔贷款的简单利率见表 1-2:

表 1-2 简单年利率

T	P	R	$P \times T$	r_s
0.25	100	1.5	25	6%
0.5	100	3	50	6%
1	100	6	100	6%
3	100	18	300	6%

(二) 复合利率

把两个对象合二为一称为复合。复合利息法是把上期利息并入当期本金来计算当期利息的一种方法,用这种方法计算的利息称为复合利息(compound interest)。

如果债务人在到期前各个结息日已经支付了各计息期利息,则简单利率准确地反映了资金的价格,因为在这种情况下债务人和债权人之间没有新的借贷关系发生。但是,如果债务人只是在到期时才一次性支付到期前的各计息期利息,即采取"到期前不支付利息,到期时一次还本付息"的方式支付利息,则复合利息就是唯一正确的利息计算方法,因为在这种支付方法中,到期前的应付未付利息都是债务人对债权人的追加借款。

但是,即使利息在各计息期结束时已经支付,按惯例利率还是要以复合方式来计算。这时,复合利率只是"货币具有时间价值"这种观念的产物,不涉及实际的债务债权关系。按照这种观念,货币是自我增值的价值,债务到期前的各分期利息都会自动加入到下一期本金中,债权人会自行将所得利息按原利率再投资,债务人会按原利率借款来支付到期前的利息,结果是债权或债务在观念上的不断膨胀。

用 T 代表债务到期年数,P 代表初始本金,F 代表到期本息,则债务按复合利率计算的到期本息为:

$$F = P(1+r)^T$$

由此得到到期一次还本付息债务的年复利公式:

$$r = \left(\frac{F}{P}\right)^{1/T} - 1 \tag{1.4}$$

用复利公式计算表 1-2 中债务的利率,所得结果见表 1-3:

表 1-3 债务年复合利率

T	P	F	$1/T$	r_c
0.25	100	101.5	4	6.136%
0.5	100	103	2	6.090%
1	100	106	1	6.000%
3	100	118	1/3	5.672%

(三)浮动利率下的单利和复利

浮动利率债务的利率定期按市场指数或市场利率调整,各计息期利率不同。按简单利率法计算,到期利息总额为:

$$R = P\left(r_1 \frac{E_1}{B} + \cdots + r_n \frac{E_n}{B}\right) = P\sum_{i=1}^{n}\left(r_i \frac{E_i}{B}\right) \tag{1.5}$$

其中,P 是债务本金,在计息期内保持不变,E_i 是第 i 计息期的天数,B 为全年天数,n 为计息期数。浮动利率债务的期限为:

$$T = \sum_{i=1}^{n} t_i = \sum_{i=1}^{n} E_i/B$$

各期利率之和除以期限为浮动利率债务的简单年利率:

$$r_s = \frac{R}{PT} = \frac{\left(r_1 \frac{E_1}{B} + \cdots + r_n \frac{E_n}{B}\right)}{\sum_{i=1}^{n} E_i/B} = \frac{\sum_{i=1}^{n} r_i E_i/B}{\sum_{i=1}^{n} E_i/B} \tag{1.6}$$

在浮动利率债务按复利计息时,债务到期前的各期本金 P 为上期本息 F:

$$P_{t-1}\left(1 + r_{t-1}\frac{E_{t-1}}{B}\right) = F_{t-1} = P_t$$

计息期数为 $i=1, 2, \cdots, n$ 的浮动利率债务的终值为:

$$F_{t_1} = P_{t_1}\left(1 + r_1 \frac{E_1}{B}\right)$$

$$F_{t_2} = P_{t_2}\left(1 + r_2 \frac{E_2}{B}\right) = P_{t_1}\left(1 + r_1 \frac{E_1}{B}\right)\left(1 + r_2 \frac{E_2}{B}\right)$$

$$\cdots$$

$$F_{t_n} = P_{t_n}\left(1 + r_n \frac{E_n}{B}\right) = P_{t_1}\left(1 + r_1 \frac{E_1}{B}\right)\cdots\left(1 + r_{n-1}\frac{E_{n-1}}{B}\right)\left(1 + r_n \frac{E_n}{B}\right)$$

因为 $t_n = T$,所以,期限为 T 的债务年增值率或年复利为:

$$r_c = \left(\frac{F_{t_n}}{P_{t_1}}\right)^{1/T} - 1 = \sqrt[T]{\left(1 + r_1 \frac{E_1}{B}\right)\left(1 + r_2 \frac{E_2}{B}\right)\cdots\left(1 + r_n \frac{E_n}{B}\right)} - 1 \tag{1.7}$$

以上是实际复利,相关的等效复利是各分期利率的几何平均数,公式是:

$$\overline{r_i} = \sqrt[n]{\left(1 + r_1 \frac{E_1}{B}\right)\left(1 + r_2 \frac{E_2}{B}\right)\cdots\left(1 + r_n \frac{E_n}{B}\right)} - 1 \tag{1.8}$$

计息期平均复利 $\overline{r_i}$ 再乘以 1 年的计息期数 m 为年度复利。

三、等额分期偿还债务的利率

债务人在借款期内定期以等额方式偿还利息和部分本金的债务称为等额分期偿还债务。在等额分期偿还债务中，各个计息期不管实际天数是否相等，都被看作相同长度的时段，每期还款额包括本金和利息两部分。随着还款的进行和借款余额的不断减少，等额付款中的本金部分会越来越大，利息部分会越来越小。付款日可以在期初，也可以在期末，但一般在期末。

从现金流看，等额分期偿还债务等同于一个年金。年金是未来一定时期内一系列固定支付的现金流。支付发生在期初的是先付年金，发生在期末的是普通年金或后付年金，后者是一般形式。普通年金 A 和先付年金 A_b 的现值公式分别为：

$$A = \frac{C}{(1+r)^1} + \frac{C}{(1+r)^2} + \cdots + \frac{C}{(1+r)^n} = \sum_{i=1}^{n} \frac{C}{(1+r)^i} \tag{1.9}$$

$$A_b = C + \frac{C}{(1+r)^1} + \cdots + \frac{C}{(1+r)^{n-1}} = \sum_{i=0}^{n-1} \frac{C}{(1+r)^i} \tag{1.10}$$

其中，C 为每期付款，r 为利率，n 为总付款次数。因为 $(1+r)^0=1$，所以，先付年金现值公式中的第一项为 C。以下除了特别提及外，所说的年金都是普通年金。

年金现值还可表示为：

$$A = C\left[\frac{1 - \frac{1}{(1+r)^n}}{r}\right] \tag{1.11}$$

式中等号右边方括号内的分式称为年金现值系数。式(1.11)的推导稍后给出。

在计息期数大于 4 时，年金利率没有解析解，只能用数值方法如牛顿迭代法计算。牛顿法的迭代公式为：

$$x_{i+1} = x_i - \frac{f(x_i)}{f'(x_i)} \tag{1.12}$$

这是因为函数 $f(x)=0$ 的泰勒级数展开式为：

$$f(x) \approx f(x_i) + (x - x_i)f'(x_i)$$

所以，由直线方程：

$$f(x) - f(x_i) \approx (x - x_i)f'(x_i)$$

可得：

$$x \approx x_i - \frac{f(x_i)}{f'(x_i)}$$

计算年金利率 r 的迭代公式为：

$$r_{i+1} = r_i + \frac{A(r_{i+1}) - A(r_{i+1})}{A'(r_i)} \tag{1.13}$$

式中，$A(r)$ 为年金现值函数，$A'(r)$ 为该函数对 r 的一阶导数，公式为：

$$\frac{dA}{dr} = \frac{-C}{(1+r)^2} + \frac{-2C}{(1+r)^3} + \cdots + \frac{-nC}{(1+r)^{n+1}} \tag{1.14}$$

公式的推导见第二章。下面我们用一个离散条件下的近似例子来说明迭代过程。

假定一个金额 10 万元的住宅抵押贷款，借款人每月还款额 1110.205 元，120 个月或 10 年后还清。现在借款人想知道该贷款的实际年利率，这意味着要发现下面等式的解：

$$\frac{1070.4579}{(1+r/12)^1} + \frac{1070.4579}{(1+r/12)^2} + \cdots + \frac{1070.4579}{(1+r/12)^{120}} - 100000 = 0$$

该债务在不同利率下的现值与真实现值的差,见图1-1:

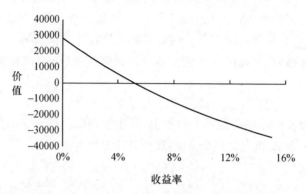

图 1-1 不同利率对应的债务现值与真实债务现值的差额(债务真实现值=100,000元)

我们知道真实利率为图 1-1 中曲线与 x 轴的焦点上的利率,由图可知真实利率在 4%—8% 之间。在没有图表帮助的情况下,我们可以随意假定一个猜测利率,然后用牛顿法快速地逼近真实利率。首先,我们做如下设置:

$$y = A(r_i) - A$$
$$x = r$$
$$\Delta y_i = A(r_{i+1}) - A(r_i)$$
$$\Delta x_{i+1} = r_{i+1} - r_i$$
$$y' = \Delta y / \Delta x$$

其中,r_i 为近似利率,$A(r_i)$ 是用 r_i 计算的年金近似现值,A 为年金的真实现值,这里假定为 100,000。然后,我们用牛顿法来寻找最接近真实利率的近似利率。结果见表1-4:

表 1-4 用牛顿法计算分期等额偿还债务的近似利率

	(1) x_i	(2) y	(3) Δx	(4) Δy	(5) $\Delta x/\Delta y$	(6) $y(\Delta x/\Delta y)$	(7) x_{i+1}
1	2.00%	16337	0.0100	−5479	−0.0000018	−2.982%	4.982%
2	4.98%	1017	0.0022	−1017	−0.0000021	−0.220%	5.200%
3	5.20%	0	0.0080	−3580	−0.0000022	0.000%	5.200%

表 1-4 中的 $r_0=2\%$,y 为 16,337,由此得 $r_1=4.98\%$。将 4.98% 代入牛顿法公式再次计算,y 为 1,017,由此得 $r_2=5.20\%$。再将 r_2 代入牛顿法公式,y 为 0,这表明 5.20% 即与真实利率最接近的利率。

现给出年金系数的推导。首先,我们来推导无限期债券的收益率公式:

$$P = \frac{C}{y} \tag{1.15}$$

其中,P 是债券价格,C 是每期付款,y 是到期收益率。无限期债券的现值公式为:

$$P = \frac{C}{(1+y)} + \frac{C}{(1+y)^2} + \cdots + \frac{C}{(1+y)^k} + \cdots \tag{1.16}$$

设

$$x = \frac{1}{1+y}$$

则式(1.16)变为

$$P = Cx + Cx^2 + Cx^3 + \cdots + Cx^k + \cdots$$

因为上式中的每一项 C 都相等,所以式(1.42)还可写为:

$$P = C(1 + x + x^2 + x^3 + \cdots) - C \tag{1.17}$$

在等式(1.17)中,圆括号内几何级数的部分和为:

$$S_n = 1 + x + x^2 + \cdots + x^{n-1} = \sum_{i=1}^{n} x^{i-1} \tag{1.18}$$

将上式两边同乘以 x,得:

$$xS_n = x + x + x^2 + \cdots + x^n = \sum_{i=1}^{n} x^i \tag{1.19}$$

用式(1.18)减(1.19),得到:

$$S_n - xS_n = 1 - x^n$$
$$S_n(1 - x) = 1 - x^n$$
$$S_n = \frac{1 - x^n}{1 - x}$$

因为 $x < 1$,故当 n 趋于无穷大时,部分和 S_n 的极限为:

$$\lim_{n \to \infty} S_n = \frac{1}{1-x} \tag{1.20}$$

将其代入式(1.17),我们得到:

$$P = C\left(\frac{1}{1-x} - 1\right) = C\left[\frac{1}{1-\frac{1}{1+y}} - 1\right] = C\left[\frac{1}{\frac{y}{1+y}} - 1\right] = \frac{C}{y} \tag{1.21}$$

然后,我们再利用上面的结果来推导年金系数即式:

$$P = C\left[\frac{1 - \frac{1}{(1+y)^n}}{y}\right] \tag{1.22}$$

右边方括号内的分式。该系数可以用两个无限期债券收益率公式来推导。假定当前购买的无限期债券 1 有收益率,即:

$$P_1 = \frac{C}{y}$$

其中,C 为无限期债券的每期付款,y 为收益率。一个在 n 期时购买的无限期债券 2,在 n 期时的现值为 C/y,在当前的现值为:

$$P_2 = \frac{C/y}{(1+y)^n}$$

从 P_1 中减去 P_2,即年金现值公式:

$$\frac{C}{y} - \frac{C/y}{(1+y)^n} = \frac{C}{y}\left[1 - \frac{1}{(1+y)^n}\right] = C\left[\frac{1 - \frac{1}{(1+y)^n}}{y}\right]$$

四、名义利率、有效利率和连续复利

（一）名义利率和有效利率

利率按是否考虑了年计息频率而分为名义利率和有效利率。假定有一笔金额 100 元、期限 1 年、到期还本付息的债务，每半年付息 3 元，1 年付息 6 元。因为标准计息期是 1 年，因此，这时产生了按标准计息期计算这一债务的利率是多少的问题。按简单利率法计算该债务的年利率为 6/100＝6%，但是按复利法计算该债务的年利率为 6.09%。在复利法下，该债务前后 6 个月的本息分别为：

$$F_{0.5} = 100 \times (1 + 6\%/2)^{0.5 \times 2} = 103$$
$$F_{1.0} = 103 \times (1 + 6\%/2)^{0.5 \times 2} = 106.09$$

或

$$F = 100 \times (1 + 6\%/2)^{0.5 \times 2} (1 + 6\%/2)^{0.5 \times 2} = 100 \times (1 + 6\%/2)^2 = 106.09$$

将上面的计算一般化，在年付息频率大于 1 时，债务的到期本息为：

$$F = P(1 + r_n/m)^m$$

其中，m 为付息频率，t 为年数，r_n 为名义利率。在 $t=1$，R 为全年付息总额时，有：

$$F = P(1 + r_n/m)^m$$
$$P + R = P(1 + r_n/m)^m$$
$$R = P(1 + r_n/m)^m - P$$

上式等号两边同除以初始本金 P，得有效利率公式：

$$r_e = \left(1 + \frac{r_n}{m}\right)^m - 1 \tag{1.23}$$

可见，有效利率是按复利计算的各期利息之和与债务初始本金之比，其理论基础仍是货币的时间价值论。按照这一理论，不论实际情况如何，半年末支付的 3 元钱到年末的时间价值必定为 3.09（3＋3×3%）元。另外，有效利率的计算也可说是基于这样一种假定：债务人始终是按固定利率借款来支付年内各期利息，而债权人则始终是按固定利率来实现到期前利息的再投资。

通过下面的步骤可将式(1.23)转化为名义利率公式：

$$r_e + 1 = \left(1 + \frac{r_n}{m}\right)^m$$

$$\sqrt[m]{r_e + 1} = 1 + \frac{r_n}{m}$$

$$r_n = m(\sqrt[m]{r_e + 1} - 1) \tag{1.24}$$

（二）连续复利

当一年内的结息次数 m 趋于无穷大时，有效利率转化为连续复合利率：

$$r_e = e^r - 1 \tag{1.25}$$

其中 r_e 为按连续复利法计算的有效利率，是年利息之和与债务初始本金之比，e^r 为连续复利系数。连续复利系数的推导如下：设 $m = nr$，代入式(1.23)，得：

$$r_e = \left(1 + \frac{r}{m}\right)^m - 1 = \left(1 + \frac{r}{nr}\right)^{nr} - 1 = \left[\left(1 + \frac{1}{n}\right)^n\right]^r - 1$$

因为

$$\lim_{x \to \infty} \left(1 + \frac{1}{x}\right)^x = e$$

所以

$$\lim_{m \to \infty} \left(1 + \frac{r}{m}\right)^m = \lim_{n \to \infty} \left[\left(1 + \frac{1}{n}\right)^n\right]^r = e^r \tag{1.26}$$

式中,r 为名义利率,$r_e = e^r - 1$ 为年计息频率趋于无穷大时的有效年利率。

连续复利系数也可以从微分方程:

$$\frac{\mathrm{d}P}{\mathrm{d}t} = rP \tag{1.27}$$

中导出。式中 $\mathrm{d}P/\mathrm{d}t$ 是本金 P 相对于时间 t 的增值率,$\mathrm{d}t$ 是时间增量,$\mathrm{d}P$ 是本金增量,r 为常数,是本金增值率与初始本金 P 的比率,即 $r = (\mathrm{d}P/\mathrm{d}t)/P$,也就是上面所说的名义年利率。对方程(1.27)分离变量,两边积分,得到方程的解:

$$\frac{\mathrm{d}P}{P} = r\mathrm{d}t$$

$$\int \frac{\mathrm{d}P}{P} = \int r\mathrm{d}t$$

$$\ln P = rt + c$$

令任意常数 $c = \ln(P_0)$,两边取指数,即得连续复利系数:

$$e^{\ln P} = e^{rt} e^{\ln P_0}$$

$$P = P_0 e^{rt}$$

$$\frac{P_t}{P_0} = e^{rt}$$

因此连续复合下的有效利率为:

$$\frac{P_t}{P_0} - 1 = e^{rt} - 1 = r_e \tag{1.28}$$

名义利率为:

$$\ln \frac{P_t}{P_0} = \ln e^r = r \tag{1.29}$$

上式表明,如果名义年利率为 r,则只有在连续复合下,P_0 才可能在 1 年内增值为 P_t。

第二节 到期收益率

从投资者角度看,利息是投资收益,利率是投资信用资产的收益率。"收益率"一词有多种含义,例如,按投资时债券的当期收益与购买价格计算的当前收益率;在到期前出售债券所得的持有期收益率,等等。但是,只有投资者将所购债务工具持有到期所得的收益率,即到期收益率(yield to maturity,YTM),才是投资金额的年平均增值率或年利率。

本节所说的收益率,除非特别指出,都仅指到期收益率,包括从附息债券的到期收益率中导出的零息债券收益率。

一、不同支付方式下的债券到期收益率

(一) 贴现债券

贴现债务是期限不超过 1 年的短期债务工具,因其价格等于票面值减去一定贴现额,故

称贴现债券,主要包括短期国债、短期票据、银行承兑汇票和贴现贷款等。

贴现债券的利息等于其面值与市场价格的差额。年度化利息与债券面值之比称为银行贴现率 y_{DIS},其公式是:

$$y_{DIS} = \frac{F-P}{F}\frac{B}{D} \tag{1.30}$$

其中,F 是债券面值,P 是债券的发行价或市场价,B 是由日数基准决定的全年天数,D 是结算日与到期日之间的天数,即剩余天数。这里的结算日是指债券买方付款给卖方从而取得债券所有权的时间,而不是计息期结束时的利息结算时间。

贴现债券的到期收益率公式是:

$$y = \frac{F-P}{P}\frac{B}{D} \tag{1.31}$$

这是贴现债务投资资金的年增值率或年利率。式(1.31)计算的是简单到期收益率。复利条件下的贴现债务终值公式为:

$$F = P(1+y_C)^t = P(1+y_C)^{D/B} \tag{1.32}$$

解得:

$$y_C = \left(\frac{F}{P}\right)^{B/D} - 1 \tag{1.33}$$

贴现债务的连续复利终值公式为:

$$F = P\,\mathrm{e}^{yD/B} \tag{1.34}$$

连续复利下投资金额的年增长率为:

$$y_c = \frac{F}{P} - 1 = \mathrm{e}^{yD/B} - 1 \tag{1.35}$$

按连续复利计算的年投资收益额为:

$$R = P\,\mathrm{e}^{yD/B} - P$$

对上式两边同除以债券价格,同样可以得到按连续复利计算的到期收益率:

$$y_c = \mathrm{e}^{yD/B} - 1$$

而贴现债务在连续复利下的简单利率为:

$$\ln(y_c + 1) = \ln\left(\frac{F}{P}\right) = ln\,\mathrm{e}^{yD/B} = y\frac{D}{B}$$

$$y = \ln\left(\frac{F}{P}\right)\frac{B}{D} \tag{1.36}$$

(二) 零息债券

零息债券是到期一次还本付息债券,如我国货币市场的短期融资券。如前所述,债券发行人到期应付本息为:

$$F + R_T = F\left(1 + r\frac{T}{B}\right)$$

其中,r 是债券票面利率,R_T 是到期所得利息,T 为剩余付息期天数,B 为 1 年天数。而在结算日(债券购买日)投资人按全价计算的本金和总收益为:

$$(P+a) + Y_T = (P+a)\left(1 + y\frac{D}{B}\right)$$

其中 P 是债券净价,a 是应计利息,即利息中归债券出售者的部分,P 加 a 等于债券全价,y

为到期收益率，Y_T 为投资总收益，D 是债券从结算日至到期日的剩余天数。如果 $D=T$，则 a 为零。

因为到期支付本息等于到期所得本息（包括应计利息），所以

$$(P+a)\left(1+y\frac{D}{B}\right)=F\left(1+r\frac{T}{B}\right)$$

上式两边同除以 $(P+a)$，得：

$$1+y\frac{D}{B}=\frac{F\left(1+r\frac{T}{B}\right)}{(P+a)}$$

调整后得到零息债券的到期收益率公式：

$$y=\left[\frac{F\left(1+r\frac{T}{B}\right)}{(P+a)}-1\right]\frac{B}{D} \tag{1.37}$$

（三）附息债券

附息债券是到期前定期支付利息且在最后一期支付票面金额的债券，如期限在 1 年以上的国债或企业债券，其到期收益率公式为：

$$P=\frac{c}{(1+y)^{t_1}}+\frac{c}{(1+y)^{t_2}}+\cdots\cdots+\frac{c+F}{(1+y)^{t_n}} \tag{1.38}$$

式中，P 为债券价格，F 为债券票面金额，y 是到期收益率，n 为付息次数，c 为每期付息，$c=(F\times r)/m$，这里 r 为票面利率，m 为付息频率。式(1.38)计算的是债券的有效收益率，债券名义收益率的计算公式是：

$$P=\frac{c}{(1+y/m)^{mt_1}}+\frac{c}{(1+y/m)^{mt_2}}+\cdots\cdots+\frac{c+F}{(1+y/m)^{mt_n}} \tag{1.39}$$

附息债券购买时间即结算日常常位于两个付息日之间，导致首付期天数小于计息期天数，这被称为"残端"。用 E 代表付息期天数，D 代表首付期天数，首付期与计息期的比值 h 为：

$$h=\frac{D}{E} \tag{1.40}$$

这时各计息期的期数由下面的公式计算：

$$t_i=t_i+h-1 \quad 或 \quad mt_i=i+h-1$$

附息债券的价格公式(1.38)和(1.39)相应变为：

$$P=\sum_{i=1}^{n}\frac{c}{(1+y)^{t_i+h-1}}+\frac{F}{(1+y)^{t_n+h-t_1}} \tag{1.41}$$

$$P=\sum_{i=1}^{n}\frac{c}{(1+y/m)^{i+h-1}}+\frac{F}{(1+y/m)^{n+h-1}} \tag{1.42}$$

附息债券还可看作是一个普通年金和零息债券的组合，这时附息债券的到期收益率为：

$$P=c\left[\frac{1-\frac{1}{(1+y)^{t_n}}}{y}\right]+\frac{F}{(1+y)^{t_n}} \tag{1.43}$$

或

$$P=\frac{cm}{y}\left[1-\frac{1}{(1+y/m)^{mt_n}}\right]+\frac{F}{(1+y/m)^{mt_n}} \tag{1.44}$$

计算附息债券到期收益率的有效方法仍然是牛顿迭代法，迭代公式与我们计算年金利

率的公式相同,但其中的年金利率应改为债券收益率:

$$y_{i+1} = y_i - \frac{P(y_i) - Pv}{P'(y_i)}$$

式中 P 为债券价格。附息债券价格对收益率的一阶导数公式为:

$$P' = c\sum_{i=1}^{n}\left(1+\frac{y}{m}\right)^{-(i+h-1)} + F\left(1+\frac{y}{m}\right)^{-(n+h-1)}$$

$$= \sum_{i=1}^{n}\frac{-(i+h-1)c}{(1+y/m)^{(i+h)}} + \frac{-(n+h-1)F}{(1+y/m)^{n+h}} \qquad (1.45)$$

其推导见第二章。

二、从附息债券的各期收益中导出即期收益率的方法

这里的即期收益率是行业术语,特指当前各期零息债券的到期收益率。市场上的债券主要是附息债券,不同期限的零息收益率(即期收益率)需要从附息债券收益率中导出。如前所述,零息债券是到期时一次还本付息的债券。一个 n 期附息债券的现值

$$\frac{c}{(1+y)^{t_1}} + \frac{c}{(1+y)^{t_2}} + \cdots + \frac{c+F}{(1+y)^{t_n}}$$

可以看作 n 种零息债券现值的组合,每种零息债券的期限为 t_i,现值为 P_i,即

$$P_1 = c/(1+y_1)^{t_1}$$
$$P_2 = c/(1+y_2)^{t_2}$$
$$\cdots$$
$$P_n = c/(1+y_n)^{t_n}$$

差别在于,附息债券只有单一的收益率,分期收益率曲线为水平直线,没有期限溢价,而零息债券收益率有期限溢价,各期收益率在 c 不变时不等。

因为半年期债券本身就是零息债券,所以在付息频率为 2 时下式成立:

$$\frac{c}{(1+z_1)^{0.5}} + \frac{F+c}{(1+x)^1} = \frac{c}{(1+y)^{0.5}} + \frac{F+c}{(1+y)^1} = P \qquad (1.46)$$

式中第一个等号左边是两个零息债券,期限分别是 0.5 年和 1 年,右边是 1 个 1 年期附息债券,式中的 P 为债券价格,z_1 为 0.5 年期零息率,x 为 1 年期零息债券的收益率。我们可以利用上面等式计算出 x 的值。

用 r_t 表示 t 年期附息债券的票面利率,$c(t)$ 表示 t 期附息债券的每期付息,m 为付息频率,则 t 期附息债券的每期付息为:

$$c(t) = F \times r_t/m$$

当 $m=2$ 时,1 年期附息债券价格 P_1 与 1 个半年期和 1 个 1 年期零息债券价格等值:

$$\frac{c(1)}{(1+z_1)^{0.5}} + \frac{F+c(1)}{(1+x_2)^1} = P_1$$

调整后为:

$$\frac{F+c(1)}{(1+x_2)} = P_1 - \frac{c(1)}{(1+z_1)^{0.5}}$$

两边同除以 $F+c(1)$ 得:

$$\frac{1}{(1+x_2)} = \frac{P_1 - \frac{c(1)}{(1+z_1)^{0.5}}}{F+c(1)}$$

则 1 年期零息债券的收益率为：

$$z_2 = x_2 = \frac{F+c(1)}{P_1 - \frac{c(1)}{(1+z_1)^{0.5}}} - 1$$

现在已知零息债券收益率 z_1 和 z_2。将其代入 1.5 年期附息债券的现值公式中：

$$\frac{c(1.5)}{(1+z_1)^{0.5}} + \frac{c(1.5)}{(1+z_2)^1} + \frac{F+c(1.5)}{(1+x_3)^{1.5}} = P_{1.5}$$

简写式为：

$$\sum_{i=1}^{2} \frac{c(1.5)}{(1+z_i)^{t_i}} + \frac{F+c(1.5)}{(1+x_3)^{1.5}} = P_{1.5}$$

将等号左边的和式移到等号右边：

$$\frac{F+c(1.5)}{(1+x_3)^{1.5}} = P_{1.5} - \sum_{i=1}^{2} \frac{c(1.5)}{(1+z_i)}$$

调整后得到 1.5 年期的零息收益率：

$$z_3 = x_3 = \left[\frac{F+c(1.5)}{P_{1.5} - \sum_{i=1}^{2} \frac{c(1.5)}{(1+z_i)}} \right]^{1/1.5} - 1$$

再将 1.5 年期的零息率 z_3 代入 2 年期附息债券现值公式中，即：

$$\frac{c(2)}{(1+z_1)^{0.5}} + \frac{c(2)}{(1+z_2)^1} + \frac{c(2)}{(1+z_3)^{1.5}} + \frac{F+c(2)}{(1+x_4)^2} = P_2$$

可以计算出 2 年期零息债券的收益率，这一过程可以不断进行下去，直到得出 n 期零息债券的收益率，即利用方程

$$\frac{c(n)}{(1+z_1)^{t_1}} + \frac{c(n)}{(1+z_2)^{t_2}} + \cdots + \frac{c(n)}{(1+z_{n-1})^{t_{n-1}}} + \frac{F+c(n)}{(1+x_n)^{t_n}} = P_n$$

得到 n 期零息债券收益率。

将上面的推导过程一般化，我们得到已知从 1 期直到 $n-1$ 期即期收益率条件下，从 n 期附息债券价格公式中导出 n 期的有效即期收益率的一般公式：

$$z_n = \left[\frac{F+c(n)}{P_T - \sum_{i=1}^{n-1} \frac{c(n)}{(1+z_i)^{t_i}}} \right]^{1/T} - 1 \qquad (1.47)$$

或名义即期收益率公式：

$$z_n = \left[\frac{F+c(n)/m}{P_T - \sum_{i=1}^{n-1} \frac{c(n)/m}{(1+z_i/m)^i}} \right]^{1/n} - 1 \qquad (1.48)$$

式中的 t_i 为第 i 次付息的年数，m 为付息频率，$i=t_i \times m$，n 为总付息次数，$n>1$，$T=t_n$ 为到期年数。

第三节 用 Excel 和 VBA 计算利率和到期收益率

本节说明如何用 Excel 公式、函数和 VBA 程序计算债务工具的利率或收益率。

一、用 Excel 计算债务的时间参数

在说明不同收益率的计算方法之前，有必要先对收益率计算中的一些主要参数及其计算方法作一番介绍。

（一）日数基准、付息期和付息日

债务融资涉及计息时间、支付时间和计息期日数等规定。图 1-2 展示了附息债券在利息计算和支付上的一些时间参数。其中有两个债券，其面值、票面利率和到期时间均相同，但结算日分别在上半年和下半年。图 1-2 中部分单元格函数和公式见表 1-5。

图 1-2 中两个计息期的总天数为 366，因为 2016 年为闰年。另外，由于两个计息期的天数不等，导致两个债券当期的日均利息略有不同。以图 1-2 中的数据为基础计算各日数基准下债券计息期天数和每日利息，见图 1-3，公式见表 1-6。

	A	B	C	D	E
1	**债务利率的时间参数**				
2	**债务信息**				
3			第一计息期	第二计息期	
4		面值	100	100	
5		票面利率	10%	10%	
6		起息日	2013/2/20	2013/2/20	
7		结算日	2016/6/14	2016/12/13	
8		到期日	2023/2/20	2023/2/20	
9		付息频率	2	2	
10		每期利息	5.00	5.00	
11		日数基准	1	1	
12					
13	**输出**				
14		上一付息日	2016/2/20	2016/8/20	
15		应计天数	115	115	
16		下一付息日	2016/8/20	2017/2/20	
17		所需天数	67	69	
18		本期天数	182	184	
19		日均利息(基点)	1.3736	1.3587	
20		剩余付息次数	14	13	
21					

图 1-2 与债券计息和支付相关的时间规定

表 1-5 图 1-2 中的部分单元格函数和公式

单元格	定义	公式
C14	上一付息日	=COUPPCD(C7,C8,C9,C11)
C15	应计天数	=COUPDAYBS(C7,C8,C9,C11)
C16	下一付息日	=COUPNCD(C7,C8,C9,C11)
C17	所需天数	=COUPDAYSNC(C7,C8,C9,C11)
C18	本期天数	=COUPDAYS(C7,C8,C9,C11)
C19	日均利息(基点)	=C10/2/C18*100
C20	剩余付息次数	=COUPNUM(C7,C8,C9,C11)

	A	B	C	D	E	F	G
19							
20		日数基准	30/360	实际/实际	实际/360	实际/365	
21		编号	0	1	2	3	
22		上一付息日	2016/2/20	2016/2/20	2016/2/20	2016/2/20	
23		应计天数	114	115	115	115	
24		下一付息日	2016/8/20	2016/8/20	2016/8/20	2016/8/20	
25		所需天数	66	67	67	67	
26		本期天数	180	182	180	182.5	
27		日均利息(基点)	0.027778	0.027473	0.027778	0.027397	
28		剩余付息次数	14	14	14	14	
29							

图 1-3 日数基准对债券计息天数和利息的影响

表 1-6 图 1-3 中相关单元格公式

C25	上一付息日	=COUPPCD(结算日,到期日,付息频率,C24)
C26	应计天数	=COUPDAYBS(结算日,到期日,付息频率,C24)
C27	下一付息日	=COUPNCD(结算日,到期日,付息频率,C24)
C28	所需天数	=COUPDAYSNC(结算日,到期日,付息频率,C24)
C29	本期天数	=COUPDAYS(结算日,到期日,付息频率,C24)
C30	日均利息(基点)	=每期利息/C29
C31	剩余付息次数	=COUPNUM(结算日,到期日,付息频率,C24)

(二) 剩余期限

债券的期限(terms)可以用年数表示,也可以用债券计息期数表示。短期债券的剩余期限或年数的公式为:

$$T = \frac{到期日 - 结算日}{全年天数} = \frac{剩余天数}{全年天数} = \frac{D}{B}$$

其中,D 是剩余天数,B 是全年天数。假定在 Excel 的三个单元格中分别有:

$B4 = 发行日 = 2011/11/16$

$B5 = 结算日 = 2012/3/28$

$B6 = 到期日 = 2012/11/16$

要在 $B7$ 单元格计算剩余期限 T,只需要在该单元格中键入

$$B7 = \frac{B6 - B5}{B4 - B5}$$

即可,这将返回:233/366=0.6366(年)。如果要在单元格公式中直接键入日期,而不是通过单元格引用来键入日期,则返回剩余期限的 Excel 公式为:

$$= \frac{"2012/11/16" - "2012/3/28"}{"2012/11/16" - "2011/11/16"}$$

所得结果仍然是"0.6366(年)"。

需要注意的是,在 Excel 的公式和函数中,日期参数都必须以 Date 函数、单元格引用或文本(包括在英文引号内的日期数字)的形式输入。在单元格公式中不加英文引号键入 2012/11/16,返回的是数字而不是日期。

附息债券剩余期限,按计息期计算,就是剩余付款次数 n。在 Excel 中返回 n 的函数为:

=YEARFRAC（start_date,end_date,[basis]）* 付息频率

=COUPNUM（settlement,maturity,frequency,[basis]）

二、用 Excel 计算债务利率

1. 固定利率债务

假定一笔期限 3 年的 15,000,000 元的借款，1 年结息 4 次，每次利息 225,000 元。该债务按单利和复利计算年利率见图 1-4，图中部分单元格的公式见表 1-7。

	A	B	C	D
1				
2		发行日	2015/11/21	
3		起息日	2015/11/22	
4		到期日	2018/11/22	
5		贷款期限（年）	3	
6		贷款金额	15,000,000	
7		年结息次数	4	
8		每期利息	225,000	
9				
10		**用公式计算**		
11		简单利息总额	2,700,000	
12		本金×年数	45,000,000	
13		简单利率	6.00%	
14		复合利息总额	2,934,273	
15		复利贷款终值	17,934,273	
16		复合利率	6.1364%	
17				
18		**用Excel函数计算**		
19		简单利率	6.00%	
20		复合利息总额	2,934,273	
21		复利贷款终值	17,934,273	
22		复合利率	6.1364%	
23		复合利率	6.1364%	
24				

图 1-4 债务的单利和复利

表 1-7 债务单利和复利计算的相关单元格公式

单元格	定义	公式
C2	发行日	2015/11/21
C3	起息日	=C2+1
C4	到期日	=EDATE(C3,36)
C5	贷款期限(年)	=YEAR(C4)-YEAR(C3)
C6	贷款金额	15000000
C7	年结息次数	4
C8	每期利息	225000
C11	简单利息总额	=C8*C7*C5
C12	本金×年数	=C6*C5

(续表)

单元格	定义	公式
C13	简单利率	=C11/C12
C14	复合利息总额	=C6*(1+C13/4)^12−C6
C15	复利贷款终值	=C6+C14
C19	简单利率	=RATE(C5,C8*C7,−C6,C6)
C20	复合利息总额	=FV(C8/C6,C7*C5,−C8)
C21	复利贷款终值	=FV(C8/C6,C5*C7,,−C6)
C22	复合利率	=RATE(C5,0,−C6,C15)
C23	复合利率	=EFFECT(C19,4)

2. 浮动利率债务

现在我们用 Excel 来计算浮动利率债务的单利和复利,该债务的简要描述见图 1-5,图中部分单元格的公式见表 1-8。

	A	B	C	D	E	F
1						
2		本金	10,000			
3		起息日	2015/10/22			
4		到期天数	92			
5		全年天数	365			
6		结息日	2015/11/22	2015/12/22	2016/1/22	
7		分期	1	2	3	
8		分期天数	31	30	31	
9		Shibor (1M)	4.739%	4.128%	4.500%	
10		息差	0.001	0.001	0.001	
11		Shibor+息差	4.839%	4.228%	4.600%	
12						

图 1-5 一个浮动利率债务的简要描述

表 1-8 图 1-5 中部分单元格公式

单元格	定义	公式
C4	到期天数	=E6−C3
C6	结息日	=EDATE(C3,1)
D6	结息日	=EDATE(C6,1)
C8	分期天数	=C6−C3
D8	分期天数	=D6−C6

图 1-6 展示了用 Excel 计算的该浮动利率债务的单利和复利,其中单元格的公式见表 1-9。

	A	B	C	D	E	F
12						
13		*简单利率*				
14		结算日	2015/11/22	2015/12/22	2016/1/22	
15		日数分数	0.0849	0.0822	0.0849	
16		分期利率	0.411%	0.348%	0.391%	
17		分期利息	41.0984	34.7507	39.0685	
18		总利息	114.92			
19		总年数	0.2521			
20		本金×年数	2520.55			
21		简单年利率	4.5592%			
22			4.5592%			
23		*复合利率*				
24		结算日	2015/11/22	2015/12/22	2016/1/22	
25		各期本金	10000	10041.098	10075.992	
26		分期利率	0.4110%	0.3475%	0.3907%	
27		增值系数	1.004110	1.003475	1.003907	
28		分期利息	41.0984	34.8935	39.3654	
29		总利息	115.357			
30		到期本息	10115.357			
31			10115.357			
32		实际复合利率	4.6556%			
33		等效复合利率	4.5967%			
34			4.5967%			
35		几何平均复利	4.5967%			
36			4.5967%			
37						

图 1-6 浮动利率债务的单利和复利

表 1-9 图 1-6 中的单元格公式

单元格	名称	公式
C15	日数分数	=C8/$C$5
C16	分期利率	=C15*C11
C17	分期利息	=$C$2*C11*C15
C18	总利息	=SUM(C17:E17)
C19	总年数	=SUM(C15:E15)
C21	简单年利率	=C18/C20
C22	简单年利率	=SUM(C16:E16)/(C19)
C25	各期本金	=C2
D25	各期本金	=C25+C28
C26	分期利率	=C11*C15
C27	增值系数	=1+C26
C28	分期利息	=C25*C26
C30	到期本息	=C25*PRODUCT(C27:E27)
C31	到期本息	=FVSCHEDULE(C25,C26:E26)
C32	实际复合利率	=(C30/C25)^(1/C19)−1
C33	等效复合利率	=((C30/C25)^(1/3)−1)*12
C34	等效复合利率	=RRI(3,C25,C30)*12
C35	几何平均复利	=((C27*D27*E27)^(1/3)−1)*12
C36	几何平均复利	=(GEOMEAN(C27:E27)−1)*12

3. 名义利率和有效利率

计算债务名义利率和有效利率的 Excel 工作表见图 1-7，其中的公式见表 1-10。

	A	B	C	D	E	F	G
1	**名义利率和有效利率**						
2	*基本信息*						
3		借款金额	100				
4		名义年利率	6%				
5		期限（年）	1				
6							
7	*计算名义利率和有效利率*						
8		计息频率	分期利率	有效利率		名义利率	
9				函数	公式	函数	公式
10		1	6.00%	6.0000%	6.0000%	6.0000%	6.0000%
11		2	3.00%	6.0900%	6.0900%	6.0000%	6.0000%
12		4	1.50%	6.1364%	6.1364%	6.0000%	6.0000%
13		12	0.50%	6.1678%	6.1678%	6.0000%	6.0000%
14		365	0.02%	6.1831%	6.1831%	6.0000%	6.0000%
15		525600	0.00%	6.1837%	6.1837%	6.0000%	6.0000%
16							

图 1-7 债务的名义利率和有效利率

表 1-10 图 1-7 中的单元格公式

单元格	定义	公式
C10	分期利率	=$C$4/B10
B15	计息频率	=365*24*60
D10	有效利率	=EFFECT($C$4,B10)
E10	有效利率	=(1+C10)^B10−1
E15	有效利率	=EXP(C4)−1
F11	名义利率	=NOMINAL(D10,B10)
G10	名义利率	=B10*((1+E10)^(1/B10)−1)
G15	名义利率	=LN(1+D15)

4. 连续复利

我们知道连续复利是 1 年内结息期趋于无穷大时的有效利率。1 年内按连续复利增值的利息总额除以初始本金，即得按连续复利增值的贷款有效利率。但在这一过程中，每期利息或债务增值速度（利息/单位时间）与当期本金的比例保持不变，这一比例即名义利率。以下我们用一个 Excel 工作表计算来说明这一点。

假定一个金额 100 元的 1 年期贷款，名义利率为 6%，每月计息一次，到期还本付息。该贷款数据在 Excel 中的位置见图 1-8。该贷款的每月利息按一般有效利率公式和按连续复利系数计算的差异，见图 1-9，其中的部分单元格公式见表 1-11。

	A	B	C	D
1				
2		**债务描述**		
3		借款	100	
4		期限（年）	1	
5		名义利率	6.00%	
6		计息期（月）	12	
7		分期利率	0.50%	
8				

图 1-8　贷款基本信息

A	B	C	D	E	F	G	H	I	J
			有效利率			连续复合利息			
		本金	月利息	月本息	月利率	本金	利息	本息	月利率
	时期	P_t	dP/dt	P_{t+1}	(dP/dt)/P_t	P_t	dP/dt	P_{t+1}	(dP/dt)/P_t
	1	100.00	0.500	100.50	0.50%	100.00	0.501	100.50	0.50%
	2	100.50	0.503	101.00	0.50%	100.50	0.504	101.01	0.50%
	3	101.00	0.505	101.51	0.50%	101.01	0.506	101.51	0.50%
	4	101.51	0.508	102.02	0.50%	101.51	0.509	102.02	0.50%
	5	102.02	0.510	102.53	0.50%	102.02	0.511	102.53	0.50%
	6	102.53	0.513	103.04	0.50%	102.53	0.514	103.05	0.50%
	7	103.04	0.515	103.55	0.50%	103.05	0.517	103.56	0.50%
	8	103.55	0.518	104.07	0.50%	103.56	0.519	104.08	0.50%
	9	104.07	0.520	104.59	0.50%	104.08	0.522	104.60	0.50%
	10	104.59	0.523	105.11	0.50%	104.60	0.524	105.13	0.50%
	11	105.11	0.526	105.64	0.50%	105.13	0.527	105.65	0.50%
	12	105.64	0.528	106.17	0.50%	105.65	0.530	106.18	0.50%
	合计		6.1678		6.00%		6.1837		6.00%

图 1-9　有效利息与连续复合利息

表 1-11　图 1-9 中的单元格公式

单元格	定义	公式
C13	本金	=C3
C14	本金	=E13
D13	月利息	=C13*$C$7
E13	月本息	=C13+D13
F13	月利率	=(E13−C13)/C13
G13	本金	=C3
G14	本金	=I13
H13	利息	=G13*EXP($C$7)−G13
I13	本息	=G13+H13
J13	月利率	=LN(I13/G13)
D25	合计	=SUM(D13:D24)

5. 用牛顿法计算年金利率

年金利率函数一般为 4 次以上的多项式，只能用牛顿法等数值法求解。假定一笔住宅抵押贷款的基本信息如图 1-10 所示，其中的贷款利率是猜测的。其中，y 的真实值为零。

	A	B	C	D	E
1					
2		住宅抵押贷款			
3		结算日	2014/11/12		
4		到期日	2024/11/12		
5		年数	10		
6		借款额	100000		
7		每月付款	-1070	-1070	
8		**猜测利率**	**2.00%**		
9		A	100000		
10		$A(r)$	116337		
11		y	16337		
12					

图 1-10　抵押贷款基本信息

用本章第一节第三子节介绍的方法计算年金的过程见图 1-11，相应的单元格公式见表 1-12。

	A	B	C	D	E	F	G
15		迭代					
16		序号	x	y	y'	y/y'	$x-y/y'$
17				16337			
18		1	0.00%	28455	-626232	-4.54%	4.54%
19		2	1.00%	22193	-585555	-3.79%	4.79%
20		3	**2.00%**	16337	-547862	-2.98%	**4.98%**
21		4	3.00%	10859	-497031	-2.18%	5.18%
22		5	**4.98%**	1017	-462409	-0.22%	**5.20%**
23		6	**5.20%**	0	-447520	0.00%	**5.20%**
24		7	6.00%	-3580	-422521	0.85%	5.15%
25		8	7.00%	-7805	-396592	1.97%	5.03%
26		9	8.00%	-11771	-372498	3.16%	4.84%
27		10	9.00%	-15496	-350097	4.43%	4.57%
28		11	10.00%	-18997	-329261	5.77%	4.23%
29		12	11.00%	-22290	-309872	7.19%	3.81%
30		13	12.00%	-25388	-291818	8.70%	3.30%
31		14	13.00%	-28307	-275001	10.29%	2.71%
32		15	14.00%	-31057	-259327	11.98%	2.02%
33		16	15.00%	-33650			
34							

图 1-11　用牛顿法计算年金利率

表 1-12 "用牛顿法计算年金利率"中的单元格公式

单元格	定义	公式
C4	到期日	=EDATE(C3,120)
C5	年数	=YEAR(C4)−YEAR(C3)
C6	借款额	100000
C7	每月付款	−1070.46
B7	每月付款	=PMT(C23/12,C5*12,C6)
C8	贷款利率	=G23
C9	A	100000
C10	A(r)	=PV(C8/12,120,C7)
C11	y	=ROUND(C10−C9,2)
D17	y	=C11
D18	y_1	=TABLE(,C8)
E18	y'_1	=(D19−D18)/(C19−C18)
F18	y/y'_1	=D18/E18
G18	x_2	=C18−F18

已知借款额为 10 万元,分 120 个月还清,每月还款 1070.46,该贷款的利率是多少?在牛顿法中,使 $y=0$ 的利率即贷款的利率,图 1-11 表明为 5.20%。

在图 1-11 中,D18:D33 区域的值是随利率变动的贷款现值与真实贷款现值的差,这是通过 Excel 的模拟运算表工具自动生成的,因此单击该区域的每一个单元格,公式栏中显示的都是{=TABLE(,C8)},其中 C8 是运算表中自变量所在单元格。

用模拟运算表进行计算的步骤为:(1) 在 C10 单元格计算 $A(r)$ 的值;(2) 在 C11 单元格中计算 $A(r)-A$;(3) 在 D17 实现对 C11 的引用;(4) 选中 C17:D33 区域,单击"数据\模拟分析\模拟运算表"工具,在"输入列的单元格"框中输入 C8,单击"确定"。

三、用 Excel 计算到期收益率

1. 贴现债券

图 1-12 展示了贴现债券的基本信息以及在 Excel 中计算的收益率和价格。

图 1-12 中的关键单元格公式见表 1-13。

表 1-13 贴现债券收益率计算的单元格公式

单元格	定义	公式
C3	发行日	2015/7/14
C4	结算日	=C3+27
C5	到期日	=EDATE(C3,6)
C6	面值	100
C7	价格	97.25676
C8	日数基准	1
C10	剩余天数	=C5−C4
C11	剩余年数	=C10/365
C12	贴现额	=C6−C7
C13	贴现率	=C12/(100*C11)
C14	贴现率	=DISC(C4,C5,C7,C6,C8)
C15	到期收益率	=C12/(C7*C11)
C16	到期收益率	=YIELDDISC(C4,C5,C7,100,C8)
C21	贴现价格	=C6−C20

	A	B	C	D
1				
2		贴现债券信息		
3		发行日	2015/7/14	
4		结算日	2015/8/10	
5		到期日	2016/1/14	
6		面值	100	
7		价格	97.26	
8		日数基准	1	
9		计算贴现债券收益率		
10		剩余天数	157	
11		剩余年数	0.43	
12		贴现额	2.74324	
13		贴现率	6.3776%	
14			6.3776%	
15		到期收益率	6.5575%	
16			6.5575%	
17		贴现价格	97.26	
18				

图 1-12　贴现债券的收益率和价格计算

2. 零息债券

我国债券市场上的短期融资券为零息债券。这些债券的期限虽然在 1 年及 1 年以下，但有票面利率，且到期一次还本付息。图 1-13 是我国某一短期融资券的基本信息和收益率的计算结果，表 1-14 展示了其中部分单元格的公式。

	A	B	C	D
1				
2		短期融资券信息		
3		发行日	2014/9/17	
4		结算日	2015/2/16	
5		到期日	2015/9/17	
6		计息方式	零息利率	
7		面值	100	
8		票面利率	4.65%	
9		价格	99.85	
10		日数基准	1	
11		输出		
12		应计天数	152	
13		剩余天数	213	
14		应计利息	1.936	
15		到期付款	104.6500	
16		债券全价	101.7864	
17		*到期收益率*	4.8209%	
18			4.8209%	
19				

图 1-13　零息债券信息及收益率计算结果

表 1-14　零息债券收益率工作表中的单元格公式

单元格	定义	公式
C12	应计天数	=C4−C3
C13	剩余天数	=C5−C4
C14	应计利息	=C7*C8*C12/365
C15	到期付款	=C7*(1+C8)
C16	债券全价	=C9+C14
C17	到期收益率	=(C15/C16−1)*(365/C13)
C18	到期收益率	=YIELDMAT(C4,C5,C3,C8,C9,C10)

3. 附息债券

附息债券是长期债券，一般每半年付息一次。一个假设的附息债券信息和用 Excel 函数计算的到期收益率见图 1-14，相应公式见表 1-15。

	A	B	C	D	E	F
1		附息国债收益率				
2		发行日	2013/8/16			
3		结算日	2015/6/11			
4		到期日	2023/8/16			
5		面值	100			
6		票面利率	3.38%			
7		价格	95.42			
8		付息频率	2			
9		日数基准	1			
10		到期收益率	4.04243%			
11			4.04243%			
12		用牛顿法计算收益率				
13		应计天数	115			
14		结算期天数	181			
15		应计利息	1.07376			
16			1.07376			
17		债券全价	96.4938			
18			111.4403			
19		猜测收益率	0.02			
20		迭代过程1				
21			收益率	价格	差额	价格导数
22			2.00000%	110.3665	14.95	−794.8645
23			3.88038%	96.5168	1.10	−681.3513
24			4.04136%	95.4272	0.01	−672.4817
25			4.04243%	95.4200	0.00	−672.4234
26		迭代过程2				
27			收益率	价格	差额	价格导数
28			2.00000%	110.3665	14.95	−794.8645
29			3.88038%	96.5168	1.10	−681.3513
30			4.04136%	95.4272	0.01	−672.4817
31			4.04243%	95.4200	0.00	−672.4234
32						

图 1-14　用 Excel 函数和牛顿法计算附息债券收益率

表 1-15 中包含了几个笔者编写的 Excel 函数，分别是可计算任何面值债券收益率的

YieldOfBond 函数(Excel 的 YIELD 函数只能计算面值 100 的债券收益率);计算应计利息的 AccrInterest 函数;计算债券全价的 PRICEFull 函数;计算债券价格导数的 PRICE_DERIVATIVE 函数。另外,在 E28 单元格我们还用计算债券修正持续期的函数 MDURATION 来计算债券价格对收益率的导数,公式是:价格导数=修正久期×债券全价。

表 1-15　图 1-14 中部分单元格公式

单元格	定义	公式
$C$10	收益率	=YIELD(C3,C4,C6,C7,C5,C8,C9)
$C$11	收益率	=YieldOfBond(C3,C4,C6,C5,C7,C8,C9)
$C$13	应计天数	=COUPDAYBS(C3,C4,C8,C9)
$C$14	单期天数	=COUPDAYS(C3,C4,C8,C9)
$C$15	应计利息	=C5*C6/C8*(C13/C14)
$C$16	应计利息	=AccrInterest(C3,C4,C6,C5,C8,C9)
$C$17	债券全价	=C7+C15
$C$18	债券全价	=PRICEFull(C3,C4,C6,C19,C5,C8,C9)
$C$22	价格	=PRICE($C$3,$C$4,$C$6,B22,$C$5,$C$8,$C$9)
$C$28	价格	=PRICE($C$3,$C$4,$C$6,B28,$C$5,$C$8,$C$9)
$B$23	收益率	=B22−D22/E22
$C$22	价格	=PRICE($C$3,$C$4,$C$6,B22,$C$5,$C$8,$C$9)
$E$22	价格导数	=PRICE_DERIVATIVE($C$3,$C$4,$C$6,B22,$C$5,$C$8,$C$9)
$E$28	价格导数	=−MDURATION($C$3,$C$4,$C$6,B28,$C$8,$C$9)*(C28+$C$15)

4. 即期收益率

如前所述,在金融业术语中,即期收益率是从附息债券收益率中导出的零息债券收益率。下面我们说明如何用 Excel 从我国货币市场国债收益率数据中导出国债即期收益率,其中使用的方法为递推法。

(1) 用公式导出零息收益率

首先,从中国货币网(http://www.chinamoney.com.cn/)下载国债收益率曲线数据。文件格式为 Excel 文档,需要使用"另存为"方法将其转化为文本文档,如 CSV 或 txt 文档。

其次,新建一个名为"即期收益率"的 Excel 工作簿,将其中一个工作表命名为"数据",单击"数据\自文本",将下载的数据导入该工作表,见图 1-15(未导入 30 年至 50 年的数据)。

最后,在工作簿的另一个工作表(可命名为"公式")中用公式计算即期收益率,结果见图 1-16,图中的单元格公式见表 1-16。

	A	B	C	D	E
1	日期	期限	到期收益率		数据来源：中国货币网
2	2014/9/12	0.083	3.38		http://www.chinamoney.com.cn/
3	2014/9/12	0.25	3.56		
4	2014/9/12	0.5	3.77		
5	2014/9/12	0.75	3.7793		
61	2014/9/12	28.5	4.7517		
62	2014/9/12	29	4.7587		
63	2014/9/12	29.5	4.7657		
64	2014/9/12	30	4.7727		
65					

图 1-15 "数据"工作表中的我国国债收益率曲线数据

	A	B	C	D	E	F	G
1	用公式计算零息率						
2	当前时间：	2014/9/12					
3	付息频率	2					
4	到期时间	年数	面值	价格	到期收益率	贴现因子	零息率
5	2015/3/12	0.5	1	0.982	3.7700%	0.9817	0.0377
6	2015/9/12	1	1	1	3.8053%	0.9630	0.0384
7	2016/3/12	1.5	1	1	3.8761%	0.9440	0.0392
8	2016/9/12	2	1	1	3.9468%	0.9247	0.0399
61	2043/3/12	28.5	1	1	4.7517%	0.2479	0.0502
62	2043/9/12	29	1	1	4.7587%	0.2411	0.0503
63	2044/3/12	29.5	1	1	4.7657%	0.2344	0.0504
64	2044/9/12	30	1	1	4.7727%	0.2278	0.0505
65							

图 1-16 从附息债券收益率中用公式导出零息收益率

表 1-16 图 1-16 中部分单元格公式

单元格	定义	公式	单元格	定义	公式
B2	当前时间	=数据!A2	E5	到期收益率	=数据!C4/100
A5	到期时间	=EDATE(B2,6)	E6	到期收益率	=数据!C6/100
A6	到期时间	=EDATE(A5,6)	F5	贴现因子	=1/(1+G5)^B5
B5	年数	0.5	G5	零息率	=E5
C5	面值	1	B6	年数	=B5+$B$5
D5	价格	=C5*F5	D6	价格	1
G6	零息率	=(((1+E6/2)/(1−E6/2*SUM($F$5:F5)))^(1/(B6))−1)			

在这一步快速键入公式的方法是：首先键入第 5 行各个单元格的公式，将其复制到第 6 行；再键入第 6 行的 B6、D6 和 G6 的公式；最后将第 6 行的所有公式用复制柄一次复制到 A5:G64 区域。注意：导入的数据包括 1 月期、3 月期和 9 月期的到期收益率，而我们计算时只需 0.5 年和 1 年的数据，因此在引用"数据"工作表时容易出错。

（2）用规划求解导出零息收益率

首先，将利率期限结构数据导入到工作簿名称为"规划求解"的工作表中。

其次，用已知零息收益率即 0.5 年的附息债券收益率计算所有期限的价格，所得结果见图 1-17，相关单元格公式见表 1-17。

	A	B	C	D	E	F
1	用Excel规划求解计算即期利率					
2	当前时间		2014/9/12			
3	付息频率		2			
4	到期时间	年数	债券价格	到期收益率	贴现因子	即期收益率
5	2015/3/12	0.5	0.9817	0.0377	0.9817	0.0377
6	2015/9/12	1	1.0007	0.0381	0.9637	0.0377
7	2016/3/12	1.5	1.0020	0.0388	0.9460	0.0377
8	2016/9/12	2	1.0040	0.0395	0.9287	0.0377
62	2043/9/12	29	1.1803	0.0476	0.3419	0.0377
63	2044/3/12	29.5	1.1833	0.0477	0.3356	0.0377
64	2044/9/12	30	1.1863	0.0477	0.3295	0.0377
65						

图 1-17 规划求解前的即期收益率：F5：F64

表 1-17 图 1-17 中部分单元格公式

单元格	定义	公式
C5	债券价格	＝1＊E5
C6	债券价格	＝(D6/2)＊SUM(＄E＄5:E6)＋1＊E6
D5	到期收益率	＝数据！C4/100
D6	到期收益率	＝数据！C6/100
E5	贴现因子	＝1/(1＋F5)^B5
F5：F64	即期利率	＝＄D＄5

最后，单击"数据\规划求解"，在"规划求解参数"设置框中，键入下面的参数：

设置目标：C64
到目标值：1
通过更改可变单元格：F6：F64
遵循约束：C6：C63＝1
选择求解方法：GRG

单击求解按钮，Excel 的规划求解即给出正确的答案，见图 1-18。注意上面规划求解参数的设置不要出错。在以上计算中，我们假定债券的价格等于面值。

	A	B	C	D	E	F
1	用Excel规划求解计算即期利率					
2	当前时间		2014/9/12			
3	付息频率		2			
4	到期时间	年数	债券价格	到期收益率	贴现因子	即期收益率
5	2015/3/12	0.5	0.9817	0.0377	0.9817	0.0377
6	2015/9/12	1	1.0000	0.0381	0.9630	0.0384
7	2016/3/12	1.5	1.0000	0.0388	0.9440	0.0392
8	2016/9/12	2	1.0000	0.0395	0.9247	0.0399
62	2043/9/12	29	1.0000	0.0476	0.2411	0.0503
63	2044/3/12	29.5	1.0000	0.0477	0.2344	0.0504
64	2044/9/12	30	1.0000	0.0477	0.2278	0.0505
65						

图 1-18 规划求解后即期收益率：F5：F64

四、自定义 VBA 函数

Excel 有许多用于计算债券价格、利率、收益率和其他相关对象的函数。但是，在有些情况下，仍有必要编写一些自定义函数以方便计算。例如，Excel 的附息债券价格函数中的面值只能是 100 元，没有计算债券全价的函数，应计利息函数的使用繁琐，等等。以下介绍笔者编写的几个与债券相关的 VBA 函数。

（一）AnnuityPV 函数

1. 功能：计算年金的现值

2. 公式

$$PV = \sum_{i=1-\text{typ}}^{n-\text{typ}} \frac{\text{Pmt}}{(1+\text{Rate}/\text{frequency})^i}$$

其中，PV 为年金现值，Pmt 为每期等额付款，Rate 为年利率，frequency 为付款频率，n 为付款期数。Typ 值代表年金类型，Typ 为 0，代表普通年金；Typ 为 1，代表先付年金。

3. 代码

```
1    Function AnnuityPV (Years, Pmt, Rate, Frequency, Optional Typ = 0)
2      y = Rate/Frequency
3      n = Years * Frequency - Typ
4      For i = 1 - Typ To n
5        AnnuityPV = AnnuityPV + Pmt/(1 + y)^i
6      Next i
7    End Function
```

4. 代码解释

第 1 行：声明函数过程及其 5 个参数。其中，Years 是年数。

第 4—5 行：通过循环语句计算年金现值，并对函数名赋值。

（二）AnnPvDeriv 函数

1. 功能：计算年金现值的导数

2. 公式

第一章 利率和到期收益率

$$\frac{\mathrm{d}P}{\mathrm{d}y} = \sum_{i=1-\text{typ}}^{n-\text{typ}} \frac{-i \cdot \text{Pmt}}{(1+\text{Rate}/\text{frequency})^{i+1}} / \text{frequency}$$

其中各个变量的定义与上式相同。

3. 代码

```
1  Function AnnPvDeriv(Years, Pmt, Rate, Frequency, Optional Typ = 0)
2      Y = Rate/Frequency
3      n = Years * Frequency - Typ
4      For i = 1 - Typ To n
5          Tmp = Tmp + (i * Pmt)/(1 + Y)^(i + 1)
6      Next i
7      AnnPvDeriv = - Tmp/Frequency
8  End Function
```

4. 代码解释

AnnPvDeriv 函数与 AnnuityPV 函数的差别仅仅在于：

(1) 循环语句中，分式的分子由"Pmt"变成了"i * Pmt"。

(2) 循环语句中，分式的分母由"(1+y)^i"变成了"(1+y)^(i+1)"。

(3) 函数的返回值应除以一个付息频率。

（三）AnnRate 函数

1. 功能：计算年金利率

2. 结构

$$\text{do}$$
$$y_{i+1} = y_i + \frac{P_i - \text{PV}}{\dfrac{\mathrm{d}P_i}{\mathrm{d}y}}$$
$$\text{loop until}(P_i - \text{PV}) < \varepsilon$$

3. 代码

```
1   AnnuityRate(Years, Pmt, Pv, Frequency, Optional RateGuess = 0.02, Optional Typ = 0)
2       Error = 0.0000001
3       Rt = RateGuess
4       Do
5           P = AnnuityPV(Years, Pmt, Rt, Frequency, Typ)
6           dP = AnnPvDeriv(Years, Pmt, Rt, Frequency, Typ)
7           Rt = Rt - (P - Pv)/dP
8           PvError = (P - Pv)
9           i = i + 1
10          If i = 20 Then Exit Do
11      Loop Until Abs(PvError)<Error
12      AnnRate = Rt
13  End Function
```

4. 代码解释

第 2 行:确定年金近似值与真实现值的容许差额。

第 3 行:初始化年金利率 Rt。

第 4 行和第 11 行:构建一个无穷循环,并设定退出该循环的条件。

第 5 行:用近似利率计算年金的近似现值。

第 6 行:用近似利率计算年金近似现值的导数值。

第 7 行:计算新的近似利率,用于下一循环中的近似值计算。

第 8 行:计算近似现值与真实现值之间的误差。

第 9 行:用计数器 i 记录循环次数。

第 10 行:检查循环次数,如等于 20 即退出无穷循环。

第 11 行:继续无穷循环,直到 Abs(PvError)<Error。

(四) AccrInterest 函数

1. 功能:计算附息债券的应计利息

2. 公式

$$a = \text{Redemption} \times \frac{\text{Rate}}{\text{Frequency}} \times \frac{A}{E}$$

其中,a 是应计利息,Redemption 是债券赎回值,Rate 是息票利率,Frequency 是付息频率,E 是当前付息期天数,A 是应计天数。

3. 代码

```
1   Function AccrInterest(Settlement, Maturity, Rate, Redemption, Frequency,
    Optional Basis = 0)
2   A = WorksheetFunction.CoupDayBs(Settlement, Maturity, Frequency, Basis)
3   E = WorksheetFunction.CoupDays(Settlement, Maturity, Frequency, Basis)
4   AccrInterest = (Redemption * (Rate/Frequency)) * (A/E)
5   End Function
```

4. 代码解释

这里用"WorksheetFunction"而不是"Application"来调用 Excel 函数"CoupDayBs"和"CoupDays"。这样做的好处是:在 WorksheetFunction 后键入英文句点,VBA 会自动弹出该对象的成员,即所有 Excel 函数。

(五) PRICEFULL 函数

1. 功能:计算附息债券的全价

2. 公式

$$P = \sum_{i=1}^{n-1} \frac{\text{redemption} \times \text{rate/frequency}}{(1+\text{yield/frequency})^{i-1+D/E}} + \frac{\text{redemption} \times (1+\text{rate})}{(1+\text{yield/frequency})^{n+1-D/E}}$$

其中,P 为债券价格,Yield 为债券年收益率,i 为付款期次,n 为总付款次数,D 是从结算日到下次付息日天数,a 是应计利息,E 为全年天数。

3. 代码

```
1   Function PRICEFULL (Settlement, Maturity, Rate, Yld, Redemption, Frequen-
    cy, Basis)
2   A = WorksheetFunction.CoupDayBs(Settlement, Maturity, Frequency, Basis)
```

```
3    E = WorksheetFunction.CoupDays(Settlement, Maturity, Frequency, Basis)
4    n = WorksheetFunction.CoupNum(Settlement, Maturity, Frequency, Basis)
5    D = E - A
6    c = Redemption * (Rate/Frequency)
7    y = Yld/Frequency
8    For i = 1 To n
9    Tmp = Tmp + c/(1 + y)^(i - 1 + D/E)
10   Next i
11   Tmp1 = Redemption/(1 + y)^(n - 1 + D/E)
12   PRICEFULL = Tmp + Tmp1
13   End Function
```

4. 代码解释

第 2 行:计算应计天数 A。

第 5 行:计算首个计息期的剩余天数 D,即从结算日到下一付息日的天数。计算 D 的函数为"COUPDAYSNC",但用这一函数返回的 D 来计算债券价格,结果不精确。要得到精确的债券价格,D 必须为(E-A)。E 为全年天数。

第 8—10 行:计算从 1 到 n-1 期各期利息的总现值。

第 11 行:计算最后一次付息和债券面值的现值。

第 12 行:计算债券的全价。

(六) PRICEOFBOND 函数

1. 功能:计算附息债券的净价

2. 公式

$$P = \sum_{i=1}^{n-1} \frac{\text{redemption} \times \text{rate/frequency}}{(1 + \text{yield/frequency})^{i-1+D/E}} + \frac{\text{redemption} \times (1 + \text{rate})}{(1 + \text{yield/frequency})^{n+1-D/E}} - a$$

其中,a 为应计利息。

3. 代码

对 PRICEFULL 函数的代码稍作修改,即得到 PRICEOFBOND 函数的代码。具体来说,就是在 PRICEFULL 函数代码的第 11 行之后,加一行:Accrued=c*(A/E),并将该码的第 12 行改为:

$$\text{PRICEOFBOND} = \text{Tmp} + \text{Tmp1} - \text{Accrued}$$

PRICEFULL 函数也就变为 PRICEOFBOND 函数。

(七) PRICE DERIVATIVE 函数

1. 功能:计算附息债券价格对收益率的导数

2. 公式

$$\frac{dP}{dy} = \frac{1}{\text{frequecy}} \left[\sum_{i=1}^{n-1} \frac{(i-1+D/E)\text{Redemption} \times \text{Rate/frequency}}{(1 + \text{yield/frequency})^{i+D/E}} \right.$$
$$\left. + \frac{(n-1+D/E)\text{Redemption}(1 + \text{Rate/frequency})}{(1 + \text{yield/frequency})^{n+D/E}} \right) \right]$$

3. 代码

```
1    Function PRICE_DERIVATIVE(Settlement, Maturity, Rate, Yld, Redemption, Frequency, Basis)
```

```
2    A = WorksheetFunction.CoupDayBs(Settlement, Maturity, Frequency, Basis)
3    E = WorksheetFunction.CoupDays(Settlement, Maturity, Frequency, Basis)
4    n = WorksheetFunction.CoupNum(Settlement, Maturity, Frequency, Basis)
5    D = E - A
6    c = Redemption * (Rate/Frequency)
7    y = Yld/Frequency
8    For i = 1 To n
9    Tmp = Tmp - (i - 1 + D/E) * c/(1 + y)^(i + D/E)
10   Next i
11   Tmp1 = - (n - 1 + D/E) * Redemption/(1 + y)^(n + D/E)
12   PRICE_DERIVATIVE = (Tmp + Tmp1)/Frequency
13   End Function
```

4. 代码解释

附息债券对收益率的导数,与债券全价公式比较,区别仅在于:

(1) 分式的分子要乘以(i-1+D/E);

(2) 分母中的(i-1+D/E)次方变为(i+D/E)次方;

(3) 对返回的函数值应除以一个付息频率。

(八) Function YieldOfBond 函数

1. 功能:计算附息债券到期收益率

2. 代码

```
1    Function YieldOfBond(Settlement, Maturity, Rate, Redemption, Price, Frequency, Optional Basis = 0)
2    Dim Error As Double, PError As Double, Drv As Double, ApproxPrice As Double
3    Error = 0.000000001
4    Yld = 0.02
5    Do
6    ApproxPrice = PRICEOFBOND(Settlement, Maturity, Rate, Yld, Redemption, Frequency, Basis)
7    Drv = PRICE_DERIVATIVE(Settlement, Maturity, Rate, Yld, Redemption, Frequency, Basis)
8    Yld = Yld - (ApproxPrice - Price)/Drv
9    PError = (ApproxPrice - Price)
10   i = i + 1
11   If i = 20 Then Exit Do
12   Loop Until Abs(PError)<Error
13   YieldOfBond = Yld
14   End Function
```

3. 代码解释

略。

（九）Function ZeroRate 函数

1. 目的

从附息债券收益率中导出即期收益率。

2. 代码

```
1    Function ZeroRate(CouponRate, Optional m = 2)
2        Dim n As Integer, i As Integer
3        n = CouponRate.Count
4        ReDim DFactor(1 To n) As Double
5        ReDim ZR(1 To n) As Double
6        ZR(1) = CouponRate(1)
7        DFactor(1) = 1/(1 + ZR(1))^(1/m)
8        For i = 2 To n
9            c = CouponRate(i)/m
10           ZR(i) = ((1 + c)/(1 - c * DFactor(i - 1)))^(m/i) - 1
11           DFactor(i) = 1/(1 + ZR(i))^(i/m) + DFactor(i - 1)
12       Next i
13       ZeroRate = Application.Transpose(ZR)
14   End Function
```

3. 代码解释

略。

> 参考书目

[1]〔美〕弗兰克·J. 法博齐等：《债券市场，分析和策略》（第5版），李维平译，北京大学出版社2007年版。

[2]〔美〕弗兰克·J. 法博齐：《固定收益数学：分析与统计技术》（第3版），俞卓菁译，上海人民出版社2005年版。

[3]〔美〕苏瑞什·M. 桑德瑞森：《固定收益证券市场及其衍生产品》（第2版），龙永红译，中国人民大学出版社2006年版。

第二章 债券价格的利率敏感性

债券价格敏感性指市场利率变动与债券价格变动之间的关系。在这一章中,我们首先分析影响债券价格利率敏感性的因素,然后说明衡量债券价格利率敏感性的三个尺度:基本点价值、持续期和凸性,最后说明在 Excel 中用这些尺度计算债券价格利率敏感性的方法。

第一节 影响债券价格利率敏感性的因素

债券价格是市场利率的函数,市场利率变动必然导致债券价格变动。但是,具有不同到期时间和票面利率(息票率)的债券,其价格的利率敏感性也不同。

一、期限与债券价格的利率敏感性

债券价格是用债券当前市场利率对债券未来固定付款贴现所得的现值,这里所谓的债券当前市场利率就是债券的到期收益率。因为债券未来固定付款的现值与市场利率成反比,所以,其他因素不变的情况下,市场利率越高,未来固定付款的现值越小,反之,未来固定付款的现值越大。

但是,未来付款现值的大小,除了与利率变动大小有关外,还与债券的剩余期限有关。剩余期限越长,既定利率变动对债券价格变动的影响越大。因为利率以算术级数变化,而贴现因子随剩余期限以几何级数变化,所以,债券的剩余期限越长,既定的利率变化所导致的贴现因子进而债券价格的变化越大。债券价格的主要成分是债券面值的现值,剩余期限越长,债券面值的现值进而债券价格对利率的变动就越敏感。

债券价格对利率的敏感性可由债券价格曲线的斜率衡量,债券曲线的斜率越大,单位利率变动所引起的价格变动越大。图 2-1 展示了票面利率为 8% 时,期限分别为 2 年、7 年和 30 年的附息债券价格与市场利率的对应关系。在图中,期限越长的债券价格曲线斜率越大,单位利率变动所引起的债券价格变动也越大。

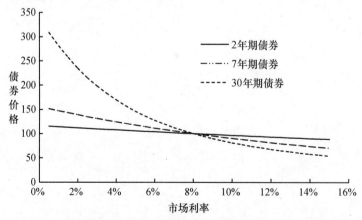

图 2-1 期限与债券价格的利率敏感性

表 2-1 更详细地说明了在相同的面值和收益率(y)条件下,市场利率进而债券收益率变动 0.5 个百分点时,不同期限的债券价格变动的差异。

表 2-1 不同期限债券的价格敏感性

(面值 100,息票率 8%,收益率 14%)

Δy	债券价格			价格变动额			价格变动率		
	2 年期	7 年期	30 年期	2 年期	7 年期	30 年期	2 年期	7 年期	30 年期
$\Delta y = 0$	89.84	73.76	57.88	0	0	0	0%	0%	0%
$\Delta y = 0.5\%$	89.05	72.00	55.84	−0.78	−1.77	−2.04	−0.8%	−2.1%	−3.4%
$\Delta y = -0.5\%$	90.63	75.59	60.07	0.79	1.82	2.19	0.8%	2.1%	3.6%

二、息票率与债券价格利率敏感性

影响债券价格利率敏感性的另一因素是债券的息票率。表 2-2 用具体数字说明了市场利率(y)从 6% 下降或上升两个百分点时,息票率不同的息票债券价格的变动。

表 2-2 市场利率变动对三种息票率不同的债券价格的影响

(债券共同特征:面值 100,期限 5 年,到期收益率 6%)

息票率	债券价格			变动额		变动率	
	$y=4\%$	$y=6\%$	$y=8\%$	$\Delta y=-2\%$	$\Delta y=+2\%$	$\Delta y=-2\%$	$\Delta y=+2\%$
0%	82.03	74.41	67.56	7.63	−6.85	10.25%	−9.21%
2%	91.02	82.94	75.67	8.08	−7.27	9.74%	−8.77%
20%	171.86	159.71	148.67	12.15	−11.05	7.61%	−6.92%

息票率之所以会对债券价格的利率敏感性产生影响,是因为不同的息票率会对到期前的投资本金产生影响。在债券交易时,如果到期收益率小于息票率,到期前的每期债务付息大于对应期投资利息,到期前部分本金被提前收回,到期时的累积本金小于初始投资本金,既定利率变动所引起的终期投资本金变动小于初始投资本金的变动。

反之,在交易时,如果到期收益率大于息票率,到期前的各期债务付息小于各期投资利息,投资者每期都在追加本金,最后一期本金大于初始投资本金,既定利率变动所引起的终期本金变动大于初始本金的变动。零息债券到期前不支付利息,所有应得投资利息都自动转化为追加本金。其他因素不变,利率变动时,零息债券终期本金相对于初始本金有最大幅度变动,因此零息债券价格对利率最敏感。

表 2-3 揭示了对息票率不同的债券,债务人的付款现金流与投资者的收益现金流的差异对投资本金的影响。表中的 3 种债券有相同的剩余期限和相同的到期收益率(8%),3 种债券的投资者在投资期内每期 100 元投资都产生 8 元的收益,但其中两种债券由于债务付息与投资收益不等,到期时的累积本金不同于初始投资本金,因而有不同的利率敏感性。

表 2-3　债券息票率对债券投资回收速度的影响

（所有债券的剩余期限均为 5 年，到期收益率均为 8%，支付频率=2）

时期	债券1,息票率2%				债券2,息票率8%				债券3,息票率14%			
	债务本息	投资本息	投资变动	投资余额	债务本息	投资本息	投资变动	投资余额	债务本息	投资本息	本金变动	投资余额
	100	−75.67	0	−75.67	100	−100	0	−100	100	−124	0	−124.3
1	−1	3.03	2.03	−77.69	−4	4	0	−100	−7	4.97	−2.03	−122.3
2	−1	3.11	2.11	−79.80	−4	4	0	−100	−7	4.89	−2.11	−120.2
3	−1	3.19	2.19	−81.99	−4	4	0	−100	−7	4.81	−2.19	−118.0
4	−1	3.28	2.28	−84.27	−4	4	0	−100	−7	4.72	−2.28	−115.7
5	−1	3.37	2.37	−86.64	−4	4	0	−100	−7	4.63	−2.37	−113.4
6	−1	3.47	2.47	−89.11	−4	4	0	−100	−7	4.53	−2.47	−110.9
7	−1	3.56	2.56	−91.67	−4	4	0	−100	−7	4.44	−2.56	−108.3
8	−1	3.67	2.67	−94.34	−4	4	0	−100	−7	4.33	−2.67	−105.7
9	−1	3.77	2.77	−97.12	−4	4	0	−100	−7	4.23	−2.77	−102.9
10	−101	101	0	0	−104	104.0	0	0	−107	107	0	0

根据表 2-3 的数据,可以得出以上 3 种债券在最后 1 期期初时的本金及其利率敏感性情况,见表 2-4。该表说明息票率越大,到期前本金从而债券的利率敏感性越大。

表 2-4　息票率差异与投资本金变动和债券利率敏感性的关系

债券息票率	2%	8%	14%
初始本金	75.67	100	124
到期前本金变动(¥)	+21.45	0	-21.45
到期前本金(¥)	97.12	100	102.9
到期前本金的现值(5 年期,贴现率 8%)	66.098	68.058	70.032
利率上升 1 个百分点时到期前本金现值	63.121	64.993	66.878
利率变动引起的到期前本金变动与初始本金比率	-3.94%	-3.07	-2.54

以上对影响债券价格利率敏感性的因素作了分析,以下说明衡量债券价格利率敏感性的尺度。

第二节　衡量债券价格利率敏感性的尺度

本节介绍衡量债券价格利率敏感性的三个尺度:持续期、凸性和基点值。

一、持续期

(一) 定义和公式

以上分析表明,影响债券价格利率敏感性的因素是剩余期限和息票率。仅仅用剩余期限来衡量债券价格的利率敏感性会产生误导。两个债券,一个是零息债券,一个是息票债券,即使它们的剩余期限和到期收益率相同,其利率敏感性也不同。因此,我们需要用一个能同时反映期限和付息速度的尺度来衡量债券的利率敏感性。这一尺度就是持续期(duration)。

持续期(久期)是价值加权的期限尺度,衡量债券的利率敏感性。作为期限,持续期是把未来各期付款作为现值收回平均所需时间,持续期的值越大,投资债券资金作为现值收回的时间越长,债券价格对利率就越敏感。作为敏感性尺度,持续期是债券价格曲线的斜率与债券价格之比,反映了债券价格与市场利率之间的线性关系。

持续期的公式如下:

$$D = \frac{1c_1}{P(1+y)} + \frac{2c_2}{P(1+y)^2} + \cdots + \frac{nc_T}{P(1+y)^T} = \frac{1}{P}\sum_{t=1}^{T}\frac{tc_t}{(1+y)^t} \quad (2.1)$$

其中,c 是债券的各期付款,t 是年数,y 为债券的到期收益率,P 为债券的全价,即各期付款的总现值,T 是债券的到期年数。如果一年内有 m 次付款,则持续期为:

$$D = \frac{1}{mP}\sum_{i=1}^{n}\frac{ic_i}{(1+y/m)^{mi}} \quad (2.2)$$

其中,i 为付款期次,n 为剩余付款期数,$i = m \times t$,$n = m \times T$。

在连续复利下,有:

$$D = \frac{1}{P}\sum_{i=1}^{n}ic\,\mathrm{e}^{-yi} \quad (2.3)$$

上述持续期又称为麦考利持续期,由麦考利于1938年创立。麦考利持续期乘以$1/(1+y)$,所得为修正持续期:

$$D_M = \frac{D}{(1+y)} \tag{2.4}$$

负修正持续期乘以市场利率变动,等于债券价格变动率:

$$\frac{\Delta P}{P} = -D_M \Delta y \tag{2.5}$$

价格的变动额为:

$$\Delta P = -D_M \Delta y P \tag{2.6}$$

假定有两个债券,其中一个是零息债券B_Z,另一个是息票率为10%的息票债券B_C。两个债券的期限、面值和到期收益率相同,均为5年、100元和6%。零息债券和附息债券的价格分别为74.73和116.85。按照式(2.1),两个债券的持续期为:

$$D_Z = \frac{1}{74.73}\left[\frac{1\times 0}{(1+6\%)} + \frac{2\times 0}{(1+6\%)^2} + \cdots + \frac{5\times 100}{(1+6\%)^5}\right]$$

$$= \frac{5\times 74.73}{74.73} = 5$$

$$D_C = \frac{1}{116.85}\left[\frac{1\times 10}{(1.06)} + \frac{2\times 10}{(1.06)^2} + \frac{3\times 10}{(1.06)^3} + \frac{4\times 10}{(1.06)^4} + \frac{5\times 110}{(1.06)^5}\right]$$

$$= \frac{1\times 9.43}{116.85} + \frac{2\times 8.9}{116.85} + \frac{3\times 8.4}{116.85} + \frac{4\times 7.92}{116.85} + \frac{5\times 82.2}{116.85}$$

$$= 1\times 8.07\% + 2\times 7.62\% + 3\times 7.19\% + 4\times 6.78\% + 5\times 70.35\%$$

$$= 4.237$$

两个债券的修正持续期为:

$$D_{MZ} = \frac{5}{(1+6\%)} = 4.717, \quad D_{MC} = \frac{4.237}{(1+6\%)} = 3.997$$

现在假定市场利率下降了1.5个百分点。这时,两个债券价格的变动额为:

$$\Delta P_Z = -D_{MZ}\Delta y P_Z = -4.717\times(-1.5\%)\times 74.73 = ¥5.2872$$

$$\Delta P_C = -D_{MZ}\Delta y P_C = -3.997\times(-1.5\%)\times 74.73 = ¥7.006$$

而两个债券价格的变动率为:

$$\frac{\Delta P_Z}{P_Z} = -D_{MZ}\Delta y = -4.717\times(-1.5\%)P = 7.076\%$$

$$\frac{\Delta P_C}{P_C} = -D_{MC}\Delta y = -3.997\times(-1.5\%)P = 5.998\%$$

这说明其他因素相同,既定利率导致的价格变动,用金额衡量零息债券小于息票债券,用变动率衡量零息债券大于息票债券。因此,其他因素相同,零息债券的价格敏感性要大于息票债券。

(二)持续期公式的推导

持续期可通过计算债券价格函数的一阶导数得到。债券的价格函数为:

$$P = \frac{c_1}{(1+y)} + \frac{c_2}{(1+y)^2} + \cdots + \frac{c_T}{(1+y)^T}$$

可写为:

$$P = V_1 + V_2 + \cdots + V_T \tag{2.7}$$

其中，V_t 为 t 期付款的现值。设 $r=(1+y)$，则第 t 期付款的现值为：

$$V_t = \frac{c_t}{(1+y)^t} = c_t r^{-t} \tag{2.8}$$

假定 r 在当前获得一个瞬时增量：

$$\Delta r = (1+y+\Delta y) - (1+y) = \Delta y$$

这样，由式(2.8)，有：

$$V_t + \Delta V_t = c_t (r + \Delta r)^{-t} \tag{2.9}$$

上式等号右边按二项式定理

$$(x+y)^n = x^n + n x^{n-1} y + \frac{n(n-1)}{2} x^{n-2} y^2 \cdots$$

展开，得：

$$V_t + \Delta V_t = c_t \left[r^{-t} - t r^{(-t-1)} \Delta r - \frac{t(-t-1)}{2} r^{(-t-2)} \Delta r^2 + \cdots \right]$$

省略高阶项，得：

$$V_t + \Delta V_t \approx c_t [r^{-t} - t r^{-t-1} \Delta r] = \frac{c_t}{r^t} - \frac{t c_t}{r^{t+1}} \Delta r \tag{2.10}$$

消去上式两边中的初值 c_t/r^t 和 V_t，再用 $1+y$ 代替 r，Δy 代替 Δr，得：

$$\Delta V_t \approx \frac{-t c_t}{(1+y)^{t+1}} \Delta y$$

或

$$\frac{\Delta V_t}{\Delta y} \approx \frac{-t c_t}{(1+y)^{t+1}} \tag{2.11}$$

取极限，得到函数 $V(y)$ 的一阶导数：

$$\frac{\mathrm{d} V_t}{\mathrm{d} y} = \frac{-t c_t}{(1+y)^{t+1}} = \frac{1}{(1+y)} \frac{-t c_t}{(1+y)^t} \tag{2.12}$$

该导数可看作是一个零息债券价格函数的斜率，债券的价格为 $c_t/(1+y)^t$，到期时间为 t，贴现因子是 $1/(1+y)^t$。

用上述方法计算式(2.7)中每一项的导数，得到附息债券价格函数的一阶导数：

$$\begin{aligned} \frac{\mathrm{d} P}{\mathrm{d} y} &= \frac{\mathrm{d}}{\mathrm{d} y}(V_1 + V_2 + \cdots + V_T) \\ &= \frac{-1 c_1}{(1+y)^2} + \frac{-2 c_2}{(1+y)^3} + \cdots + \frac{-T c_T}{(1+y)^{T+1}} \\ &= \sum_{t=1}^{T} \frac{-t c_t}{(1+y)^{t+1}} \end{aligned} \tag{2.13}$$

该导数等同于债券价格函数在 $P(y_0)$ 处的泰勒级数展开式

$$P(y_0 + \Delta y) - P(y_0) = \frac{\mathrm{d} P}{\mathrm{d} y} \Delta y + \frac{1}{2} \frac{\mathrm{d}^2 P}{\mathrm{d} r y^2} (\Delta y)^2 + \cdots$$

右边第一项中的 $\mathrm{d}P/\mathrm{d}y$。

价格函数的导数乘以 -1 再除以债券全价为债券的修正持续期：

$$D_M = \frac{-1}{P} \frac{\mathrm{d} P}{\mathrm{d} y} = \frac{-1}{P} \sum_{t=1}^{T} \frac{-t c_t}{(1+y)^{t+1}} \tag{2.14}$$

乘以 -1 的原因是持续期和修正持续期按惯例为正值。

如果债券的年付息频率为 m，则付息期次为 $i,i=t\times m$，总支付次数 $n=T\times m$，y 为各分期收益率，c 为各分期付款额。在上式中用 i 代替 t，用 n 代替 T，所得为分期修正持续期，用 m 除分期修正持续期得到年修正持续期：

$$D_M = \frac{-1}{mP}\frac{dP}{dy} = \frac{1}{mP}\sum_{i=1}^{n}\frac{-ic_i}{(1+y)^{i+1}} \tag{2.15}$$

修正持续期 D_M 与麦考利持续期 D 的关系是：$D=D_M\times(1+y)$。用修正持续期计算利率变动后的债券近似价格公式为：

$$P(y+\Delta y) \approx P(y)(1-D_M\Delta y) = P(y)\left(1-\frac{D}{(1+y)}\Delta y\right) \tag{2.16}$$

二、凸性

（一）定义和公式

债券价格对利率的一阶导数反映了利率与债券价格之间的线性关系。实际上，利率与债券价格的关系是非线性的。债券价格曲线的弯曲程度越大，债券价格的利率敏感性也越大，用持续期衡量的价格变动与实际价格变动之间的误差就越大。

表 2-5 对利率变化引起的债券价格变化和用持续期计算的近似变化作了比较。其中，债券近似价格由公式(2.16)计算。

由表 2-5 可知，当债券收益率变化微小时，债券价格实际变动和用持续期衡量的变动差别不大，这时持续期是衡量债券价格的利率敏感性的一个较好尺度。例如，市场利率在 4% 的水平下降 1 个基本点(0.01 个百分点)时，近似变动和实际变动分别为 1.311 和 1.309，波幅分别 0.2004% 和 0.2001%，两者间的绝对和相对差额几乎为零。图 2-2 中的价格曲线及其切线在点(4%,654)附近几乎完全重叠，也说明了在市场利率的变动幅度很小的情况下，持续期是衡量债券价格利率敏感性的较好尺度。

表 2-5 债券价格实际变动与近似变动比较

(债券描述：面值=1000，期限=30 年，息票率=2%，到期收益率 $y=4\%$，修正持续期=20)

Δy	$y+\Delta y$	实际价格	近似价格	实际价格变动	近似价格变动	误差
-3.0%	1.0%	1258	1047	604	393	211
-2.5%	1.5%	1120	981	466	327	139
-2.0%	2.0%	1000	916	346	262	84
-1.5%	2.5%	895	851	241	196	45
-1.0%	3.0%	804	785	150	131	19
-0.01%	3.99%	655.47	655.47	1.311	1.309	0.002
0.0%	4.0%	654	654	0	0	0
0.01%	4.01%	652.85	652.85	-1.311	-1.309	0.002
1.0%	5.0%	539	523	-115	-131	16
1.5%	5.5%	491	458	-163	-196	34
2.0%	6.0%	449	392	-205	-262	57
2.5%	6.5%	412	327	-242	-327	86
3.0%	7.0%	380	261	-275	-393	118

但是,价格实际变动与近似变动之间的误差随着利率变动的增大而增大。由表 2-5 可知,当利率从 4% 下降 2 个百分点到 2% 时,实际价格从 654 上涨到 1000 元,变动额为 346 元,变动率为 52.87%。根据持续期计算的近似价格为 916 元,变动额为 262 元,变动率为 40%。两者的差额为 84 元,相对差额为 12.84%。

由图 2-2 可知,这种差别产生的原因是我们用线性的持续期尺度衡量非线性的利率—债券价格关系。因此,用持续期衡量债券价格敏感性所造成的误差大小,取决于债券价格曲线的弯曲度,弯曲度越大,误差也越大。

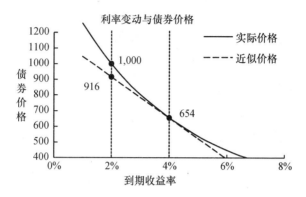

图 2-2 利率变动时债券价格的实际和近似变动
(债券描述:面值=1000,期限=30 年,息票率=2%,到期收益率 y=4%,修正持续期=20)

债券价格曲线的弯曲程度可以用债券价格函数的二阶导数来衡量,公式是:

$$\frac{d^2 P}{d\, ry^2} = \sum_{t=1}^{T} \frac{t(t+1)\, c_t}{(1+y)^{t+2}} \tag{2.17}$$

其中,P 是债券的全价,y 是到期收益率,t 是各期付款的剩余年数,T 为总剩余年数。凸性值 C 等于债券价格对到期收益率的二阶导数除以二倍的价格:

$$C = \frac{1}{2P} \frac{d^2 P}{d\, ry^2} = \frac{1}{2P} \sum_{t=1}^{T} \frac{t(t+1)\, c_t}{(1+y)^{t+2}} \tag{2.18}$$

在一年内支付频率为 m 时,上式计算的为分期凸性,分期凸性乘以 $1/m^2$ 为年凸性:

$$C = \frac{1}{2P m^2} \sum_{i=1}^{n} \frac{i(1+i)\, c_i}{(1+y/m)^{i+2}} \tag{2.19}$$

其中,$i=t\times m$,为支付期次,$n=T\times m$,为总支付次数。在连续复利情况下,凸性公式为:

$$C = \frac{1}{2P} \frac{d^2 P}{d\, ry^2} = \frac{1}{2P} \sum_{i=1}^{n} c_i t_i^2\, e^{-y t_i} \tag{2.20}$$

(二)凸性公式推导

先前已给出债券价格对收益率的一阶导数:

$$\frac{dP}{dy} = (-1\, c_1)(1+y)^{-2} + (-2\, c_1)(1+y)^{-3} + \cdots + (-T c_1)(1+y)^{-T+1}$$

$$= \frac{-1\, c_1}{(1+y)^2} + \frac{-2\, c_2}{(1+y)^3} + \cdots + \frac{-T c_2}{(1+y)^{T+1}}$$

简化式为:

$$\frac{dP}{dy} = \sum_{t=1}^{T} -t c_t (1+y)^{-t-1} = \sum_{t=1}^{T} \frac{-t c_t}{(1+y)^{t+1}}$$

该导数的导数即债券价格对收益率的二阶导数：

$$\frac{\mathrm{d}}{\mathrm{d}y}\left(\frac{\mathrm{d}P}{\mathrm{d}y}\right) = \frac{\mathrm{d}^2 P}{\mathrm{d}y^2} = \sum_{t=1}^{T} c_t t(t+1)(1+y)^{-t-2} = \sum_{t=1}^{T} \frac{t(t+1)c_t}{(1+y)^{t+2}} \quad (2.21)$$

展开形式为：

$$\frac{\mathrm{d}^2 P}{\mathrm{d}y^2} = \frac{(1+1)c_1}{(1+y)^{1+2}} + \frac{2(2+1)c_2}{(1+y)^{2+2}} \cdots \frac{T(n+1)c_T}{(1+y)^{T+2}}$$

另外，债券价格函数在 $P(y_0)$ 处的泰勒级数为：

$$\Delta P = \frac{\mathrm{d}P}{\mathrm{d}y}\Delta y + \frac{1}{2}\frac{\mathrm{d}^2 P}{\mathrm{d}y^2}(\Delta y)^2 + \cdots \quad (2.22)$$

其中，等式右边第二项中的 $\mathrm{d}^2 P/\mathrm{d}y^2$ 即债券价格对收益率的二阶导数。该二阶导数是 $\frac{\Delta(\Delta P)}{(\Delta y)^2}$ 的极限。

债券价格对收益率的二阶导数除以 2 倍的债券全价即为凸性。

（三）用凸性调整债券价格的利率敏感性

用凸性值调整后的债券价格近似变动为：

$$\Delta P \approx -\frac{1}{mP_F}\frac{\mathrm{d}P}{\mathrm{d}y}\Delta y\, P + \frac{1}{2m^2 P_F}\frac{\mathrm{d}^2 P}{\mathrm{d}y^2}(\Delta y)^2\, P$$

$$= -D_M \Delta y P + C(\Delta y)^2 P$$

式中，P_F 为债券全价，P 为债券净价。凸性调整后的债券价格百分比近似变动为：

$$\frac{\Delta P}{P} \approx -D_M \Delta y + C(\Delta y)^2 \quad (2.23)$$

表 2-6 比较了市场利率变动后，债券价格的实际变动、线性近似变动和经凸性调整后的近似变动。表中，y 为收益率，P 为实际价格，P_D 是用持续期计算的未作凸性调整的近似价格，P_{D+C} 是凸性调整后的近似价格，ε_1 是 P_D 与 P 的差，ε_2 是 P_{D+C} 与 P 的差。

表 2-6　债券价格的实际和近似变动比较

（面值＝1000，期限＝30 年，息票率＝2%，到期收益率＝4%，修正持续期＝20，凸性＝262）

Δy	$y+\Delta y$	P	P_D	P_{D+C}	ΔP	ΔP_D	ΔP_{D+C}	ε_1	ε_2
−3.0%	1.0%	1258	1047	1201	604	393	547	−35%	−9%
−2.5%	1.5%	1120	981	1089	466	327	434	−30%	−7%
−2.0%	2.0%	1000	916	985	346	262	330	−24%	−4%
−1.5%	2.5%	895	851	889	241	196	235	−19%	−3%
−1.0%	3.0%	804	785	802	150	131	148	−12.6%	−1.2%
−0.1%	3.9%	667.43	667.25	667.4	13.27	13.09	13.26	−1.3%	0.0%
−0.01%	3.99%	655.47	655.47	655	1.311	1.309	1.311	−0.13%	0.0%
0%	4.0%	654	654	654	0	0	0	0.00%	0.0%
0.01%	4.01%	652.85	652.85	653	−1.308	−1.309	−1.308	0.13%	0.0%
0.1%	4.10%	641.24	641.07	641.2	−12.9	−13.09	−12.9	1.31%	0.0%
1.0%	5.0%	539	523	540	−115	−131	−114	13.5%	−1.3%

(续表)

Δy	$y+\Delta y$	P	P_D	P_{D+C}	ΔP	ΔP_D	ΔP_{D+C}	ε_1	ε_2
1.5%	5.5%	491	458	496	−163	−196	−158	21%	−3%
2.0%	6.0%	449	392	461	−205	−262	−193	28%	−6%
2.5%	6.5%	412	327	434	−242	−327	−220	35%	−9%
3.0%	7.0%	380	261	416	−275	−393	−239	43%	−13%

表 2-6 说明,使用持续期计算的债券价格变动的线性近似,再由凸性调整后,近似程度大大改善。利率变动幅度越大,价格近似变化的改善程度就越好。当利率变动 2 个百分点时,用持续期衡量的近似价格变动为 ￥262,经凸性调整后的价格变动近似为 ￥330 元,实际变化为 346 元,误差降低 20%。

用表 2-6 中的数据绘制的图 2-3 清楚地表明了"持续期＋凸性"近似即二次近似的非线性性质。图 2-3 还表明,使用二次近似就能极大地改善近似误差。

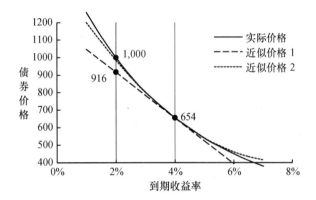

图 2-3 利率变动时债券价格实际变动和近似变动

说明:近似价格 1 是用持续期计算,近似价格 2 是用持续期和凸性计算。

三、基点值

债券价格的利率敏感性的另一个尺度是基点值(Basis Point Value, BPV),1 个基点等于 0.0001,BPV 是利率向下变动一个基点所导致的债券价格变动。1 基点用百分数表示为 0.01%,因此 BPV 常常用符号 DV01 表示,指 1 基点的货币价值(Dollar Value of 01),符号中的 01 指小数点后的两位数字。

在离散情况下,BPV 的公式为:

$$\text{BPV} = -0.01\% \frac{\Delta P}{\Delta y} = -\frac{1}{10000} \frac{\Delta P}{\Delta y} \tag{2.24}$$

连续情况下,公式为:

$$\text{BPV} = -0.01\% \frac{\mathrm{d}P}{\mathrm{d}y} = -\frac{1}{10000} \frac{\mathrm{d}P}{\mathrm{d}y} \tag{2.25}$$

假定一个债券的面值＝100,期限＝30 年,息票率＝2%,到期收益率＝4%,支付频率＝1,日数基准＝实际/实际,当前价格＝65.4159。当利率向下变动 1 基点时,该债券的价格变为 65.5470。价格变动与利率变动的比值为：

$$\frac{\Delta P}{\Delta y} = \frac{65.5470 - 65.4159}{-0.01\%} = \frac{65.5470 - 65.4159}{-0.01\%}$$
$$= -1311.01$$

该债券价格对收益率的导数为：

$$\frac{\mathrm{d}P}{\mathrm{d}y} = \sum_{t=1}^{30} \frac{-t2}{(1+4\%)^{t+1}} + \frac{-30 \times 100}{(1+4\%)^{31}}$$
$$= -1305.753$$

因此，

$$\mathrm{BPV} = 0.01\% \frac{\Delta P}{\Delta y} = -\frac{1311.01}{10000} = -0.1311$$

或

$$\mathrm{BPV} = 0.01\% \frac{\mathrm{d}P}{\mathrm{d}y} = -\frac{1305.753}{10000} = -0.1306$$

该债券的修正持续期为：

$$D_M = \frac{1}{P} \frac{\mathrm{d}P}{\mathrm{d}y} = \frac{-1305.753}{65.2391} = 20.149$$

由此可得：

$$\mathrm{BPV} = D_M \frac{P}{10000} = \frac{1}{P} \frac{\mathrm{d}P}{\mathrm{d}y} \frac{P}{10000}$$
$$= \frac{-1305.753}{10000} = -0.1305753$$

BPV 与持续期一样，所衡量的都是债券价格对收益率的线性变化。使用这两个尺度，利率变动正负 1 基点导致的债券价格变动相同。但实际上债券价格对应利率的变动是不对称的，利率下降所导致的价格上升要大于利率上升所导致的价格下降。

第三节 用 Excel 分析债券价格敏感性

在本节中，我们将说明在 Excel 中构建债券价格敏感性模型的方法。这一节包括对 4 个工作表模型的说明：首先是"期限与债券价格敏感性"模型，该模型揭示债券期限与债券价格敏感性的关系。其次是"息票率与债券价格敏感性"模型，这一模型分析息票率对债券价格敏感性的影响。再次是"持续期—凸性互动计算"模型。在这一模型中，我们可以用互动方式计算不同债券的持续期和凸性。最后是"债券利率风险尺度"模型，其中对 BPV、持续期和凸性这 3 个债券利率风险尺度的效果作了比较。

另外，本节还给出了债券价格、持续期和凸性等自定义函数的 VBA 代码及其解释。

一、期限与债券价格敏感性模型

这一部分说明如何在 Excel 中构建一个反映期限与债券价格敏感性关系的模型。我们对这一模型的要求是：提供三种不同期限债券的价格敏感性比较；用户可以自主选择所有参数，其中一些参数选择通过控件实现；用图形直观显示不同期限债券的价格敏感性。

模型的输入部分包括债券参数和参数选择组合框等部件。债券参数分为两个部分,一部分在"债券描述"表中,一部分由用户自己选择,见图 2-4。模型参数通过组合框(下拉框)来选择。各个组合框中,"控制"选项中的设置如表 2-7 所示。

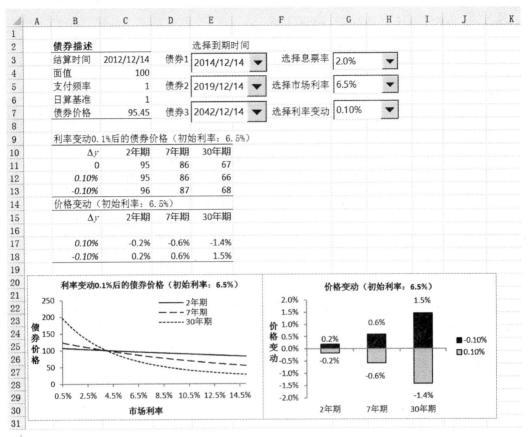

图 2-4 债券价格的利率敏感性

表 2-7 "控制"选项设置

组合框:	E3	E5	E7	G3	G5	G7
数据源区域:	F58:F97	同左	同左	G58:G97	B62:B97	H58:H97
单元格链接:	B21	C21	D21	B25	C25	D25

图 2-5 中 B45:D53 区域展示的是各组合框链接单元格所显示的数字和相关参数。绘制图 2-4 中的两个图表的数据来自图 2-5 的 B57:H96 区域。

图 2-4 和图 2-5 中的部分单元格中的公式见表 2-8。表 2-8 中倒数第二行的公式为 C57:E96=TABLE(,B57),表明该区域的计算通过模拟运算表完成。方法是选定图 2-5 中的 B57:E96 区域,单击"数据\模拟分析\模拟运算表",在"输入引用列的单元格"中键入 B57,单击"确定"。

	A	B	C	D	E	F	G	H	I
44									
45		到期时间							
46		2	7	30					
47		2014/12/14	2019/12/14	2042/12/14					
48		2年	7年	30年					
49		息票率	市场利率	利率变动					
50		4	9	2					
51		4.0%	6.5%	0.10%					
52			6.6%						
53			6.4%						
54									
55									
56		市场利率	2年期	7年期	30年期	到期时间	息票率	利率变动	
57	0	0.5%	106.95	124.02	197.28	2013/12/14	0.0%	0.05%	
58	1	1%	105.91	120.18	177.42	2014/12/14	1.0%	0.10%	
59	2	1.5%	104.89	116.50	160.04	2015/12/14	1.5%	0.15%	
60	3	2%	103.88	112.94	144.79	2016/12/14	2.0%	0.20%	
61	4	2.5%	102.89	109.52	131.40	2017/12/14	2.5%	0.25%	
95	38	19.5%	76.18	43.35	20.89	2051/12/14	19.5%	1.95%	
96	39	20%	75.56	42.33	20.34	2052/12/14	20.0%	2.00%	
97	40								

图 2-5　组合框参数和利率敏感性图表数据

表 2-8　图 2-4 和图 2-5 中的单元格公式

单元格	定义	公式
\$C\$7	价格	＝PRICE(C3,B46,B50,C50,C4,C5,C6)
\$B\$9	标题	＝"利率变动'&\$D\$50*100&'％后的债券价格(初始利率：'&C50*100&'％)"
\$B\$12	利率变动	＝0.05％*\$D\$49
\$C\$11	价格	＝PRICE(\$C\$3,B46,\$B\$50,\$C\$50,\$C\$4,\$C\$5,\$C\$6)
\$C\$12	价格	＝PRICE(\$C\$3,B46,\$B\$50,\$C\$51,\$C\$4,\$C\$5,\$C\$6)
\$C\$16	变动率	＝C12/C11－1
\$B\$46	到期时间	＝EDATE(\$C\$3,B45*12)
\$B\$47	剩余年数	＝B45&"年"
\$B\$50	息票率	＝B49/100
\$C\$50	市场利率	＝OFFSET(B55,\$C\$49+4,0)
\$C\$51	市场利率	＝C50+0.05％*D49
\$D\$50	利率变动	＝0.0005*D49
\$C\$57	价格	＝PRICE(C3,B46,B50,B57,C4,C5,C6)
C57:E96	价格	＝TABLE(,B57)
\$F\$56	到期时间	＝EDATE(\$C\$3,A57*12)

二、息票率与债券价格敏感性模型

这里说明如何构建反映债券息票率与债券价格关系的 Excel 模型。用户可以用这一模型观察在相同的市场利率变动下具有不同息票率的债券所具有的不同价格敏感性。模型见图 2-6 和图 2-7。这一模型中的所有价格参数都是可选的,其中,"到期时间"和"市场利率变动"这两个参数是通过组合框控件来选择的。组合框中的参数设置如表 2-9 所示:

表 2-9 组合框参数设置

E3 组合框		G3 组合框	
数据源区域:	\$C\$51:\$C\$80	数据源区域:	\$D\$51:\$D\$91
单元格链接:	C16	单元格链接:	D16

图 2-6 和图 2-7 中的一些单元格公式见表 2-10:

表 2-10 图 2-6 和图 2-7 中的部分单元格公式

单元格	定义	公式
\$C\$3	剩余年数	=YEARFRAC(C2,B51,C8)
\$C\$9	债券价格	=PRICEOFBOND(C2,B51,C5,C6,C4,C7,C8)
\$C\$11	标题	="息票率对债券价格利率敏感性的影响(利率变动'&C51*10000&'基点'&')"
\$C\$13	收益率	="(y='&C6*100&'%)"
\$C\$14	债券价格	=PRICEOFBOND(\$C\$2,\$B\$51,\$B14,\$C\$6,\$C\$4,\$C\$7,\$C\$8)
\$D\$14	利率变动后价格	=PRICEOFBOND(\$C\$2,\$B\$51,\$B14,\$D\$50,\$C\$4,\$C\$7,\$C\$8)
\$E\$14	利率变动后价格	=PRICEOFBOND(\$C\$2,\$B\$51,\$B14,\$D\$51,\$C\$4,\$C\$7,\$C\$8)
\$F\$14	变动额	=D14−\$C14
\$H\$14	变动率	=D14/\$C14−1
\$C\$51	期限变动	=EDATE(\$C\$2,\$B\$50*12)
\$C\$49	利率变动	=OFFSET(\$D\$53,C50,0)
\$D\$51	变动后的利率	=C6−C51
\$C\$54	期限	=EDATE(\$C\$2,B54*12)

息票率会影响债券投资的回收速度,从而影响债券价格的利率敏感性。图 2-8 中的模型说明了这一点。表 2-11 列举了其中的单元格公式。

	A	B	C	D	E	F	G	H	I
1		债券描述			选择剩余期限		选择利率变动		
2		结算时间	2015/3/15		2023/3/15 ▼		1.00% ▼		
3		剩余年数	8						
4		面值	1000						
5		息票率	5.0%						
6		收益率	5.0%						
7		支付频率	2						
8		日算基准	1						
9		债券价格	1000.00						
10									
11		息票率对债券价格利率敏感性的影响（利率变动100基点）							
12			债券价格	利率变动后价格		ΔP		%ΔP	
13		息票率	(y = 5%)	y上升	y下降	y上升	y下降	y上升	y下降
14		0%	674	623	728	-50	55	-7.5%	8.1%
15		2%	804	749	864	-55	60	-6.9%	7.5%
16		4%	935	874	1000	-60	65	-6.5%	7.0%
17		6%	1065	1000	1136	-65	71	-6.1%	6.6%
18		8%	1196	1126	1272	-70	76	-5.9%	6.3%
19		10%	1326	1251	1407	-75	81	-5.7%	6.1%
20		15%	1653	1565	1747	-88	94	-5.3%	5.7%
21		20%	1979	1879	2086	-100	107	-5.0%	5.4%

图 2-6 息票率对债券价格利率敏感性的影响

	A	B	C	D	E
48					
49		期限变动	利率变动	变动后利率	
50		8	21	6.0%	
51		2023/3/15	1.00%	4.0%	
52					
53			期限	利率变动	
54		1	2016/3/15	0.01%	
55		2	2017/3/15	0.05%	
82		29	2044/3/15	1.40%	
83		30	2045/3/15	1.45%	
84				1.50%	
85				1.55%	
93				1.95%	
94				2.00%	
95					

图 2-7 息票率对债券价格利率敏感性的影响 2

	A	B	C	D	E	F	G
1		债券描述					
2		结算时间		2012/12/31			
3		到期时间		2015/12/31			
4		到期收益率		8.0%			
5		面值		100			
6		支付频率		1			
7		日算基准		1			
8			息票率	债券价格			
9		债券1	2%	84.54			
10		债券2	8%	100			
11		债券3	14%	115			
12							
13			时期	债券1本息	投资本息	本金变化	剩余本金
14			0	100	-84.5	0	-85
15			1	-2	6.76	4.76	-89
16			2	-2	7.14	5.14	-94
17			3	-102	7.56	-94.44	0
18			时期	债券2本息	投资本息	本金变化	剩余本金
19			0	100	-100	0	-100
20			1	-8	8	0	-100
21			2	-8	8	0	-100
22			3	-108	8	-100	0
23			时期	债券3本息	投资本息	本金变化	剩余本金
24			0	100	-115	0	-115
25			1	-14	9.24	-4.76	-111
26			2	-14	8.86	-5.14	-106
27			3	-114	8.44	-105.56	0
28							

图 2-8 息票率对投资回收速度的影响

表 2-11　图 2-8 中的部分单元格公式

单元格	定义	公式
\$C\$3	剩余年数	=YEARFRAC(C2,B51,C8)
\$C\$9	债券价格	=PRICEOFBOND(C2,B51,C5,C6,C4,C7,C8)
\$C\$11	标题	="息票率对债券价格利率敏感性的影响（利率变动 '&C51*10000&' 基点 '&')"
\$C\$13	收益率	="(y='&C6*100&'%)"
\$C\$14	债券价格	=PRICEOFBOND(\$C\$2,\$B\$51,\$B14,\$C\$6,\$C\$4,\$C\$7,\$C\$8)
\$D\$14	利率变动后价格	=PRICEOFBOND(\$C\$2,\$B\$51,\$B14,\$D\$50,\$C\$4,\$C\$7,\$C\$8)
\$E\$14	利率变动后价格	=PRICEOFBOND(\$C\$2,\$B\$51,\$B14,\$D\$51,\$C\$4,\$C\$7,\$C\$8)
\$F\$14	变动额	=D14-\$C14
\$H\$14	变动率	=D14/\$C14-1
\$C\$51	期限变动	=EDATE(\$C\$2,\$B\$50*12)
\$C\$49	利率变动	=OFFSET(\$D\$53,C50,0)
\$D\$51	变动后的利率	=C6-C51
\$C\$54	期限	=EDATE(\$C\$2,B54*12)

三、在 Excel 中计算持续期、凸性和 BPV

Excel 有计算持续期和修正持续期的函数，没有计算基点值（BPV）和凸性的函数，我们可以在 Excel 中用公式计算凸性和 BPV，也可以用自己编写的函数来计算。图 2-9 展示了在 Excel 中计算持续期、凸性和 BPV 的结果。图 2-9 中部分单元格公式见表 2-12。

	A	B	C	D	E	F	G	H
1		债券信息						
2		结算日	2015/10/5	应计天数	61			
3		到期日	2020/8/5	1期天数	184			
4		面值	100	残端	0.668			
5		息票率	10%	债券全价	118.21			
6		收益率	6%	付息频率	2			
7		价格	116.56	日算基准	1			
8								
9		输出		Excel函数	自编函数			
10		现金流现值	118.21		118.21			
11		BPV	4.5576	4.5565	4.5565			
12		D	3.9701	3.9701	3.9701			
13		MD	3.8545	3.8545	3.8545			
14		凸性	9.331		9.331			
15								
16		中间计算						
17		期数	现金流	现值	权重	加权期数	凸性	
18		0.67	5	4.90	0.04	0.03	0.044	
19		1.67	5	4.76	0.04	0.07	0.169	
20		2.67	5	4.62	0.04	0.10	0.361	
21		3.67	5	4.49	0.04	0.14	0.613	
22		4.67	5	4.36	0.04	0.17	0.919	
23		5.67	5	4.23	0.04	0.20	1.275	
24		6.67	5	4.11	0.03	0.23	1.674	
25		7.67	5	3.99	0.03	0.26	2.113	
26		8.67	5	3.87	0.03	0.28	2.586	
27		9.67	105	78.90	0.67	6.45	64.892	
28								

图 2-9　债券的 BPV、持续期和凸性计算

表 2-12 图 2-9 中的部分单元格公式

单元格	名称	公式
\$C\$7	价格	=PRICE(C2,C3,C5,C6,C4,E6,计时基准)
\$E\$2	应计天数	=结算日－COUPPCD(结算日,到期日,付息频率,计时基准)
\$E\$3	1 期天数	=COUPDAYS(结算日,到期日,付息频率,计时基准)
\$E\$4	残端	=(E3－E2)/E3
\$E\$5	债券全价	=PRICE_Full(结算日,到期日,息票率,到期收益率,面值,付息频率,计时基准)
\$C\$10	现金流现值	=SUM(D18:D27)
\$E\$10	现金流现值	=E5
\$C\$11	BPV	=(PRICE(结算日,到期日,息票率,到期收益率－0.0001,面值,付息频率,计时基准)－债券价格)*100
\$D\$11	BPV	=DURATION(结算日,到期日,息票率,到期收益率,付息频率,计时基准)
\$E\$11	BPV	=BPV(结算日,到期日,息票率,到期收益率,付息频率,计时基准)*100
\$C\$12	D	=SUM(F18:F27)/2
\$D\$12	D	=DURATION(结算日,到期日,息票率,到期收益率,付息频率,计时基准)
\$E\$12	D	=DurationMacaulay(结算日,到期日,息票率,到期收益率,付息频率,计时基准)
\$C\$13	MD	=C12/(1+到期收益率/付息频率)
\$D\$13	MD	=MDURATION(结算日,到期日,息票率,到期收益率,付息频率,计时基准)
\$E\$13	MD	=DurationModified(结算日,到期日,息票率,到期收益率,付息频率,计时基准)
\$C\$14	凸性	=SUM(G\$18:G\$27)/(2*\$E\$6^2)
\$E\$14	凸性	=Convexity(结算日,到期日,息票率,到期收益率,付息频率,计时基准)
\$B\$18	=E4	=\$C\$4*\$C\$5/\$E\$6
\$C\$19	=1+B18	=\$C\$4*\$C\$5/\$E\$6
\$C\$20	=1+B19	=\$C\$4*\$C\$5/\$E\$6
\$C\$21	=1+B20	=\$C\$4*\$C\$5/\$E\$6
\$C\$22	=1+B21	=\$C\$4*\$C\$5/\$E\$6
\$C\$27	现金流	=\$C\$4*\$C\$5/\$E\$6+面值
\$D\$18	现值	=C18/(1+到期收益率/付息频率)^B18
\$E\$18	权重	=D18/\$C\$10
\$F\$18	加权期数	=B18*E18
\$G\$18	凸性	=(1+B18)/(1+\$C\$6/付息频率)^2*F18

下面我们说明如何在 Excel 中构建一个债券价格利率敏感性互动模型,在这一模型中我们可以通过改变模型的任何一个参数包括时间参数来重新计算利率敏感性指标。图 2-10 是模型界面。模型中因将字体颜色设置为白色而未显示的部分见图 2-11。图 2-10 中 F5:H7 区域内容也可以通过将字体颜色设置为白色而加以隐藏。

	A	B	C	D	E	F	G	H
1								
2		债券描述				选择年	选择月	选择日
3		结算日	2015/8/5			2017	3	3
4		到期日	2017/3/3					
5		应计天数	155.00			年	月	日
6		计息期	184.00				2	3	3
7		残端	0.1576			2017		
8		剩余期数	3.158					
9		息票率	2%					
10		收益率 y	4%	3.9900%				
11		面值	1000					
12		每期付息	10					
13		支付频率	2					
14		日算基准	1					
15		价格	969.68	969.83				
16								
17			公式	函数	自编函数		价格和近似价格	
18		现金流现值	978.10		978.10	Δy	1.0%	-1.0%
19		BPV	0.1485	0.1485	0.0149	实际	954.98	984.68
20		持续期	1.5486	1.5486	1.5486	BPV	954.83	984.53
21		修正持续期	1.5183	1.5183	1.5183	DM	954.96	984.40
22		凸性	1.5412		1.5412	DM+C	955.11	984.55
23								
24								
25								
26		期次	现金流	现值	权重	加权期数	凸性	
27		0.158	10	9.97	1.02%	0.002	0.002	
28		1.158	10	9.77	1.00%	0.012	0.024	
29		2.158	10	9.58	0.98%	0.021	0.064	
30		3.158	1010	948.78	97.00%	3.063	12.240	
31								

图 2-10 债券价格利率敏感性指标互动模型

图 2-10 中 3 个组合框的控制参数设置如表 2-13 所示。图 2-10 和图 2-11 中部分单元格公式见表 2-14。

表 2-13 图 2-10 中 3 个组合框控制参数

F3 组合框	G3 组合框	H3 组合框
数据源区域:$J$27:$J$56	数据源区域:$K$27:$K$38	数据源区域:$L$27:$L$57
单元格链接:$F$6	单元格链接:$G$6	单元格链接:$H$6
下拉显示项数:60	下拉显示项数:12	下拉显示项数:31

	H	I	J	K	L	M
26	t	t-1+a	年	月	日	
27	1	0.158	2016	1	1	
28	2	1.158	2017	2	2	
29	3	2.158	2018	3	3	
30	4	3.158	2019	4	4	
31	5	4.158	2020	5	5	
32	6	5.158	2021	6	6	
33	7	6.158	2022	7	7	
34	8	7.158	2023	8	8	
35	9	8.158	2024		9	
36	10	9.158	2025	10	10	
37	11	10.158	2026	11	11	
38	12	11.158	2027	12	12	
50	24	23.158	2039		24	
51	25	24.158	2040		25	
52	26	25.158	2041		26	
53	27	26.158	2042		27	
54	28	27.158	2043		28	
55	29	28.158	2044		29	
56	30	29.158	2045		30	
57	31	30.158			31	
85	59	58.158				
86	60	59.158				

图 2-11 债券价格利率敏感性指标互动模型中的隐藏数字

表 2-14 图 2-10 和图 2-11 中部分单元格的公式

单元格	定义	公式
B27	期次	=IF(I27<=$C$8,I27," ")
C27	现金流	=IF(B27=" "," ",IF(B27<$C$8,$C$12,$C$12+$C$11))
D27	现值	=IF(C27=" "," ",C27/(1+$C$10/$C$13)^B27)
E27	权重	=IF(D27=" "," ",D27/$C$18)
F27	加权期数	=IF(E27=" "," ",E27*B27)
G27	凸性	=IF(F27=" "," ",(B27+1)*F27/(1+$C$10/$C$13)^2)
H27	t	1
I27	t−1+a	=H27−1+$C$7
J27	年	=YEAR(C3)+1
J28	年	=J27+1
K27	月	1
L27	日	1

五、自编函数的 VBA 代码

本章使用了多个自定义函数,包括债券全价函数、BPV 函数、持续期函数、修正持续期函数和凸性函数。其中,持续期和修正持续期函数 Excel 已经有内置函数,这里出于学习编程的目的而列出这两个函数的代码。其他函数是 Excel 所没有的。在 BPV 函数中,基点价值用债券价格的导数计算,因此,需要调用第三章的计算债券价格导数的自定义函数。下面给出这些自定义函数的代码和解释。

(一) DurationModified 函数

1. 说明

这一函数计算债券的修正持续期,由债券全价函数代码和债券价格导数函数代码合并而成。债券修正持续期等于债券价格的一阶导数除以债券全价,因此,我们用一个函数同时算出债券全价和一阶导数,就可以得到债券的修正持续期。这一函数中计算债券全价的代码可以通过调用上一章的全价函数加以省略。

2. 公式

$$D_M = -\frac{1}{mP}\sum_{i=1}^{n}\frac{-)i-1+h) c_i}{(1+y)^{i+h}}$$

3. 代码

```
1    Function DurationModified (Settlement, Maturity, Rate, Yld, Frequency,
     Optional basis = 1)
2      Dim DSC, E, n, i, P, Pc, Pf, c, y, h, Tmp, Tmp1
3      DSC = Application.CoupDaysNc(Settlement, Maturity, Frequency, basis)
4      E = Application.CoupDays(Settlement, Maturity, Frequency, basis)
5      n = Application.CoupNum(Settlement, Maturity, Frequency, basis)
6      c = 100 * (Rate/Frequency)
7      y = Yld/Frequency
8      h = DSC/E
9      For i = 1 To n
10         Pc = Pc + c/(1 + y)^(i - 1 + h)
11         Tmp = Tmp - (i - 1 + h) * c/(1 + y)^(i + h)
12     Next i
13     Pf = 100/(1 + y)^(n - 1 + h)
14     P = Pc + Pf
15     Tmp1 = - (n - 1 + h) * 100/(1 + y)^(n + h)
16     DurationModified = - (Tmp + Tmp1)/(P * Frequency)
17   End Function
```

4. 代码解释

第 1—8 行(略)。

第 9—12 行:用一个循环结构计算债券各期付息的现值和导数并加总。其中第 9 行计算各期付息的现值并加总,第 10 行计算各期付息对收益率的导数并加总。

第 13 行:计算债券面值的现值。

第 14 行:计算债券的发票价格或者说全价。

第 15 行:计算债券面值对收益率的导数。

第 16—17 行(略)。

（二）DurationMacaulay 函数

1. 说明

这一函数计算债券的持续期。持续期等于修正持续期乘以 1 加收益率，所以我们可以通过调用修正持续期函数来计算麦考利持续期。

2. 公式

略。

3. 代码

```
1   Function DurationMacaulay(Settlement, Maturity, Rate, Yld, Frequency, Optional basis = 1)
2       DurationMacaulay = _ DurationModified(Settlement, Maturity, Rate, Yld, Frequency, basis) * (1 + Yld/Frequency)
3   End Function
```

4. 代码解释

略。

（三）CONVEXITY 函数

1. 说明

此函数计算债券的凸性。方法是先计算债券全价和债券价格函数的二阶导数，再用价格函数的二阶导数除以 2 倍的债券全价，所得即债券凸性。

2. 公式

$$C = \frac{1}{2Pm^2} \sum_{i=1}^{n} \frac{i(1+i)\,c_i}{(1+y/m)^{i+2}}$$

编程所用公式为：

$$C = \frac{1}{2Pm^2} \sum_{i=1}^{n} \frac{(i-1+h)(i+h)\,c_i}{(1+y/m)^{i+h+1}}$$

3. 代码

```
1   Function CONVEXITY(Settlement, Maturity, Rate, Yld, Frequency, Optional basis = 1)
2       Dim DSC, E, N, i, P, Pc, Pf, c, y, h, tmp, tmp1
3       DSC = Application.CoupDaysNc(Settlement, Maturity, Frequency, basis)
4       E = Application.CoupDays(Settlement, Maturity, Frequency, basis)
5       N = Application.CoupNum(Settlement, Maturity, Frequency, basis)
6       c = 100 * (Rate/Frequency)
7       y = Yld/Frequency
8       h = DSC/E
9       For i = 1 To N
10          Pc = Pc + c/(1 + y)^(i - 1 + h)
11          tmp = tmp + (i - 1 + h) * (i + h) * c/(1 + y)^(i + h + 1)
12      Next i
13      Pf = 100/(1 + y)^(N - 1 + h)
14      P = Pc + Pf
15      tmp1 = (N - 1 + h) * (1 + N - 1 + h) * 100/(1 + y)^(N + h + 1)
```

```
16      CONVEXITY = (tmp + tmp1)/(2 * P * Frequency^2)
17  End Function
```

4. 代码解释

第 11 行:计算债券各期付息对收益率的二阶导数并加总。

第 15 行:计算债券面值对收益率的二阶导数并加总。

(四) BPV 函数

1. 说明

这一函数计算息票债券价格的 1 基点价值,即 BPV。计算 BPV 需要调用 PRICE_DERIVATIVE 函数,该函数的代码见第一章。

2. 公式

$$BPV = -0.0001 \frac{dP}{dy}$$

其中,dP/dy 是息票债券价格对收益率的导数。

3. 代码

```
1   Function BPV(Settlement, Maturity, Rate, Yld, Redemption, Frequency, Optional basis = 1)
2   Dim Drv
3   Drv = PRICE_DERIVATIVE(Settlement, Maturity, Rate, Yld, Redemption, Frequency, basis)
4   BPV = -0.0001 * Drv
5   End Function
```

4. 代码解释

第 3 行:调用自定义函数 PRICE_DERIVATIVE 来计算债券价格对收益率的导数。

第 4 行:用负 0.0001 乘债券价格函数的一阶导数,得到 BPV 值。

另外,通过调用 PRICE_DERIVATIVE 函数和 PRICE_Full 函数,可以编写一个非常简洁的计算债券修正持续期(DM)的函数。其基本语句是:

$$DM = PRICE\_DERIVATIVE/PRICE\_Full$$

参考书目

[1] 〔美〕法博齐等:《债券市场,分析和策略》(第 5 版),李维平译,北京大学出版社 2004 年版。

[2] 〔美〕法博齐:《固定收益数学》(第 3 版),俞卓菁译,上海人民出版社 1997 年版。

[3] 〔美〕苏瑞什·M. 桑德瑞森:《固定收益证券市场及其衍生产品》(第 2 版),龙永红译,中国人民大学出版社 2006 年版。

[4] J. Hull, Options, Futures, and Other Derivatives, 7th edition, Person Education, 2009.

[5] B. Tuckman, Fixed Income Securities, Tools for Today's Markets, 2th edition, John Wiley and Sons, 2002.

第三章 远期利率和利率互换

在这一章中,我们讨论远期利率及其衍生品——利率互换的性质、应用和定价问题。本章第一节解释远期利率的含义和发现方法,第二节说明利率互换的运行机制和定价,第三节说明如何用 Excel 定价简单利率互换。

第一节 远 期 利 率

前几章分析的利率都是已发行债务工具的利率或即期市场利率。市场参与者预期的未来货币市场利率则被称为远期利率。远期利率不是一种现实的利率,而只是一种预期,包含在收益率的期限结构和短期利率期货的价格中。以下介绍从这两者中发现远期利率的方法。

一、通过利率期限结构发现远期利率

影响债券收益率的因素,除了违约等风险外,还有期限。收益率和期限之间的函数关系称为收益率的期限结构或收益率曲线。收益率曲线有多种形态。最常见的形态是向上倾斜,即长期利率高于短期利率,但有时也会呈水平、下倾和波动等形态,见图 3-1:

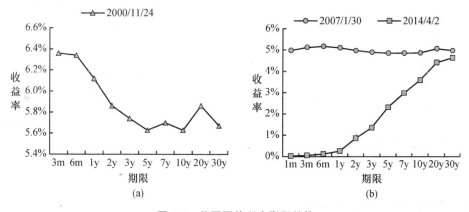

图 3-1 美国国债利率期限结构

按照利率期限结构的"纯预期理论",长期利率中包含了市场对未来短期利率的预期,当前长期利率是当前短期利率和预期未来短期利率的几何平均数。这种观点得到普遍的认同。

因此,普遍接受的观点是,收益率曲线的形态反映了市场参与者作为一个整体(即所谓"市场")对未来短期利率走势的预期。如果市场预期未来利率将上升,短期即期利率和远期利率的几何平均数(长期利率)将高于短期即期利率,这时收益率曲线将上倾。如果市场预期未来短期利率将下降,长期利率将低于短期即期利率,收益率曲线将下倾。如果市场预期未来短期利率将保持不变,则收益率水平将呈水平状。

例如,2 年期债券的利率被认为是当前 1 年期利率和预期 1 年后的 1 年期利率的几何

平均,即:
$$(1+r_2)^2 = (1+r_1)(1+f_{1-1}), \quad r_2 = \sqrt{(1+r_1)(1+f_{1-1})} - 1$$

其中,r_2 是即期两年期利率,r_1 是即期1年期利率,f_{1-1} 是1年后的1年期远期利率。假定当前1年期利率为5%,市场预期1年后的1年期利率为6%,则

$$r_2 = \sqrt{(1+5\%)(1+6\%)} - 1 = \sqrt{1.113} - 1 = 5.4988\%$$

如果市场预期1年后的1年期利率为4%,则

$$r_2 = \sqrt{(1+5\%)(1+4\%)} - 1 = \sqrt{1.092} - 1 = 4.4988\%$$

在前一种情况下,收益率曲线上倾,在后一种情况下,收益率曲线下倾,见图3-2:

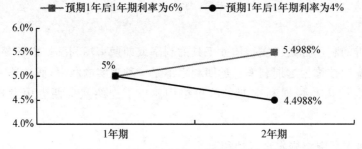

图3-2 不同利率预期下的即期利率曲线

从当前的2年期利率中发现市场预期1年后的1年期利率公式为:

$$f_{1-1} = \frac{(1+r_2)^2}{(1+r_1)} - 1$$

从当前的3年期利率中发现市场预期2.5年后的0.5年期利率公式为:

$$f_{2.5-0.5} = \left[\frac{(1+r_3)^3}{(1+r_{2.5})^{2.5}}\right]^{1/0.5} - 1$$

用上述方法可以从已知利率期限结构中,发现市场对未来各时点上的短期利率预期。设 T_1 为从当前到远期债务开始的时段,T_2 为从当前到远期债务结束的时段,S 为远期债务期限,$S = T_2 - T_1$,r_1 和 r_2 分别为当前 T_1 和 T_2 期的利率。从 r_1 和 r_2 中导出 T_1 期后的 S 期远期利率的一般公式是:

$$f_S = \left[\frac{(1+r_2)^{T_2}}{(1+r_1)^{T_1}}\right]^{1/S} - 1 \tag{3.1}$$

如果是连续复利,则远期利率公式为:

$$f_S = \frac{r_2 T_2 - r_1 T_1}{T_2 - T_1} = (r_2 T_2 - r_1 T_1)/S \tag{3.2}$$

这是因为对连续复利公式

$$e^{f_S S} = \frac{e^{r_2 T_2}}{e^{r_1 T_1}}$$

两边取对数得:

$$\ln e^{f_S S} = \ln e^{r_2 T_2} - \ln e^{r_1 T_1}$$

等价于

$$f_S S = r_2 T_2 - r_1 T_1, \quad 或 f_S = (r_2 T_2 - r_1 T_1)/S$$

对于货币市场短期债务,远期利率公式为:

第三章 远期利率和利率互换

$$f_s = \left(\frac{1+r_2\dfrac{D_2}{E}}{1+r_1\dfrac{D_1}{E}} - 1\right)\frac{E}{D_s} = \left(\frac{r_2\dfrac{D_2}{E} - r_1\dfrac{D_1}{E}}{1+r_1\dfrac{D_1}{E}}\right)\frac{E}{D_s} \qquad (3.3)$$

其中,D_1 是从当前到远期债务开始的天数,D_2 是从当前到远期债务结束的天数,S 是远期债务期限天数,E 是全年天数,均依所使用的日数基准而定。

2012 年 8 月 3 日,我国银行间国债市场的到期收益率和根据其计算的即期收益率的期限结构见表 3-1。从中我们可以发现市场对 2 年后的 6 月期国债利率的预期。

表 3-1 中国银行间国债收益率期限结构(2012/8/3)

到期时间	年数	到期收益率	即期利率
2012/11/3	0.5	2.300%	2.350%
2013/2/3	1	2.300%	2.300%
2013/5/3	1.5	2.365%	2.366%
2013/8/3	2	2.430%	2.432%
2013/11/3	2.5	2.520%	2.524%
2014/2/3	3	2.610%	2.616%
2014/5/3	3.5	2.668%	2.675%
2014/8/3	4	2.725%	2.734%

将表 3-1 中的数据代入式(3.1),得:

$$f_{T_1/s} = \left[\frac{(1+2.52\%/2)^{2.5}}{(1+2.43\%/2)^2}\right]^{1/0.5} - 1 = \left[\frac{(1+2.52\%/2)^{2.5}}{(1+2.43\%/2)^2}\right]^2 - 1 = 2.892\%$$

这表明市场在 2012 年 8 月 3 日时预期 2 年后的 6 月期国债收益率为 2.89% 左右。

表 3-2 是中国外汇交易中心发布的 2012 年 4 月 13 日的 SHIBOR 行情。根据该行情表发现市场预期 3 个月后的 3 月期 SHIBOR 的方法如下。

表 3-2 SHIBOR 行情

期限	SHIBOR(%)
O/N	3.4958
1W	3.7942
2W	3.8579
1M	4.0129
3M	4.8368
6M	5.0709
9M	5.1175
1Y	5.1378

第 1 步,确定各期天数:

  未来 3 个月的实际天数:2012/7/13 − 2012/4/13 = 91

  未来 6 个月的实际天数:2012/10/13 − 2012/4/13 = 183

  全年天数:360(使用"实际/360"基准)

第 2 步,计算远期利率:

$$5.0709\% \times \frac{183}{360} = \left(1 + 4.8368\% \times \frac{91}{360}\right)\left(1 + f_{3M} \times \frac{92}{360}\right) - 1$$

$$f_{3M} = \left[\frac{5.0709\% \times \frac{183}{360} - 4.8368\% \times \frac{91}{360}}{1 + 4.8368\% \times \frac{91}{360}}\right] \times \frac{360}{92} = 5.2384\%$$

以上计算表明市场预期3个月后的3月期SHIBOR为5.2%左右，即市场参与者普遍认为货币市场利率近期有上升趋势。

二、从短期利率期货行情中发现货币市场远期利率

利率期货是要求当事人在未来确定时间按照约定的价格交割一定标准化债务工具的协议。短期利率期货的基础资产是货币市场债务工具，包括欧洲美元、欧洲日元、欧洲瑞士法郎的同业存款，以及美国联邦基金等等。

短期利率期货的价格包含市场对未来短期利率的预期，例如，欧洲美元同业存款期货的价格包含市场对未来美国货币市场利率的预期。下面，我们以美国芝加哥商品交易所(Chicago Mercantile Exchange，CME)交易最活跃的欧洲美元期货(ED)为例，来说明如何从货币期货价格中发现远期利率。

欧洲美元期货最早由芝加哥商品交易所于1981年12月9日推出，其基础资产为3月期欧洲美元同业存款。欧洲美元是美国境外的机构所吸收的美元存款，该存款业务不受美国司法制度管辖，因而不需遵守美国央行的存款准备金要求。欧洲美元存款的期限从活期到5年不等。表3-3是美国芝加哥商品交易所按季循环的欧洲美元期货行情表。

美国CME的欧洲美元期货的特征：

(1) 基础资产为期限3个月、名义本金100万美元的欧洲美元同业定期存单；
(2) 期货的市场价值由每个交易日结束时的伦敦同业拆借利率LIBOR行情决定；
(3) 期货价格=100-3个月LIBOR；
(4) 每日按LIBOR变动基点和基点值(BPV)结算盈亏，交割采取现金形式；
(5) 按季循环合同的到期月份为3月、6月、9月和12月；
(6) 每天共40份按季循环合同挂牌交易，时间跨度为10年；[①]
(7) 最后交易日为交割月份第3个周三前两个伦敦营业日，一般为周一；
(8) 交割日为交割月的第3个周三，交割标准为最后交易日的LIBOR。

在表3-3中，到2012年9月17日的周一，9月期合同停止交易；周二，2022年9月合同挂牌交易；周三，2012年的9月期合同进行交割。

CME的欧洲美元期货的BPV始终等于25美元(100万×0.0001×(90/360)=25)。因此，在到期前的任何时点上，如果LIBOR上升10个基点，期货价值都将减少250美元，反之，则增加250美元。因为1基点始终是25美元，而日数基准是"实际天数/360"，所以CME的欧洲美元期货的名义本金实际上是100万美元左右。假定3个月的天数为90，则

$$名义本金 = 25/[0.0001(90/360)] = 1,000,000$$

假定3个月天数为92，则

$$名义本金 = 25/[0.0001(92/360)] = 978,261$$

---

① 另有4个按月循环合同系列，交割月在3月、6月、9月和12月之外的4个月份循环。

表 3-3 CME 欧洲美元期货行情（交易时间：2012 年 8 月 22 日）

交割月	开盘价	最高价	最低价	上期价	变化	结算价	未结合同
Sep-12	99.58	99.593	99.5775	99.5875	UNCH	99.5825	131387
Dec-12	99.575	99.605	99.575	99.595	0.01	99.59	177952
Mar-13	99.56	99.595	99.56	99.585	0.02	99.58	199908
Jun-13	99.54	99.59	99.54	99.575	0.03	99.57	188602
Sep-13	99.51	99.565	99.51	99.555	0.04	99.55	188752
Dec-13	99.465	99.53	99.465	99.515	0.045	99.51	185593
Mar-14	99.425	99.49	99.425	99.48	0.055	99.475	147034
Jun-14	99.37	99.435	99.365	99.425	0.06	99.42	129362
Sep-14	99.3	99.38	99.3	99.365	0.07	99.36	129666
Dec-14	99.22	99.31	99.215	99.285	0.075	99.28	123734
Mar-15	99.135	99.24	99.135	99.215	0.085	99.21	88386
Jun-15	99.03	99.15	99.03	99.12	0.095	99.115	86656
Sep-15	98.905	99.03	98.905	98.995	0.105	98.995	77753
Dec-15	98.74	98.885	98.74	98.845	0.115	98.845	67737
Mar-16	98.59	98.745	98.59	98.705	0.12	98.705	40618
Jun-16	98.445	98.605	98.445	98.555	0.125	98.555	41136
Sep-16	98.285	98.455	98.285	98.405	0.13	98.405	28112
Dec-16	98.13	98.295	98.13	98.245	0.13	98.245	30527
Mar-17	97.99	98.155	97.99	98.105	0.13	98.105	18163
Jun-17	97.84	98.005	97.84	97.955	0.13	97.955	14200
Sep-17	97.72	97.865	97.72	97.81	0.13	97.82	2906
Dec-17	97.58	97.725	97.575	97.67	0.13	97.68	1597
Mar-18	97.495	97.62	97.48	97.57	0.13	97.58	1441
Jun-18	97.38	97.515	97.38	97.465	0.13	97.475	1025
Sep-18	97.275	97.415	97.275	97.365	0.13	97.375	652
Dec-18	97.225	97.315	97.225	97.265	0.13	97.275	150
Mar-19	97.115	97.245	97.115	97.2	0.13	97.21	120
Jun-19	97.045	97.175	97.045	97.13	0.13	97.14	65
Sep-19		97.07		97.07	0.13	97.08	0
Dec-19	96.955	97	96.955	97	0.13	97.01	16
Mar-20		96.96		96.96	0.13	96.97	5
Jun-20		96.915		96.915	0.13	96.925	12
Sep-20		96.87		96.87	0.13	96.88	5
Dec-20	96.8	96.82	96.8	96.82	0.13	96.83	9
Mar-21		96.795		96.795	0.13	96.805	0
Jun-21		96.77		96.77	0.13	96.78	0
Sep-21		96.735		96.735	0.13	96.745	0
Dec-21		96.695		96.695	0.13	96.705	0
Mar-22		96.68		96.68	0.13	96.69	0
Jun-22		96.65		96.65	0.13	96.66	0
TOTAL						2105246	7729271

我们可以从表 3-3 中发现市场对未来欧洲美元 3 月期同业定期存款利率的预期。从该表中我们看到，在 2012 年 8 月 22 日，2012 年 12 月交割的期货收盘价为 99.59，其中暗含在该期货到期时，欧洲美元 3 月期存款的年利率（欧洲美元 LIBOR）将为：

$$100-99.59=0.41, \quad 或\ 0.41\%$$

表 3-4 展示了 2012 年 8 月 22 日 10 个合同的期限、价格和暗含的远期利率，图 3-3 是同一时期远期利率走势。

表 3-4 欧洲美元期货暗含的欧洲美元 3 月期存款远期利率

到期日	区间天数	累计天数	期货价格	暗含远期利率
2012/8/22	—	—	—	—
2012/9/17	26	26	99.582	0.418%
2012/10/15	28	54	99.59	0.410%
2012/11/19	35	89	99.595	0.405%
2012/12/17	28	117	99.59	0.41%
2013/1/14	28	145	99.59	0.41%
2013/2/18	35	180	99.595	0.405%
2013/3/18	28	208	99.58	0.42%
2013/6/17	91	299	99.57	0.43%
2013/9/16	91	390	99.55	0.45%
2013/12/16	91	481	99.51	0.49%

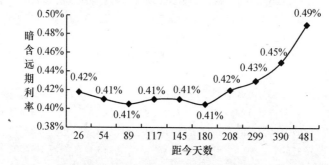

图 3-3 欧洲美元期货价格暗含的 3 月期欧洲美元存款远期利率

第二节 利率互换及其定价

在基于远期利率的金融衍生品中，最重要的是利率互换。本节介绍利率互换的定义和运行机制，然后说明其定价的方法。

一、利率互换的性质和运行机制

利率互换（Interest Rate Swap，IRS）是在未来特定期限内和等额名义本金基础上，一方定期用固定利息交换另一方的浮动利息的协议。在简单利率互换或香草互换（Plain Vanilla Swap）中，互换的只是利息，不涉及名义本金。利率互换和利率期货一样，都是远期利率衍生品,但利率期货是交易所交易产品,而利率互换是场外交易产品,合同可以按需定制。不过,在2008年西方金融危机后,出现了利率互换由场外交易转为场内交易的进程。

互换中的固定利率又称为互换利率,在整个协议期内保持不变,而浮动利率则由各个结算日的参考利率或市场指数的水平决定。固定利率和浮动利率的支付期可以不同。例如,固定利率可能半年或一年支付一次,而浮动利率可能1周、两周、1月或3月支付一次。

按固定利率支付利息的一方,称为固定支付方或互换买方;按浮动利率支付利息的一方,称为浮动支付方或互换卖方。这是因为利率互换可以看作是固定支付方用确定的金额定期向浮动支付方购买一系列不确定的市场指数,双方每次交易的盈亏由固定付款与市场指数价值之间的差额决定。

此外,因为利率上升导致现货债券价格下降,在债券市场做空者因此获利,而固定支付方恰恰是在短期利率不断上升时获利,所以,固定支付方又被看作债券市场空头,而浮动支付方则被看作债券市场多头。

在利率互换中,成交日指签订互换协议的时间,生效日或起息日则是开始对双方贷款计息的时间。起息日按惯例在成交日之后两天。结算日是一个计息期结束时双方计算盈亏的时间。计息期是两个结算日之间的天数。付息日是一方向另一方支付利息差额的时间。到期日是互换协议终止的时间。利率互换可以在到期前终止。生效日与到期日之间的年数是互换的到期年数。浮动利率贷款一般使用"实际/360"的日数基准。

如果首个或最后一个计息期非整数,则该计息期称为"残端"(Stub)。残端的天数小于标准计息期天数,因此,需要使用线性插值法来计算适用于残端的参考利率。线性插值法的公式是:

$$R_k = R_1 + (R_2 - R_1)\frac{(T_k - T_1)}{(T_2 - T_1)} \tag{3.4}$$

其中,R_k是未知利率,R_1和R_2分别是已知的较短期和较长期利率,T_1和T_2分别是前两个已知利率的期限,T_k是未知利率的期限。

假定行情表上只有1个月和3个月期限的SHIBOR,2个月期限的SHIBOR需要用线性插值法计算。已知在2012年8月3日,1个月和3个月期限的SHIBOR分别为4.0129%和4.8368%,距今分别为31天和91天,2个月期限SHIBOR的到期天数为61天,则2个月期限的SHIBOR为:

$$R_{61} = 4.0129\% + (4.3868\% - 4.0129\%)\frac{(61-31)}{(91-31)} = 4.4249\%$$

利率互换是金融机构资产负债管理中的一个重要工具。在一定时期内,银行可再定价生息资产(利率敏感资产)与可再定价付息债务(利率敏感负债)相减所得余额称为缺口。有正缺口的银行在利率下降时会遭受损失。如果银行预期未来短期利率会长期走低,则可以通过出售利率互换来降低利率风险。相反,有负缺口的银行在利率上升时会遭受损失。在预期未来利率将不断上升的情况下,该银行可以通过购买利率互换来降低风险。

另外,利率互换还可在不改变银行资产负债表的情况下,管理银行的持续期缺口风险,即利率变化导致银行净值损失的可能性。净值是资产市场价值减去负债市场价值后的余额。持续期缺口等于资产持续期减负债持续期。在利率上升时,持续期缺口为正的银行,其净值会因为资产减值大于负债减值而减少;而在利率下降时,持续期缺口为负的银行,其净值会因为其负债增值大于资产增值而减少。

在预期未来短期利率将不断走高时,持续期缺口为正的银行可以通过购买利率互换来避免净值损失。在预期未来短期利率有下降趋势时,缺口为负的银行则可通过出售利率互换来减少或避免净值损失。

二、利率互换定价

所谓利率互换的定价是指确定互换中的固定利率或互换利率。利率互换定价涉及的问题是:在签订利率互换协议时,我们应如何确定协议中的固定利率?

我们知道,利率互换涉及两笔名义本金的贷款。因为名义本金是一种抽象的存在,所以,尽管互换协议的双方有不同的信用,但他们互换的贷款却是质上相同(无本金违约风险)、量上相等的。[①] 这意味着两笔贷款的预期收益也应相等,互换协议中贷款预期收益的确定与互换当事人到期是否履约无关。

那么,如何才能让两笔贷款的预期收益相等?在签订利率互换协议时,已知的是两笔贷款的名义现值(名义本金),以及浮动利率贷款各期的预期利息(可以从利率期限结构或利率期货价格中得到)。因此,利率互换定价涉及这样的问题:发现一个长期固定利率,以使固定利率贷款未来各期利息的总现值,等于已知浮动利率贷款各期预期利息的总现值。这一使固定支付方各期付款现值与浮动方各期预期付款现值相等的固定利率,就是互换利率。

利率互换协议中固定利率的确定方式表明,签订一个利率互换协议,实际上是对未来实际短期利率如何偏离当前预期下注。如果未来各期真实浮动付款的现值等于当前预期浮动付款现值,互换双方的实际收益相同,但发生这种情况的概率可说是零。如果未来真实浮动付款的现值大于预期浮动付款的现值,固定支付方获利,浮动支付方亏损。反之,则是浮动支付方获利,固定支付方亏损。

现在我们用一个只有两期的利率互换来说明固定利率的确定问题。假定按照一个两期利率互换协议,在 6 个月内,互换买方用一个 6 月期固定利率贷款与互换卖方两个连续的 3 月期浮动利率贷款交换,到期结算仅仅涉及利息,不涉及本金。在签订协议前,两笔贷款的现金流可用图 3-4 中的时间轴表示。

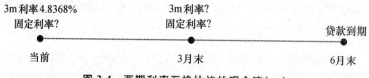

图 3-4 两期利率互换协议的现金流(一)

这时,除了第一期浮动利率是已知的外,其他的固定利率和第二期浮动利率都是未知的。但是,第二期浮动利率的市场预期是已知的。在这种情况下,如何确定固定利率?

假定参考利率是 SHIBOR,已知当前 3 月期 SHIBOR 为 4.8368%,当前 6 月期 SHIBOR 为 5.07%,其中暗含的市场对未来 3 月期 SHIBOR 的预期为 5.2384%。用该市场预期作为 3 个月后利率的参考值,可得互换中的浮动利率贷款的预期现金流,见图 3-5。

---

① 利率互换涉及对方不支付固定—浮动息差的风险。

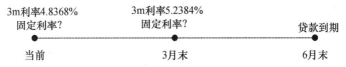

图 3-5　两期利率互换协议的现金流(二)

现在,我们可以用已知和预期的浮动利率来计算浮动利率贷款的预期收益,以及该预期收益和各期名义本金的预期现值。因为浮动利率贷款和固定利率贷款是同质等额的,它们的预期现金流的预期现值也应该是相同的,所以,浮动利率贷款和预期收益现值与该贷款各期本金和预期现值之比,就是我们所寻找的互换利率。

假定互换的名义本金为 1 元,日数基准为 30/360,各个分期的现实和预期浮动利息为:

第 1 期: $1 \times 4.8368\% \times (90/360) = 0.0121$

第 2 期: $1 \times 5.2384\% \times (90/360) = 0.0131$

记固定利率贷款的各个分期的利息为 π,则两笔贷款的等价关系为:

$$\frac{0.0121}{1.0121} + \frac{0.0131}{(1.0121)(1.0131)} = \frac{\pi}{1.0121} + \frac{\pi}{(1.0121)(1.0131)}$$

上式左边计算的是浮动收益的现值,右边是固定贷款各期利息的现值。实际上,以上所计算的是"预期现值",因为用来贴现的包括预期的收益率。计算上式得:

$$2.4731\% = \pi \left[\frac{1}{1.0121} + \frac{1}{(1.0121)(1.0131)} \right] = \pi(1.963313)$$

其中,第一个等式左边是浮动收益的现值,右边方括号内是浮动利率贷款各期本金(1元)的现值。浮动利率贷款收益的预期现值与其各期本金的预期现值之比,即固定利率贷款的利率,或互换利率:

$$\pi = \frac{2.4731\%}{1.963313} = 1.2597\%, \quad \pi_{年} = 1.2597\% \times 4 = 5.0388\%$$

在该利率下,两个贷款是等价的:

$$\frac{1.21\%}{1.0121} + \frac{1.31\%}{(1.0121)(1.0131)} = \frac{1.2597\%}{1.0121} + \frac{1.2597\%}{(1.0121)(1.0131)} = 2.4731\%$$

一般化,记 R_i 为浮动利率贷款各分期的预期收益(首期例外,以下同),D_i 为各分期的天数,E 为全年的天数,则利率互换的等价关系为:

$$\frac{R_1}{\left(1 + r_1 \frac{D_1}{E}\right)} + \cdots + \frac{R_n}{\left(1 + r_1 \frac{D_1}{E}\right) \cdots \left(1 + r_n \frac{D_n}{E}\right)}$$

$$= \frac{\pi}{\left(1 + r_1 \frac{D_1}{E}\right)} + \cdots + \frac{\pi}{\left(1 + r_1 \frac{D_1}{E}\right) \cdots \left(1 + r_n \frac{D_n}{E}\right)}$$

假定互换期限为 n,名义本金为 1 元,日数基准为"实际/360",计息期天数与全年天数之比(年分数)为 h_i。浮动利率贷款的预期年收益率为 r_i,对应的贴现因子为 d_i,各期预期收益为 R_i,预期收益的总现值为:

$$\sum_{i=1}^{n} r_i \frac{D_i}{E} d_i = \sum_{i=1}^{n} r_i h_i d_i = \sum_{i=1}^{n} R_i d_i \quad (3.5)$$

其中,

$$d_n = 1 \Big/ \prod_{i=1}^{n} (1 + r_i h_i) \quad (3.6)$$

记固定利率贷款的分期利息为 π，贴现因子与式(3.6)相同，本金 P 为 1 时，各期收益的现值为：

$$\sum_{i=1}^{n} \pi d_i = \pi \sum_{i=1}^{n} d_i \tag{3.7}$$

式(3.7)右边的和式是各期本金的总现值。固定利率贷款与浮动利率贷款的等价关系为：

$$\pi \sum_{i=1}^{n} d_i = \sum_{i=1}^{n} R_i d_i$$

调整后得：

$$\pi = \frac{\sum R_i d_i}{\sum d_i} \tag{3.8}$$

其中，分子是各远期利息的总现值，分母是各远期本金的总现值。

实践中，除了使用以上方法外，参与者还使用各种不同的方法来确定互换利率，其中一种常用的方法是直接在相同期限的国债利率上加一定的息差。

第三节 用 Excel 计算远期利率和互换利率

本节说明：如何在 Excel 中计算远期利率；如何构造一个短期的互换现金流；如何用欧洲美元利率期货价格确定固定对 3 月期 LIBOR 互换中的互换利率。

一、用 Excel 和 VBA 计算远期利率

我们先说明如何在 Excel 中利用现有的即期利率期限发现市场对未来短期利率预期的方法。

首先是获取国债到期和即期利率期限结构的数据。为此，我们创建一个名为"0301_远期利率"的工作簿，并将该工作簿的两个工作表分别命名为"远期利率"和"数据"，再将从"中国货币"网站下载的中国国债到期和即期收益率期限结构数据导入"数据"工作表中。该网站由中国人民银行总行下属单位中国外汇交易中心暨全国银行间同业拆借中心创建，网址为：http://www.chinamoney.com.cn/。下载的文件格式为 Excel，需要将其另存为逗号分隔的 CSV 文本，再通过单击 Excel 的"数据\获取外部数据\自文本"命令将其导入"数据"工作表中。中国货币网站提供远期利率期限结构数据，我们计算的目的是说明从即期期限结构中导出远期期限结构的方法。下载的数据见图 3-6：

	A	B	C	D	E
1	日期	期限	到期收益率	即期收益率	
2	2014/9/18	0.083	3.5089	3.5089	
3	2014/9/18	0.25	3.6424	3.6424	
4	2014/9/18	0.5	3.7913	3.7913	
103	2014/9/18	49.5	4.8581	5.2671	
104	2014/9/18	50	4.8614	5.2791	
105	数据来源：中国货币网				
106	http://www.chinamoney.com.cn/				
107					

图 3-6 中国国债利率期限结构数据

其次,将"数据"工作表的数据引用到"远期利率"工作表的"B30:E90"区域,计算远期利率。所得结果见图 3-7。图 3-7 中相关单元格公式见表 3-5。

	A	B	C	D	E	F	G	H
26								
27		计算远期利率序列						
28		当前时间	2014/9/18					
29		间隔月数	6					
30		年数	到期时间	收益率	即期	远期	远期连续	
31		0.5	2015/3/18	3.791%	3.791%			
32		1	2015/9/18	3.810%	3.810%	3.829%	3.829%	
33		1.5	2016/3/18	3.867%	3.868%	3.983%	3.983%	
88		29	2043/9/18	4.706%	4.920%	5.635%	5.633%	
89		29.5	2044/3/18	4.714%	4.934%	5.696%	5.693%	
90		30	2044/9/18	4.721%	4.947%	5.716%	5.714%	
91								

图 3-7　中国国债即期和远期收益率期限结构

表 3-5　图 3-7 中部分单元格公式

单元格	名称	公式
C28	当前时间	=数据!A2
C29	间隔月数	6
C31	到期时间	=EDATE(C4,C29)
D31	收益率	=数据!C4/100
D32	收益率	=数据!C6/100
D33	收益率	=数据!C7/100
E31	即期	=数据!D4/100
E32	即期	=数据!D6/100
E33	即期	=数据!D7/100
F32	远期	=((1+E32)^B32/(1+E31)^B31)^(1/(B32−B31))−1
G32	远期连续	=(E32*B32−E31*B31)/(B32−B31)

然后是构建互动模型,见图 3-8,相关公式见表 3-6。

表 3-6　图 3-8 中的单元格公式

单元格	名称	公式
C4	当前时间	=数据!A2
C7	T2	=C6+C5
C8	R1	=VLOOKUP($C$5,$B$31:$G$90,3,0)
C9	R2	=VLOOKUP($C$7,$B$31:$G$90,4,0)
C12	说明文字	=C5&"年后的'&(C7−C5)&'年期利率:"
C13	(公式)	=((1+C9)^C7/(1+C8)^C5)^(1/(C7−C5))−1
C14	(自编函数)	=ForwardRate(C8,C9,C5,C7)
C15	生效时间	=VLOOKUP($C$5,B31:C90,2)

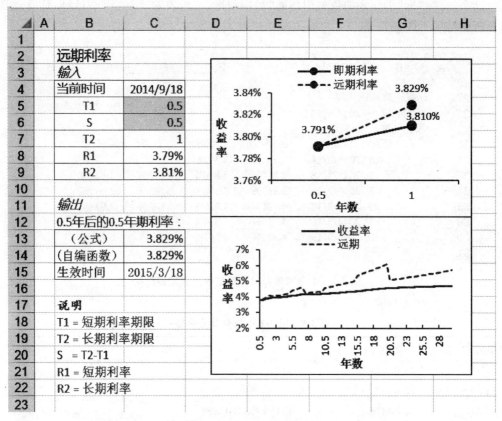

图 3-8 远期利率互动模型

图 3-8 中 C5 和 C6 单元格使用"数据验证(数据有效性)"工具来返回值。单击"数据\数据验证"命令,然后在对话框中作如下设置:

表 3-7

验证条件	
允许:	序列
选中选项:	提供下拉菜单
来源:	=\$B\$31:\$B\$90

这样单击单元格 C5 或 C6,我们就可以在弹出的下拉菜单中选择计算远期利率的时间参数。下面是计算远期利率的自编 VBA 函数 ForwardRate 的代码:

```
Function ForwardRate(Yld1, Yld2, T1, T2)
    Temp = (1 + Yld2)^T2/(1 + Yld1)^T1
    ForwardRate = Temp^(1/(T2 - T1)) - 1
End Function
```

ForwardRate 函数以两个期限的即期收益率及其到期时间为参数,返回单个远期利率。

二、用 Excel 构造利率互换现金流

这里,我们模拟一个 1 个月固定利率对 1 周的 SHIBOR 互换的现金流和盈亏。为了做这样的模拟,我们需要在中国货币网站下载生效日的互换利率和随后 1 个月的 7 天 SHIBOR 数据。

首先创建一个名为"0302_利率互换现金流"的工作簿,将下载的数据分别导入该工作簿中名为"SHIBOR"和"1 周互换"的工作表中,见图 3-9 和图 3-10。

	A	B	C	D	E	F	G	H	I	J
1	SHIBOR行情									
2	日期	O/N	1W	2W	1M	3M	6M	9M	1Y	
3	2014/10/9	2.5623	2.986	3.325	3.984	4.5394	4.8	4.9	5	
4	2014/10/8	2.54	2.903	3.287	3.9905	4.544	4.8	4.9	5	
46	2014/8/4	3.182	3.842	4.086	4.105	4.7081	4.9	4.9551	5	
47	2014/8/1	3.196	3.907	4.047	4.21	4.7149	4.9	4.9558	5	
48	数据来源:中国外汇交易中心									
49										

图 3-9　上海同业拆借利率(SHIBOR)行情

	A	B	C	D	E	F	G	H
1	Shibor1W利率互换定盘曲线							
2	日期	价格类型	1M	3M	6M	9M	1Y	
3	2014/10/9	均值	3.1094	3.1743	3.1934	3.2151	3.2437	
4	2014/10/8	均值	3.1221	3.1732	3.1892	3.2105	3.2347	
28	2014/8/28	均值	3.5247	3.5443	3.5616	3.576	3.5993	
29	2014/8/27	均值	3.5029	3.5665	3.5761	3.6	3.6257	
30	数据来源:中国外汇交易中心							
31								

图 3-10　一个月固定利率对 1 周 SHIBOR 互换行情

然后在该工作簿名为"1月固定对 7 天 SHIBOR 互换"的工作表中输入互换信息(图 3-11)以及相关 SHIBOR 数据(图 3-12)。图 3-11 表明该互换的利率确定日为每周三。最后一周的周三是 10 月 1 日,为我国的国庆节,没有交易数据,因此利率确定日按惯例提前至 9 月 30 日。

	A	B	C	D
3		利率互换描述		
4		成交日	2014/9/1	
5		生效日	2014/9/2	
6		到期日	2014/10/2	
7		期限	30天	
8		名义本金	壹亿	
9		固定利率	3.5392%	
10		参考利率	1周Shibor	
11		浮动计息期	1周	
12		日算基准		
13		固定	实际/360	
14		浮动	实际/360	
15		结算日	每周4	
16		利率确定日	每周3	
17		净额支付日	到期日	
18				

图 3-11　一月期固定利率对 7 天 SHIBOR 互换协议信息

	D	E	F	G	H	I	J
3		*Shibor行情*					
4		时间	星期	隔夜	周利率	2天利率	
5		2014/9/3	3	2.8240%	3.3910%	2.9185%	
6		2014/9/10	3	2.8390%	3.1610%		
7		2014/9/17	3	2.8470%	3.2870%		
8		2014/9/24	3	2.6910%	3.1420%		
9		2014/9/30	2	2.5325%	2.8740%		
10							

图 3-12 引入到主表中的 SHIBOR 数据和所计算的插值

图 3-13 展示了根据图 3-11 和图 3-12 中数据构造的互换现金流和固定支付方的盈亏。图 3-11、图 3-12 和图 3-13 中相关单元格公式见表 3-9。

	A	B	C	D	E	F	G	H	I	J
19		互换现金流								
20			本金	起息日	结算日	日数	星期	利率	利息	
21		固定支付	壹亿	2014/9/2	2014/10/2	30	4	3.56%	296,517	
22		浮动支付								
23	1		壹亿	2014/9/2	2014/9/4	2	4	2.92%	16,214	
24	2		壹亿	2014/9/4	2014/9/11	7	4	3.16%	61,464	
25	3		壹亿	2014/9/11	2014/9/18	7	4	3.29%	63,914	
26	4		壹亿	2014/9/18	2014/9/25	7	4	3.14%	61,094	
27	5		壹亿	2014/9/25	2014/10/2	7	4	2.87%	55,883	
28		合计				30			258,569	
29										
30		固定方到期盈亏								
31		到期收取		258,569						
32		到期支付		296,517						
33		净额		-37,947						
34										

图 3-13 一月固定利率对 7 天 SHIBOR 互换现金流

表 3-9 "1 月固定利率对 7 天 SHIBOR 互换"工作表中的单元格公式

C4	成交日	=C5－1
C5	生效日	=SHIBOR!A25
C6	到期日	=C5＋30
C7	期限	=C6－C5&"天"
C8	名义本金	100000000
C9	固定利率	=VLOOKUP(C5,'1 周互换'!A3:G29,5,FALSE)/100
C15	结算日	="每周"&WEEKDAY(C6,2)
C16	利率确定日	="每周"&WEEKDAY(C6－1,2)
C21	本金	=C8
D21	起息日	=C5
D23	起息日	=C5

(续表)

D24	起息日	=E23
E21	结算日	=C6
E23	结算日	=D23+2
E24	结算日	=D24+7
F21	日数	=E21-D21
F23	日数	=E23-D23
G21	星期	=WEEKDAY(E21,2)
I21	利息	=C21*H21*(F21/360)
I23	利息	=C23*H23*F23/360

三、用 Excel 计算互换利率

这里以事后模拟方式说明如何以 Excel 为工具来确定互换中的固定利率,或互换利率,所涉及的资产为固定支付对 3 月美元 LIBOR 互换。模型所在工作簿为"0303_利率互换定价"。

要对这一互换定价,需要知道 3 月期欧洲美元利率期货的价格,该价格包含市场对未来 3 月期美元 LIBOR 的预期。以下是计算步骤。

第一步,下载必要数据。首先是从芝加哥商品交易所网站下载欧洲美元期货结算价格数据,将其导入"期货利率"工作表中并计算远期利率,见图 3-14:

	A	B	C	D	E
1		欧洲美元期货行情			
2		时间:	2015/3/11		
3		交割月	结算价	远期收益率	
4		Mar-15	99.730	0.270%	
5		Jun-15	99.605	0.395%	
41		Jun-24	96.865	3.135%	
42		Sep-24	96.845	3.155%	
43		Dec-24	96.825	3.175%	
44					

图 3-14 欧洲美元期货价格及其暗含的 3 月期美元 LIBOR 远期利率

其次是从美国州际交易所网站下载 ICE 美元 LIBOR 的数据,导入名为"LOBOR"的工作表中;从美联储下载固定支付对 3 月美元 LIBOR 互换利率,[①]导入名为"互换利率"的工作表中,见图 3-15 和图 3-16。

---

① 网址为 http://www.federalreserve.gov/releases/h15/current。

	A	B	C
1	http://www.global-rates.com/interest-rates/libor/libor.aspx		
2	Tenor	USD ICE Libor 09-Mar-2015	
3	Overnight	0.122%	
4	1 Week	0.139%	
5	1 Month	0.176%	
6	2 Month	0.220%	
7	3 Month	0.270%	
8	6 Month	0.401%	
9	1 Year	0.715%	
10			

图 3-15 美国州际交易所的美元 LIBOR 行情

	A	B	C	D	E	F
40			实际互换利率			
41		年	2015/3/9	2015/3/10	2015/3/11	
42		1	0.520%	0.520%	0.530%	
43		2	0.960%	0.950%	0.960%	
44		3	1.330%	1.310%	1.320%	
45		4	1.610%	1.570%	1.580%	
46		5	1.810%	1.760%	1.770%	
47		7	2.080%	2.020%	2.020%	
48		10	2.310%	2.250%	2.240%	
49		30	2.680%	2.610%	2.580%	
50						

图 3-16 美联储网站的互换利率行情

第二步,在名为"利率互换定价"的工作表中构建信息和参数模块,见图 3-17:

	A	B	C	D	E	F	G	H	I	J
2		用期货利率定价利率互换								
3		基本信息			LIBOR	2015/3/9			利率互换数据	
4		成交时间	2015/3/6		时段	天数	利率		期限(年)	2015/3/9
5		结算时间	2015/3/9		隔夜	1	0.1220%		1	0.52%
6		到期时间	2018/3/12		1周	7	0.1385%		2	0.96%
7		到期年数	3.008		1个月	31	0.1760%		3	1.33%
8		固定支付	按季		2个月	61	0.2195%		4	1.61%
9		浮动支付	按季		3个月	92	0.2699%		5	1.81%
10		日数基准								
11		固定	30/360							
12		浮动	ACT/360							
13		参考利率	3M_LIBOR							
14		名义本金	$							
15										

图 3-17 利率互换信息和参数

第三步,构建输出和中间计算模块,见图 3-18:

互换利率	
理论值	**1.2474%**
实际值	1.3300%
差值	0.0826%

中间计算（使用公式）

开始时间	*结束时间*	*周*	*日数*	*利率**	*增值因子*	*贴现因子*	*利息现值*
2015/3/9	2015/3/16	周1	7	**0.139%**	1.0000	100.00%	0.0000
2015/3/17	2015/6/15	周1	91	0.395%	1.0010	99.90%	0.0010
2015/6/16	2015/9/14	周1	91	0.395%	1.0010	99.80%	0.0010
2015/9/15	2015/12/14	周1	91	0.600%	1.0015	99.65%	0.0015
2015/12/15	2016/3/14	周1	91	0.830%	1.0021	99.44%	0.0021
2016/3/15	2016/6/13	周1	91	1.060%	1.0027	99.17%	0.0027
2016/6/14	2016/9/12	周1	91	1.290%	1.0033	98.85%	0.0032
2016/9/13	2016/12/12	周1	91	1.515%	1.0038	98.47%	0.0038
2016/12/13	2017/3/13	周1	91	1.720%	1.0043	98.05%	0.0043
2017/3/14	2017/6/12	周1	91	1.885%	1.0048	97.58%	0.0046
2017/6/13	2017/9/11	周1	91	2.035%	1.0051	97.08%	0.0050
2017/9/12	2017/12/11	周1	91	2.155%	1.0054	96.56%	0.0053
2017/12/12	2018/3/12	周1	91	2.265%	1.0057	96.01%	0.0055
合计						12.805	0.03993
注：首期残端的利率为即期利率							1.247%

图 3-18 计算互换利率

第四步，验证固定利率贷款与浮动利率贷款之间的等价关系，结果见图 3-19：

固定支付与浮动支付现金流					固定利率 = 1.2474%	
结算时间	日数	*固定支付*	*浮动支付*	*贴现因子*	*固定现值*	*浮动现值*
2015/3/16	7	0.00312	0.0000	100.00%	0.00312	0.00003
2015/6/15	91	0.00312	0.0010	99.90%	0.00312	0.00100
2015/9/14	91	0.00312	0.0010	99.80%	0.00311	0.00100
2015/12/14	91	0.00312	0.0015	99.65%	0.00311	0.00151
2016/3/14	91	0.00312	0.0021	99.44%	0.00310	0.00209
2016/6/13	91	0.00312	0.0027	99.17%	0.00309	0.00266
2016/9/12	91	0.00312	0.0033	98.85%	0.00308	0.00322
2016/12/12	91	0.00312	0.0038	98.47%	0.00307	0.00377
2017/3/13	91	0.00312	0.0043	98.05%	0.00306	0.00426
2017/6/12	91	0.00312	0.0048	97.58%	0.00304	0.00465
2017/9/11	91	0.00312	0.0051	97.08%	0.00303	0.00499
2017/12/11	91	0.00312	0.0054	96.56%	0.00301	0.00526
2018/3/12	91	0.00312	0.0057	96.01%	0.00299	0.00550
合计					***0.03993***	***0.03993***

图 3-19 固定支付与浮动支付等价关系验证

表 3-10 中列举了工作表“利率互换定价”中主要单元格公式：

表 3-10　工作表"利率互换定价"中的单元格公式

单元格	名称	公式	单元格	名称	公式
C4	成交时间	=C5−2	E23	日数	=C23−B23
C5	结算时间	=期货利率!C2*1+1	E24	日数	=C24−C23
C6	到期时间	=EDATE(C5,36)+69	F23	即期利率	=G8+(G9−G8)*(E23−F8)/(F9−F8)
C7	剩余年数	=YEARFRAC(C5,C6,0)	F24	利率	=1−期货利率!C4/100
C17	理论值	=4*I36/H36	G23	增值因子	=1+F23*E23/360
C18	线性插值	=J8	H23	贴现因子	=1/PRODUCT($G$23:G23)
C19	差值	=C18−C17	H35	贴现因子	=1/PRODUCT($G$23:G35)
I8	期限(年)	=C7	I23	利息现值	=F23*E23/360*H23
J8	互换利率	=J7+(J9−J7)*(C7−I7)/(I9−I7)	D42	固定支付	=1*$C$17/4
B23	开始时间	=C5	E42	浮动支付	=1*F23*C42/360
B24	开始时间	=C23+1	F42	贴现因子	=H23
C23	结束时间	=B23+73	G42	固定现值	=D42*$F42
C24	结束时间	=C23+91	H42	浮动现值	=E42*$F42
D23	星期	="周"&WEEKDAY(C23,2)			

参考书目

[1] John Labuszewski, Peter Barker, Michael Kamradt, Eurodollars as Risk Management Tools, 载 CEM 集团网站。

[2] 〔美〕法博齐等:《债券市场,分析和策略》(第5版),北京大学出版社2004年版。

[3] 〔美〕法博齐:《固定收益数学》(第3版),上海人民出版社1997年版。

[4] 〔美〕苏瑞什·M.桑德瑞森:《固定收益证券市场及其衍生产品》(第2版),龙永红译,中国人民大学出版社2006年版。

[5] J. Hull, Options, Futures, and Other Derivatives, 7th edition, Person Education, 2009.

第四章 金融资产的回报和波动性

这一章说明金融资产的回报和波动性,以及用 Excel 估计资产预期回报和波动性的方法。本章第一节说明金融资产的回报及其分布特征;第二节解释金融资产回报的条件异方差模型;第三节说明如何用 Excel 分析资产回报分布和构建条件异方差模型。

第一节 金融资产的回报及其概率分布

一、金融资产的回报

这里所说的金融资产指股票、债券和外币存款等有价凭证。

股票是可交易但不可赎回的公司所有权凭证,或所谓的"权益"(equity)证券,可以有也可以没有面值。因不能赎回,所以投资者只能通过出售来将其转换为现金(变现)。债券是发行人(借款人)对持有人(贷款人)的债务凭证,代表持有人对发行人的货币要求权或债权。债券有一定的期限,持有人既可以在到期时按面值赎回投资,也可在到期前通过转让来收回投资。外币存款是存款人对银行的外币要求权。因为存入国内银行的外币一般会转化为本国银行在外国银行的存款,所以,外币存款本质上是本国居民对外国银行的货币要求权。

股票和债券因为可以上市交易,所以其在面值之外还有市场价格。除了大额可转让存单外,存款本身一般是不可交易的,但外币无息活期存款有由汇率决定的市场价格,这类资产就是所谓的外汇资产。

金融资产的收益是投资者凭借所有权(债权)实现的收入,如股票的股息、债券和存款的利息。金融资产的资本利得是投资者转让资产时因出售价高于买入价而实现的收入,代表资产从投资时到转让时实现的价值增值。金融资产的回报指金融资产在一定时间内的收益和价值增值的总和。但是,在期限很短(例如 1 天或 30 天)的情况下,资产回报仅仅指资产在两个时点之间实现的价值增值,不包括股息和利息等收益。因此,在期限很短时,回报率一般仅指一定时期内的本金增值率。

买进和卖出资产之间的时间又称为持有期。如果持有期为 1 天,时间序列回报数为 n,则暗含的假定是:在 n 天内,对同一资产,投资者每天在交易开始时用昨天的收盘价买进,在交易结束时再按今天的收盘价卖出。

资产的回报有算术(离散)回报与对数(连续)回报之分。前者假定资产是在投资结束时一次实现增值的,而后者则假定资产增值在投资期内是一个连续的过程,即资产价值在持有期内每时每刻都在变化。以下分别说明计算股票、债券和外汇三种资产回报的方法。

股票的离散回报 R 可以用下面的公式计算:

$$r_t = \frac{S_t - S_{t-1}}{S_{t-1}} \tag{4.1}$$

其中,S 是股价,起点时间为 $t-1$,终点时间为 t。离散回报没有考虑期内的增值,因此,用本月末和上月末两天的数据得到的月离散回报与月内每天离散回报之和不等,但等于期内日

增值因子的乘积减1。设1个月营业日为21天,从过去21天到现在的股票月度回报为,

$$R_m = \frac{S_{25} - S_0}{S_0} \neq \sum_{i=1}^{21} \frac{S_i - S_{i-1}}{S_{i-1}} = \sum_{i=1}^{21} R_i$$

但

$$R_m = \frac{S_{21}}{S_0} - 1 = \prod_{i=1}^{m}\left(\frac{S_i}{S_0}\right) - 1 = \prod_{i=1}^{m}(1 + R_i) - 1$$

其中,S_0为上月最后一个营业日的收盘价,S_{21}为本月最后一个营业日的收盘价。

股票的对数或几何回报 r 的公式为:

$$r_t = \ln\left(\frac{S_t}{S_{t-1}}\right) = \ln(1 + R_t) \tag{4.2}$$

由于式(4.2)考虑了期内连续复利的情况,所以,按照这一公式,用两个月末数据计算的月对数回报 r_m 等于月内每日对数回报之和:

$$r_m = ln\left(\frac{S_{21}}{S_0}\right) = \sum_{i=1}^{21} r_i \tag{4.3}$$

现在我们说明对数回报与算术回报的关系。对式(4.3)取自然指数,我们得到:

$$e^r = e^{\ln(1+R)} = 1 + R$$
$$R = e^r - 1 \tag{4.4}$$

指数函数 e^r 的泰勒级数展开式为 $e^r = 1 + r + \cdots \approx 1 + r$,因此,当 r 的数值较小时,有:

$$r \approx e^r - 1 = R \tag{4.5}$$

债券投资的回报率等于买价减卖价所得余额与买价之比。债券回报的特殊问题是:债券回报是市场利率的函数,而市场利率又是债券剩余期限的函数;债券价格会随到期时间接近而向其面值回归。因此,我们不能用计算股票回报的方法来计算债券回报。

在其他因素都相同的情况下,我们可以按剩余期限来划分债券品种。债券行情表上一般只有所谓关键期限利率或关键利率,这里的关键期限可以是1个月、3个月、半年、1年、2年,直至30年,利率则是对应期限的利率。非关键期的利率只能通过前后两个关键利率用插值法来计算。

我们可以计算固定期限债券的回报序列,例如10年期债券持有期为1天的时间序列回报。这种计算暗含的假定是:不考虑交易费用,投资者每天在交易开始时用昨天的收盘利率购买10年期债券,在交易结束时再按当天的收盘利率出售同一期限的债券。

实践中,我们用第二章介绍的方法来计算债券的近似回报和回报率:

$$\Delta P_t = P_t - P_{t-1} \approx -D_M \Delta y P_{t-1}, \quad R_t = \frac{P_t - P_{t-1}}{P_{t-1}} = \frac{\Delta P_t}{P_{t-1}} \approx -D_M \Delta y$$

式中的 P 是债券价格,D_M 是修正持续期,Δy 是对应期限的收益率变动,t 是当前时间。

现在考虑外币存款的回报。假定投资者在0期将人民币 M_0 按即期汇率 e_0 转换为等值的无息外币存款 D_F,$e_0 D_F = M_0$。至 t 期时,D_F 的人民币价值 M_t 取决于 t 期的汇率 e_t,$M_t = e_t D_F$。从0期到 t 期,该外汇资产 D_F 的回报率为:

$$R_t = \frac{M_t - M_0}{M_0} = \frac{e_t D_F - e_0 D_F}{e_0 D_F} = \frac{e_t - e_0}{e_0} = \frac{e_t}{e_0} - 1 \tag{4.6}$$

在连续情况下,则为:

$$r_t = ln\left(\frac{M_t}{M_0}\right) = ln\left(\frac{e_t D_F}{e_0 D_F}\right) = ln\frac{e_t}{e_0} \tag{4.7}$$

二、金融资产回报的概率分布

我们可以把对资产行情的 1 次考察看作是一次随机试验,所得资产回报

$$r = \frac{P_1}{P_0} - 1$$

是该试验的结果,其中的 P_0 是已知常数。由所有可能回报构成的集合即资产回报的结果空间 Ω。因为资产价格的最小值为零,最大值不能确定,所以,资产的回报空间是实数集上的一个子集 $[-1, \infty)$,具有无限性和不可数性。

结果空间中某些可能结果的集合称为事件,记为 A。事件与结果空间的比率

$$P(A) = \frac{A}{\Omega}$$

是事件发生的概率。概率有限可加性和可数可加性两个公理:

对任意的不相交子集 $A_1, A_2, \cdots, A_n$,有:

$$P\left(\sum_{i=1}^{n} A_i\right) = \sum_{i=1}^{n} P(A_i) \text{(有限可加性,finite additivity)}$$

对任意无限个不相交子集 $A_1, A_2, \cdots$,有:

$$P\left(\sum_{i=1}^{\infty} A_i\right) = \sum_{i=1}^{\infty} P(A_i) \text{(可数可加性,countable additivity)}$$

我们可以利用这两个公理将回报空间由无限集转换为有限集。设 $\{A_i\}_{i=1}^{\infty}$ 为回报空间的所有不相交事件序列,其中 $\{A_i\}_{i=n+1}^{\infty}$ 为空集,概率为 0。由以上公理可得:

$$P(\Omega) = \sum_{i=1}^{\infty} P(A_i) = \sum_{i=1}^{n} P(A_i) + \sum_{i=n+1}^{\infty} P(A_i) = \sum_{i=1}^{n} P(A_i) = 1$$

对试验结果 ω 赋值得到随机变量 X,随机变量是试验结果的函数:

$$f : \omega \to X(\omega)$$

因为资产回报本身就是数值,不需要数值化,所以,资产回报的取值范围就是资产回报的结果空间,而资产回报空间中随机事件的概率,就是资产回报这一随机变量的概率。

理论上,金融资产回报有无限多种可能值,是连续随机变量。连续随机变量取特定值的概率称为密度函数 $f(x)$:

$$x \to f(x), \quad 0 \leqslant f(x) \leqslant 1$$

连续随机变量取特定值的概率为零,即 $f(x) = P(X=x) = 0$。但

$$\int_{-\infty}^{+\infty} f(x) \mathrm{d}x = 1 \tag{4.8}$$

而连续随机回报落在区间 $[a,b]$ 中的概率为:

$$P[a,b] = \int_a^b f(x) \mathrm{d}x \tag{4.9}$$

上式可在对随机回报离散化后用下面的公式来近似:

$$P[a,b] = \int_a^b f(x) \mathrm{d}x \approx \frac{1}{n} \sum_{i=1}^{n} I(x_i) \tag{4.10}$$

式中,n 是样本点数。标识函数 I 的公式为:

$$I(x_i) = \begin{cases} 1, & x_i \in [a,b] \\ 0, & x_i \notin [a,b] \end{cases}$$

连续随机变量的分布函数

$$F(x) = P(X < x) = \int_{-\infty}^{x} f(u) \mathrm{d}u \tag{4.11}$$

是随机变量小于某一特定值的概率。由"积分上限的函数的导数是被积函数"微积分定理

$$F'(x) = \frac{\mathrm{d}}{\mathrm{d}x} \int_{-\infty}^{x} f(u) \mathrm{d}u = f(x)$$

可知,随机回报的分布函数 $F(x)$ 的导数就是随机回报的密度函数 $f(x)$。

我们可以通过下面的方法将资产回报由连续随机变量转化为离散随机变量。

设 $[t_0, t_n]$ 是有限历史时间区间,n 是该区间中的自然时间数,自然时间的单位可以是 1 天、1 周或 1 月,因此 n 也是 $[t_0, t_n]$ 中以日、周或月为单位的历史回报数。记历史回报中的最大值为 Mx,则 Mx 与 -1 构成一个有限线段 $[-1, Mx]$。把 n 期中所有的历史回报按照升序排列,则每期回报自然地将线段 $[-1, Mx]$ 划分为 n 段"左开右闭"的子区间。

把每一个子区间看作是一个基本事件,可得一个不相交事件的序列 $E_1, E_2, \cdots, E_n$,该序列为一个可数集,且 $P(\Omega) = \sum_{i=1}^{n} P(E_i) = 1$。资产回报也因此被转化为离散随机变量。由此可见,回报空间的离散化实际上就是把资产所有的历史回报看作资产所有可能的回报。

图 4-1 是美国 IBM 公司股票历史回报趋势图和由 -1 与最大历史回报值构成的回报区间。

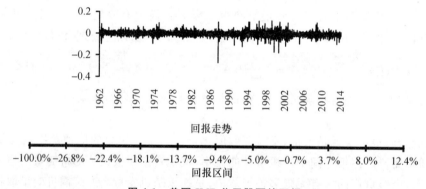

图 4-1 美国 IMB 公司股票的回报

从 1962 年 1 月 2 日到 2014 年 3 月 20 日, IBM 股票的最大单日涨幅为 12.4%, 最小单日跌幅为 -26.8%,共 13143 个观测值。这些数值将区间 $(-26.8\%, 12.4\%]$ 分隔为 13143 个子区间。把每个子区间看作一个基本事件,则这 13143 个历史回报值就构成了 IBM 股票的所有可能回报。

在离散条件下,随机变量取特定值的概率称为质量函数:

$$p(x) = P(X = x) \tag{4.12}$$

离散回报 R 在区间 $[a, b]$ 中取值的概率,等于 R 在该区间的各个质量函数的和:

$$P(a \leqslant R \leqslant b) = \sum_{i=1}^{n} P(R = r_i), \quad a \leqslant r_i \leqslant b \tag{4.13}$$

而离散回报小于或等于特定值的概率,为离散回报的分布函数:

$$F(r) = P(R \leqslant r) = \sum_{i=1}^{n} P(R = u_i), \quad u_i \leqslant r \tag{4.14}$$

显然,按照分布函数的定义,有:

$$F(r) = P(\Omega) = \sum_{i=1}^{n} P(R = r_i) = 1, \quad n = \#(\Omega) \tag{4.15}$$

其中,$\#(\Omega)$是回报结果空间中的结果数。

三、金融资产回报的均值和方差

现在说明估计金融资产回报的均值和方差的方法。离散条件下,总数为 n 的金融资产历史回报被看作所有可能的回报,每一个回报值是一个基本事件,有相同的概率。因此,我们用下面的公式来计算资产回报的均值:

$$\mu = \sum_{i=1}^{n} P_i r_i = \sum_{i=1}^{n} \frac{1}{n} r_i = \frac{1}{n} \sum_{i=1}^{n} r_i \tag{4.16}$$

式中,$1/n$ 是每一种特定股票回报发生的概率。而金融资产离散回报的方差为:

$$\sigma^2 = \sum_{i=1}^{n} P_i (r_i - \mu)^2 = \sum_{i=1}^{n} \frac{1}{n} (r_i - \mu)^2 = \frac{1}{n} \sum_{i=1}^{n} r_i^2 - \mu^2 \tag{4.17}$$

标准差为:

$$\sigma = \frac{1}{n} \sqrt{\sum_{i=1}^{n} (r_i - \mu)^2} \tag{4.18}$$

在连续性条件下,资产回报的总体均值和方差是未知的,只能通过样本均值和方差来估计。设独立同分布随机回报序列 $r_1, r_2, \cdots, r_n$ 是来自回报分布 F 的一个样本。分布 F 的均值 μ 和方差 σ^2 未知,但我们可以通过其样本均值 $\bar{r}$ 和样本方差 s^2 来估计 μ 和 σ^2。$\bar{r}$ 和 s^2 的公式是:

$$\bar{r} = \sum_{i=1}^{n} \frac{r_i}{n} = \frac{1}{n} \sum_{i=1}^{n} r_i$$

$$s^2 = \sum_{i=1}^{n} \frac{(r_i - \bar{r})^2}{n-1} = \frac{1}{n-1} \sum_{i=1}^{n} (r_i - \bar{r})^2$$

股票日回报的均值和标准差代表了持有股票 1 天的期望回报和风险。月度和年度回报的均值和标准差则代表了持有股票 1 月或 1 年的期望回报和风险。持有期 T 乘以日回报的均值 $\bar{r}_d$ 和方差 σ_d^2,即得到持有期回报的均值和方差:

$$\bar{r}_T = \bar{r}_d T, \quad \sigma_T^2 = \sigma_d^2 T, \quad \sigma_T = \sqrt{\sigma_d^2 T} = \sigma_d \sqrt{T}$$

1 个月的营业日大约为 21 天,1 年的营业日大约为 252 天,因此,我们可用下面的公式将日均值和日标准差转化为月度或年度的均值和标准差:

$$\bar{r}_m = 21\bar{r}_d, \quad \bar{r}_y = 252\bar{r}_d, \quad \sigma_m = \sqrt{21\sigma_d^2} = \sqrt{21}\sigma_d, \quad \sigma_y = \sqrt{252\sigma_d^2} = \sqrt{252}\sigma_d$$

四、金融资产回报的分布性质

一般认为,金融资产的价格是非正态变量,但金融资产的回报则是正态变量,服从正态分布。我们以美国 IBM 公司股票历史回报为例来对这一假定进行考察。IBM 公司从 1962 年 1 月 3 日到 2014 年 7 月 3 日股票每日连续回报的描述统计量和频率分布图,分别见表 4-1、图 4-2。

表 4-1　IBM 公司股票日回报率的描述统计量

均值	0.0003
标准差	0.016
偏度	−0.2884
峰度	12.459
最小值	−0.2682
最大值	0.1238
样本点	13216

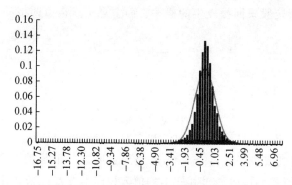

图 4-2　IBM 公司股票日回报率的频率分布(1962.1.3—2014.7.3)

图 4-2 表明，在约 52 年的时间内，IBM 公司的股票日回报的均值接近 0，标准差为 1.6%。分布的偏度为负数，表明分布有较长的左尾。表 4-2 中的峰度根据 Excel 的 KURT 函数计算，所得为超额峰度，即样本分布峰度与正态分布峰度值 3 的差，这里为 12.459。

图 4-2 中的各回报值已作标准化调整，图 4-2 中的钟形曲线是与回报值对应的正态密度函数值。图 4-2 验证了金融资产回报率的分布普遍具有"尖峰肥尾"特征的说法。这说明金融数据的极端值多，这些极端值远离分布的中心点，在正态分布下发生概率几乎为零。这与金融资产回报率容易受投资者的心理影响和经济周期有关。经济和金融恐慌产生负异常回报率和随后的正异常回报，而其余时间资产回报率则在均值附近波动。

另外，我们还可以用 QQ 图来验证 IBM 股票回报的正态性。QQ 图是数据的经验分布分位数与参考分布分位数之间的散点图。如果散点图近似一条直线，则说明数据的经验分布接近参考分布。对于服从正态分布的数据，散点图应该是一条截距为 0、斜率为 1 的 45 度直线。相对于频率分布图，QQ 图能更好地描述数据的尾部特征。IBM 股票回报分位数与参考分布分位数的 QQ 图见图 4-3。

图 4-3 的(a)图是 IBM 回报分位数与标准正态分位数的 QQ 图。其中趋势线的截距和斜率分别为 0.02 和 0.964，说明 IBM 标准化回报的均值和标准差分别近似于 0 和 1。但曲线两端突然增大的斜率表明其尾部分布与正态分布有显著差异。这以另外一种方式展示了 IBM 回报"尖峰肥尾"的特征。

图 4-3 的(b)图是 IBM 标准化回报分位数与自由度为 5 的 t 分布分位数的散点图。我们看到，其中的 QQ 图更近似于一条直线，这说明 IBM 回报的经验分布更近似于 t 分布。这是因为当自由度较小时，t 分布相对于正态分布有尖峰肥尾的特征。

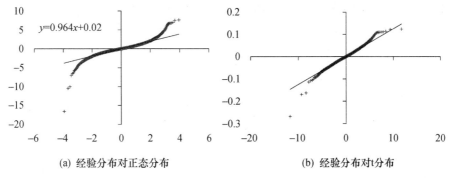

(a) 经验分布对正态分布　　　　　(b) 经验分布对t分布

图 4-3　美国 IBM 日回报对正态分布和 t 分布的 QQ 散点图

股票回报率服从正态分布的假定虽然没有在 IBM 公司的股票回报率上得到证实,但是,我们确实看到该公司的股票回报率分布近似于正态分布。为了使问题简化,我们在以下的分析中都假定股票回报率服从正态分布。在股票回报服从正态分布的假定下,我们可以用正态分布的期望值(均值)和方差公式来计算股票回报的期望值和标准差。

第二节　条件异方差

我们可以把资产回报看作是一个以时间为参数的随机过程,把一组时间序列历史回报看作是该随机过程的一次实现。一个随机过程,如果其均值和方差是一个常数,不随时间变化,我们就说该随机过程是平稳的,否则就说该过程是不平稳的(忽略平稳性的强弱问题),存在随时间变动的均值和异方差。以下解释时间序列资产回报的异方差性以及各种主要的条件异方差模型。

一、金融资产回报的平稳性

在以上的分析中,我们假定资产回报的均值和方差是一个常数,不随时间而变化,也就是假定资产回报是一个平稳的过程。事情是否真是如此呢?我们可以通过考察变量的自相关函数 ACF 来对此加以检验。按照格林的说法,平稳过程的特征之一是自相关函数在某个有限滞后处陡然降至零或逐渐衰减至零。①

自相关系数衡量一个时间序列与其滞后序列的相关性。如果序列滞后 k 期的自相关系数高,说明序列中 $t-k$ 期的变量值与其均值的偏离是影响 t 期变量值与其均值的偏离的因素。

因为资产回报均值由资产回报确定,资产方差由资产回报的离差平方确定,在均值为零时也就是由回报平方确定,所以,通过分别检验时间序列回报和时间序列回报平方的自相关性,就可以了解回报的均值和方差是否随时间而变化。

滞后期与对应的自相关系数构成自相关函数,反映这种函数关系的图称为自相关图。一般我们得到的是样本相关性函数和样本自相关图。我们可以通过多种方法来检验序列的自相关性。一个方法是对各个滞后期自相关性逐一加以检验:如果滞后 k 期的自相关系数在其正负 1.96 个标准误之内,就不能拒绝这样的假设:该序列与滞后 k 期的序列没有自相

---

① 参见〔美〕威廉·H.格林:《计量经济分析》(下册)(第 6 版),张成思译,中国人民大学出版社 2011 年版,第 707 页。

关,即不能拒绝该过程是平稳过程的假设。

另外,我们还可以用 Ljung-Box 统计量(LB 统计量)来检验多个滞后期时间序列数据是否同时具有自相关性。LB 统计量的公式是:

$$\text{LB} = n(n+2) \sum_{k=1}^{m} \frac{\rho_k^2}{(n-k)} \sim X^2(m) \tag{4.19}$$

其中,n 为观测数,ρ 为自相关系数,m 为 ρ 的个数。在 95% 的置信水平下,如果 LB 的值大于概率为 5% 和自由度为 m 的卡方统计量,则拒绝序列数据无自相关的零假设,在一定意义上这等于承认数据存在自相关性。

大量经验研究发现,在金融市场上,交易类资产的回报不存在或只有较小的序列自相关,因此,交易类资产回报的均值可以近似地看作是常数。这可以由回报涨跌幅度具有一定程度的对称性来解释。例如,恐慌可能引起股价由 100 跌到 90,跌幅为 10%;恐慌过后股价又可能从 90 回升到 99,涨幅也是 10%。但是,金融资产回报存在所谓"波动性聚集"的现象,即高或低的波幅在时间上总是聚集在一起。这意味着金融资产回报的波动性不是一个常数,其当前波动性受到其滞后期回报和滞后期波动性的影响。

图 4-4 中的(a)图展示了美国 10 年期国债的收益历史变动,图 4-4 中的(b)图展示的是美元兑日元汇率的收益历史变动。

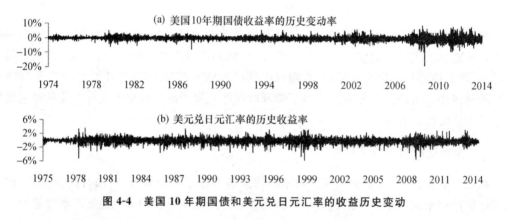

图 4-4 美国 10 年期国债和美元兑日元汇率的收益历史变动

图 4-4 表明,美国 10 年期国债利率在以下历史时期经历了较大的波动:20 世纪 80 年代初的拉美债务危机时期;2000 年互联网危机后的经济低迷时期;2007—2009 年金融危机时期;2010—2013 年间的欧洲债务危机时期和美国央行的资产扩张时期。而日元与美元汇率的几次较大的波动,则分别发生在 1978 至 1983 年间,1997 年末至 1999 年初,2008 年秋至 2009 年初和当前时间。期间分别有日元汇率自由化、亚洲和俄罗斯危机、美国金融危机等事件。

图 4-5 中的(a)和(b)两图展示了美元兑日元汇率的收益和收益平方的自相关图,数据的时间区间为 1971 年 1 月 5 日至 2014 年 7 月 2 日,共 10,910 个样本点。图中的虚线高度等于 1.96 个标准误的值,一个标准误为 $1/\sqrt{n}$,其中 n 为样本点数。对美元兑日元汇率收益率的自相关检验,见表 4-2。

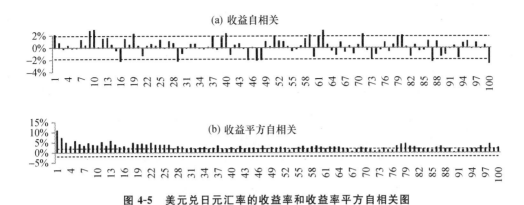

图 4-5 美元兑日元汇率的收益率和收益率平方自相关图

表 4-2 美元兑日元汇率收益自相关检验

零假设	无自相关
1.96σ	0.019
滞后期数	2
LB 统计量	
收益	5.2
收益平方	190
临界值	6.0

我们看到,美元兑日元汇率收益在滞后 2 期时的 LB 统计量为 5.2,小于 6 的临界值。这说明日元/美元汇率的收益是平稳序列。但是,其收益平方却是非平稳序列,从滞后 1 期到滞后 100 期,均有 LB 统计量大于临界值,这说明日元/美元汇率存在异方差性。

二、主要异方差模型

时间序列的异方差模型试图估计变量随时间变化的方差。这些模型主要有移动平均模型(历史波动性模型)、指数加权移动平均模型、自回归条件异方差模型和一般自回归条件异方差模型。这里所谓"自回归"指当前变量的值是其滞后 1 期或数期变量值的函数。"条件方差"是指近期信息对其有更大影响的均值和方差。

1. 移动平均模型

用传统方法估计数据的日方差时,一般使用 1 年以上的日回报数据集,暗含了股票回报波动性是常数的假定。如果我们认为波动性不是常数而是随时间变化的,则波动性的估计就应该用短期数据,如 1 个月的营业日数即 21 天的数据。用这种方法来估计波动性的方法称为历史波动性(History Volatility,HV)模型或移动平均(Moving Average,MA)模型。

假定回报的期望值为 0,日数 $n=20$,则按照移动平均模型,日回报方差和标准差为:

$$\sigma^2 = \frac{1}{20-1}\sum_{i=1}^{20}(r_i)^2, \quad \sigma = \sqrt{\sigma^2}$$

这样,用 $n+20$ 项日回报数据,可得 n 项日回报历史方差和历史波动性。图 4-6 反映的是标准普尔 500 股票指数年度历史波动性,n 为 20 天,时间为 1984 年 7 月 3 日至 2014 年 7 月

3日。

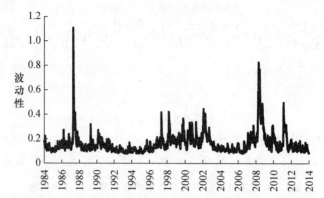

图4-6　标准普尔500指数的年度历史波动性(1984.7.3—2014.7.3)

历史波动性能反映波动性随时间而发生的变化。但是,在这一模型中,最近 n 天的观测值被赋予平均 $1/n$ 的权重,而在此之前的所有数据权重为零,因此,这是一种简单化的异方差建模方法。另外,在这一模型中,还存在天数 n 的选择问题。图4-7表明,用较小的 n 可能会过度反映近期信息的冲击强度,而大的 n 会产生所谓"幽灵"(Ghost)效应,在减轻信息冲击强度的同时,延长信息冲击持续的时间。

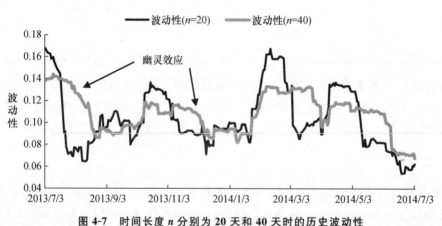

图4-7　时间长度 n 分别为20天和40天时的历史波动性

2. 指数加权移动平均模型

指数加权移动平均(Exponentially Weighted Moving Average,EWMA)波动性模型通过对历史观测值赋予不同的权重来改进简单移动平均模型,时间越近的观测值,被赋予的权重越大,且权重以指数速度随时间衰减。1992年,摩根大通银行开始在其RiskMetrics风险管理系统中使用这一模型。

在EWMA模型中,方差方程为:

$$\sigma_t^2 = (1-\lambda)\sum_{i=1}^{n}\lambda^{i-1}r_{t-i}^2 \quad 0<\lambda<1 \tag{4.20}$$

其中,参数 λ 可以设定,也可以通过最大似然法来估计。摩根大通银行认为0.94的参数适用于各种交易类资产。为了说明该模型的权重随时间以指数速度衰减的特性,我们假定 $n=500$,因此,

$$\sigma_t^2 = (1-\lambda)(\lambda^{1-1}r_{t-1}^2 + \lambda^{2-1}r_{t-2}^2 + \cdots + \lambda^{500-1}r_{t-500}^2)$$

再设 $\lambda=0.94$。因为 $\lambda^{1-1}=1$,所以,第 1 期的权重为 $(0.06)\lambda^{1-1}=0.06$,而最后 1 天的权重为 $(0.06)\lambda^{499}\approx 0$。

EWMA 的简化式为:
$$\sigma_t^2 = \lambda \sigma_{t-1}^2 + (1-\lambda) r_{t-1}^2 \tag{4.21}$$

为证明这一公式,我们先设 $n=1$,终端时间为 $t-1$,由式(4.20),可得:
$$\sigma_{t-1}^2 = (1-\lambda)\lambda^{1-1} r_{t-2}^2 = (1-\lambda) r_{t-2}^2 \tag{4.22}$$

再令 $n=2$,终端时间为 t,则
$$\begin{aligned}\sigma_t^2 &= (1-\lambda)\lambda^{1-1} r_{t-1}^2 + (1-\lambda)\lambda^{2-1} r_{t-2}^2 \\ &= (1-\lambda) r_{t-1}^2 + \lambda(1-\lambda) r_{t-2}^2\end{aligned} \tag{4.23}$$

由式(4.22)和式(4.23),我们得到式(4.21):
$$\sigma_t^2 = \lambda \sigma_{t-1}^2 + (1-\lambda) r_{t-1}^2$$

资产回报第二天的预期波动性为:
$$\sigma_{t+1}^2 = \lambda \sigma_t^2 + (1-\lambda) r_t^2$$

EWMA 模型的优点是简单,更新方差所需的历史数据很少。一旦已经得到 t 期的方差和回报,就能估计出 $t+1$ 期的方差。但由于没有截距项或长期方差项,EWMA 没有条件方差向长期方差回归的特性。说明如下。

因为在均值为零时,$E(r_t^2)=E(\sigma_t^2)=\sigma_t^2$,所以,$t+1$ 期的预期方差为:
$$\begin{aligned}E(\sigma_{t+1}^2) &= \lambda E(\sigma_t^2) + (1-\lambda)E(r_t^2) \\ &= \lambda E(r_t^2) + (1-\lambda)E(r_t^2) \\ &= [\lambda + (1-\lambda)]E(r_t^2) \\ &= \sigma_t^2\end{aligned}$$

而 $t+2$ 期的预期方差为:
$$E(\sigma_{t+2}^2) = [\lambda + (1-\lambda)]E(r_{t+1}^2) = E(\sigma_{t+1}^2) = \sigma_t^2$$

这意味着不论预测期 k 如何增加,我们始终有:
$$E(\sigma_{t+k}^2) = \sigma_t^2, \quad k=1,2,\cdots \tag{4.24}$$

3. ARCH 和 GARCH 模型

ARCH 是"自回归条件异方差"(Autoregressive Conditional Heteroscedasticity)的英文缩写。这是第一个对随时间变动的波动性建模的模型,由恩格尔于 1982 年创立,恩格尔也因此获得 2003 年度的诺贝尔经济学奖。按照恩格尔的说法,ARCH 相对于历史模型的优点是对时间较近的观测值赋予更大的权重,且权重的大小不是由分析师而是由模型决定的。[1]

ARCH(p)模型的方差方程为:
$$\sigma_t^2 = \omega + \sum_{i=1}^{p} \alpha_i r_{t-i}^2 \tag{4.25}$$

其中,σ_t^2 是条件方差,p 是最大滞后期数,ω 是长期平均方差 V 与其权重系数 γ 的乘积,即 $\omega=\gamma V$;r 为资产回报,α 为各滞后期回报的权重系数;t 是时期数。为使条件方差有限和非

---

[1] See Robert Engle: GARCH 101: The Use of ARCH/GARCH Models in Applied Econometrics, Journal of Economic Perspectives, Volume 15, Number 4, Fall 2001, pp.157—168.

负，在模型中必须有 $\gamma + \sum_i \alpha_i = 1$ 和 $0 \leqslant \sum_i \alpha_i < 1$。

滞后 1 期的 ARCH(1) 的方差方程为：

$$\sigma_t^2 = \gamma V + \alpha r_{t-1}^2 = \omega + \alpha r_{t-1}^2 \tag{4.26}$$

按照这一模型，资产回报的条件方差是其长期方差和滞后期回报平方的加权平均数。如果近期回报的波动性较大，条件方差的值也较大，反之，则较小，因此，这一模型能拟合现实中的波动性聚集现象。

与 EWMA 模型不同，ARCH 模型具有均值回归的特性。ARCH(1) 模型可写为：

$$\sigma_t^2 = (1-\alpha)V + \alpha r_{t-1}^2 = V + \alpha(r_{t-1}^2 - V)$$

对 $t+1$ 期和 $t+2$ 期的条件方差分别取期望，得：

$$E(\sigma_{t+1}^2 - V) = \alpha E(r_t^2 - V) = \alpha(\sigma_t^2 - V)$$

$$E(\sigma_{t+2}^2 - V) = \alpha E(r_{t+1}^2 - V) = \alpha E(\sigma_{t+1}^2 - V) = \alpha^2 (\sigma_t^2 - V)$$

这说明对 $t+k$ 期，有：

$$E(\sigma_{t+k}^2) = V + \alpha^k (\sigma_t^2 - V)$$

因为 α 小于 1，所以，随着 k 不断增大，上式右边第二项会不断变小，从而使条件方差的期望值会不断向长期方差 V 回归。

ARCH 模型的主要缺点是难以确定滞后期数：长的滞后期可能导致参数为负数，短的滞后期可能得不到满意的结果。这一缺点限制了该模型在实践中的应用。

由 Bollerslev 于 1986 年建立的"一般自回归条件异方差"(Generalize Autoregressive Conditional Heteroscedasticity，GARCH) 模型对 ARCH 模型作了改进，增强了其实用性。即使在滞后 1 期的情况下，该模型也能得到非常满意的结果。自此之后，条件异方差迅速成为金融学的一个研究工具。

GARCH(p, q) 的条件方差方程为：

$$\sigma_t^2 = \omega + \sum_{i=1}^p \alpha_i r_{t-i}^2 + \sum_{i=1}^q \beta_i \sigma_{t-i}^2 \tag{4.27}$$

对比式 (4.25) 可知，GARCH 模型相比 ARCH 模型多了一个滞后条件方差项。方程中 q 为条件方差的滞后期数，β 是滞后期条件方差的权重系数。可见，在 GARCH 模型中，当前的方差（条件方差）是长期方差、滞后期回报平方和滞后期条件方差的加权平均。

实践中使用最多的 GARCH(1, 1) 为：

$$\sigma_t^2 = \omega + \alpha r_{t-1}^2 + \beta \sigma_{t-1}^2 \tag{4.28}$$

其中，$\omega = \gamma V$；$\gamma, \alpha, \beta > 0$；$\alpha + \beta < 1$。如果 $\gamma = 0, \alpha = (1-\lambda), \beta = \lambda$，则 GARCH 模型退化为 EWMA 模型。如果 $\beta = 0$，则 GARCH 模型退化为 ARCH 模型。

GARCH 模型作为 ARCH 模型的扩展，自然也有均值回复的特性。GARCH 模型可写为：

$$\sigma_{t+1}^2 = (1 - \alpha - \beta)V + \alpha r_t^2 + \beta \sigma_t^2$$

调整后两边取期望，我们得到

$$E(\sigma_{t+1}^2 - V) = \alpha E(r_t^2 - V) + \beta E(\sigma_t^2 - V)$$
$$= (\alpha + \beta) E(r_t^2 - V)$$
$$= (\alpha + \beta)(\sigma_t^2 - V)$$

对 $t+2$ 期，有：

$$E(\sigma_{t+2}^2 - V) = (\alpha+\beta)E(r_{t+1}^2 - V)$$
$$= (\alpha+\beta)(\alpha+\beta)(\sigma_t^2 - V)$$
$$= (\alpha+\beta)^2(\sigma_t^2 - V)$$

一般化,则有:

$$E(\sigma_{t+k}^2) = V - (\alpha+\beta)^k(\sigma_t^2 - V)$$

在 $\alpha+\beta<1$ 的条件下,资产回报的条件方差随着 k 的不断增大而变小,导致条件方差在长期中不断向长期方差 V 回归。

用 GARCH 估计变量在 $t+1$ 期的条件方差,需要估计公式中的三个参数: ω,α,β。参数的估计使用最大似然法。假定资产回报 R 是相互独立服从正态分布的随机变量,其密度函数是:

$$f(r) = \frac{1}{\sqrt{2\pi\sigma^2}} e^{-r^2/2\sigma^2}$$

按照概率论,相互独立的随机变量,其同时发生的概率等于各个随机变量发生的概率的乘积。因此,资产回报序列 $R_1, R_2, \cdots, R_n$ 同时取值为 $r_1, r_2, \cdots, r_n$ 的概率为:

$$f(r_1, r_2, \cdots, r_n) = \prod_{t=1}^{n} \frac{1}{\sqrt{2\pi\sigma_t^2}} e^{-r_t^2/2\sigma_t^2} = \prod_{t=1}^{n} (2\pi\sigma_t^2)^{-\frac{1}{2}} e^{-r_t^2/2\sigma_t^2}$$

取对数:

$$L = \sum_{t=1}^{n} \left[-\frac{1}{2}\ln(2\pi) - \frac{1}{2}\ln(\sigma_t^2) - \frac{1}{2}\frac{r_t^2}{\sigma_t^2} \right]$$

省略其中的常数项和系数,得到计算似然函数值的公式:

$$L = -\sum_{t=1}^{n} \left[\ln(\sigma_t^2) + \frac{r_t^2}{\sigma_t^2} \right] \tag{4.29}$$

参数估计的具体步骤是:

(1) 用预先设定的 ω、α、β 值计算各期的条件方差;
(2) 按式(4.29)计算似然函数值;
(3) 通过变动 ω、α 和 β 最大化 L 的值,即得到参数 ω、α、β 的最优估计。

用 GARCH 方差计算标准化回报平方的公式为:

$$标准化回报平方 = \frac{r_t^2}{\sigma_t^2} \tag{4.30}$$

GARCH 模型估计的波动性针对回报的异方差性作了调整,因此,用式(4.29)计算的标准化回报平方序列不应有自相关性。如果各个标准化回报平方值落在 $\pm 2/\sqrt{n}$ 的区间内(n 为观测数),或标准化回报平方序列的 Ljung-Box 统计量小于对应的卡方临界值,则我们可以据此认为 GARCH 模型是有效的。

下一节,我们将以 Excel 为平台估计资产回报的 GARCH 波动性,并检验其有效性。

第三节 用 Excel 分析金融资产的回报和波动性

本节说明在 Excel 中分析金融资产的时间序列回报和计算条件异方差的方法。首先我们说明如何用 Excel 计算资产回报描述统计量,其次说明在 Excel 中如何制作 QQ 图,最后讲解在 Excel 中构建资产回报条件异方差模型的方法。

一、用 Excel 分析金融资产的时间序列回报

这里我们以欧元兑美元 10 年期间的时间序列数据分析为实例,来说明在 Excel 中对金融资产回报进行分析的基本方法。

第一步,下载数据和导入数据。

首先,从美联储网站(http://www.federalreserve.gov/)或美国圣路易斯联邦银行数据网站(http://research.stlouisfed.org/)下载欧元兑美元的时间序列数据,将其导入名为"0401_资产回报分析"工作簿的"数据"工作表中。见图 4-8:

	A	B	C
1	Series Description	SPOT EXCHANGE RATE - EURO AREA	
2	Unit:	Currency:_Per_EUR	
3	Multiplier:		1
4	Currency:	USD	
5	Unique Identifier:	H10/H10/RXI$US_N.B.EU	
6	Time Period	RXI$US_N.B.EU	
7	1999/1/4		1.1812
8	1999/1/5		1.176
9	1999/1/6		1.1636
10	1999/1/7		1.1672
11	1999/1/8		1.1554
12	1999/1/11		1.1534
13	1999/1/12		1.1548
14	1999/1/13		1.1698
15	1999/1/14		1.1689
16	1999/1/15		1.1591
17	1999/1/18	ND	
18	1999/1/19		1.161
4115	2014/10/2		1.267
4116	2014/10/3		1.2517
4117			

图 4-8 欧元兑美元原始数据

其次,删除数据集中的 ND 或英文句号文本。一个可执行此功能的 VBA 子过程如下:

```
Sub DeleteNDRows()
    Dim CR As Range, n, i
    Set CR = Application.InputBox(prompt:="选择时间和数值序列", Type:=8)
    n = CR.Rows.Count
    For i = n To 1 Step-1
        If IsNumeric(CR(i, 2)) = False Then CR.Rows(i).Delete
    Next
End Sub
```

最后,再对数据重新按降序排列。方法是选中全部日期和汇率数据,单击"开始\排序和筛选\降序"。整理后的数据见图 4-9:

第四章 金融资产的回报和波动性

	A	B	C
1	Series Description	SPOT EXCHANGE RATE - EURO AREA	
2	Unit:	Currency:_Per_EUR	
3	Multiplier:		1
4	Currency:	USD	
5	Unique Identifier:	H10/H10/RXI$US_N.B.EU	
6	Time Period	RXI$US_N.B.EU	
7	2014/10/3		1.2517
8	2014/10/2		1.267
9	2014/10/1		1.2618
10	2014/9/30		1.2628
11	2014/9/29		1.2703
12	2014/9/26		1.2686
30	2014/9/2		1.3124
31	2014/8/29		1.315
32	2014/8/28		1.3178
33	2014/8/27		1.3192

图 4-9 已经整理的数据

第二步，在"分析"工作表中分析数据。

将"数据"工作表的数据引用到工作簿中的"分析"工作表的方法如下：用 Excel 的"开始\填充\序列"工具在分析工作表的 B25:B2545 区域生成 1—2521 的序号；在 C25 和 D25 中引用"数据"工作表的 A7 和 B7 单元格；选中 C25 和 D25，双击复制柄。计算资产回报的描述统计量和分布频率所得结果分别见图 4-10 和图 4-11。"分析"工作表中的单元格公式见表 4-3。

	A	B	C	D	E	F	G	H	I
24		序号	日期	汇率	回报	序号	区间点	频率	
25		1	2014/10/3	1.25	-1.21%	0	-3.00%	1	
26		2	2014/10/2	1.27	0.41%	1	-2.74%	0	
27		3	2014/10/1	1.26	-0.08%	2	-2.48%	1	
51		27	2014/8/27	1.32	0.02%	26	3.83%	0	
52		28	2014/8/26	1.32	-0.13%	27	4.10%	1	
53		29	2014/8/25	1.32	-0.23%	28	4.36%	0	
54		30	2014/8/22	1.32	-0.35%	29	4.62%	1	
55		31	2014/8/21	1.33	0.00%				
2543		2519	2004/9/30	1.24	0.88%				
2544		2520	2004/9/29	1.23	0.02%				
2545		2521	2004/9/28	1.23					
2546									

图 4-10 历史回报及其频率

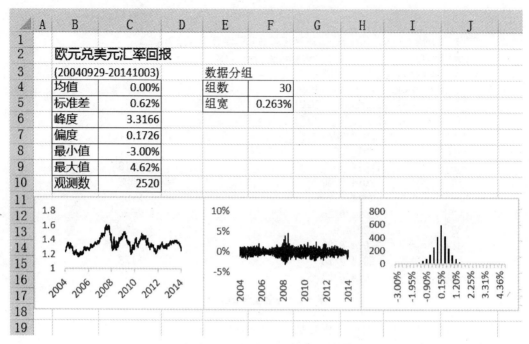

图 4-11　资产回报的描述统计和分组参数

表 4-3　"分析"工作表中的单元格公式

单元格	名称	公式
$C$4	均值	=AVERAGE($E$25：$E$2544)
$C$5	标准差	=STDEV.S($E$25：$E$2544)
$C$6	峰度	=KURT($E$25：$E$2544)
$C$7	偏度	=SKEW($E$25：$E$2544)
$C$8	最小值	=MIN($E$25：$E$2544)
$C$9	最大值	=MAX($E$25：$E$2544)
$C$10	观测数	=COUNT($E$25：$E$2544)
$C$25	日期	=数据!A7
$D$25	汇率	=数据!B7
$E$25	回报	=LN(D25/D26)
$G$25	区间点	=$C$8+$F$5*F25
$H$25	频率	=COUNTIFS($E$25：$E$2544,"<="&G25,$E$25：$E$2544,">"&G25−$F$5)

二、资产回报 QQ 图和自相关检验

(一) QQ 图

"QQ"是英文"Quantile-Quantile"的首字母缩写，QQ 图是"分位数对分位数"散点图。其中，X 轴是指定分布的分位数，Y 轴是经验分布的分位数，而拟合线则反映了两种分布分位数之间的线性关系。QQ 图用来检验经验分布与指定分布的等同性或相似性。如果 QQ 图是直线或近似直线，则表明经验分布与指定分布一致或近似一致。计算指定分布的第 i

项分位数的公式是：

$$Q_i = F^{-1}(p) = F^{-1}\left(\frac{i-0.5}{n}\right) \qquad (4.31)$$

其中，Q_i 是指定分布的分位数，F^{-1} 是指定分布的累积分布函数的反函数，p 是概率值，i 是从 1 到 n 的序列号，n 是总项数。t 分布的自由度的值决定 t 分布的形状，值越大，t 分布越接近正态分布。t 分布的自由度可由公式：$d \approx 6/k + 4$ 计算，其中 k 为标准化正态变量的超额峰度，可由 Excel 函数 KURT 计算。

在"0403_QQ 图"Excel 工作簿的"分析"工作表中，我们对欧元兑美元汇率的经验分布与理论分布的关系进行了分析，结果见图 4-12 和图 4-13。"0403_QQ 图"工作簿"分析"工作表中的单元格公式见表 4-4。

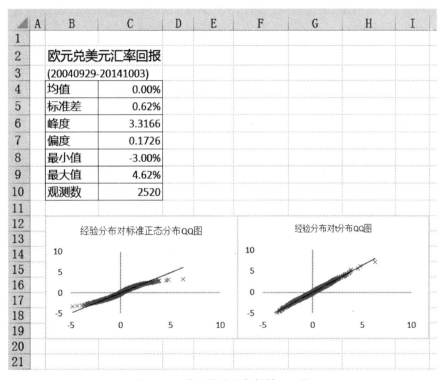

图 4-12 欧元兑美元回报的 QQ 图

	A	B	C	D	E	F	G	H	I
22							分位数		
23			日期	汇率	回报	升序排列	经验分布	标准正态	t 分布
24		1	2014/10/3	1.25	-1.21%	-3.00%	-4.83	-3.35	-7.22
25		2	2014/10/2	1.27	0.41%	-2.69%	-4.32	-3.16	-6.21
26		3	2014/10/1	1.26	-0.08%	-2.42%	-3.89	-3.04	-5.67
2541		2518	2004/10/1	1.24	-0.14%	2.96%	4.76	3.16	6.21
2542		2519	2004/9/30	1.24	0.88%	3.89%	6.26	3.35	7.22
2543		2520	2004/9/29	1.23	0.02%	4.62%	7.43		
2544		2521	2004/9/28	1.23					
2545									
2546									

图 4-13 欧元兑美元汇率 QQ 图数据

表4-4　QQ图工作簿"分析"工作表中的单元格公式

单元格	名称	公式
E24	回报	=LN(D24/D25)
F24	升序排列	=SMALL(＄E＄24：＄E＄2543,B24)
G24	经验分布	=F24/＄C＄5
H24	标准正态	=NORM.S.INV(B24/＄C＄10)
I24	t分布	=T.INV(B24/＄C＄10,5)

（二）自相关检验

在"0404_自相关检验"工作簿"自相关"工作表中,我们对欧元兑美元回报的自相关性进行了分析,结果见图4-14。

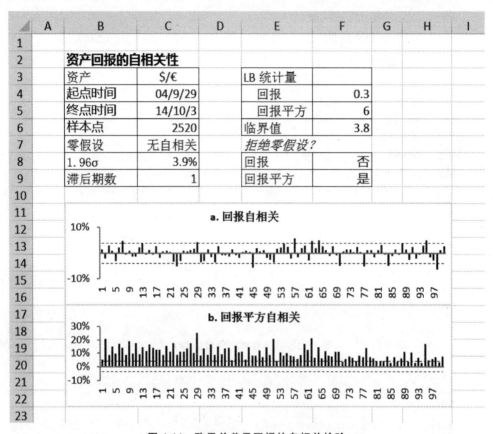

图4-14　欧元兑美元回报的自相关检验

自相关分析中的数据见图4-15和图4-16。"自相关"工作表中的单元格公式见表4-5。

第四章 金融资产的回报和波动性

	A	B	C	D	E	F
33		时间序列回报和回报平方				
34	序号	时间	行情	回报	回报平方	
35	1	10/3/14	1.252	-1.21%	0.01%	
36	2	10/2/14	1.267	0.41%	0.00%	
37	3	10/1/14	1.262	-0.08%	0.00%	
38	4	9/30/14	1.263	-0.59%	0.00%	
2552	2518	10/1/04	1.240	-0.14%	0.00%	
2553	2519	9/30/04	1.242	0.88%	0.01%	
2554	2520	9/29/04	1.231	0.02%	0.00%	
2555	2521	9/28/04	1.231			
2556						

图 4-15 欧元兑美元的回报和回报平方数据

	F	G	H	I	J	K	L	M	N
33		自相关检验							
34		滞后	$\rho_1(r)$	$\rho_2(r^2)$	$-1.96\sqrt{n}$	$1.96\sqrt{n}$	$\rho_1^2/(n-k)$	$\rho_2^2/(n-k)$	
35		1	1.05%	4.77%	-0.039	0.039	0.000000	0.000001	
36		2	-1.99%	20.22%	-0.039	0.039	0.000000	0.000016	
37		3	2.64%	8.17%	-0.039	0.039	0.000000	0.000003	
131		97	-2.61%	5.48%	-0.039	0.039	0.000000	0.000001	
132		98	-6.23%	6.81%	-0.039	0.039	0.000002	0.000002	
133		99	0.90%	2.99%	-0.039	0.039	0.000000	0.000000	
134		100	2.33%	7.27%	-0.039	0.039	0.000000	0.000002	
135									
136									

图 4-16 欧元兑美元回报和回报平方的自相关检验

表 4-5 "自相关"工作表中的单元格公式

C8	1.96σ	$=-NORM.S.INV(0.05/2)/SQRT(\$C\$6)$
F4	回报	$=\$C\$6*(\$C\$6+2)*SUM(OFFSET(\$L\$34,1,0,\$C\$9))$
F5	回报平方	$=\$C\$6*(\$C\$6+2)*SUM(OFFSET(\$M\$34,1,0,\$C\$9))$
F6	临界值	$=CHISQ.INV.RT(0.05,C9)$
F8	拒绝零假设?	$=IF(F4>\$F\$6,"是","否")$
F9	拒绝零假设?	$=IF(F5>\$F\$6,"是","否")$
H35	ρ_1	$=CORREL(\$D\$35:\$D\$2554,D36:D2555)$
I35	ρ_2	$=CORREL(\$E\$35:\$E\$2554,E36:E2555)$
J35	$-1.96\sqrt{n}$	$=-\$C\$8$
L35	$\rho_1^2/(n-k)$	$=H35^2/(\$C\$6-G35)$
M35	$\rho_2^2/(n-k)$	$=I35^2/(\$C\$6-G35)$

单元格 J35 对应的数学公式为:

$$\frac{\Phi^{-1}(0.975)}{\sqrt{n}} = \frac{1.96}{\sqrt{n}}$$

单元格 F4 和 F5 对应的数学公式为:

$$n(n+2)\sum_{k=1}^{m}\frac{\rho_k^2}{(n-k)}$$

三、用 Excel 构建条件异方差模型

（一）历史波动性模型

以上对欧元兑美元汇率 2004 年 9 月 9 日至 2014 年 10 月 3 日 2520 个时间序列日回报率的分布属性作了考察。现在继续用上面的数据来考察金融资产的条件异方差。

首先，我们用上面的数据在 Excel 工作簿"0405_历史波动性模型"的"历史波动性"工作表中，构建欧元兑美元的历史波动性或移动平均波动性模型，结果见图 4-17。图 4-18 是回报数据计算过程。在用 25 个样本点计算一个标准差的情况下，计算 2520 个历史标准差需要 2545 个样本点。

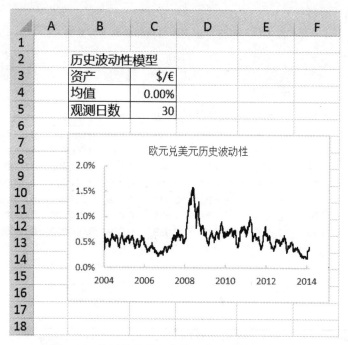

图 4-17 欧元兑美元汇率的历史波动性模型界面

	A	B	C	D	E	F	G
21							
22					历史波动性		
23	序号	日期	行情	回报	30天	60天	
24	1	14/10/3	1.2517	-1.21%	0.423%	0.334%	
25	2	14/10/2	1.267	0.41%	0.378%	0.303%	
26	3	14/10/1	1.2618	-0.08%	0.363%	0.297%	
2566	2543	04/8/26	1.2084	-0.05%	0.425%	0.425%	
2567	2544	04/8/25	1.209	-0.07%	0.512%	0.512%	
2568	2545	04/8/24	1.2099	-0.80%			
2569	2546	04/8/23	1.2196				
2570							
2571							

图 4-18 欧元兑美元汇率历史波动性的计算结果

"0405_历史波动性模型"的"历史波动性"工作表中计算历史波动性的公式为：

单元格:E24=STDEV.S(OFFSET(D24,0,0,$C$5))
单元格:F24=STDEV.S(OFFSET(D24,0,0,60))

在上面的公式中,计算样本标准差的样本点数由 OFFSET 函数根据 C5 单元格的值确定。在本例中,C5 单元格的值为 30,因此上面第一个公式中 OFFSET 的第四个参数的值为 30。这意味着 OFFSET 函数将 D24:D53 区域的 30 个日回报值返回给 STEDV.S 函数,以计算该数据集的标准差。

（二）指数加权移动平均模型

构建欧元兑美元汇率指数加权移动平均模型的工作簿名称为"0406_EWMA 模型",工作表为"EWMA 模型"。所得结果见图 4-19,数据和中间计算见图 4-20。"EWMA 模型"工作表的单元格公式见表 4-6。

	A	B	C	D	E	F
2		EWMA模型				
3		资产	$/€			
4		λ	97.0%			
5		1−λ	3.0%			
6		λ+(1−λ)	1			
7		MLE	23552			
8						
9		预期明天的波动率				
10		0.397%				

图 4-19　欧元兑美元汇率 EWMA 模型界面

	A	B	C	D	E	F
28						
29	序号	日期	回报	条件方差	似然值	EWMA波动性
30	1	14/10/3	−1.21%	0.00%	−1.23	0.05
31	2	14/10/2	0.41%	0.00%	9.91	0.05
32	3	14/10/1	−0.08%	0.00%	11.29	0.05
33	4	14/9/30	−0.59%	0.00%	8.27	0.05
2547	2518	04/10/1	−0.14%	0.00%	10.11	0.10
2548	2519	04/9/30	0.88%	0.00%	8.12	0.10
2549	2520	04/9/29	0.02%	0.00%	10.16	0.10
2550	2521	04/9/28	−0.01%			
2551						

图 4-20　欧元兑美元汇率 EWMA 模型的数据和计算结果

表 4-6 "EWMA 模型"工作表的单元格公式

C4	λ	92%
C5	$1-\lambda$	=1-C4
C6	$\lambda+(1-\lambda)$	=C5+C4
C7	MLE	=SUM(E30:E2548)
B10	预期明天的波动率	=SQRT(C5*C30^2+C4*D30)
D30	条件方差	=$C$4*D31+$C$5*C31^2
D2549	长期方差	=VAR.S(C30:C2549)
E30	似然值	=-LN(D30)-C30^2/D30
F30	EWMA 波动性	=SQRT(252*D30)

在表 4-6 中,D30 计算最后一个 EWMA 方差,D2549 是长期方差,它可以由标准方差函数 VAR 计算,也可以由公式"=C2549^2"计算。

表 4-6 显示 λ 的初始值被设定为 92%。我们用 Excel 的规划求解来估计其最优值。在 Excel 的规划求解中,我们作以下设置:

  设置目标: C7
  到: 最大值
  通过更改可变单元格: C4
  遵循约束: C6=1

同时,在"选项"命令中将"约束精确度"和"收敛"的值设定在小数点后 8 位数以上。单击"确定",规划求解返回最优 λ,以及相应的 $1-\lambda$ 值。在本例中,模型给出的 λ 值为 97%。

(三) GARCH 模型

我们用名为"0407_GARCH 模型"的工作簿构建 GARCH 模型,其中包括两个名为"数据"和"GARCH 模型"的工作表。后一工作表中的模型分为"参数和结果"以及数据和中间计算两个模块,分别见图 4-21 和图 4-22:

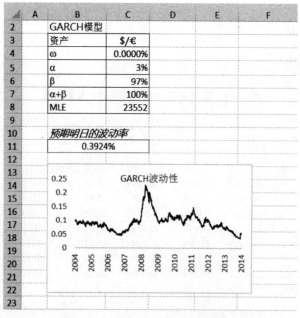

图 4-21 GARCH 模型工作表界面

第四章　金融资产的回报和波动性

	A	B	C	D	E	F	G
24							
25	序号	日期	回报	条件方差	似然值	GARCH波动性	
26	1	14/10/3	-0.0121493	0.0012%	-1.390092	0.0539975	
27	2	14/10/2	0.0041126	0.0011%	9.898905	0.0536355	
28	3	14/10/1	-0.0007922	0.0012%	11.300025	0.0543639	
29	4	14/9/30	-0.0059216	0.0011%	8.240251	0.0527756	
2542	2517	04/10/4	-0.0102133	0.0038%	7.418496	0.0974565	
2543	2518	04/10/1	-0.0013700	0.0039%	10.110534	0.0987873	
2544	2519	04/9/30	0.0088170	0.0038%	8.120862	0.0973368	
2545	2520	04/9/29	0.0001625	0.0039%	10.159397	0.0987341	
2546	2521	04/9/28					
2547							
2548							

图 4-22　GARCH 模型的数据和中间计算

在"GARCH 模型"工作表中使用的主要公式见表 4-7：

表 4-7　"GARCH 模型"工作表中主要单元格公式

C4	ω	0.01%
C5	α	9%
C6	β	90%
C7	$\alpha+\beta$	=C5+C6
C8	MLE	=SUM(E26:E2544)
B11	预期明日的波动率	=SQRT(C4+C5*C26^2+C6*D26)
D26	条件方差	=\$C\$4+\$C\$5*C27^2+\$C\$6*D27
D2545	方差	=VAR.S(C260:C2545)
E26	似然值	=-LN(D26)-C26^2/D26
F26	GARCH 波动性	=SQRT(252*D26)

表 4-7 第 1—3 行中各参数的值是预设的。在 Excel 工作表中为优化这些参数所作的规划求解设置为：

设置目标：　　　　　C8
到：　　　　　　　　最大值
通过更改可变单元格：C4:C6
遵循约束：　　　　　C7<=.999999

大幅度调高约束和收敛精确度，其他保留默认设置。单击"求解"后，规划求解返回的参数值为：$\omega=1.05499E\text{-}07, \alpha=0.031, \beta=0.966$。注意：D2545 计算的不是条件方差，而是一般方差。

（四）GARCH 模型有效性检验

如前所述，如果 GARCH 模型是有效的，则用 GARCH 估计的资产方差对同一时间的回报平方做标准化，所得序列就应不再有自相关性。在工作簿"0408_GARCH 模型检验"的"自相关检验"工作表中，我们对欧元兑美元回报的 GARCH 方差有效性作了检验，见图 4-23 和图 4-24。CARCH 模型有效性检验中的自相关函数值和相关参数计算见图 4-25。

GARCH模型		自相关检验		拒绝零假设?	
资产	$/€	零假设	无自相关	回报平方	是
起点时间	04/9/29	1.96√n	3.90%	r^2/σ^2	否
终点时间	14/10/3	滞后期	3		
观测数	2520	LB统计量			
ω	0%	回报平方	126		
α	3%	r^2/σ^2	7.17		
β	96%	临界值	7.81		

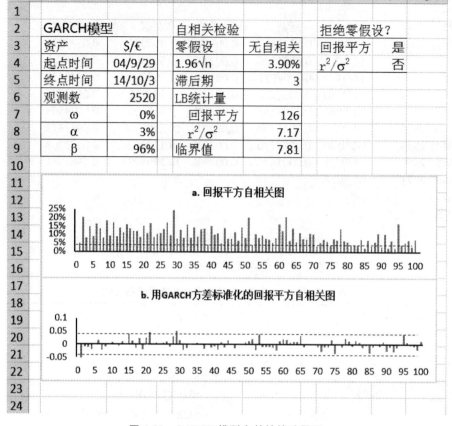

图 4-23 GARCH 模型有效性检验界面

GARCH模型					
序号	日期	r	r^2	条件方差	r^2/σ^2
1	14/10/3	-1.21%	0.0%	0.001%	10.2343
2	14/10/2	0.41%	0.0%	0.001%	1.1854
3	14/10/1	-0.08%	0.0%	0.001%	0.0428
4	14/9/30	-0.59%	0.0%	0.001%	2.5231
2518	04/10/1	-0.14%	0.0%	0.008%	0.0242
2519	04/9/30	0.88%	0.0%	0.008%	1.0000
2520	04/9/29	0.02%			
2521	04/9/28	-0.01%			

图 4-24 用 GARCH 方差对欧元兑美元汇率回报平方标准化的工作表界面

	I	J	K	L	M	N	O
31							
32			自相关检验				
33	ρ_1	ρ_2	-1.96√n	1.96√n	$\rho_1/(n-k)$	$\rho_2/(n-k)$	
34							
35	0.0477	-0.0512	0.0398	-0.0398	0.0000	1.0E-06	
36	0.2021	-0.0103	0.0398	-0.0398	0.0000	4.2E-08	
37	0.0819	-0.0108	0.0398	-0.0398	0.0000	4.6E-08	
133	0.0301	-0.0183	0.0398	-0.0398	0.0000	1.4E-07	
134	0.0727	0.0132	0.0398	-0.0398	0.0000	7.2E-08	
135							
136							

图 4-25 GARCH 模型有效性检验中的自相关函数值和相关参数计算

以下是"0408_GARCH 模型检验"工作簿的"自相关检验"工作表中部分单元格的公式：

F7 ＝＄C＄6＊(＄C＄6+2)＊SUM (OFFSET (＄M＄33，2，0，＄F＄5))
F8 ＝＄C＄6＊(＄C＄6+2)＊SUM (OFFSET (＄N＄33，2，0，＄F＄5))
F9 ＝CHISQ.INV.RT (0.05，F5)
F34 ＝D34/E34

在图 4-24 中，r^2/σ^2 所在列是 GARCH 方差对回报平方标准化后的回报平方。图 4-24 表明，在滞后期为 3 时，GARCH 标准化回报平方不再有序列自相关，而未标准化的回报平方仍然有序列自相关。这说明至少对该资产来说，GARCH 模型是有效的。

参考书目

[1]〔美〕Ruey S. Tsay:《金融时间序列分析》(第 2 版)，王辉等译，人民邮电出版社 2009 年版。

[2] Robert Engle，GARCH 101：The Use of ARCH/GARCH Models in Applied Econometrics，Journal of Economic Perspectives，Vol. 15，No. 4，Fall 2001，pp. 157—168.

[3] Robert F. Engle，Autoregressive Conditional Heteroscedasticity with Estimates of the Variance of United Kingdom Inflation，Econometrica，Vol. 50，No. 4，Jul.，1982，pp. 987—1007.

[4] Bollerslev，Tim，Generalized Autoregressive Conditional Heteroskedasticity，Journal of Econometrics，Vol. 31，No. 3，1986，pp. 307—327.

[5] J. Hull，Options，Futures，and Other Derivatives，7th edition，Person Education，2009.

[6] P. F. Christoffersen，Elements of Financial Risk Management，Academic Press，2003.

第五章 组合回报的均值和方差

组合(Portfolio)指包括多个资产的一笔投资。组合的一个重要特点是具有风险分散效应,即在资产回报的相关系数不等于1的情况下,由多个资产构成的组合的风险小于各个资产风险的加权平均。组合的风险分散效应是本章的主题。另外,在组合投资下,如何构造最优组合的问题,即所谓组合选择问题,将在下一章考察。

本章分为三节:第一节解释在均值—方差模型下组合期望回报和风险的估计方法,第二节说明组合的风险分散效应。第三节说明如何用 Excel 和 VBA 计算组合的期望回报和风险。

第一节 组合回报的均值和方差

现代组合理论的关键问题之一是风险与回报的权衡。关于资产的期望回报和风险,主要有两种定义:其一来自马科维茨于1955年提出的"均值—方差模型"。按照这一模型,资产的预期回报和风险就是按一般统计方法计算的回报均值和方差(或标准差)。其二来自夏普于1963年提出的单一指数模型。单一指数模型的风险和回报问题将在第七章分析,本章仅在马科维茨的均值—方差模型框架内,说明组合回报和风险的计算方法,以及组合的风险分散效应。

一、组合回报均值

组合回报是组合中所有资产回报的加权平均值,权重为资产占组合的比例。考虑一个组合在一个时间序列中的回报,该组合有 m 项资产,r_{ij} 是资产 j 在第 i 期的回报,w_j 是该资产在组合中的权重。该组合在第 i 期的回报为:

$$r_{pi} = w_1 r_{i1} + w_2 r_{i2} + \cdots + w_m r_{im} = \sum_{j=1}^{m} w_j r_{ij} \tag{5.1}$$

这说明组合的单期回报是各资产单期回报的线性组合。假定对任何的 j,均有:

$$w_j \geqslant 0, \quad 且 \quad w_1 + w_2 + \cdots + w_m = 1$$

则该组合是一个凸组合,或凸线性组合。

组合的 n 日时间序列回报为:

$$\{r_{p1}, r_{p2}, \cdots, r_{pn}\}, \quad 或 \quad \left\{\sum_{j=1}^{m} w_j r_{1j}, \sum_{j=1}^{m} w_j r_{2j}, \cdots, \sum_{j=1}^{m} w_j r_{nj}\right\}$$

在 n 相当大时,该序列的均值为:

$$\bar{r}_p = \frac{1}{n}(r_{p1} + r_{p2} + \cdots + r_{pn}) = \frac{1}{n} \sum_{i=1}^{n} r_{pi} \tag{5.2}$$

其中,$\bar{r}_p$ 为组合回报均值,r_{pi} 为组合在第 i 日的回报,n 为日数。将式(5.1)带入式(5.2),得:

$$\bar{r}_p = \frac{1}{n} \sum_{i=1}^{n} r_{pi} = \frac{1}{n} \sum_{i=1}^{n} \sum_{j=1}^{m} w_j r_{ij} = \sum_{j=1}^{m} \sum_{i=1}^{n} \frac{1}{n} w_j r_{ij} = \sum_{j=1}^{m} w_j \bar{r}_j \tag{5.3}$$

组合的期望回报还可用矩阵表示。设 $\mathbf{w}$ 是资产权重列向量，$\mathbf{e}$ 是资产期望回报列向量，则

$$\sum_{j=1}^{m} w_j \bar{r}_j = w_1 \bar{r}_1 + w_2 \bar{r}_2 + \cdots + w_m \bar{r}_m = (w_1 w_2 \cdots w_m) \begin{bmatrix} \bar{r}_1 \\ \bar{r}_2 \\ \vdots \\ \bar{r}_m \end{bmatrix} = \mathbf{w}^T \mathbf{e} \quad (5.4)$$

二、组合回报方差

组合方差为：

$$\sigma_P^2 = \frac{1}{n} \sum_{i=1}^{n} (r_{Pi} - \bar{r}_P)^2 = \frac{1}{n} \sum_{i=1}^{n} \left[\sum_{j=1}^{m} w_j (r_{ij} - \bar{r}_P) \right]^2 \quad (5.5)$$

其中，n 是观测数或资产的时间序列回报数。组合的标准差即组合方差的平方根：

$$\sigma_P = \sqrt{\frac{1}{n} \sum_{i=1}^{n} (r_{Pi} - \bar{r}_P)^2} \quad (5.6)$$

组合方差是关于变量 w 的二次齐次多项式，即二次型：

$$\sigma_P^2 = \sum_{j=1}^{m} \sum_{k=1}^{m} w_j w_k \sigma_{jk} \quad (5.7)$$

这可以用只有两个资产的组合来证明。将只有两种资产的组合方差展开：

$$\sigma_P^2 = \frac{1}{n} \sum_{i=1}^{n} (r_{Pi} - \bar{r}_P)^2$$

$$= \frac{1}{n} \sum_{i=1}^{n} (w_1 r_{i1} + w_2 r_{i2} - w_1 \bar{r}_1 - w_2 \bar{r}_2)^2$$

$$= \frac{1}{n} \sum_{i=1}^{n} [w_1 (r_{i1} - \bar{r}_1) + w_2 (r_{i2} - \bar{r}_2)]^2$$

$$= \frac{1}{n} \sum_{i=1}^{n} [w_1^2 (r_{i1} - \bar{r}_1)^2 + 2 w_1 w_2 (r_{i1} - \bar{r}_1)(r_{i2} - \bar{r}_2) + w_2^2 (r_{i2} - \bar{r}_2)^2]$$

因为

$$\sum_{i=1}^{n} \frac{1}{n} (r_{i1} - \bar{r}_1)^2 = \sigma_1^2, \quad \sum_{i=1}^{n} \frac{1}{n} (r_{i1} - \bar{r}_1)(r_{i2} - \bar{r}_2) = \sigma_{12}, \quad \sum_{i=1}^{n} \frac{1}{n} (r_{i2} - \bar{r}_2)^2 = \sigma_2^2$$

所以，组合方差为：

$$\sigma_P^2 = w_1^2 \sigma_1^2 + 2 w_1 w_2 \sigma_{12} + w_2^2 \sigma_2^2$$

$$= w_1 w_1 \sigma_{11} + w_1 w_2 \sigma_{12} + w_2 w_1 \sigma_{21} + w_2 w_2 \sigma_{22}$$

$$= w_1 \sum_{k=1}^{2} w_k \sigma_{1k} + w_2 \sum_{k=1}^{2} w_k \sigma_{2k}$$

$$= \sum_{j=1}^{2} \sum_{k=1}^{2} w_j w_k \sigma_{jk} \quad (5.8)$$

一般地，多种资产组合的方差可表示为：

$$\sigma_P^2 = w_1^2 \sigma_1^2 + w_1 w_2 \sigma_{12} + \cdots + w_1 w_m \sigma_{1m}$$

$$+ w_2 w_1 \sigma_{21} + w_2^2 \sigma_2^2 + \cdots + w_2 w_m \sigma_{2m} \cdots$$

$$+ w_m w_1 \sigma_{m1} + w_m w_2 \sigma_{m2} + \cdots + w_m^2 \sigma_m^2 \quad (5.9)$$

其简洁形式就是式(5.7)：

$$\sigma_P^2 = \sum_{j=1}^{m}\sum_{k=1}^{m} w_j w_k \sigma_{jk}$$

当 $j=k$ 时，$\sigma_{jk}=\sigma_j^2$ 为资产回报的方差；当 $j\neq k$ 时，σ_{jk} 是两资产回报的协方差。

所有二次型都可以表示为矩阵。例如，对两项资产组合，有：

$$\begin{aligned}\sigma_P^2 &= w_1^2\sigma_1^2 + w_1w_2\sigma_{12} + w_1w_2\sigma_{21} + w_2^2\sigma_2^2 \\ &= w_1(w_1\sigma_1^2 + w_2\sigma_{12}) + w_2(w_1\sigma_{21} + w_2\sigma_2^2) \\ &= \begin{pmatrix} w_1 & w_2 \end{pmatrix} \begin{bmatrix} w_1\sigma_{11} + w_2\sigma_{12} \\ w_1\sigma_{21} + w_2\sigma_{22} \end{bmatrix} \\ &= \begin{pmatrix} w_1 & w_2 \end{pmatrix} \begin{bmatrix} \sigma_{11} & \sigma_{12} \\ \sigma_{21} & \sigma_{22} \end{bmatrix} \begin{bmatrix} w_1 \\ w_2 \end{bmatrix}\end{aligned} \quad (5.10)$$

用同样的方法，我们可以将式(5.9)表示为：

$$\sigma_P^2 = (w_1\ w_2\cdots w_m)\begin{bmatrix} \sigma_{11} & \sigma_{12} & \cdots & \sigma_{1m} \\ \sigma_{21} & \sigma_{21} & \cdots & \sigma_{2m} \\ \vdots & \vdots & \ddots & \vdots \\ \sigma_{m1} & \sigma_{m2} & \cdots & \sigma_{mm} \end{bmatrix}\begin{bmatrix} w_1 \\ w_2 \\ \vdots \\ w_m \end{bmatrix} = \mathbf{w}^T\mathbf{\Omega}\mathbf{w} \quad (5.11)$$

式中的 $\mathbf{\Omega}$ 为方差—协方差矩阵或协方差矩阵，其中对角线上的元素是各资产的方差，对角线以下部分元素是各资产的协方差，对角线以上部分是对角线以下部分的映像。这样的矩阵称为对称矩阵。另外，因为 σ_P^2 为正值，所以，$\mathbf{\Omega}$ 还是正定矩阵或可逆矩阵。

第二节 组合的风险分散效应

一、资产回报的协方差和相关系数

标准差或波动性代表风险。组合的波动性小于各资产波动性的加权平均，因此组合投资的风险小于多个单资产投资的风险，这称为组合的分散效应。组合的分散效应来自资产回报的相关性。相关性指两个变量之间的线性依赖关系。

如果两个资产的各期回报完全一致，具有完全的正相关性，则这两个资产从投资角度看是无差别的同质资产，组合投资等同于单资产投资，不能达到风险降低的目的。

如果两个资产各期价格的变动幅度相同但方向相反，具有完全的负相关性，则在由这两个资产构成的组合中，波动性消失，组合投资成为无风险投资。

如果两个资产的各期回报没有显著的依赖关系，则称这两个资产线性无关。

一般而言，资产之间的回报存在线性相关性，但又不是完全正相关或完全负相关。

相关性的一个尺度是协方差。变量值与其均值之间的差额为离差，协方差是两变量离差乘积的期望值：

$$\sigma_{12} = \frac{1}{n}\sum_{i=1}^{n}(r_{1i}-\bar{r}_1)(r_{2i}-\bar{r}_2) \quad (5.12)$$

其中，r_{1i} 和 r_{2i} 分别是资产 1 和资产 2 在 i 期的回报。

由式(5.12)可知，如果两项资产离差的正负号一致，所得离差乘积为正，否则为负。各期离差乘积为正者越多,离差乘积总和也就越大,因而两项资产的相关性也就越大。各期离差乘积为负者越多,正值被抵消部分越大,两项资产的相关性也就越小。

协方差具有量纲,不便于在量纲不同的对象之间进行比较。例如,{25%,10%,−5%}与{250,100,−50}这两个序列的协方差为22.5,仅凭这一数字很难判断这两个序列相关性的大小。

将协方差标准化,可得无量纲的相关性尺度,即相关系数:

$$\rho_{jk} = \frac{\sigma_{jk}}{\sigma_j \sigma_k} \tag{5.13}$$

相关系数取值范围为[−1,1]。序列{25%,10%,−5%}与{250,100,−50}的标准差分别为15%和150,相关系数为:

$$\rho_{jk} = \frac{\sigma_{jk}}{\sigma_j \sigma_k} = \frac{22.5}{15\% \times 150} = 1$$

由此可知,这两个序列具有完全的相关性。一般而言,两项资产回报的相关系数在−1和1之间,完全正相关和完全负相关者很少。由

$$\sigma_P^2 = w_1^2 \sigma_1^2 + 2w_1 w_2 \sigma_{12} + w_2^2 \sigma_2^2$$
$$= w_1^2 \sigma_1^2 + 2w_1 w_2 \rho \sigma_1 \sigma_2 + w_2^2 \sigma_2^2$$

可知,如果

$$\rho = 0, \quad \sigma_P^2 = w_1^2 \sigma_1^2 + w_2^2 \sigma_2^2$$
$$\rho = 1, \quad \sigma_P^2 = w_1^2 \sigma_1^2 + w_2^2 \sigma_2^2 + 2w_1 w_2 \sigma_1 \sigma_2$$
$$\rho = -1, \quad \sigma_P^2 = w_1^2 \sigma_1^2 + w_2^2 \sigma_2^2 - 2w_1 w_2 \sigma_1 \sigma_2$$

即当相关系数为负1时,两资产组合的风险达到最小。

二、组合的分散化效应实例

现在我们用一个实例来说明组合的分散化效应。在2004年1月5日至2014年6月26日之间,美元兑欧元等四种货币的汇率回报均值和标准差见表5-1:

表5-1 美元兑欧元等汇率回报的均值和风险

	欧元	瑞士法郎	日元	澳元
年均值	1.20%	3.38%	0.72%	3.17%
年标准差	9.94%	11.09%	10.55%	14.47%

将这四种货币资产分为三个投资组合,再假定组合中每项资产的权重均为50%。三个组合的回报均值—风险指标、相关性指标和分散化效应见表5-2。

从表5-2可知,组合1的相关性最高,为79.8%,其分散化效应最低,组合带来的风险下降程度仅为5.2%。组合3的相关性最低,为−5.94%,组合带来的风险降低程度高达30.48%。组合2的分散化效应则居于以上两者之间,相关系数为41%,所导致的风险下降程度为15.7%。

表 5-2 货币组合的回报和风险

	组合 1	组合 2	组合 3
本位货币	美元	美元	美元
资产	欧元,瑞士法郎	瑞士法郎,澳元	日元,澳元
单个资产权重	50%	50%	50%
协方差	0.879%	0.658%	−0.091%
相关性	0.798	0.4104	−0.0594
组合回报均值	2.29%	3.28%	1.95%
组合方差	0.994%	1.16%	0.756%
组合风险(标准差)	9.97%	10.77%	8.70%
资产加权平均风险(标准差)	10.513%	12.776%	12.510%
风险降低程度	−5.2	−15.72%	−30.48%
单位风险期望回报	23%	30%	22%

组合回报均值除以组合风险得到单位风险期望回报。三个组合的单位风险期望回报分别为 23%,30%,22%。显然,对一个以美元为本位货币的投资者来说,不论是从期望回报角度还是从期望回报与风险的关系角度,组合 2 都是最好的选择。就组合 1 和组合 3 来说,则组合 1 略优于组合 3。

第三节 用 Excel 和 VBA 估计组合回报的均值和方差

本节说明在 Excel 中估计组合均值和方差的方法,所有说明都以用真实数据虚构的组合为示例。

一、用 Excel 计算组合回报的均值与方差

我们虚构的组合由 8 个美国公司构成。这 8 个公司的名称和所属行业见表 5-3:

表 5-3 组合的资产

名称	旅行者	摩根大通	卡特彼勒	雪佛龙	杜邦	微软	麦当劳	沃尔玛
股票代码	TRV	JPM	CAT	CVX	DD	MSFT	MCD	WMT
行业	财险	银行	机械	石油	化学	IT	餐饮	零售

公司的股票价格数据来自"雅虎金融"网(http://finance.yahoo.com)。计算组合的 Excel 工作簿名为"0501_组合回报的均值和风险"。其中的"数据"工作表是股票价格数据,另有一个"组合的均值和方差"工作表计算组合回报和方差。

首先,我们把"数据"工作表中的公司股票价格引用到"组合的均值和方差"表中,引用的同时计算时间序列回报,结果见图 5-1。

第五章 组合回报的均值和方差

	B	C	D	E	F	G	H	I	J	K
54										
55		旅行者	JPM	CAT	雪佛龙	杜邦	微软	麦当劳	沃尔玛	组合
56	14/10/24	1.0%	1.2%	0.2%	-0.2%	0.6%	2.4%	0.7%	0.2%	0.7%
57	14/10/23	1.2%	1.1%	4.9%	1.9%	-0.1%	1.4%	0.1%	0.3%	1.3%
58	14/10/22	1.4%	-0.8%	-1.4%	-1.0%	-0.2%	-1.1%	-0.1%	0.0%	-0.4%
2573	04/10/26	6.4%	1.3%	1.4%	1.0%	-1.9%	1.0%	1.7%	1.0%	1.5%
2574	04/10/25	-0.2%	-1.2%	1.3%	0.2%	0.4%	-0.4%	-0.5%	0.6%	0.0%
2575	04/10/22	-0.1%	-0.6%	0.4%	-0.1%	-1.2%	-2.9%	0.0%	-0.2%	-0.6%
2576										

图 5-1 资产历史回报序列

图 5-1 中，C56 和 K56 单元格的公式分别是：

C56＝LN（数据！B3/数据！B4）

K56＝SUMPRODUCT（C56:J56，＄C＄6:＄J＄6）

第二个公式计算组合回报，SUMPRODUCT 是 Excel 计算向量内积的公式，公式中第一个数组是第 i 日各资产的回报，第二个数组是各资产在组合中的权重。

其次，计算组合各资产的均值、方差、标准差和相关系数矩阵，见图 5-2：

	A	B	C	D	E	F	G	H	I	J	K
1											
2		组合回报的均值和风险									
3		资产回报的均值和风险									
4			旅行者	JPM	CAT	雪佛龙	杜邦	微软	麦当劳	沃尔玛	
5		序号	1	2	3	4	5	6	7	8	
6		权重	12.5%	12.5%	12.5%	12.5%	12.5%	12.5%	12.5%	12.5%	
7		均值	14%	7%	12%	11%	8%	8%	15%	6%	
8		方差	9%	19%	11%	7%	8%	7%	4%	4%	
9		标准差	30%	43%	33%	27%	28%	27%	20%	19%	
10											
11		相关系数矩阵									
12			旅行者	JPM	CAT	雪佛龙	杜邦	微软	麦当劳	沃尔玛	
13		旅行者	1	0.61	0.48	0.55	0.56	0.49	0.45	0.46	0
14		JPM	0.61	1	0.52	0.49	0.61	0.47	0.41	0.39	1
15		CAT	0.48	0.52	1	0.61	0.68	0.51	0.42	0.38	2
16		雪佛龙	0.55	0.49	0.61	1	0.64	0.52	0.46	0.40	3
17		杜邦	0.56	0.61	0.68	0.64	1	0.55	0.49	0.43	4
18		微软	0.49	0.47	0.51	0.52	0.55	1	0.42	0.39	5
19		麦当劳	0.45	0.41	0.42	0.46	0.49	0.42	1	0.44	6
20		沃尔玛	0.46	0.39	0.38	0.40	0.43	0.39	0.44	1	7
21											

图 5-2 组合中各资产的均值、方差和相关系数矩阵

图 5-2 中，计算资产均值、方差和标准差的公式见表 5-4。

表 5-4 图 5-2 中部分单元格公式

C7	均值	=AVERAGE(C56:C2575)*252
C8	方差	=VAR.S(C56:C2575)*252
C9	标准差	=SQRT(C8)

计算图 5-2 中 C13:J20 区域相关系数矩阵的方法是在 C13 单元格键入公式：

=CORREL(OFFSET(\$C\$55,1,\$K13,2520),

OFFSET(\$C\$55,1,C\$5−1,2520))

或

=CORREL(INDEX(\$C\$56:\$J\$2575,0,\$K13+1),

INDEX(\$C\$56:\$J\$2575,0,C\$5))

然后将其复制到 C13:J20 区域。

由于 \$K13 和 C\$5 分别是"列绝对\行相对"和"列相对\行绝对"，所以上述公式在向下复制时，相关系数函数的第一回报序列会从旅行者变为沃尔玛，第二回报序列不变；在向右复制时，第一序列不变，第二序列会从旅行者变为沃尔玛，结果是一个相关系数矩阵。

再次，计算组合的协方差矩阵。我们使用两种方法计算的结果见图 5-3：

	A	B	C	D	E	F	G	H	I	J	K	L
22												
23		协方差矩阵（$\rho_{12}\sigma_1\sigma_2$）										
24			旅行者	JPM	CAT	雪佛龙	杜邦	微软	麦当劳	沃尔玛		
25		旅行者	0.089	0.078	0.048	0.044	0.046	0.039	0.026	0.026		
26		JPM	0.078	0.186	0.074	0.057	0.073	0.055	0.035	0.031		
27		CAT	0.048	0.074	0.111	0.054	0.064	0.046	0.027	0.024		
28		雪佛龙	0.044	0.057	0.054	0.073	0.049	0.038	0.024	0.021		
29		杜邦	0.046	0.073	0.064	0.049	0.078	0.042	0.027	0.023		
30		微软	0.039	0.055	0.046	0.038	0.042	0.073	0.023	0.020		
31		麦当劳	0.026	0.035	0.027	0.024	0.027	0.023	0.039	0.016		
32		沃尔玛	0.026	0.031	0.024	0.021	0.023	0.020	0.016	0.036		
33												
34		协方差矩阵（COVAR函数）										
35			旅行者	JPM	CAT	雪佛龙	杜邦	微软	麦当劳	沃尔玛		
36		旅行者	0.089	0.078	0.048	0.044	0.046	0.039	0.026	0.026	0	
37		JPM	0.078	0.186	0.074	0.057	0.073	0.055	0.035	0.031	1	
38		CAT	0.048	0.074	0.110	0.054	0.064	0.046	0.027	0.024	2	
39		雪佛龙	0.044	0.057	0.054	0.073	0.049	0.038	0.024	0.021	3	
40		杜邦	0.046	0.073	0.064	0.049	0.078	0.041	0.027	0.023	4	
41		微软	0.039	0.055	0.046	0.038	0.041	0.073	0.023	0.020	5	
42		麦当劳	0.026	0.035	0.027	0.024	0.027	0.023	0.039	0.016	6	
43		沃尔玛	0.026	0.031	0.024	0.021	0.023	0.020	0.016	0.036	7	
44												

图 5-3 组合的协方差矩阵(使用两种算法)

图 5-3 中，第一个协方差矩阵的计算方法是选中 C25:J32 区域，键入公式：

=(C13:J20)*TRANSPOSE(C9:J9)*(C9:J9)

按组合键：Shift+Control+Enter。

图 5-3 中，第二个协方差矩阵的计算方法是在 C25 区域键入公式：

=COVARIANCE.P(OFFSET($C$55,1,$K36,2520),
OFFSET($C$55,1,C$5−1,2520))*252

然后将其复制到 C35:J43 区域。

最后，计算组合的回报和风险，见图 5-4。其中的单元格公式见表 5-5。

	A	B	C	D	E
44					
45		组合均值和风险			
46			（使用矩阵计算）	（使用数组计算）	
47		均值	10.10%	10.10%	
48		方差	4.60%	4.60%	
49		标准差	21.46%	21.45%	
50		风险溢价	47.1%	47.1%	
51		权重和	1	1	
52					

图 5-4　“组合的均值和方差”工作表中组合均值和风险

表 5-5　“组合的均值和方差”工作表中部分单元格公式

C47	均值	=MMULT(C6:J6,TRANSPOSE(C7:J7))
C48	方差	=MMULT(MMULT(C6:J6,C25:J32),TRANSPOSE(C6:J6))
C49	标准差	=SQRT(C48)
C50	风险溢价	=C47/C49
C51	权重和	=SUM($C$6:$J$6)
D47	均值	=SUMPRODUCT(C6:J6,C7:J7)
D48	方差	=SUM(($K$56:$K$2575−D47/252)^2)/2520*252
D49	标准差	=SQRT(D48)

二、用 VBA 过程估计组合回报的均值和方差

本节介绍计算相关参数或矩阵的 VBA 函数。这些函数可分为以下三类：第一类，用资产回报计算组合的相关系数矩阵和协方差矩阵；第二类，用资产价格做参数计算资产回报的均值和方差；第三类，用资产价格做参数计算组合回报的相关系数和协方差矩阵，以及组合均值和方差。

（一）以资产回报为参数的 VBA 过程

在 Excel 的函数中，如果参数是单元格或单元格区域中的值，则该参数实际上是一个对象变量。当对象变量是对单元格区域的引用时，对象变量类似于一个数组。但是，一个代表工作表区域的对象变量和仅存在于内存中的 VBA 数组变量有质的区别。对 VBA 中的区域对象变量的操作，就是对 Excel 工作表上的一个区域的操作。因此，我们可以在 VBA 代码中引用或设置对象变量的行或列，但却不能对内存中的数组变量做同样的操作。

1. 相关系数矩阵函数 CorrMatrix(Returns)

(1) 说明

用资产回报序列计算资产相关系数矩阵的函数。该函数先计算出一个相关系数下三角

矩阵,再通过一个循环将其转化为方阵,目的是减少计算量。其中,Corr 是相关系数矩阵。Correl 是 Excel 计算相关系数的函数。

(2) 代码

```
1    Function CorrMatrix(Returns)
2    n = Returns.Columns.Count
3    ReDim Corr(1 To n, 1 To n)
4    For i = 1 To n
5      For j = 1 To i
6        Corr(i, j) = Application.Correl(Returns.Columns(i), Returns.Columns(j))
7      Next j
8    Next i
9    For j = 2 To n
10     For i = 1 To j - 1
11       Corr(i, j) = Corr(j, i)
12     Next
13   Next
14   CorrMatrix = Corr
15   End Function
```

(3) 解释

第 4—8 行计算相关系数下三角阵。其中第 6 行语句调用 Excel 的 CORREL 函数计算资产回报间的相关性。括号中的"Returns.Columns(i)"和"Returns.Columns(j)"分别是资产 i 和 j 的回报序列。当 i=j 时,所计算的是单资产回报自身的相关系数。

第 5 行的内循环计数器 j 的值为 j=1 to i,即内循环的迭代次数等于外循环计数器 i 的值,内循环的迭代次数随 i 的值而增加。这样,第一次内循环只有一个单元格被赋值,最后一个内循环有 1 至 n 的单元格被赋值,最终生成一个下三角阵。

第 9—13 行将上一循环生成的下三角阵转换成方阵。因为转换只涉及引用,所以,这样编写程序可以减少计算量。第 9 行,设定计数器 j 的起点为 2,终点为 n;第 10 行,设定计数器 i 的起点为 1,终点为 j−1。这种设置使循环过程就是把对角线以下的值赋给对角线以上的对应部分的过程,从而生成一个对称矩阵。

2. 协方差矩阵函数 CovarpMatrix(Returns)

(1) 说明

即用资产的回报序列计算组合的总体协方差矩阵的函数。函数名中的 P 代表总体。

(2) 代码

```
1    Function CovarpMatrix(Returns)
2    n = Returns.Columns.Count
3    ReDim Cov(1 To n, 1 To n)
4    For i = 1 To n
5      For j = 1 To i
6        Cov(i, j) = Application.Covariance_P(Returns.Columns(i), Returns.Columns(j))
```

```
7       Next j
8     Next i
9     For j = 2 To n
10      For i = 1 To j - 1
11        Cov(i, j) = Cov(j, i)
12      Next
13    Next
14    CovarpMatrix = Cov
15  End Function
```

(3) 解释

该函数与"CorrMatrix"函数在编程上没有差别。这一代码调用 Excel 的协方差的函数"Covariance_P"来计算组合的协方差矩阵。在 Excel 2010 以前,Excel 的协方差函数是"Covar"。Excel 2010 以后,总体协方差函数为"COVARIANCE.P",样本协方差函数为"COVARIANCE.S"。

3. 组合期望回报函数 AveragePortfolio(Returns, w)

(1) 说明

调用 Excel 的平均数函数计算组合期望回报。其中,Returns 是组合各资产回报矩阵,w 是组合各资产的权重向量,EP 是组合的期望回报。

(2) 代码

```
1  Function AveragePortfolio(Returns, w)
2    m = Returns.Columns.Count
3    Dim EP As Double
4    For j = 1 To m
5      EP = EP + WorksheetFunction.Average(Returns.Columns(j)) * w(j)
6    Next
7    AveragePortfolio = EP
8  End Function
```

(3) 解释

第 5 行,首先,用 RANGE 的 Columns 属性选中资产回报矩阵中的 j 列;其次,调用 Excel 的平均数函数 Average 计算该列的平均值,即资产 j 的期望回报,再乘以该资产的权重 w(j);最后,将所得结果加到组合期望回报 EP 上。

通过 m 次循环,得到 m 种资产期望回报的加权平均数,即组合的期望回报。

4. 组合回报方差函数 VarpPortfolio(Returns, w)

(1) 说明

调用 Excel 的向量内积函数计算组合的回报序列,再调用 Excel 的方差函数计算组合回报方差。参数"Returns"和"w"分别是资产回报矩阵和资产权重向量。

(2) 代码

```
1  Function VarpPortfolio(Returns, w)
2    n = Returns.Rows.Count
3    ReDim RP(1 To n)
```

```
4    For i = 1 To n
5        RP(i) = WorksheetFunction.SumProduct(Returns.Rows(i), w)
6    Next
7    VarpPortfolio = WorksheetFunction.Var_P(RP)
8  End Function
```

(3) 解释

第 5 行使用 Excel 的 SumProduct 函数计算资产各期回报行向量 [Returns.Rows(i), $i=1,2,\cdots n$] 与资产权重行向量 w 的内积,所得结果 $RP(i), i=1,2,\cdots n$,即组合回报列向量。注意代码中的 w 是一个向量。

第 7 行调用 Excel 的 Var_P 函数计算组合回报的方差。

(二) 以单资产价格为参数的 VBA 过程

1. 回报函数 Returns(Prices)

(1) 说明

直接用资产价格数据计算单资产序列回报。其中 RTs 是资产的回报序列。

(2) 代码

```
1  Private Function Returns(Prices)
2    n = Prices.Rows.Count - 1
3    ReDim RTs(1 To n)
4    For i = 1 To n
5        RTs(i) = Log(Prices(i)/Prices(i + 1))
6    Next
7    Returns = RTs
8  End Function
```

(3) 解释

第 1 行,因为此函数只用于本模块中的其他过程,所以将其声明为私有函数。

2. 计算单资产回报的均值、标准差和方差的函数

(1) 说明

以下列出直接以资产价格为参数计算资产回报均值、标准差和方差的 3 个函数。这些函数的共同点是:先用一个私有函数"Returns(Prices)"计算资产的回报序列值,然后再调用 Excel 函数计算资产的期望回报等统计量。

资产回报均值函数:AvgUsePriceArg;

资产回报标准差函数:StdDevpUsePriceArg;

资产回报总体方差函数:VarpUsePriceArg。

(2) 代码

```
1  Function AvgUsePriceArg(Prices)
2    AvgUsePriceArg = WorksheetFunction.Average(Returns(Prices))
3  End Function
1  Function StdDevpUsePriceArg(Prices)
2    StdDevpUsePriceArg = WorksheetFunction.StDevP(Returns(Prices))
3  End Function
```

```
1    Function VarpUsePriceArg(Prices)
2        VarpUsePriceArg = WorksheetFunction.Var_P(Returns(Prices))
3    End Function
```

3. 计算两资产协方差和相关系数的函数

(1) 说明

以下是计算两项资产回报的相关系数和协方差的函数。这些函数使用一个私有函数"Returns(Prices)"计算两项资产的回报序列值,再调用 Excel 的内置函数计算各统计量。

资产回报的协方差函数:CoVarpUsePriceArg(yPrices,xPrices);

资产回报的相关系数函数:RelationUsePriceArg(yPrices,xPrices)。

(2) 代码

```
1    Function CoVarpUsePriceArg(yPrices, xPrices)
2        CoVarpUsePriceArg = WorksheetFunction.Covar(Returns(yPrices), Returns(xPrices))
3    End Function
1    Function RelationUsePriceArg(yPrices, xPrices)
2        RelationUsePriceArg = WorksheetFunction.Correl(Returns(yPrices), Returns(xPrices))
3    End Function
```

(三) 以多资产价格数组为参数的 VBA 过程

1. 资产回报的数组函数 ReturnsMultiA(Prices)

(1) 说明

该函数一次返回多项资产的回报。私有函数,仅在其他函数过程中使用。

(2) 代码

```
1    Private Function ReturnsMultiA(Prices)
2        m = Prices.Columns.Count
3        n = Prices.Rows.Count - 1
4        ReDim RTs(1 To n, 1 To m)
5        For i = 1 To n
6            For j = 1 To m
7                RTs(i, j) = Log(Prices(i, j)/Prices(i + 1, j))
8            Next
9        Next
10       ReturnsMultiA = RTs
11   End Function
```

2. 多资产期望回报的数组函数 AvgsMultiA(Prices)

(1) 说明

计算多项资产的期望回报的私有函数,仅用于其他函数过程。其中 RTs 是各资产回报矩阵,ERs 是各资产期望回报向量。

(2) 代码

```
1   Private Function AvgsMultiA(Prices)
2       m = Prices.Columns.Count
3       n = Prices.Rows.Count - 1
4       ReDim RTs(1 To n, 1 To m)
5       ReDim ERs(1 To m)
6       RTs = ReturnsMultiA(Prices)
7       For i = 1 To n
8           For j = 1 To m
9               ERs(j) = ERs(j) + RTs(i, j)/n
10          Next j
11      Next i
12      AvgsMultiA = ERs
13  End Function
```

3. 组合的期望回报函数 AvgPortfRtsUsePriceArg (Prices, w)

(1) 说明

以资产价格为参数计算组合的期望回报。其中，Prices 为各资产的时间序列价格，w 为资产权重向量。

(2) 代码

```
1   Function AvgPortfRtsUsePriceArg (Prices, w)
2       Dim Tmp As Double
3       m = Prices.Columns.Count
4       ReDim ER(1 To m)
5       ER = AvgsMultiA(Prices)
6       For j = 1 To m
7           Tmp = Tmp + W(j) * ER(j)
8       Next
9       AvgPortfRtsUsePriceArg = Tmp
10  End Function
```

4. 组合回报总体方差函数 VARpPortfUsePriceArg (Prices, w)

(1) 说明

直接用资产价格计算组合回报的方差，参数与上一函数相同。

(2) 代码

```
1   Function VARpPortfUsePriceArg(Prices, w)
2       Dim Tmp As Double
3       m = Prices.Columns.Count
4       ReDim Matrix(1 To m, 1 To m)
5       Matrix = CovpMatrixUsePriceArg(Prices)
6       For i = 1 To m
7           For j = 1 To m
```

```
8        Tmp = Tmp + Matrix(i, j) * W(i) * W(j)
9      Next
10   Next
11   VARpPortfUsePriceArg = Tmp
12 End Function
```

(3) 解释

第 5 行调用自定义 CovpMatrixUsePriceArg 函数计算资产协方差矩阵。

第 6—10 行循环执行第 8 行的语句，该语句对矩阵 Matrix(i, j) 中的每一个元素乘以两个权重向量 i 和 j 的乘积。当 i＝j 时，该语句用 Matrix 中资产的方差乘以同一资产权重的平方；当 i≠j 时，该语句用两项资产的协方差乘以两项资产权重乘积。每次所得乘积被加总到 Tmp 变量上，最后所得值即组合回报的方差。

5. 组合回报总体协方差矩阵函数 CovpMatrixUsePriceArg（Prices）

(1) 说明

以资产价格为参数，计算组合回报的协方差矩阵。

(2) 代码

```
1  Function CovpMatrixUsePriceArg(Prices)
2    m = Prices.Columns.Count
3    n = Prices.Rows.Count - 1
4    ReDim RTs(1 To n, 1 To m)
5    ReDim ER(1 To m)
6    RTs = ReturnsMultiA(Prices)
7    ER = AvgsMultiA(Prices)
8    ReDim DEV(1 To n, 1 To m)
9    ReDim VCV(1 To m, 1 To m)
10   For j = 1 To m
11     For i = 1 To n
12       DEV(i, j) = RTs(i, j) - ER(j)
13     Next
14   Next
15   For i = 1 To m
16     For j = 1 To i
17       For t = 1 To n
18         VCV(i, j) = VCV(i, j) + DEV(t, i) * DEV(t, j)
19       Next
20     Next
21   Next
22   For i = 1 To m
23     For j = 1 To i
24       VCV(i, j) = VCV(i, j)/n
25     Next
26   Next
```

```
27      For j = 2 To m
28        For i = 1 To j - 1
29          VCV(i, j) = VCV(j, i)
30        Next
31      Next
32      CovpMatrixUsePriceArg = VCV
33   End Function
```

(3) 解释

第6—7行调用自定义函数计算各资产的回报和期望回报。

第10—14行计算资产每期回报与均值的离差,所得 DEV (i, j)是 n * m 的资产离差矩阵。

第15—21行通过一个三维循环计算各资产和各资产之间的离差乘积和。

外层循环"for i=1 to m"控制对矩阵 VCV 赋值中行的变化。

中层循环"for j=1 to i"控制对矩阵 VCV 赋值中列的变化。中层循环的起点不变,终点随 i 不断扩大,故最后所得为一个下三角阵。

底层内循环"for t=1 to n…next"计算资产 i 和资产 j 之间的离差乘积和。

第22—26行计算资产方差—协方差下三角阵。

第27—31行将方阵 VCV(i, j)中对角线下方的元素引用到对角线上方。

6. 样本协方差矩阵函数 CovsMatrixUsePriceArg(Prices)

(1) 说明

计算资产回报样本协方差矩阵,参数为资产价格。

(2) 代码

```
1    Function CovsMatrixUsePriceArg(Prices)
2    m = Prices.Columns.Count
3    n = Prices.Rows.Count - 1
4    ReDim VCV(1 To m, 1 To m)
5    VCV = CovPMatrixbyPrices(Prices)
6    For i = 1 To m
7      For j = 1 To m
8        VCV(i, j) = VCV(i, j) * (n/(n - 1))
9      Next
10   Next
11   CovsMatrixUsePriceArg = VCV
12   End Function
```

7. 相关系数矩阵函数 CorrMatrixUsePriceArg(Prices)

(1) 说明

即以资产价格为参数计算资产回报相关系数矩阵的数组函数,参数为资产价格。

(2) 代码

```
1    Function CorrMatrixbyPrices(Prices)
2    m = Prices.Columns.Count
```

```
3   n = Prices.Rows.Count - 1
4   ReDim VCV(1 To m, 1 To m)
5   ReDim Sigma(1 To m)
6   ReDim Corr(1 To m, 1 To m)
7   VCV = CovpMatrixUsePriceArg(Prices)
8   For i = 1 To m
9       Sigma(i) = Sqr(VCV(i, i))
10  Next
11  For i = 1 To m
12      For j = 1 To i
13          Corr(i, j) = VCV(i, j)/(Sigma(i) * Sigma(j))
14      Next
15  Next
16  For i = 1 To m - 1
17      For j = 1 + i To m
18          Corr(i, j) = Corr(j, i)
19      Next
20  Next
21  CorrMatrixUsePriceArg = Corr
22  End Function
```

(3) 解释

第 7 行调用 CovMatrixPbyPrices(Prices)函数计算资产的协方差矩阵。

第 8—10 行提取协方差矩阵对角线上的资产方差,开方后将其转变为各资产的标准差。Sigma 为资产标准差向量,VCV(i, i)是协方差矩阵对角线上的元素。

第 11—15 行计算各资产的相关系数。因为有"j=1 to i",故所得为一个下三角阵。

第 16—20 行将相关系数下三角阵转化为对称矩阵。外循环计数器 i 的起点(最小值)和终点(最大值)分别为 1 和 m−1,内循环计数器 j 的起点是动态的,随 i 变化。这一循环的效果与"for j=2 to m, for i=1 to j−1"相同,都是将一个下三角阵转化为一个对称矩阵。

参考书目

[1] S. Benninga, Financial Modeling, 3th edition, The MIT Press, 2008.

[2] 〔美〕玛丽·杰克逊、迈克·斯汤顿:《基于 Excel 和 VBA 的高级金融建模》,朱世武、何剑波译,中国人民大学出版社 2006 年版。

[3] 〔美〕埃德温·J. 埃尔顿、马丁·J. 格鲁伯、斯蒂芬·J. 布朗、威廉·N. 戈茨曼:《现代投资组合理论与投资分析》(第 7 版),余维彬译,机械工业出版社 2007 年版。

[4] 〔美〕杰克·弗朗西斯、罗杰·伊博森:《投资学——全球视角》,胡坚、高飞、钱宥妮译,中国人民大学出版社 2006 年版。

[5] 〔美〕滋维·博迪、亚历克斯·凯恩、艾伦·J. 马库斯:《投资学》(第 7 版),陈收、杨艳译,机械工业出版社 2009 年版。

第六章 组合优化模型

组合优化(Portfolio Optimization)或均值—方差优化(Mean-variance Optimization)模型是马科维茨(1952)组合理论的主要部分。这一模型涉及在既定风险下发现组合最大期望回报,或在既定期望回报下发现组合最小风险的技术。这可以说是一个纯数学问题,依靠特定的数学方法和过去的回报数据来寻找答案,与投资者对未来市场情况的预测无关。因此,一般认为这一方法仅仅适用于长期投资。在这一章,我们首先说明组合的风险—回报关系,其次介绍两种求解有效前沿的数学模型,最后说明在 Excel 中构造有效前沿的方法。

第一节 资产权重与组合的风险和回报

一、资产权重与组合风险和期望回报的关系

组合方差 σ_P^2 和标准差 σ_P 是资产权重向量 w 的函数。我们可以通过改变 w 来优化组合,即通过改变组合中资产的权重,来发现一个在既定期望回报下有最小风险的组合,或在既定风险下有最大期望回报的组合。下面,我们以一个包括两种资产的组合为例来说明这一点。

假定一个组合由苹果公司(AAPL)和麦当劳公司(MCD)的股票构成。各资产在组合中的权重分别为 50%。组合的资产权重、年度期望回报和风险等数据见表 6-1,组合中两种资产的相关系数为 0.35。所有参数根据 2004.6.23-2014.6.25 的资产回报数据估计。

表 6-1 资产的权重、年度期望回报和风险

资产	苹果	麦当劳	组合
权重	0.5	0.5	1
期望回报	36.93%	16.23%	26.6%
方差	13.31%	3.94%	5.570%
标准差	36.48%	19.85%	23.6%
风险溢价	118.89%	84.63%	126.8%

表 6-1 中的风险溢价等于期望回报减无风险利率(这里假定为零),再除以标准差:

$$\pi = \frac{\bar{r} - r_f}{\sigma} \tag{6.1}$$

式中, π 为风险溢价, $\bar{r}$ 为期望回报, r_f 为无风险利率, $\bar{r} - r_f$ 为风险溢价。

现在我们来考察资产权重变化如何导致组合风险和期望回报变化。在资产权重非负约束下,即在不允许卖空的约束下,资产权重与组合风险、组合期望回报以及单位风险溢价之间的数值关系,见表 6-2。

在表 6-2 中,苹果权重从 0 开始以 0.05 的步长增加,麦当劳的权重则从 1 开始以同样的速度递减。因为不可卖空,所以两种资产权重的变化区间为[0, 1]。在组合中仅有麦当

劳时,组合风险等于麦当劳的风险,为 19.85%。随着苹果的权重的增加,麦当劳的权重减少,组合风险不断减少,并在苹果和麦当劳的比例为 0.1:0.9 时达到最小值,为 19.44%。之后组合风险随着苹果权重增加而增加,在组合中只有苹果时,组合的风险和期望回报达到最大值。

按照马科维茨的均值—方差模型,最优组合不是风险最小或均值最大的组合,而是单位风险溢价最高的组合。假定 $r_f = 0$,则在上述例子中,单位风险溢价在苹果为 0.45(麦当劳为 0.55)时达到最大值,为 112.8%。从风险与回报权衡的角度看,这一组合为最优组合。

表 6-2 资产权重与组合回报和风险

APPL 权重	MCD 权重	方差	风险	均值	风险溢价
0	1	3.941%	19.85%	16.229%	81.7%
0.05	0.95	3.829%	19.57%	17.264%	88.2%
0.1	**0.9**	**3.778%**	**19.44%**	**18.299%**	**94.1%**
0.15	0.85	3.789%	19.46%	19.334%	99.3%
0.2	0.8	3.860%	19.65%	20.369%	103.7%
0.25	0.75	3.992%	19.98%	21.404%	107.1%
0.3	0.7	4.185%	20.46%	22.439%	109.7%
0.35	0.65	4.440%	21.07%	23.474%	111.4%
0.4	0.6	4.755%	21.81%	24.509%	112.4%
0.45	**0.55**	**5.132%**	**22.65%**	**25.544%**	**112.8%**
0.5	0.5	5.570%	23.60%	26.579%	112.6%
0.55	0.45	6.068%	24.63%	27.614%	112.1%
0.6	0.4	6.628%	25.75%	28.649%	111.3%
0.65	0.35	7.249%	26.92%	29.684%	110.3%
0.7	0.3	7.931%	28.16%	30.719%	109.1%
0.75	0.25	8.674%	29.45%	31.754%	107.8%
0.8	0.2	9.478%	30.79%	32.789%	106.5%
0.85	0.15	10.343%	32.16%	33.824%	105.2%
0.9	0.1	11.269%	33.57%	34.859%	103.8%
0.95	0.05	12.257%	35.01%	35.894%	102.5%
1	0	13.31%	36.48%	36.93%	101.2%

资产权重与组合回报和风险的几何关系,见图 6-1 和图 6-2:

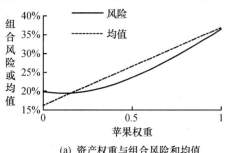
(a) 资产权重与组合风险和均值

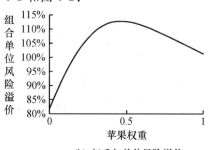
(b) 权重与单位风险溢价

图 6-1 非负约束下资产权重与组合风险和回报的关系

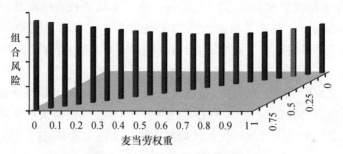

图 6-2 资产权重构成与组合风险

在图 6-1 中,(a)图表示资产权重与组合风险和均值的关系,(b)图表示资产权重与组合单位风险溢价的关系。(a)图表明,组合风险是资产权重的凸函数,有唯一最小值,而组合均值是资产权重的线性函数。在权重非负约束下,组合的风险和期望回报的取值以平面坐标上的纵轴为界。(b)图说明,组合单位风险溢价是资产权重的凹函数,有唯一最大值。

图 6-2 用三维形式反映了组合风险与资产权重结构的关系。

组合均值与组合风险的几何关系,见图 6-3。其中的(a)图表明,由组合权重决定的组合风险与均值的关系,在风险—回报平面上,表现为一条向右开口的双曲线。该双曲线的顶点是最小风险组合。在顶点以上线段,各组合的风险都与组合的一个最大均值对应,且均值是风险的增函数,即组合的风险越大,均值越大。

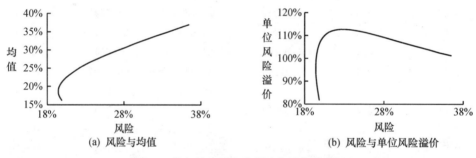

(a) 风险与均值　　　　　　　　(b) 风险与单位风险溢价

图 6-3 非负约束下组合风险和回报的关系

图 6-3 的(b)图揭示了由资产权重决定的组合风险与单位风险溢价的关系。在风险—单位风险溢价平面上,各个组合的风险—单位风险溢价点构成一个凹曲线,顶点是全局风险溢价最大的组合。

在允许负权重条件下,资产权重与组合风险和均值的关系,见表 6-3 和图 6-4。允许负权重即允许卖空。卖空指投机者卖出借入的证券,到期再从市场买入该证券以偿还证券贷放人的投机行为。卖空使组合中包含负债,即负资产,组合投资因此成为杠杆投资。

表 6-3 所列举了 60 个组合。第 1 组合苹果的权重为 -1,麦当劳为 2。这说明该组合有 1 单位负债(借入的苹果股票)和 1 单位权益资本。卖空所得资金被用来购买麦当劳股票,因此,2 单位的总资产全部由麦当劳股票组成。这时组合均值为 -6.014%,风险为 49.24%。

随着组合中借入的苹果股票减少,组合的杠杆率下降,组合的价值和风险下降,组合的期望回报却在增加。当苹果和麦当劳的权重分别为 0.1 和 0.9 时,产生全局最小风险组合。之后,组合的风险和期望回报同时随着苹果权重增加而增加。

苹果权重为 0.45 的组合为全局单位风险溢价最大的组合。之后各个组合虽然期望回报随组合风险而增加,但单位风险溢价却在不断下降。

表 6-3 资产权重与组合的风险和回报(允许卖空)

APPL	MCD	标准差	均值	均值/风险	APPL	MCD	标准差	均值	均值/风险
−1	2	43.60%	−4.470%	−10.3%	0.55	0.45	24.63%	27.614%	112.1%
−0.95	1.95	42.04%	−3.435%	−8.2%	0.6	0.4	25.75%	28.649%	111.3%
−0.9	1.9	40.50%	−2.401%	−5.9%	0.65	0.35	26.92%	29.684%	110.3%
−0.85	1.85	38.97%	−1.366%	−3.5%	0.7	0.3	28.16%	30.719%	109.1%
−0.8	1.8	37.47%	−0.331%	−0.9%	0.75	0.25	29.45%	31.754%	107.8%
−0.75	1.75	35.99%	0.704%	2.0%	0.8	0.2	30.79%	32.789%	106.5%
−0.7	1.7	34.53%	1.739%	5.0%	0.85	0.15	32.16%	33.824%	105.2%
−0.65	1.65	33.10%	2.774%	8.4%	0.9	0.1	33.57%	34.859%	103.8%
−0.6	1.6	31.70%	3.809%	12.0%	0.95	0.05	35.01%	35.894%	102.5%
−0.55	1.55	30.34%	4.844%	16.0%	1	0	36.48%	36.929%	101.2%
−0.5	1.5	29.02%	5.879%	20.3%	1.05	−0.05	37.97%	37.964%	100.0%
−0.45	1.45	27.74%	6.914%	24.9%	1.1	−0.1	39.48%	38.999%	98.8%
−0.4	1.4	26.53%	7.949%	30.0%	1.15	−0.15	41.01%	40.034%	97.6%
−0.35	1.35	25.37%	8.984%	35.4%	1.2	−0.2	42.56%	41.069%	96.5%
−0.3	1.3	24.28%	10.019%	41.3%	1.25	−0.25	44.12%	42.104%	95.4%
−0.25	1.25	23.28%	11.054%	47.5%	1.3	−0.3	45.69%	43.139%	94.4%
−0.2	1.2	22.36%	12.089%	54.1%	1.35	−0.35	47.28%	44.174%	93.4%
−0.15	1.15	21.55%	13.124%	60.9%	1.4	−0.4	48.88%	45.209%	92.5%
−0.1	1.1	20.85%	14.159%	67.9%	1.45	−0.45	50.49%	46.244%	91.6%
−0.05	1.05	20.28%	15.194%	74.9%	1.5	−0.5	52.10%	47.279%	90.7%
0	1	19.85%	16.229%	81.7%	1.55	−0.55	53.73%	48.313%	89.9%
0.05	0.95	19.57%	17.264%	88.2%	1.6	−0.6	55.36%	49.348%	89.1%
0.1	**0.9**	**19.44%**	**18.299%**	**94.1%**	1.65	−0.65	57.00%	50.383%	88.4%
0.15	0.85	19.46%	19.334%	99.3%	1.7	−0.7	58.65%	51.418%	87.7%
0.2	0.8	19.65%	20.369%	103.7%	1.75	−0.75	60.30%	52.453%	87.0%
0.25	0.75	19.98%	21.404%	107.1%	1.8	−0.8	61.96%	53.488%	86.3%
0.3	0.7	20.46%	22.439%	109.7%	1.85	−0.85	63.62%	54.523%	85.7%
0.35	0.65	21.07%	23.474%	111.4%	1.9	−0.9	65.28%	55.558%	85.1%
0.4	0.6	21.81%	24.509%	112.4%	1.95	−0.95	66.95%	56.593%	84.5%
0.45	**0.55**	**22.65%**	**25.544%**	**112.8%**	2	−1	68.628%	57.628%	84.0%
0.5	0.5	23.60%	26.579%	112.6%					

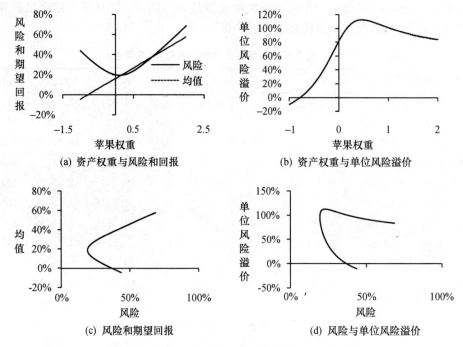

图 6-4 允许卖空条件下权重、风险和回报的关系

以上关于组合中资产权重与组合均值—风险关系的分析,针对的是两种资产组合,但所得结论无疑适用于多种资产组合。

二、组合方差对资产权重变化的敏感性

以上对资产权重变化如何影响组合的风险和期望回报作了分析。从数学上看,资产权重微小变化导致的组合方差的线性变化,或者说组合方差对资产权重变化的敏感性,就是组合方差对资产权重的一阶偏导数:

$$\frac{\partial w^T \Omega w}{\partial w} = 2\Omega w \tag{6.2}$$

式中,**w** 组合资产权重向量,**Ω** 是组合协方差矩阵。以下是对这一公式的推导。

首先来看一个两个资产组合的例子。该组合的方差为:

$$\sigma_P^2 = w_1^2 \sigma_{11} + w_1 w_2 \sigma_{12} + w_2 w_1 \sigma_{21} + w_2^2 \sigma_{22}$$

组合方差对 w_1 和 w_2 的偏导数分别为:

$$\frac{\partial \sigma_P^2}{\partial w_1} = 2 w_1 \sigma_{11} + 2 w_2 \sigma_{12} = 2 \sum_{j=1}^{2} w_j \sigma_{1j}, \quad \frac{\partial \sigma_P^2}{\partial w_2} = 2 w_1 \sigma_{21} + 2 w_2 \sigma_{22} = 2 \sum_{j=1}^{2} w_j \sigma_{2j}$$

用矩阵表示,即得式(6.2):

$$\frac{\partial w^T \Omega w}{\partial w} = 2 \begin{bmatrix} w_1 \sigma_{11} + w_2 \sigma_{12} \\ w_1 \sigma_{21} + w_2 \sigma_{22} \end{bmatrix} = 2 \begin{bmatrix} \sigma_{11} & \sigma_{12} \\ \sigma_{21} & \sigma_{21} \end{bmatrix} \begin{bmatrix} w_1 \\ w_2 \end{bmatrix} = 2\Omega w$$

现在考虑资产数为 m 的组合。这时组合的方差可表示为:

$$\sigma_P^2 = (w_1^2 \sigma_1^2 + w_1 w_2 \sigma_{12} + \cdots + w_1 w_m \sigma_{1m})$$
$$+ (w_2 w_1 \sigma_{21} + w_2^2 \sigma_2^2 + \cdots + w_2 w_m \sigma_{2m})$$
$$\vdots$$

$$+ (w_m w_1 \sigma_{m1} + w_2 \sigma_{2m} + \cdots + w_m^2 \sigma_m^2)$$

组合方差对 w_1 的一阶偏导数为：

$$\frac{\partial \sigma_P^2}{\partial w_1} = (2 w_1 \sigma_1^2 + w_2 \sigma_{12} + \cdots + w_m \sigma_{1m}) + w_2 \sigma_{21} + \cdots + w_m \sigma_{m1}$$

$$= 2 w_1 \sigma_1^2 + 2 w_2 \sigma_{12} + \cdots + 2 w_m \sigma_{1m}$$

$$= 2 \sum_{j=1}^{m} w_j \sigma_{1j}$$

由此可得组合方差对所有资产权重的偏导数：

$$\begin{aligned}
\frac{\partial \sigma_P^2}{\partial w_1} &= 2(w_1 \sigma_{11} + w_2 \sigma_{12} + \cdots + w_m \sigma_{1m}) \\
\frac{\partial \sigma_P^2}{\partial w_2} &= 2(w_1 \sigma_{21} + w_2 \sigma_{22} + \cdots + w_m \sigma_{2m}) \\
&\cdots \\
\frac{\partial \sigma_P^2}{\partial w_m} &= 2(w_1 \sigma_{m1} + w_2 \sigma_{m2} + \cdots + w_m \sigma_{mm})
\end{aligned} \tag{6.3}$$

或

$$\frac{\partial \sigma_P^2}{\partial w_k} = 2 \sum_{j=1}^{m} w_j \sigma_{kj}, \quad k = 1, 2 \cdots, m \tag{6.4}$$

用矩阵表示，即：

$$\frac{\partial w^T \Omega w}{\partial w} = 2 \begin{bmatrix} w_1 \sigma_{11} + w_2 \sigma_{12} + \cdots + w_m \sigma_{1m} \\ w_1 \sigma_{21} + w_2 \sigma_{22} + \cdots + w_m \sigma_{2m} \\ \cdots \\ w_1 \sigma_{m1} + w_2 \sigma_{m2} + \cdots + w_m \sigma_{mm} \end{bmatrix}$$

$$= 2 \begin{bmatrix} \sigma_{11} & \sigma_{12} & \cdots & \sigma_{1m} \\ \vdots & \vdots & \ddots & \vdots \\ \sigma_{21} & \sigma_{22} & \cdots & \sigma_{2m} \\ \sigma_{m1} & \sigma_{m2} & \cdots & \sigma_{mm} \end{bmatrix} \begin{bmatrix} w_1 \\ w_2 \\ \vdots \\ w_m \end{bmatrix}$$

$$= 2 \mathbf{\Omega w}$$

另外，组合方差对资产权重的导数还可以表示为资产回报与组合的回报协方差：

$$\frac{1}{2} \frac{\partial \sigma_P^2}{\partial w_j} = \sigma_{jP}, \quad j = 1, 2 \cdots, m \tag{6.5}$$

这是因为，在资产权重为 w_1 时，对式(6.4)，我们有：

$$\frac{1}{2} \frac{\partial \sigma_P^2}{\partial w_1} = (w_1 \sigma_{11} + \cdots + w_m \sigma_{1m})$$

$$= w_1 \frac{1}{n} \sum_{i=1}^{n} (r_{i1} - \bar{r}_1)^2 + \cdots + w_m \frac{1}{n} \sum_{i=1}^{n} (r_{i1} - \bar{r}_1)(r_{im} - \bar{r}_m)$$

$$= \frac{1}{n} \sum_{i=1}^{n} [w_1 (r_{i1} - \bar{r}_1)^2 + \cdots + w_m (r_{i1} - \bar{r}_1)(r_{im} - \bar{r}_m)]$$

$$= \frac{1}{n} \sum_{i=1}^{n} (r_{1i} - \bar{r}_1)[w_1 (r_{1i} - \bar{r}_1) + \cdots + w_m (r_{mi} - \bar{r}_m)]$$

$$= \frac{1}{n}\sum_{i=1}^{n}(r_{1i}-\bar{r}_{1})\left[(w_{1}r_{1i}+\cdots+w_{m}r_{mi})-(w_{1}\bar{r}_{1}+\cdots+w_{m}\bar{r}_{m})\right]$$

$$= \frac{1}{n}\sum_{i=1}^{n}(r_{1i}-\bar{r}_{1})(r_{Pi}-\bar{r}_{P})=\sigma_{1P}$$

将结果一般化，得到式(6.5)。

第二节 有效前沿

以上分析表明，给定资产数目(m)以及单个资产的风险(σ)和期望回报($\bar{r}$)，不同的资产权重 w 向量形成不同的组合，以及对应的风险和期望回报。对每一种可能的投资组合，风险—回报平面上都有一点与之对应。在资产权重之和不能大于1的约束下，所有可能的风险—期望回报点构成回报—风险平面上的一个可行域，该可行域的边界是一个向右开口的双曲线。双曲线上的组合称为前沿组合。双曲线顶点上的组合是最低风险组合，顶点以上线段的组合称为有效组合，该线段称为有效前沿。

所谓有效组合，就是在资产权重必须等于1的约束下，相对于既定风险有最大期望回报的组合，或相对于既定期望回报有最小风险的组合。换句话说，有效组合就是在以上约束下具有最优资源配置的组合。构造有效组合的过程，就是在约束条件下寻找组合最优资产比例的过程。

有效组合可以通过计算函数的条件极值得到。因为涉及的是严格凸函数或严格凹函数，所以，计算所得极值就是全局最小值或最大值。在数学中，计算极值有两种方法：一是把约束条件代入目标函数，将条件极值直接转化为无条件极值；另一种用拉格朗日乘数法将条件极值转化为无条件极值。有效组合可以用这两种方法计算。艾尔顿等人在《现代投资组合理论与投资分析》一书中使用的是前一方法(埃尔顿等,2008)，而 Huang Chi-Fu 模型使用的则是第二种方法(Huang Chi-Fu,1988)。以下是对这两种方法的介绍。

一、将约束代入目标函数计算有效组合

按照这种解法，优化设计为：

最大化

$$\theta = \frac{\bar{r}_{P}-r_{f}}{\sigma_{P}} = \frac{\sum_{j=1}^{m}w_{j}\bar{r}_{j}-r_{f}}{\sigma_{P}} \tag{6.6}$$

约束于

$$\sum_{j=1}^{m}w_{j}=1 \tag{6.7}$$

式中，θ 是单位风险溢价，$\bar{r}_P$ 是组合期望回报，r_f 是无风险利率，σ_P 是组合标准差，w_j 是资产 j 在组合中的权重，m 是组合的资产数。

首先，我们将约束代入目标函数。令

$$r_{f}=\sum_{j=1}^{m}w_{j}r_{f}$$

则目标函数(6.6)可写为：

$$\theta = \frac{\sum_{j=1}^{m} w_j \bar{r}_j - \sum_{j=1}^{m} w_j r_f}{\sigma_P} = \frac{\sum_{j=1}^{m} w_j (\bar{r}_j - r_f)}{\sigma_P} \tag{6.8}$$

其次,求目标函数对资产权重 w 的偏导数,并令导数的值为零。先将式(6.8)分解为两个函数:

$$u = \sum_{j=1}^{m} w_j (\bar{r}_j - r_f), \quad v = \sigma_P = (\sigma_P^2)^{1/2}$$

函数 u 对 w 的一阶偏导数为:

$$\frac{\partial u}{\partial w_j} = (\bar{r}_j - r_f) \tag{6.9}$$

函数 v 为复合幂函数,其求导法则为:

$$v' = n f(x)^{n-1} f(x)'$$

因此,v 对 w 的一阶偏导数为:

$$\frac{\partial v}{\partial w_j} = \frac{1}{2} (v^2)^{-1/2} \frac{\partial v^2}{\partial w_j} \tag{6.10}$$

其中,v^2 是组合方差 σ_P^2,其导数是 $2\sigma_{jP}$ (6.5 式),因此,

$$\frac{\partial v}{\partial w_j} = (\sigma_P^2)^{-1/2} \sigma_{jP} = \frac{\sigma_{jP}}{\sigma_P} \tag{6.11}$$

将 u 和 v 的导数代入商的导数公式:

$$\left(\frac{u}{v}\right)' = \frac{vu' - uv'}{v^2} = \frac{\sigma_P (\bar{r}_j - r_f) - \sum_{j=1}^{m} w_j (\bar{r}_j - r_f) \sigma_{jP} / \sigma_P}{\sigma_P^2}$$

令目标函数对所有资产权重的偏导数为 0:

$$\frac{\partial \theta}{\partial w_j} = \frac{\sigma_P (\bar{r}_j - r_f) - (\bar{r}_P - r_f) \sigma_{jP} / \sigma_P}{\sigma_P^2} = 0$$

定义

$$\lambda = \frac{\bar{r}_P - r_f}{\sigma_P^2}$$

则

$$\frac{\partial \theta}{\partial w_j} = \frac{(\bar{r}_j - r_f)}{\sigma_P} - \lambda \frac{\sigma_{jP}}{\sigma_P} = (\bar{r}_j - r_f) - \lambda \sigma_{jP} = 0 \tag{6.12}$$

由式(6.4)

$$\sigma_{jP} = (w_1 \sigma_{j1} + w_2 \sigma_{j2} + \cdots + w_m \sigma_{jm})$$

和式(6.12),有:

$$\bar{r}_1 - r_f = \lambda (w_1 \sigma_{11} + w_2 \sigma_{12} + \cdots + w_m \sigma_{1m})$$
$$\bar{r}_2 - r_f = \lambda (w_1 \sigma_{21} + w_2 \sigma_{22} + \cdots + w_m \sigma_{2m})$$
$$\cdots$$
$$\bar{r}_m - r_f = \lambda (w_1 \sigma_{m1} + w_2 \sigma_{m2} + \cdots + w_m \sigma_{mn})$$

令 $z_j = \lambda w_j$,则:

$$\bar{r}_1 - r_f = z_1 \sigma_{11} + z_2 \sigma_{12} + \cdots + z_m \sigma_{1m}$$
$$\bar{r}_2 - r_f = z_1 \sigma_{21} + z_2 \sigma_{22} + \cdots + z_m \sigma_{2m}$$
$$\cdots$$

$$\bar{r}_m - r_f = z_1 \sigma_{m1} + z_2 \sigma_{m2} + \cdots + z_m \sigma_{mm}$$

用矩阵表示为:

$$\begin{pmatrix} \bar{r}_1 - r_f \\ \bar{r}_2 - r_f \\ \vdots \\ \bar{r}_m - r_f \end{pmatrix} = \begin{pmatrix} \sigma_{11} & \sigma_{12} & \cdots & \sigma_{1m} \\ \sigma_{21} & \sigma_{22} & \cdots & \sigma_{2m} \\ \vdots & \vdots & \ddots & \vdots \\ \sigma_{m1} & \sigma_{m2} & \cdots & \sigma_{mm} \end{pmatrix} \begin{pmatrix} z_1 \\ z_2 \\ \vdots \\ z_m \end{pmatrix} \tag{6.13}$$

在协方差矩阵正定条件下,线性方程组(6.13)有唯一的解:

$$\begin{pmatrix} z_1 \\ z_2 \\ \vdots \\ z_m \end{pmatrix} = \begin{pmatrix} \sigma_{11} & \sigma_{12} & \cdots & \sigma_{1m} \\ \sigma_{21} & \sigma_{22} & \cdots & \sigma_{2m} \\ \vdots & \vdots & \ddots & \vdots \\ \sigma_{m1} & \sigma_{m2} & \cdots & \sigma_{mm} \end{pmatrix}^{-1} \begin{pmatrix} \bar{r}_1 - r_f \\ \bar{r}_2 - r_f \\ \vdots \\ \bar{r}_m - r_f \end{pmatrix} \tag{6.14}$$

因为 w_j 与 z_j 成比例,所以,既定风险下有最大单位风险溢价的有效组合为:

$$\mathbf{w} = \begin{pmatrix} w_1 \\ w_2 \\ \vdots \\ w_m \end{pmatrix} = \begin{pmatrix} z_1 \\ z_2 \\ \vdots \\ z_m \end{pmatrix} \frac{1}{\mathbf{iz}} \tag{6.15}$$

其中,$\mathbf{z}$ 是解向量,$\mathbf{i}$ 是分量全为 1 的列向量,$\mathbf{iz} = \sum_{j=1}^{m} z_j$。

上式中无风险利率 r_f 可看作是一个常数。改变 r_f 的值,可得到另一个前沿组合。由两个前沿组合构成的组合仍然是前沿组合。以不同的比例来合成两个原始前沿组合,可以得到一个前沿组合序列,它们在风险—回报平面上形成一个向右开口的双曲线,其中顶点以上线段即有效前沿。

二、Huang Chi-Fu 模型

现在介绍 Huang Chi-Fu 方法。这一方法是在给定期望回报条件下用拉格朗日函数来计算最小方差组合。优化设计为:

最小化

$$\frac{1}{2} \sigma_P^2 = \frac{1}{2} \mathbf{w}^T \mathbf{\Omega} \mathbf{w} \tag{6.16}$$

约束于

$$\mathbf{we} = \bar{r}_P \tag{6.17}$$

$$\mathbf{wi} = 1 \tag{6.18}$$

式中,$\mathbf{\Omega}$ 是组合资产回报的协方差矩阵,$\mathbf{w}$ 是资产权重列向量,e 是资产期望回报列向量,$\mathbf{i}$ 是分量全为 1 的列向量,$\bar{r}_P$ 是组合期望回报。

在 $\mathbf{\Omega}$ 可逆且各资产的期望回报互不相等($e_j \neq e_k, \forall j, k$)的假定下,我们用上述目标函数和约束条件构造如下的拉格朗日函数:

$$L = \frac{1}{2} \mathbf{w}^T \mathbf{\Omega} \mathbf{w} + \lambda_1 (\bar{r}_P - \mathbf{we}) + \lambda_2 (1 - \mathbf{wi}) \tag{6.19}$$

令该函数对 $\mathbf{w}$,λ_1 和 λ_2 的偏导数为 0:

$$L_w = \mathbf{\Omega} \mathbf{w} - \lambda_1 \mathbf{e} - \lambda_2 \mathbf{i} = 0 \tag{6.20}$$

$$L_{\lambda_1} = \bar{r}_P - \mathbf{we} = 0 \tag{6.21}$$
$$L_{\lambda_2} = 1 - \mathbf{wi} = 0 \tag{6.22}$$

由式(6.20)得 **w** 的表达式：
$$\mathbf{w} = \lambda_1 \mathbf{\Omega}^{-1}\mathbf{e} + \lambda_2 \mathbf{\Omega}^{-1}\mathbf{i} \tag{6.23}$$

将式(6.23)代入式(6.21)和(6.22)，得：
$$\bar{r}_P = \lambda_1 \mathbf{e}^T \mathbf{\Omega}^{-1}\mathbf{e} + \lambda_2 \mathbf{e}^T \mathbf{\Omega}^{-1}\mathbf{i}$$
$$1 = \lambda_1 \mathbf{i}^T \mathbf{\Omega}^{-1}\mathbf{e} + \lambda_2 \mathbf{i}^T \mathbf{\Omega}^{-1}\mathbf{i}$$

令
$$A = \mathbf{e}^T \mathbf{\Omega}^{-1}\mathbf{i} = \mathbf{i}^T \mathbf{\Omega}^{-1}\mathbf{e}, \quad B = \mathbf{e}^T \mathbf{\Omega}^{-1}\mathbf{e}, \quad C = \mathbf{i}^T \mathbf{\Omega}^{-1}\mathbf{i}$$

则有：
$$\bar{r}_P = \lambda_1 B + \lambda_2 A$$
$$1 = \lambda_1 A + \lambda_2 C$$

因此，
$$\lambda_1 = \frac{1 - \lambda_2 C}{A}$$

代入组合期望回报的表达式：
$$\bar{r}_P = \lambda_1 B + \lambda_2 A = \frac{1 - \lambda_2 C}{A} B + \lambda_2 A = \frac{B - \lambda_2 (BC - A^2)}{A}$$
$$A\bar{r}_P - B = -\lambda_2 (BC - A^2)$$

解得：
$$\lambda_2 = \frac{B - A\bar{r}_P}{BC - A^2}$$

进而得：
$$\lambda_1 = \frac{1 - \lambda_2 C}{A} = \frac{(BC - A^2)}{A(BC - A^2)} - \frac{C(B - A\bar{r}_P)}{A(BC - A^2)} = \frac{C\bar{r}_P - A}{BC - A^2}$$

将 λ_1 和 λ_2 代入式(6.23)：
$$\mathbf{w} = \lambda_2 \mathbf{\Omega}^{-1}\mathbf{i} + \lambda_1 \mathbf{\Omega}^{-1}\mathbf{e} = \frac{(B - A\bar{r}_P) \mathbf{\Omega}^{-1}\mathbf{i}}{BC - A^2} + \frac{(C\bar{r}_P - A) \mathbf{\Omega}^{-1}\mathbf{e}}{BC - A^2}$$

因为
$$A\bar{r}_P \mathbf{\Omega}^{-1}\mathbf{i} = A \mathbf{\Omega}^{-1}\mathbf{e}$$

所以
$$\mathbf{w} = \frac{(B - A\bar{r}_P) \mathbf{\Omega}^{-1}\mathbf{i}}{BC - A^2} + \frac{(C\bar{r}_P - A) \mathbf{\Omega}^{-1}\mathbf{e}}{BC - A^2}$$
$$= \frac{B(\mathbf{\Omega}^{-1}\mathbf{i}) - A(\mathbf{\Omega}^{-1}\mathbf{e})}{BC - A^2} + \frac{C(\mathbf{\Omega}^{-1}\mathbf{e}) - A(\mathbf{\Omega}^{-1}\mathbf{i})}{BC - A^2} \bar{r}_P$$
$$= \mathbf{g} + \mathbf{h}\bar{r}_P \tag{6.24}$$

其中，**g** 是组合期望回报等于 0 时的前沿组合，
$$\mathbf{w} = \mathbf{g} + \mathbf{h} \times 0 = \mathbf{g}$$

而 **g+h** 是组合期望回报为 100% 时的前沿组合，
$$\mathbf{w} = \mathbf{g} + \mathbf{h} \times 100\% = \mathbf{g} + \mathbf{h}$$

一旦计算出 **g** 和 **g+h**，我们就可以通过变动 $\bar{r}_P$ 来求解其他前沿组合，从而在风险—回报平面上得到一个向右开口的双曲线。该双曲线的顶点为（证明略）：

$$\sqrt{\frac{1}{C}}, \quad \frac{A}{C}$$

这也是全局最小风险组合。

三、包含无风险资产的组合和资本市场线

无风险资产是收益固定和无违约风险的资产,如优质政府债券,其标准差为 0。由无风险资产和风险资产组合 k 构成的组合,其均值和方差为:

$$\bar{r}_P = (1-w) r_f + w \bar{r}_k \tag{6.25}$$

$$\sigma_P^2 = (1-w)^2 0 + 2w(1+w) \sigma_k 0 \rho_{fk} + w^2 \sigma_k^2 = w^2 \sigma_k^2$$

$$\sigma_P = \sqrt{w^2 \sigma_k^2} = w \sigma_k \tag{6.26}$$

式中,r_f 是无风险利率,$\bar{r}_k$ 和 σ_k 是组合 k 的期望回报和风险,w 是风险组合 k 的权重。当 $w=0$ 时,组合中只有无风险资产,这时有:

$$\bar{r}_P = r_f, \quad \sigma_P = 0$$

而当 $w=1$ 时,组合中只有风险资产,这时有:

$$\bar{r}_P = \bar{r}_k, \quad \sigma_P = \sigma_k$$

由式(6.26)可得 $w = \sigma_P/\sigma_k$。代入式(6.25),得:

$$\bar{r}_P = \left(1 - \frac{\sigma_P}{\sigma_k}\right) r_f + \frac{\sigma_P}{\sigma_k} \bar{r}_k = r_f + \frac{\bar{r}_k - r_f}{\sigma_k} \sigma_P \tag{6.27}$$

直线方程(6.27)称为资本市场线(Capital Market Line,CML)。资本市场线与有效前沿的切点 $A(\bar{r}_k, \sigma_k)$ 称最优组合或市场组合。这是因为该组合有最大的单位风险溢价率。市场组合的单位风险溢价率

$$\theta = \frac{(\bar{r}_M - r_f)}{\sigma_M}$$

是资本市场线的斜率,又称为风险的市场价格。资本市场线的截距为无风险利率。

资本市场线与有效前沿切点后的线段,代表用无风险利率借款进行风险投资的各种组合。这时投入组合的资金大于投资者的自有资金。在组合中包含无风险资产的情况下,有效前沿就是资本市场线,因为位于该直线上的各点,都是在既定风险下有最大期望回报的组合,或在既定期望回报下有最小风险的组合。

具有最高单位风险溢价的组合之所以称为市场组合(w_M),是因为这里假定市场投资者在风险偏好上具有同质性,都会选择单位风险回报率最高的组合,即资本市场线与有效前沿切点上的组合。在上面的两种有效组合计算方法中,用第一种计算方法得到的就是市场组合。在第二种方法中,市场组合为(证明略):

$$\mathbf{w_M} = \frac{\mathbf{\Omega}^{-1}(\mathbf{e} - r_f \mathbf{i})}{A - C r_f} \tag{6.28}$$

无风险利率是决定资本市场线与有效前沿的切点从而达到最优组合的因素之一。因为无风险利率的值是在不断变化的,所以,所谓的"最优组合"也是在不断变化的。

第三节 在 Excel 中构造有效前沿

在本节中,我们首先解释如何用 Excel 分析资产权重与组合回报均值和标准差的关系,其次说明用 Excel 发现最优组合和构造有效前沿的方法。

一、权重与组合风险—回报关系

在"0601_资产权重与组合的均值和方差"工作簿的"权重与组合回报和风险"工作表中,我们以卡特彼勒股票和沃尔玛股票两个资产构成的组合为对象,构建了一个分析了资产权重与组合回报和风险关系的模型,其中的各个模块分别见图6-5和图6-6:

图6-5 资产权重与组合均值—风险模型

	A	B	C	D	E	F	G	H
38								
39		卡特彼勒权重	沃尔玛权重	方差	标准差	均值	风险溢价	
40		0	1	3.583%	18.93%	5.737%	30.31%	
41		0.05	0.95	3.490%	18.68%	6.033%	32.29%	
42		0.1	0.9	3.446%	18.56%	6.328%	34.09%	
43		0.15	0.85	3.451%	18.58%	6.623%	35.65%	
58		0.9	0.1	9.425%	30.70%	11.053%	36.00%	
59		0.95	0.05	10.217%	31.96%	11.349%	35.51%	
60		1	0	11.06%	33.25%	11.64%	35.02%	
61								
62				卡特彼勒	沃尔玛			
63		1	2014/10/29	-0.96%	0.05%			
64		2	2014/10/28	2.62%	-0.31%			
2581		2519	2004/10/28	-1.58%	0.50%			
2582		2520	2004/10/27	1.71%	1.68%			
2583								

图6-6 权重与组合均值—风险模型的中间计算和数据

图 6-5 和图 6-6 工作表中的部分单元格公式见表 6-4：

表 6-4 "权重与组合回报和风险"工作表中的单元格公式

C13	相关系数矩阵	=CORREL($D$63:$D$2582,$D$63:$D$2582)
C14	相关系数矩阵	=CORREL($D$63:$D$2582,$E$63:$E$2582)
F13	协方差矩阵	=C7
F14	协方差矩阵	=COVARIANCE.S(D63:D2582,E63:E2582)*252
C17	均值	=MMULT(C5:D5,TRANSPOSE(C6:D6))
C18	方差	=MMULT(MMULT(C5:D5,$F$13:$G$14),TRANSPOSE(C5:D5))
C19	标准差	=SQRT(C18)
C20	风险/均值	=C17/C19
C23	均值	=VLOOKUP($C$24,$B$40:$F$60,5,1)
C24	标准差	=VLOOKUP($C$26,$B$40:$F$60,4,1)
C25	风险/均值	=MAX($G$40:$G$60)
C26	卡特彼勒权重	=OFFSET($B$39,MATCH($C$25,$G$40:$G$60,0),0)
D40	方差	=MMULT(B40:C40,MMULT($F$13:$G$14,TRANSPOSE(B40:C40)))
E40	标准差	=SQRT(D40)
F40	均值	=$C$6*B40+$D$6*C40
G40	风险溢价	=F40/E40

卡特彼勒(CAT)是美国制造大型工程机械的国际性大企业，收入受经济周期影响较大，沃尔玛(WMT)是国际化经营的美国日用品零售企业，收入受经济周期影响相对较小。两个企业股票回报的相关性不大，为35%。从图6-5可知，CAT是"高风险高回报"股票，而WMT则是"低风险低回报"股票。

图6-5表明，当卡特彼勒的权重为0.45，沃尔玛为0.55时，组合的均值/标准差之比达到最大，单位风险带来最大回报，所以这一组合是最优组合。

二、用 Excel 公式构建有效前沿

（一）使用埃尔顿等人的方法

在"0602_有效前沿"工作簿的"有效前沿"工作表中，我们用8个美国上市公司的股票构建了一个虚构组合。各资产回报的均值和标准差用1260个日时间序列回报计算。各资产回报的均值和标准差以及组合的协方差矩阵，见图6-7，所得A、B和C三个有效组合的数据见图6-8。

图6-8中的A组合是用2%的无风险利率(R_f)计算的有效组合，组合B是R_f为20%时所得有效组合。我们用组合A和组合B以0.6：0.4的比例合成一个新的组合C。两个前沿组合的组合仍然是一个前沿组合，所以组合C仍然是有效组合。通过变动C组合中A和B的权重，可以得到一系列前沿组合，这些前沿组合中的有效组合构成了一个有效前沿。有效前沿的数据见图6-9，其中包括了各资产回报均值—标准差数据、组合和单资产的风险溢价数据以及资本市场线的数据。图6-7中的R_f是无风险利率。

	A	B	C	D	E	F	G	H	I	J
1										
2		**有效前沿**								
3		输入								
4		资产回报的均值和标准差								
5			旅行者	迪斯尼	宝洁	耐克	杜邦	英特尔	麦当劳	沃尔玛
6		均值	15.4%	23.4%	10.8%	21.9%	17.6%	13.4%	11.8%	10.7%
7		标准差	18.9%	22.5%	14.1%	23.9%	22.8%	23.4%	14.2%	14.4%
8										
9		协方差矩阵								
10			旅行者	迪斯尼	宝洁	耐克	杜邦	英特尔	麦当劳	沃尔玛
11		旅行者	3.6%	2.5%	1.3%	1.9%	2.6%	2.0%	1.2%	1.2%
12		迪斯尼	2.5%	5.1%	1.5%	2.7%	3.2%	2.6%	1.5%	1.4%
13		宝洁	1.3%	1.5%	2.0%	1.1%	1.4%	1.1%	0.8%	0.9%
14		耐克	1.9%	2.7%	1.1%	5.7%	2.7%	2.2%	1.6%	1.1%
15		杜邦	2.6%	3.2%	1.4%	2.7%	5.2%	2.7%	1.6%	1.3%
16		英特尔	2.0%	2.6%	1.1%	2.2%	2.7%	5.5%	1.3%	1.1%
17		麦当劳	1.2%	1.5%	0.8%	1.6%	1.6%	1.3%	2.0%	0.8%
18		沃尔玛	1.2%	1.4%	0.9%	1.1%	1.3%	1.1%	0.8%	2.1%
19										
20		无风险利率和权重								
21			R_f	权重						
22		组合A	2%	0.6						
23		组合B	20%	0.4						
24										

图 6-7 有效前沿模型的输入模块

	A	B	C	D	E	F	G	H	I	J
25		输出								
26				A组合			B组合		C组合	
27			超额回报	z	w	超额回报	z	w	w	
28		旅行者	13%	50%	7%	-4.6%	-8%	1%	5%	
29		迪斯尼	21%	276%	41%	3.4%	378%	-47%	5%	
30		宝洁	9%	71%	10%	-9.2%	-424%	53%	27%	
31		耐克	20%	178%	26%	1.9%	171%	-21%	7%	
32		杜邦	16%	-32%	-5%	-2.4%	50%	-6%	-5%	
33		英特尔	11%	-56%	-8%	-6.6%	-126%	16%	1%	
34		麦当劳	10%	112%	16%	-8.2%	-436%	54%	32%	
35		沃尔玛	9%	80%	12%	-9.3%	-406%	51%	27%	
36					1			1	1	
37		组合的均值和标准差								
38			A组合	B组合	C组合					
39		均值	19%	3%	12%					
40		标准差	16%	15%	11%					
41		均值/风险	120%	21%	109%					
42										

图 6-8 有效前沿模型的输出模块

	A	B	C	D	E	F	G	H	I	J
43										
44		有效前沿								
45			0.02	权重	风险	均值	单资产	CML	均值/风险	
46				0	0.114	0.125			0.919	
47				1	0.26	0.118	0.071		0.436	
48				2	0.28	0.116	0.074		0.468	
49				3	0.3	0.115	0.078		0.501	
93				47	1.18	0.185	0.216		1.058	
94				48	1.2	0.189	0.219		1.056	
95				49	1.22	0.192	0.222		1.053	
96				50	1.24	0.196	0.226		1.051	
97		A组合			0.157	0.188				1.068
98		旅行者			0.189	0.154				0.708
99		迪斯尼			0.225	0.234				0.950
100		宝洁			0.141	0.108				0.621
101		耐克			0.239	0.219				0.836
102		杜邦			0.228	0.176				0.684
103		英特尔			0.234	0.134				0.488
104		麦当劳			0.142	0.118				0.694
105		沃尔玛			0.144	0.107				0.607
106		0			0			0.02		
107		0.5			0.079			0.104		
108		1			0.157			0.188		
109		1.25			0.196			0.230		
110										

图 6-9 前沿组合和单资产的均值—标准差序列及资本市场线

选中图 6-9 中工作表的 E45:H109 区域,插入一个"带平滑线的散点图",从系列"均值"中移除第一行数据,将系列"单资产"的图表类型改为"散点图",得到图 6-10 中的第一个图表。第二个柱形图用 I28:I35 中的数据制作。最后一个图用 I45:J105 的数据制作。

工作表"有效前沿"中的主要单元格公式见表 6-5。

表 6-5 "有效前沿"工作表中的单元格公式

C11:J18	协方差矩阵	=CovarsMatrix(数据!K2:R1261)*252
C28:C35	超额回报	=TRANSPOSE(C6:J6)−C22
D28:D35	z	=MMULT(MINVERSE(C11:J18),C28:C35)
E28:E35	w	=D28:D35/SUM(\$D\$28:\$D\$35)
H28:H35	w	=G28:G35/SUM(G28:G35)
I28:I35	w	=E28:E35*D22+H28:H35*D23
C39	均值	=MMULT(\$C\$6:\$J\$6,E28:E35)
D39	均值	=MMULT(\$C\$6:\$J\$6,H28:H35)
E39	均值	=MMULT(\$C\$6:\$J\$6,I28:I35)
D47	权重	0.26
D48	权重	=D47+\$C\$45
E46	风险	=E40
F46	均值	=E39

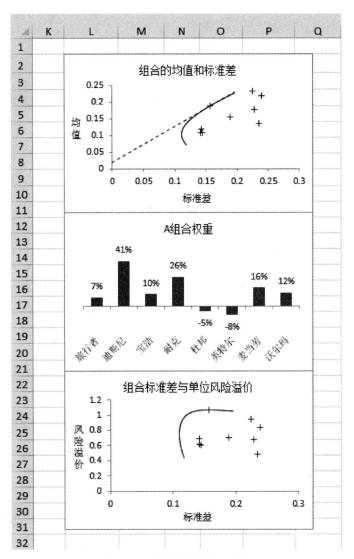

图 6-10 有效前沿模型中图表

另外，图 6-8 工作表中 C40:E40 的 3 个标准差公式是：

C40=SQRT（MMULT（TRANSPOSE（E28:E35），
MMULT（＄C＄11:＄J＄18，E28:E35）））

D40=SQRT（MMULT（TRANSPOSE（H28:H35），
MMULT（＄C＄11:＄J＄18，H28:H35）））

E40=SQRT（MMULT（TRANSPOSE（I28:I35），
MMULT（＄C＄11:＄J＄18，I28:I35）））

单元格区域 D46:F96 是用模拟运算表计算的风险—均值序列。我们需要先在 E46 键入"=E40"，在 F46 键入"=E39"，选中该区域，然后调用 Excel 的模拟运算表工具生成序列。

（二）使用 Huang Chi-Fu 的方法

我们使用 Huang Chi-Fu 方法构建的有效前沿模型见"0603_有效前沿 II"工作簿的"有效前沿 II"工作表。模型界面见图 6-11、图 6-12 和图 6-13。

有效前沿

输入

资产均值和标准差

	旅行者	迪斯尼	宝洁	耐克	杜邦	英特尔	麦当劳	沃尔玛
均值	15.4%	23.4%	10.8%	21.9%	17.6%	13.4%	11.8%	10.7%
标准差	18.9%	22.5%	14.1%	23.9%	22.8%	23.4%	14.2%	14.4%

协方差矩阵

	旅行者	迪斯尼	宝洁	耐克	杜邦	英特尔	麦当劳	沃尔玛	i
旅行者	3.6%	2.5%	1.3%	1.9%	2.6%	2.0%	1.2%	1.2%	1
迪斯尼	2.5%	5.1%	1.5%	2.7%	3.2%	2.6%	1.5%	1.4%	1
宝洁	1.3%	1.5%	2.0%	1.1%	1.4%	1.1%	0.8%	0.9%	1
耐克	1.9%	2.7%	1.1%	5.7%	2.7%	2.2%	1.6%	1.1%	1
杜邦	2.6%	3.2%	1.4%	2.7%	5.2%	2.7%	1.6%	1.3%	1
英特尔	2.0%	2.6%	1.1%	2.2%	2.7%	5.5%	1.3%	1.1%	1
麦当劳	1.2%	1.5%	0.8%	1.6%	1.6%	1.3%	2.0%	0.8%	1
沃尔玛	1.2%	1.4%	0.9%	1.1%	1.3%	1.1%	0.8%	2.1%	1

r_f	0.02

图 6-11 有效前沿模型 II 的输入模块

输出

参数

A	8.4
B	1.4
C	82.3
D	47.7

有效组合

	g	h	C组合	最优组合
旅行者	0%	41%	0%	7%
迪斯尼	-64%	558%	-64%	41%
宝洁	61%	-270%	61%	10%
耐克	-31%	302%	-31%	26%
杜邦	-6%	10%	-6%	-5%
英特尔	20%	-152%	20%	-8%
麦当劳	62%	-241%	62%	16%
沃尔玛	58%	-247%	58%	12%
合计	1	0	1	1

组合回报的均值和标准差

	C组合	预设值	最优组合
均值	0.00%	0.00%	18.78%
标准差	17.42%		15.70%

图 6-12 有效前沿模型 II 的有效组合

	A	B	C	D	E	F	G	H
52			有效前沿和资本市场线					
53		0.01		风险	均值	单资产	资本市场线	
54		0		0.17	0			
55		1	0.02	0.155	0.02			
56		2	0.03	0.146	0.03			
57		3	0.04	0.138	0.04			
103		49	0.5	0.534	0.5			
104		50	0.51	0.547	0.51			
105	A组合			0.157		0.188		
106	旅行者			0.189		0.154		
107	迪斯尼			0.225		0.234		
108	宝洁			0.141		0.108		
109	耐克			0.239		0.219		
110	杜邦			0.228		0.176		
111	英特尔			0.234		0.134		
112	麦当劳			0.142		0.118		
113	沃尔玛			0.144		0.107		
114	0			0.000			0.02	
115	0.5			0.079			0.10	
116	1			0.157			0.19	
117	1.25			0.196			0.23	
118								

图 6-13　有效前沿模型 II 的有效前沿

在图 6-12 中，计算 A、B、C 和 D 的单元格公式见表 6-6，计算 g、h、c 和最优组合权重的公式见表 6-7，计算组合均值和标准差的单元格公式见表 6-8。

表 6-6　图 6-12 中计算 A、B、C、D 四个参数的单元格公式

参数	单元格	公式
A	C24	=SUM(MMULT(MINVERSE(C11:J18),TRANSPOSE(C6:J6)))
B	C25	=MMULT(C6:J6,MMULT(MINVERSE(C11:J18),TRANSPOSE(C6:J6)))
C	C26	=SUM(MINVERSE(C11:J18))
D	C27	=C25*C26−C24^2

表 6-7　图 6-12 中计算有效组合权重的公式

组合	区域	公式
g	C31:C38	=(C25*MMULT(MINVERSE(C11:J18),K11:K18)−C24*MMULT(MINVERSE(C11:J18),TRANSPOSE(C6:J6)))/C27
h	D31:D38	=(C26*MMULT(MINVERSE(C11:J18),TRANSPOSE(C6:J6))−C24*MMULT(MINVERSE(C11:J18),K11:K18))/C27
c	E31:E38	=C31:C38+D31:D38*D43
最优	F31:F38	=MMULT(MINVERSE(C11:J18),TRANSPOSE(C6:J6)−C20)/(C24−C26*C20)

表 6-8　图 6-12 中计算组合回报均值和标准差的单元格公式

C43	均值	=MMULT($C$6:$J$6,E31:E38)
C44	标准差	=SQRT(MMULT(TRANSPOSE(E31:E38),MMULT($C$11:$J$18,E31:E38)))
D43	预设值	0%
E43	均值	=MMULT($C$6:$J$6,F31:F38)
E44	标准差	=SQRT(MMULT(TRANSPOSE(F31:F38),MMULT($C$11:$J$18,F31:F38)))

在图 6-13 中，C55:C104 单元格区域是设定的均值，D55:D104 是与设定均值对应的组合标准差序列。这一标准差序列通过 Excel 的模拟运算表生成。方法是将 C44 中的组合标准差引用到 D54 单元格，选中 C54:D104 区域，单击工作表上功能区的"数据\模拟分析\模拟运算表"，在"输入引用列的单元格"框中，键入"D43"，单击"确定"键。

表 6-9　图 6-13 中部分单元格公式

D54	风险	=C44
C55	均值	0.02
C56	均值	=C55+$B$53
D105	风险	=E44
D106	风险	=OFFSET($C$5,2,ROW(B106)−ROW($B$106))
D114	风险	=B114*$D$105
F105	均值	=E43
F106	均值	=OFFSET($C$5,1,ROW(B106)−ROW($B$106))
G114	CML	=B114*$F$105+(1−B114)*$C$20

图 6-14 展示了"有效前沿模型 II"的有效前沿和最优组合权重。与模型 I 比较，虽然有效前沿的图形看起来不同，但两个模型计算出来的最优组合权重却是相同的。

三、用 Excel 规划求解构建有效前沿

与公式比较，规划求解是更为实用和灵活的有效前沿构建工具。在"0604_有效前沿_规划求解"工作簿的"最优组合"工作表中，我们直接用 Excel 的规划求解工具对上述组合作了优化。在优化前，所有资产的权重为 12.5%，或 1/8，组合的均值、标准差和单位风险溢价分别为 15.63%、14.02% 和 97%。

图 6-15 展示了优化后的组合均值、标准差和单位风险溢价。组合回报的均值、标准差和单位风险溢价分别为 18.8%、15.7% 和 107%。优化后的组合风险虽然高了，但回报也更高了。关键的判断指标是单位风险溢价，优化后为 107%，远高于优化前。"最优组合"工作表(图 6-15 中的工作表)的单元格公式见表 6-10。其中 R_f 是无风险利率。资产回报的数据存放于同一工作簿的"数据"工作表中。

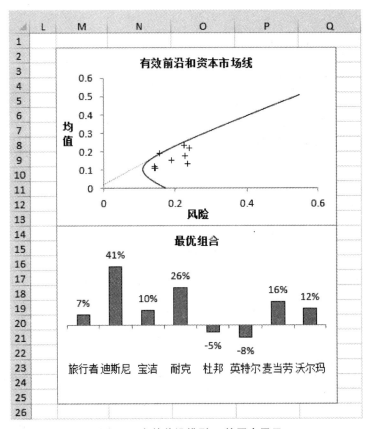

图 6-14　有效前沿模型 II 的图表展示

表 6-10　图 6-15 中的工作表的单元格公式

C6	均值	=AVERAGE('数据'!K2:K1261)*252
C7	标准差	=STDEV.S('数据'!K2:K1261)*SQRT(252)
C10	R_f	0.02
C11	权重和	=SUM(C5:J5)
C14	R_f	=C4
C15:J22	组合协方差矩阵	=CovarsMatrix('数据'!K2:R1261)*252
C25	均值	=SUMPRODUCT(C5:J5,C6:J6)
C26	标准差	=SQRT(MMULT(C5:J5,MMULT(C15:J22,TRANSPOSE(C5:J5))))
C27	均值/风险	=(C25−0.02)/C26

在图 6-15 展示的模型中，规划求解的设置如下：

设置目标：　　　　　　＄C＄27
到：　　　　　　　　　最大值
通过更改可变单元格：　＄C＄5:＄J＄5
遵循约束：　　　　　　＄C＄11＝1

工作表"最优组合"只能对一个组合进行优化，不能生成有效前沿。要用规划求解自动生成一个有效前沿序列，必须使用 VBA 代码。在同一工作簿的"有效前沿"工作表中，我们

图 6-15 使用规划求解优化组合

	A	B	C	D	E	F	G	H	I	J
1										
2		组合优化（使用规划求解）								
3		资产均值与标准差								
4				旅行者	迪斯尼	宝洁	耐克	杜邦	英特尔	麦当劳	沃尔玛
5			权重	7.4%	40.6%	10.5%	26.2%	-4.7%	-8.2%	16.4%	11.8%
6			均值	15.4%	23.4%	10.8%	21.9%	17.6%	13.4%	11.8%	10.7%
7			标准差	18.9%	22.5%	14.1%	23.9%	22.8%	23.4%	14.2%	14.4%
8										
9		参数和约束条件								
10			R_f	2%						
11			权重和	1						
12										
13		组合协方差矩阵								
14				旅行者	迪斯尼	宝洁	耐克	杜邦	英特尔	麦当劳	沃尔玛
15			旅行者	3.6%	2.5%	1.3%	1.9%	2.6%	2.0%	1.2%	1.2%
16			迪斯尼	2.5%	5.1%	1.5%	2.7%	3.2%	2.6%	1.5%	1.4%
17			宝洁	1.3%	1.5%	2.0%	1.1%	1.4%	1.1%	0.8%	0.9%
18			耐克	1.9%	2.7%	1.1%	5.7%	2.7%	2.2%	1.6%	1.1%
19			杜邦	2.6%	3.2%	1.4%	2.7%	5.2%	2.7%	1.6%	1.3%
20			英特尔	2.0%	2.6%	1.1%	2.2%	2.7%	5.5%	1.3%	1.1%
21			麦当劳	1.2%	1.5%	0.8%	1.6%	1.6%	1.3%	2.0%	0.8%
22			沃尔玛	1.2%	1.4%	0.9%	1.1%	1.3%	1.1%	0.8%	2.1%
23										
24		组合的均值和风险								
25			均值	18.8%						
26			标准差	15.7%						
27			均值/风险	107%						
28										

可以利用VBA代码和Excel中的规划求解设置，来自动生成有效前沿。

"有效前沿"工作表的模型界面见图6-16。资产回报均值和标准差的计算与"最优组合"工作表相同。图6-16中有命名单元格，命名单元格的名称见表6-11。

表6-11 "有效前沿"工作表（图6-16中工作表）的命名单元格

Expect	=有效前沿!$D$50
Iterate	=有效前沿!$C$29
Mean	=有效前沿!$C$22
Risk	=有效前沿!$C$50
Settings	=有效前沿!$C$27
Sigma	=有效前沿!$C$23
Weight	=有效前沿!$C$5:$J$5
WeightSum	=有效前沿!$C$28

VBA代码输出的数据和我们手工键入的数据见图6-17。其中C50：D149是代码输出数据，其他是手工键入数据。

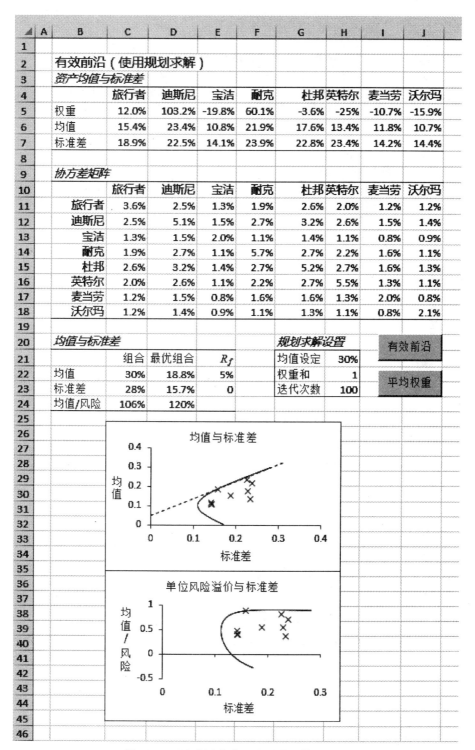

图 6-16 用规划求解构建有效前沿模型界面

	A	B	C	D	E	F	G	H	I
48									
49			风险	均值	单资产	CML	风险溢价	单资产	
50		1	17.1%	0.3%			-27.5%		
51		2	16.8%	0.6%			-26.2%		
52		3	16.5%	0.9%			-24.8%		
147		98	27.5%	29.4%			88.9%		
148		99	27.8%	29.7%			88.8%		
149		100	28.2%	30.0%			88.7%		
150		最优组合	15.7%		18.8%			87.7%	
151		旅行者	18.9%		15.4%			54.9%	
152		迪斯尼	22.5%		23.4%			81.6%	
153		宝洁	14.1%		10.8%			40.9%	
154		耐克	23.9%		21.9%			71.0%	
155		杜邦	22.8%		17.6%			55.3%	
156		英特尔	23.4%		13.4%			36.0%	
157		麦当劳	14.2%		11.8%			48.2%	
158		沃尔玛	14.4%		10.7%			39.9%	
159		0	0%			5%			
160		0.4	6%			11%			
161		0.8	13%			16%			
162		1.2	19%			22%			
163		1.6	25%			27%			
164		2	31%			33%			
165									

图 6-17 规划求解模型中的前沿组合及单资产的均值—风险

图 6-16 所示模型中的 VBA 代码如下：

```
1   Sub 前沿组合()
2     Dim n As Integer, i As Integer
3     n = Range("Iterate")
4     Range("Risk").Range(Cells(1, 1), Cells(n, 3)).Clear
5     For i = 1 To n
6       Range("Settings") = i * 0.003
7       SolverOk
8       SolverSolve UserFinish: = True
9       Range("Expect").Cells(i, 1) = ActiveSheet.Range("Mean")
10      Range("Risk").Cells(i, 1) = ActiveSheet.Range("Sigma")
11    Next i
13  End Sub
```

代码解释如下：

第 3 行代码将工作表中的命名单元格"Iterate"中的数值赋值给 n。

第 4 行代码清空 C50:E149 区域。

第 5 行至第 11 行代码执行 n 次规划求解，并将设定均值和设定均值下所得最小标准差输出到代码指定的 Excel 区域。

其中，第 6 行语句对 Excel 中命名单元格"Settings"赋值；第 7 行语句调用规划求解；第 8 行语句指定在过程中不弹出确认对话框；第 9 行和第 10 行语句将设定均值和求解所得标准差赋值给以命名单元格"Expect"和"Risk"为起点的单元格序列。

用于将资产权重复原的代码如下：

```
Sub 平均权重()
  m = Range("Weight").Columns.Count
  Range("Weight") = 1/m
End Sub
```

图 6-16 所示模型中的规划求解设置如下：

设置目标：　　　　　　　Sigma
到：　　　　　　　　　　最小值
通过更改可变单元格：　　Weight
遵守约束：　　　　　　　Mean＝Settings
　　　　　　　　　　　　WeightSum＝1
使无约束变量为非负数：　［不选］

不选择"使无约束变量为非负数"选项，规划求解计算的是可卖空有限前沿，否则，计算的是不可卖空有效前沿。在选中无约束变量非负的情况下，上述规划求解模型生成的有效前沿见图 6-18。

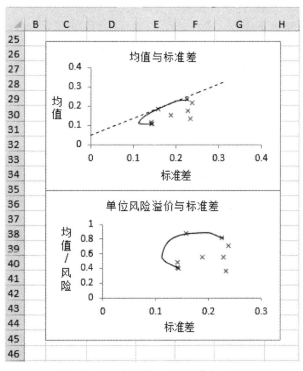

图 6-18　选中"使无约束变量为非负数"选项时的有效前沿

上述模型的特点是 VBA 过程与 Excel 设置相结合，其优点是执行速度快和运行稳定，不易出错。完全用 VBA 过程来进行规划求解的 VBA 代码如下：

```
1   Sub 有效前沿VBA()
2     Dim n As Integer, i As Integer
3     n = Range("迭代次数")
4     Range("风险").Range(Cells(1, 1), Cells(n, 3)).Clear
5     For i = 1 To n
6       SolverReset
7       SolverOptions Estimates: = 2, Derivatives: = 2, Scaling: = True
8       SolverOk SetCell: = Range("标准差"), MaxMinVal: = 2, ByChange: = Range("权重")
9       SolverAdd CellRef: = Range("权重和"), Relation: = 2, FormulaText: = 1
10      SolverAdd CellRef: = Range("均值"), Relation: = 2, FormulaText: = i * 0.01 - 0.3
11      SolverSolve UserFinish: = True
12      Range("期望回报").Cells(i, 1) = ActiveSheet.Range("均值")
13      Range("风险").Cells(i, 1) = ActiveSheet.Range("标准差")
14      Range("迭代次数").Cells(2, 1) = i
15    Next i
16  End Sub
```

以下是对表6-14中一些语句的解释：

第6句清空规划求解的已设参数。

第7句选择规划求解的算法。

第8句设定目标单元格、优化目标和可变单元格。

第9—10句设定约束条件。

第11句指定在运行过程中是否弹出"确认"对话框，True为否。

参考书目

[1] H. Markowitz, Portfolio Selection, Journal of Finance, 1952, Vol. 7, pp. 77—9.

[2] 〔美〕埃德温·J.埃尔顿、马丁·J.格鲁伯、斯蒂芬·J.布朗、威廉·N.戈茨曼：《现代投资组合理论与投资分析》（第7版），余维彬译，机械工业出版社2007年版。

[3] Huang Chi-fu, Foundations for Financial Economics, Elsevier Science Publishing Co., 1988.

[4] 〔美〕杰克·弗朗西斯、罗杰·伊博森：《投资学——全球视角》，胡坚、高飞、钱宥妮译，中国人民大学出版社2006年版。

[5] 〔美〕滋维·博迪、亚历克斯·凯恩、艾伦·J.马库斯：《投资学》（第7版），陈收、杨艳译，机械工业出版社2009年版。

[6] S. Benninga, Financial Modeling, 3th edition, The MIT Press, 2008.

[7] 〔美〕玛丽·杰克逊、迈克·斯汤顿：《高级金融建模》，中国人民大学出版社2006年版。

[8] 汪昌云主编：《金融经济学》，中国人民大学出版社2006年版。

第七章 资本资产定价模型

按照第五章的马科维茨组合理论,我们可以计算出一个有效组合集,其中每一个组合具有给定风险下的最大期望回报。然而,由此产生的一个问题是,在众多的有效组合中,有没有一个最优组合呢?由夏普等人创立的资本资产定价理论试图回答这一问题。

本章研究资本资产定价模型及其在 Excel 中的构建问题。资本资产指股票和长期债券,但这里所说的资本资产主要是股票。资本资产定价模型又称为证券市场线理论,其来源是单一指数模型(单指模型)。因此,这一章首先解释单指模型,然后再讨论证券市场线模型。本章的建模部分主要涉及用 Excel 估计股票的系统风险,构建单指模型和证券市场线模型等内容。

第一节 单一指数模型和证券市场线

一、单一指数模型

单一指数模型(单指模型,SIM)又称为对角模型(Diagonal Model),是夏普为减轻计算量而开发的一种估计组合回报和风险的方法,后来夏普又在其基础上开发出著名的资本资产定价模型。上世纪 60 年代初,夏普用 IBM 计算机按照马科维茨的标准模型对包含 100 种证券的组合进行优化,耗时 30 多分钟,而用单指模型仅用了 30 多秒。[1] 单指模型在计算效率上带来的利益远大于其在精度上造成的损失。

这一模型假定各种股票回报的变化都受单一因素如 GDP 或股票市场指数的影响。在单一因素为股票市场指数的情况下,股票市场指数变动,几乎所有股票的价格也变动,只是变动的方向和程度不同。

当然,实际上的因果关系与上面的说法刚好相反。事实是:宏观经济变量或其他某种非经济变量变动会影响人们对上市公司未来收益的预期,导致对公司股票价值的重估,进而导致市场指数变动,因为市场指数是由所选股票的价格决定的。因此,实际关系是:宏观经济和非经济因素变化是因,各公司股票价格进而市场指数变动是果。但是,另一方面,我们可以把市场指数看作宏观变量的代理变量,因而把市场指数变动直接看作是宏观因素变动。

在数学上,如果变量 y 是变量 x 的函数,则函数在 x_0 处的泰勒展开式为:[2]

$$f(x) = f(x_0) + \frac{\mathrm{d}f}{\mathrm{d}x}(x - x_0) + \cdots$$
$$= \left(f(x_0) - \frac{\mathrm{d}f}{\mathrm{d}x}x_0\right) + \frac{\mathrm{d}f}{\mathrm{d}x}x + \cdots$$
$$= \alpha + \beta x + \varepsilon$$

因此,股票 j 的回报序列可以用下面的公式来表示:

---

[1] See William F. Sharpe, A Simplified Model for Portfolio Analysis, Management Science, 1963, Vol.9, No.2, pp.277—293.
[2] 参见〔美〕威廉·H.格林:《计量经济分析》(下册)(第 6 版),张成思译,中国人民大学出版社 2011 年版,第 964 页。

$$r_{ji} = \alpha_j + \beta_j r_{Mi} + \varepsilon_{ji} \quad \forall i = 1, \cdots n \tag{7.1}$$

式中的 α_j 和 β_j 是股票 j 的回报对市场指数回报 r_M 的回归系数。其中 α_j 是截距系数,代表回报中与市场无关部分的期望值;β_j 是斜率系数,代表股票的系统风险。ε_{ji} 是股票 j 第 i 项回报中的残差项,代表股票的特有风险,r_{Mi} 是市场指数的第 i 项回报。

因为 α 和 β 是常数,所以,如果再假定股票残差项 ε 的期望值为 0,则单个股票 j 的期望回报为:

$$\bar{r}_j = E(\alpha_j + \beta_j r_M + \varepsilon_{ji}) = \alpha_j + \beta_j \bar{r}_M \tag{7.2}$$

式中,$\bar{r}_M$ 是市场回报的期望值。

股票 j 回报的方差为:

$$\sigma_j^2 = \beta_j^2 \sigma_M^2 + \sigma_{\varepsilon j}^2 \tag{7.3}$$

式中,$\sigma_{\varepsilon j}^2$ 表示资产 j 残差项的方差。式(7.3)的证明如下:

$$\begin{aligned}
\sigma_j^2 &= \frac{1}{n}\sum_{i=1}^{n}\left[r_{ji} - \bar{r}_j\right]^2 \\
&= \frac{1}{n}\sum_{i=1}^{n}\left[(\alpha_j + \beta_j r_{Mi} + \varepsilon_{ji}) - (\alpha_j + \beta_j \bar{r}_M)\right]^2 \\
&= \frac{1}{n}\sum_{i=1}^{n}\left[\beta_j(r_{Mi} - \bar{r}_M) + \varepsilon_{ji}\right]^2 \\
&= \frac{1}{n}\sum_{i=1}^{n}\left[\beta_j^2(r_{Mi} - \bar{r}_M)^2 + 2\varepsilon_{ji}\beta_j(r_{Mi} - \bar{r}_M) + \varepsilon_{ji}^2\right] \\
&= \beta_j^2 \sigma_M^2 + \sigma_{\varepsilon j}^2
\end{aligned}$$

其中,最后一个等式成立是因为我们假定 ε_j 与 r_M 不相关,因而资产回报残差与市场回报的协方差为 0。

在单指模型中,两种资产 j 和 k 的回报协方差为:

$$\sigma_{jk} = \beta_j \beta_k \sigma_M^2 \tag{7.4}$$

下面是证明(省略常数项 α_j):

$$\begin{aligned}
\sigma_{jk} &= \frac{1}{n}\sum_{i=1}^{n}\left[(r_{ji} - \bar{r}_j)(r_{ki} - \bar{r}_k)\right] \\
&= \frac{1}{n}\sum_{i=1}^{n}\left[(\beta_j r_{Mi} + \varepsilon_{ji} - \beta_j \bar{r}_M)(\beta_k r_{Mi} + \varepsilon_{ki} - \beta_k \bar{r}_M)\right] \\
&= \frac{1}{n}\sum_{i=1}^{n}\left\{\left[\beta_j(r_{Mi} - \bar{r}_M) + \varepsilon_{ji}\right]\left[\beta_k(r_{Mi} - \bar{r}_M) + \varepsilon_{ki}\right]\right\} \\
&= \frac{1}{n}\sum_{i=1}^{n}\left[\beta_j \beta_k (r_{Mi} - \bar{r}_M)^2 + \varepsilon_{ki}\beta_j(r_M - \bar{r}_M) + \varepsilon_{ji}\beta_k(r_{Mi} - \bar{r}_M) + \varepsilon_{ji}\varepsilon_{ki}\right] \\
&= \beta_j \beta_k \sigma_M^2 + \sigma_{\varepsilon_j M} + \sigma_{\varepsilon_k M} + \sigma_{\varepsilon_j \varepsilon_k} \\
&= \beta_j \beta_k \sigma_M^2
\end{aligned}$$

上式中最后一个等式之所以成立,是因为在资产残差与市场回报不相关、资产回报残差相互独立的假定下,倒数第二个等式的后 3 项均为 0。

现在,我们可以利用资产方差和协方差的公式来计算组合回报的方差。一个由资产 j 和 k 构成的组合,其回报的方差为:

$$\begin{aligned}
\sigma_P^2 &= w_j^2 \sigma_j^2 + 2 w_j w_k \sigma_{jk} + w_k^2 \sigma_k^2 \\
&= w_j^2(\beta_j^2 \sigma_M^2 + \sigma_{\varepsilon j}^2) + 2 w_j w_k \beta_j \beta_k \sigma_M^2 + w_k^2(\beta_k^2 \sigma_M^2 + \sigma_{\varepsilon k}^2)
\end{aligned}$$

表示为矩阵,则有:
$$\sigma_P^2 = \mathbf{w}^T \mathbf{\Omega} \mathbf{w}$$
$$= (w_j \quad w_k) \begin{bmatrix} \beta_j^2 \sigma_M^2 + \sigma_{\varepsilon j}^2 & \beta_j \beta_k \sigma_M^2 + 0 \\ \beta_k \beta_j \sigma_M^2 + 0 & \beta_k^2 \sigma_M^2 + \sigma_{\varepsilon k}^2 \end{bmatrix} \begin{bmatrix} w_j \\ w_k \end{bmatrix}$$

其中,$\mathbf{\Omega}$ 可分解如下:
$$\begin{bmatrix} \beta_j^2 \sigma_M^2 + \sigma_{\varepsilon j}^2 & \beta_j \beta_k \sigma_M^2 + 0 \\ \beta_k \beta_j \sigma_M^2 + 0 & \beta_k^2 \sigma_M^2 + \sigma_{\varepsilon k}^2 \end{bmatrix} = \begin{bmatrix} \beta_j \beta_j & \beta_j \beta_k \\ \beta_j \beta_k & \beta_k \beta_k \end{bmatrix} \sigma_M^2 + \begin{bmatrix} \sigma_{\varepsilon j}^2 & 0 \\ 0 & \sigma_{\varepsilon k}^2 \end{bmatrix}$$

且
$$\begin{bmatrix} \beta_j \beta_j & \beta_j \beta_k \\ \beta_j \beta_k & \beta_k \beta_k \end{bmatrix} = \begin{bmatrix} \beta_j \\ \beta_k \end{bmatrix} \begin{bmatrix} \beta_j & \beta_k \end{bmatrix} = \beta \beta^T$$

因此,按照单指模型,两项资产组合的方差为:
$$\sigma_P^2 = \mathbf{w}^T \mathbf{\Omega} \mathbf{w}$$
$$= (w_j \quad w_k) \left[\begin{pmatrix} \beta_j \\ \beta_k \end{pmatrix} (\beta_j \quad \beta_k) \sigma_M^2 + \begin{pmatrix} \sigma_{\varepsilon j}^2 & 0 \\ 0 & \sigma_{\varepsilon k}^2 \end{pmatrix} \right] \begin{pmatrix} w_j \\ w_k \end{pmatrix}$$
$$= \mathbf{w}^T [\beta \beta^T \sigma_M^2 + \text{diag}(\sigma_{\varepsilon j}^2 \cdots \sigma_{\varepsilon k}^2)] \mathbf{w}$$

一般地,在单指模型中,资产数为 n 的组合,其方差为:
$$\sigma_P^2 = w_1 w_1 (\beta_1 \beta_1 \sigma_M^2 + \sigma_{\varepsilon 11}) + \cdots + w_1 w_n (\beta_1 \beta_n \sigma_M^2 + \sigma_{\varepsilon 1n})$$
$$+ w_2 w_1 (\beta_2 \beta_1 \sigma_M^2 + \sigma_{\varepsilon 21}) + \cdots + w_2 w_n (\beta_2 \beta_n \sigma_M^2 + \sigma_{\varepsilon 2n})$$
$$\vdots$$
$$+ w_n w_1 (\beta_n \beta_1 \sigma_M^2 + \sigma_{\varepsilon n1}) + \cdots + w_n w_n (\beta_n \beta_n \sigma_M^2 + \sigma_{\varepsilon nn})$$

其简写形式为:
$$\sigma_P^2 = \sum_{j=1}^{n} \sum_{k=1}^{n} w_j w_k (\beta_j \beta_k \sigma_M^2 + \sigma_{\varepsilon jk})$$
$$= \sum_{j=1}^{n} \sum_{k=1}^{n} w_j w_k \beta_j \beta_k \sigma_M^2 + \sum_{j=1}^{n} \sum_{k=1}^{n} w_j w_k \sigma_{\varepsilon jk}$$

因为当 $j \neq k$ 时,$\sigma_{\varepsilon jk}$ 和 $\beta_j \beta_k$ 均为 0,所以,
$$\sigma_P^2 = \sigma_M^2 \sum_{j=1}^{n} \sum_{k=1}^{n} w_j w_k \beta_j \beta_k + \sum_{j=1}^{n} w_j^2 \sigma_{\varepsilon j}^2$$
$$= \beta_P^2 \sigma_M^2 + \sigma_{\varepsilon P}^2 \tag{7.5}$$

式中 $\sigma_{\varepsilon P}^2$ 为组合的特有风险。

组合方差的一般矩阵形式为:
$$\sigma_P^2 = \mathbf{w}^T \mathbf{\Omega} \mathbf{w}$$
$$= (w_1 \cdots w_n) \begin{bmatrix} (\beta_1 \beta_1 \sigma_M^2 + \sigma_{\varepsilon 11}) & \cdots & (\beta_1 \beta_n \sigma_M^2 + \sigma_{\varepsilon 1n}) \\ \vdots & \ddots & \vdots \\ (\beta_n \beta_1 \sigma_M^2 + \sigma_{\varepsilon n1}) & \cdots & (\beta_n \beta_1 \sigma_M^2 + \sigma_{\varepsilon nn}) \end{bmatrix} \begin{bmatrix} w_1 \\ \vdots \\ w_n \end{bmatrix}$$
$$= (w_1 \cdots w_n) \left[\begin{bmatrix} \beta_1 \beta_1 & \cdots & \beta_1 \beta_n \\ \vdots & \ddots & \vdots \\ \beta_n \beta_1 & \cdots & \beta_1 \beta_1 \end{bmatrix} \sigma_M^2 + \begin{bmatrix} \sigma_{\varepsilon 1}^2 & \cdots & 0 \\ \vdots & \ddots & \vdots \\ 0 & \cdots & \sigma_{\varepsilon n}^2 \end{bmatrix} \right] \begin{bmatrix} w_1 \\ \vdots \\ w_n \end{bmatrix}$$
$$= (w_1 \cdots w_n) \left[\begin{pmatrix} \beta_1 \\ \vdots \\ \beta_n \end{pmatrix} (\beta_1 \cdots \beta_n) \sigma_M^2 + \begin{pmatrix} \sigma_{\varepsilon 1}^2 & & \\ & \ddots & \\ & & \sigma_{\varepsilon n}^2 \end{pmatrix} \right] \begin{bmatrix} w_1 \\ \vdots \\ w_n \end{bmatrix}$$
$$= \mathbf{w}^T [\beta \beta^T \sigma_M^2 + \text{diag}(\sigma_{\varepsilon 1}^2 \cdots \sigma_{\varepsilon n}^2)] \mathbf{w} \tag{7.6}$$

如果假定组合中各股票的权重相等,则由式(7.6)可得:

$$\mathbf{w}^T[\mathrm{diag}(\sigma_{\varepsilon 1}^2,\cdots,\sigma_{\varepsilon n}^2)]\mathbf{w} = \sum_{j=1}^{n}\left(\frac{1}{n}\right)^2\sigma_{\varepsilon j}^2 = \frac{1}{n}\sum_{j=1}^{n}\frac{\sigma_{\varepsilon j}^2}{n}$$

这样,当组合中的资产数目 $n\to\infty$ 时,有:

$$\sum_{j=1}^{n}\frac{\sigma_{\varepsilon j}^2}{n}\to 0, \quad \sigma_P^2 \to \beta_P^2 \sigma_M^2$$

这意味着在各资产残差项独立的假定下,当组合中的资产数目庞大、组合高度分散时,组合中各资产的特定风险将趋于零,组合只有与市场相关的风险,即系统风险。因此,一般把 $\sigma_{\varepsilon j}^2$ 称为资产的可分散风险,把 β 称为资产的不可分散风险。

二、证券市场线

资本资产定价理论的主要假设是(夏普,1964):

(1) 投资者可以无限制地以无风险利率借入和贷出资金。

(2) 投资者对未来的预期有同质性,即所有投资者对特定资产有相同的信息,对特定资产的期望回报和风险有相同的看法,并以相同方式从事单期投资。

(3) 没有交易成本、税收、通货膨胀和利率波动。

(4) 市场处于均衡状态,所有商品的供给等于需求。

在这些假定下,所有投资者都是马科维茨型投资者,生活在马科维茨的世界,追求给定回报下的最小风险,因而都会最大限度地分散风险,即投资市场上的所有股票。由于同质期望和相同的投资期限,以及按相同比例持有市场上的风险资产,结果是所有投资者只持有一种风险组合,即市场组合。

然而,投资者的风险偏好不同。因此,在投资者的组合中,在风险资产之外还有无风险资产。极度厌恶风险者将只投资无风险资产,而对风险有高度偏好者则会以无风险利率借入资金投资数倍于自有资金的市场组合。其他投资者则会依据自己的风险偏好来选择市场组合和无风险证券在组合中的比例。

最终,有效前沿将是风险回报平面上的一条直线,所有组合都位于该直线上。这一直线就是上一章所说的资本市场线 CML。如前一章所述,这一直线的方程为:

$$\bar{r}_j = r_f + \frac{\bar{r}_M - r_f}{\sigma_M}\sigma_i$$

其中,$\bar{r}_j$ 是股票 j 的期望回报,r_f 是无风险收益,$(\bar{r}_M - r_f)/\sigma_M$ 是单位风险的市场价格,σ_j 是风险数量。

我们在上一节指出,单指模型中资产 j 的方差为:

$$\sigma_j^2 = \beta_j^2 \sigma_M^2 + \sigma_{\varepsilon j}^2$$

而按照资本资产定价模型,投资者只持有高度分散的组合,即市场组合,资产的可分散风险为 0,因此,

$$\sigma_j^2 = \beta_j^2 \sigma_M^2 \tag{7.7}$$

即单个资产的风险仅与系统性风险和市场组合的风险有关。将

$$\sigma_j = \beta_j \sigma_M$$

代入资本市场线公式,得到证券市场线(SML):

$$\bar{r}_j = r_f + \beta_j(\bar{r}_M - r_f) \tag{7.8}$$

这就是著名的资本资产定价模型。

SML 与 CML 的主要区别是:CML 所涉及的是有效组合的期望回报,而 SML 所涉及

的则是所有投资的期望回报;在 CML 中,组合的风险由单位风险的市场价格和组合的风险数量决定,而在 SML 中,资产或组合的风险仅与系统风险有关。

因为在 SML 中,无风险利率和市场指数回报对所有资产和组合都是相同的,所以,按照资本资产定价模型,不同资产或组合之间期望回报的差别,完全由该资产或组合的系统风险即贝塔决定。在市场期望回报始终大于无风险利率的假定下,一个资产或组合的系统风险越大,其期望回报就越高,反之,系统风险越小,资产或组合的期望回报就越小。

当然,这一结论,是在前述的一些假设基础上得出的。取消所有这些假设特别是同质期望的假设,这一结论就不能成立。

资本资产定价理论在学术界影响广泛,但是该理论并没有被经验分析所证明。理论中的假设是对现实的抽象。所谓理论抽象是指从众多的关系中,撇开一些非本质关系,仅仅保留本质关系,以便从中发现事物运动的规律。抽象过程就是建立假设的过程。但是,假设只能以现实为基础,而不能以主观想象为基础。在资产期望回报的研究中,合理的假定应该是从影响资产回报和风险的各种因素中,撇开一些次要因素,如交易费用和税收,只保留一些现实的本质因素,如利率的波动、投资者的差异性等,而不应该是"创造"一些根本不存在的回报产生的条件。

第二节 用 Excel 构造单一指数模型和资本资产定价模型

以上分析表明,在单指模型(SIM)中,股票回报是市场指数回报和误差项的函数,而在资本资产定价模型(CAPM)中,股票回报是市场指数回报的线性函数。两个模型都以 α 和 β 为参数,其中 α 是股票回报对指数回报的回归截距系数,β 是股票回报对指数回报的回归斜率系数,在 CAPM 中称为股票的系统风险。因此,要在 SIM 和 CAPM 中估计股票的期望回报和风险,得先估计股票回报对指数回报的回归系数,即对两者的关系进行回归分析。以下介绍在 Excel 中进行这种回归分析的方法。

首先,构造股票回报对市场指数回报的回归模型:

$$r_j = \alpha_j + \beta_j r_M + \varepsilon_j$$

其中,r_j 是股票 j 的回报,α_j 和 β_j 是模型参数,ε_j 是误差项。

其次,建立股票期望回报对市场指数回报依赖关系的回归方程:

$$\bar{r}_j = \alpha_j + \beta_j r_M$$

其中,α_j 是回归直线的截距系数,β_j 是回归直线的斜率系数,$\bar{r}_j$ 是给定市场指数回报 r_M 时股票 j 的期望回报。

最后,发现经验回归方程。回归分析说明如何用一个变量(解释变量)的变化来解释另一个变量(被解释变量)的变化,其实质是用一种方法来发现平面直角坐标系上两变量散点图中的最优拟合线,或者说经验回归方程。

就当前的主题而言,回归分析的目的,是在股票回报与指数回报的观测值散点图中,发现一条最优拟合线(回归线),该直线的方程即经验回归方程:

$$\hat{r}_{ji} = a_j + b_j r_{Mi}$$

其中,a_j 和 b_j 分别是 α_j 和 β_j 的估计值,$\hat{r}_{ji}$ 是在给定市场指数第 i 项回报(r_{Mi})时股票 j 第 i 项回报的预测值。

在实践中使用最多的回归方法是最小二乘法。最小二乘法是通过最小化残差平方和

($\sum \varepsilon_i^2$)来估计未知参数 α 和 β 的一种统计方法。残差(ε_i)是第 i 观测值与对应的第 i 预测值之间的离差($r_i - \hat{r}_i$)。

一、用 Excel 构造单一指数模型

图 7-1 是我们在"0701_单指模型"工作簿的"单指模型"工作表中构建的单一指数模型。图 7-2 是同一工作表中的资产回报数据。该模型中的单元格公式见表 7-1。

	A	B	C	D	E	F	G	H	I	J	K	L
1												
2		单指模型										
3		资产回报描述										
4			旅行者	迪斯尼	宝洁	耐克	杜邦	英特尔	麦当劳	沃尔玛	SP500	
5		权重	12.5%	12.5%	12.5%	12.5%	12.5%	12.5%	12.5%	12.5%		
6		截距	0.03%	0.03%	0.02%	0.04%	0.01%	0.00%	0.05%	0.01%	0.00%	
7		斜率	1.06	1.07	0.57	0.89	1.12	1.03	0.58	0.53	1.00	
8		标准误	1.30%	1.06%	0.85%	1.32%	1.02%	1.31%	0.99%	0.98%	0%	
9		均值	13.9%	14.0%	7.4%	16.3%	8.5%	7.0%	14.7%	5.9%	6%	
10		方差	5.9%	5.8%	2.2%	4.6%	6.2%	5.8%	2.4%	2.2%	4%	
11		标准差	24.4%	24.1%	14.8%	21.6%	24.9%	24.0%	15.5%	14.7%	20%	
12												
13		残差方差对角阵										
14			旅行者	迪斯尼	宝洁	耐克	杜邦	英特尔	麦当劳	沃尔玛		
15		旅行者	0.0002	0	0	0	0	0	0	0		
16		迪斯尼	0	1E-04	0	0	0	0	0	0		
17		宝洁	0	0	7E-05	0	0	0	0	0		
18		耐克	0	0	0		0	0	0	0		
19		杜邦	0	0	0	0		0	0	0		
20		英特尔	0	0	0	0	0	2E-04	0	0		
21		麦当劳	0	0	0	0	0	0	1E-04	0		
22		沃尔玛	0	0	0	0	0	0	0	1E-04		
23												
24		单指协方差矩阵										
25			旅行者	迪斯尼	宝洁	耐克	杜邦	英特尔	麦当劳	沃尔玛		
26		旅行者	4.7%	4.7%	2.5%	3.9%	4.9%	4.6%	2.6%	2.3%		
27		迪斯尼	4.7%	4.7%	2.5%	4.0%	5.0%	4.6%	2.6%	2.4%		
28		宝洁	2.5%	2.5%	1.3%	2.1%	2.6%	2.4%	1.4%	1.3%		
29		耐克	3.9%	4.0%	2.1%	3.3%	4.2%	3.9%	2.2%	2.0%		
30		杜邦	4.9%	5.0%	2.6%	4.2%	5.2%	4.8%	2.7%	2.5%		
31		英特尔	4.6%	4.6%	2.4%	3.9%	4.8%	4.5%	2.5%	2.3%		
32		麦当劳	2.6%	2.6%	1.4%	2.2%	2.7%	2.5%	1.4%	1.3%		
33		沃尔玛	2.3%	2.4%	1.3%	2.0%	2.5%	2.3%	1.3%	1.2%		
34												
35		组合回报的均值和方差										
36			单指	标准								
37		均值	11.0%	11.0%								
38		方差	3.1%	3.5%								
39		标准差	17.5%	18.7%								
40		风险溢价	62.7%	58.7%								
41												

图 7-1 单一指数模型界面(单指模型工作表)

	A	B	C	D	E	F	G	H	I	J	K	L	M
57													
58			旅行者	迪斯尼	宝洁	耐克	杜邦	英特尔	麦当劳	沃尔玛	SP500	组合	
59	1	14/10/24	1%	1%	2%	1%	1%	1%	1%	0%	1%	0.9%	
60	2	14/10/23	1%	1%	-1%	1%	0%	1%	0%	0%	1%	0.4%	
2576	2518	04/10/26	6%	1%	2%	1%	-2%	0%	2%	1%	1%	1.4%	
2577	2519	04/10/25	0%	0%	-1%	0%	0%	0%	0%	1%	0%	0.0%	
2578	2520	04/10/22	0%	-3%	-1%	-2%	-1%	-2%	0%	0%	-1%	-1.2%	
2579													

图 7-2 单指模型工作表中的资产回报数据

表 7-1 图 7-1 单指模型工作表中的单元格公式

C6	截距 1	=INTERCEPT(D59:D2578,$K$59:$K$2578
C7	斜率	=SLOPE(D$59:D$2578,$K$59:$K$2578)
C8	标准误	=STEYX(D$59:D$2578,$K$59:$K$2578)
C9	均值	=D6*252+D7*$K$9
C10	方差	=D7^2*$K$10+D8
C11	标准差	=SQRT(D10)
C15	残差方差对角阵	=IF($B15=D$14,D$8^2,0)
C26:J33	单指协方差矩阵	=MMULT(TRANSPOSE(C7:J7),C7:J7)*K10+C15:J22
C37	均值	=SUMPRODUCT(C5:J5,C9:J9)
C38	方差	=MMULT(MMULT(C5:J5,C26:J33),TRANSPOSE(C5:J5))
C39	标准差	=SQRT(C38)
C40	风险溢价	=C37/C39
D37	均值	=AVERAGE($L$59:$L$2578)*252
D38	方差	=VAR.S($L$59:$L$2578)*252
D39	标准差	=SQRT(D38)
D40	风险溢价	=D37/D39

在单指模型工作表上,我们还用数组公式计算了残差方差对角阵,见图 7-3。用于计算该对角阵的公式是:

$$=IF(TRANSPOSE(C8:J8)=C8:J8,C8:J8^2,0)$$

计算时选中 N15:U22 区域,键入上述公式,再按下"Shift+Control+Enter"组合键。

二、用 Excel 构建资本资产定价模型

资本资产定价模型(CAPM)见"0702_资本资产定价模型"工作簿的"证券市场线"工作表。图 7-4 展示的是该模型的界面,模型中使用平均权重的见图 7-5。图 7-4 工作表中的单元格公式见表 7-2,资产回报数据见图 7-6。

	L	M	N	O	P	Q	R	S	T	U
13										
14			旅行者	迪斯尼	宝洁	耐克	杜邦	英特尔	麦当劳	沃尔玛
15		旅行者	0.0002	0	0	0	0	0	0	0
16		迪斯尼	0	0.0001	0	0	0	0	0	0
17		宝洁	0	0	7E-05	0	0	0	0	0
18		耐克	0	0	0	2E-04	0	0	0	0
19		杜邦	0	0	0	0	1E-04	0	0	0
20		英特尔	0	0	0	0	0	2E-04	0	0
21		麦当劳	0	0	0	0	0	0	1E-04	0
22		沃尔玛	0	0	0	0	0	0	0	1E-04
23										

图 7-3 用数组公式计算的残差方差矩阵

	A	B	C	D	E	F	G	H	I
2	资本资产定价模型								
3	均值和风险								
4				实际均值	标准差	β	β_2	理论均值	权重
5		1	苹果	27%	27%	0.89	0.97	14%	5%
6		2	快捷	19%	25%	1.24	1.34	18%	5%
7		3	波音	20%	25%	1.13	1.22	17%	5%
8		4	卡特彼勒	13%	28%	1.36	1.46	20%	5%
9		5	杜邦	18%	23%	1.14	1.23	17%	5%
10		6	迪斯尼	23%	22%	1.08	1.17	16%	5%
11		7	雪佛龙	11%	20%	0.99	1.04	15%	5%
12		8	通用电气	14%	23%	1.14	1.24	17%	5%
13		9	T&T	11%	15%	0.61	0.67	10%	5%
14		10	IBM	28%	21%	0.88	0.96	14%	5%
15		11	英特尔	13%	23%	0.96	1.06	15%	5%
16		12	摩根大通	7%	29%	1.40	1.48	21%	5%
17		13	可口可乐	11%	15%	0.59	0.67	10%	5%
18		14	麦当劳	12%	14%	0.52	0.58	9%	5%
19		15	微软	14%	22%	0.88	0.96	14%	5%
20		16	辉瑞	14%	19%	0.79	0.86	12%	5%
21		17	宝洁	11%	14%	0.50	0.57	9%	5%
22		18	旅行者	15%	19%	0.84	0.93	13%	5%
23		19	3M	15%	19%	0.98	1.06	15%	5%
24		20	沃尔玛	11%	14%	0.45	0.52	8%	5%
25		21	组合	15%	15%	0.9		14%	1
26		22	标普500	12%	16%	1		15%	
27		22	R_f	0.02	0	0		2%	
28									
29		组合单位风险溢价：			101%			平均权重	
30									
31		回归方程参数和统计量							
32			斜率	0.04	0.12	截距		组合优化	
33			斜率标准误	0.05	0.04	截距标准误			
34			R^2	0.04	0.06	预测标准误			
35			F	1	18	自由度			
36			回归平方和	0.002	0.055	残差平方和			
37									
38		假设检验							
39			t统计量	0.857	2.101	临界值			
40			显著性	0.05	0.430	P值			
41									
42		零假设：回报均值与b无关							
43									
44		拒绝零假设？			否				
45									

图 7-4 "证券市场线"工作表中资本资产定价模型

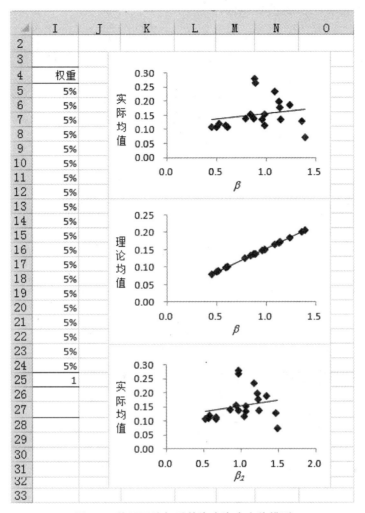

图 7-5 使用平均权重的资本资产定价模型

在图 7-4 所展示的模型中，R_f 是无风险利率，β 是资产回报与标准普尔 500 指数回报的回归斜率系数，β_2 是资产回报与组合回报的回归斜率系数。实际均值是用历史回报计算的均值，理论均值是用资本资产定价模型计算的均值。

图中 D32:E36 的值使用 LINEST 函数计算。该函数是 Excel 的多元回归函数，其中第四个参数指定函数是否返回附加回归统计值，即截距系数和斜率系数以外的回归统计量。计算时选中 D32:E36 区域，键入公式"=LINEST(D5:D24,F5:F24,,TRUE)"，按下"Shift+Control+Enter"键，该函数即返回图中所示的 10 个统计量。使用该函数需要事先知道输出区域各数值的名称。

资本资产定价模型假定资产的期望回报由市场超额回报和 beta 系数决定。模型中的"检验"结果并不支持这一结论。我们在资产回报与市场指数回报的回归之外，还对资产回报与组合回报作了回归分析。这种分析把组合看作是一个微型市场，所得回归斜率系数为 β_2。

在组合的资产权重为平均数时，资产回报均值与 β_2 的散点图为图 7-5 中的第 3 个散点图。在对组合进行优化后，组合的资产权重以及资产回报均值与 β_2 的散点图见图 7-6。这时资产回报均值是资产 β_2 的线性函数。

表 7-2 "证券市场线"工作表中的单元格公式

单元格	名称	公式
D5	实际均值	＝AVERAGE(OFFSET(\$C\$72,1,B5,1260))*252
E5	标准差	＝STDEV(OFFSET(\$C\$72,1,B5,1260))*SQRT(252)
F5	b	＝STDEV(OFFSET(\$C\$72,1,B6,1260))*SQRT(252)
G5	$b2$	＝SLOPE(OFFSET(\$C\$72,1,\$B5,1260),\$X\$73:\$X\$1332)
H5	理论均值	＝D\$27＋F5*(\$D\$25－D\$27)
I5	权重	0.05
E29	组合单位风险溢价	＝D25/E25
D32:E36	回归统计量	＝LINEST(D5:D24,F5:F24,,TRUE)
D39	t 统计量	＝D32/D33
D40	显著性	0.05
E39	临界值	＝TINV(D40,E35)
E40	P 值	＝TDIST(D39,5,2)

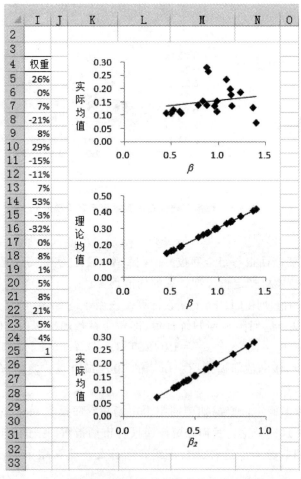

图 7-6 组合优化后的资产权重和第 3 个散点图的变化

图 7-4 模型中对组合进行优化的规划求解设置为：

　　　　设置目标：　　　　　　＄E＄29
　　　　到：　　　　　　　　　最大值
　　　　通过更改可变单元格：　＄I＄5：＄I＄24
　　　　遵守约束：　　　　　　＄I＄25＝1

在已经对规划求解进行设置并确保 VBA 已经引用 Solver 函数后，我们可以在 Excel 工作表界面通过一个 VBA 宏调出规划求解工具，代码为：

　　　　Sub 调用规划求解()
　　　　　　SolverOk
　　　　　　SolverSolve
　　　　End Sub

引用 Solver 函数的方法是：在 VBE 界面，单击"工具\引用"，在弹出的菜单中对 Solver 选项打勾。

三、用 Excel 构造互动回归模型

Excel 函数 LINEST 是对变量进行回归分析的强大工具，但每次分析中的手动数据引用缺乏效率。我们在"0703_简单回归分析互动模型"工作簿的"一元回归"工作表中构建了一个互动模型，在已经将数据库的数据导入到 Excel 的情况下，我们可以简单地通过下拉菜单选择资产名称来进行回归分析。

"一元回归"工作表中回归互动模型界面见图 7-7，其单元格公式见表 7-3。该工作表中的市场指数和资产的价格数据见图 7-8，其单元格公式见表 7-4。原始数据在"数据"工作表中，见图 7-9。

在图 7-7 展示的工作表模型中，一个关键的控件是组合框。该组合框"控制"选项的设置为：

　　　　数据源区域：　＄I＄47：＄I＄66
　　　　单元格链接：　＄D＄6
　　　　下拉显示项数：　30

注意在我们的模型设置的假设检验中，依据所选时段的数据，只有苹果和麦当劳两家公司的股票回报显示应拒绝阿尔法系数（截距系数）为零的假设。

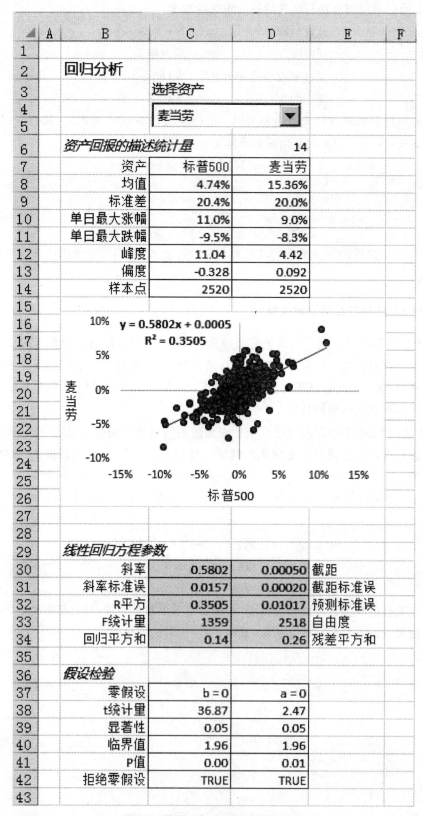

图 7-7 简单回归分析互动模型界面

表 7-3 "一元回归"工作表(图 7-7)中的单元格公式

单元格	说明	公式
D8	均值	=AVERAGE($F$49:$F$2568)*252
D9	标准差	=STDEV.S($F$49:$F$2568)*SQRT(252)
D10	单日最大涨幅	=MAX($F$49:$F$2568)
D11	单日最大跌幅	=MIN($F$49:$F$2568)
D12	峰度	=KURT($F$49:$F$2568)
D13	偏度	=SKEW($F$49:$F$2568)
D14	样本点	=COUNT($F$49:$F$2568)
D15	终端日	=数据!B3
D42	拒绝零假设	=D38>D40
C30:D34	回归函数	=LINEST(F49:F2568,E49:E2568,TRUE,1)
C38	t 统计量	=ABS(C30/C31)
C39	显著性	0.05
C40	临界值	=T.INV.2T(C39,D33)
C41	P 值	=T.DIST.2T(C38,D33)
C42	拒绝零假设	=C38>C40

	A	B	C	D	E	F	G	H	I
46									
47			标普500	麦当劳	标普500	麦当劳	1	AAPL	苹果
48			价格	价格	回报	回报	2	AXP	快捷
49		1	1950.82	91.02	1.22%	0.1%	3	BA	波音
50		2	1927.11	90.94	-0.73%	-0.1%	4	CAT	卡特彼勒
51		3	1941.28	91.01	1.94%	-0.6%	5	DD	杜邦
52		4	1904.01	91.59	0.91%	0.6%	6	DIS	迪斯尼
53		5	1886.76	91.04	1.28%	1.2%	7	CVX	雪佛龙
54		6	1862.76	89.91	0.01%	-0.6%	8	GE	通用电气
55		7	1862.49	90.44	-0.81%	-0.7%	9	GS	高盛
56		8	1877.7	91.10	0.16%	0.4%	10	IBM	IBM
57		9	1874.74	90.73	-1.66%	-1.7%	11	INTC	英特尔
58		10	1906.13	92.30	-1.15%	-0.5%	12	JPM	摩根大通
59		11	1928.21	92.72	-2.09%	-1.2%	13	KO	可口可乐
60		12	1968.89	93.83	1.73%	1.1%	14	MCD	麦当劳
61		13	1935.1	92.81	-1.52%	-1.1%	15	MSFT	微软
62		14	1964.82	93.84	-0.16%	-1.1%	16	PFE	辉瑞
63		15	1967.9	94.86	1.11%	0.8%	17	PG	宝洁
64		16	1946.17	94.12	0.00%	-0.1%	18	TRV	旅行者
65		17	1946.16	94.19	-1.33%	-0.7%	19	MMM	3M
66		18	1972.29	94.81	-0.28%	-1.5%	20	WMT	沃尔玛
67		19	1977.8	96.22	-0.26%	1.6%			
2566		2518	1094.8	20.97	-0.09%	-0.5%			
2567		2519	1095.74	21.07	-0.98%	0.0%			
2568		2520	1106.49	21.07	0.26%	-1.0%			
2569		2521	1103.66	21.28					
2570									

图 7-8 互动模型"一元回归"工作表中引用自"数据"工作表的数据

表 7-4 "一元回归"工作表数据模块(图 7-8)中的单元格公式

C49	价格	=数据!C4
D49	价格	=OFFSET(数据!$C$3,B49,$D$6)
E49	回报	=LN(C49/C50)
F49	回报	=LN(D49/D50)
H47	资产	=OFFSET(数据!$C$2,0,数据!A3)
I47	资产	=OFFSET(数据!$C$1,0,数据!A3)

	A	B	C	D	T	U	V	W	X
1			标普500	苹果	宝洁	旅行者	3M	沃尔玛	
2			SP500	AAPL	PG	TRV	MMM	WMT	
3	1	2014/10/24	1964.58	105.22	85.16	97.73	148.59	76.38	
4	2	2014/10/23	1950.82	104.83	83.23	96.77	145.05	76.25	
5	3	2014/10/22	1927.11	102.99	84.23	95.58	138.95	76.03	
6	4	2014/10/21	1941.28	102.47	83.97	94.24	140.93	76.02	
7	5	2014/10/20	1904.01	99.76	83.54	93.2	137.6	75.14	
8	6	2014/10/17	1886.76	97.67	82.64	93.24	137.4	74.1	
9	7	2014/10/16	1862.76	96.26	81.61	91.81	135.05	73.82	
3897	3895	1999/5/5	1347.31	1.6	31.05	19.86	31.93	35.55	
3898	3896	1999/5/4	1332	1.58	31.24	19.69	32.47	34.71	
3899									

图 7-9 互动模型"数据"工作表中的原始数据

以下是单指模型中计算一些变量的 VBA 代码:

(1) 以价格参数计算两资产回报的回归系数和标准误的函数

```
1   Function Alpha_UsePriceArg(yPrices, xPrices)
2       Alpha_UsePriceArg = WorksheetFunction.Intercept(Returns(yPrices), Re-
        turns(xPrices))
3   End Function
1   Function BETA_UsePriceArg(yPrices, xPrices)
2       BETA_UsePriceArg = WorksheetFunction.Slope(Returns(yPrices), Returns
        (xPrices))
3   End Function
1   Function STEyx_UsePriceArg(yPrices, xPrices)
2       STEyx_UsePriceArg = WorksheetFunction.StEyx(Returns(yPrices), Returns
        (xPrices))
3   End Function
```

(2) 计算组合残差标准误对角阵的函数

该函数调用 Excel 的 STEXY 函数计算资产回报序列与市场指数回报序列的残差标准误,参数为各资产回报(AssetReturns)和市场指数回报(MarketReturns)。

计算组合残差标准误对角阵函数的 VBA 代码如下:

```
1   Function STExyDiagonalMatrix(AssetReturns, MarketReturns)
2       Dim AMr As Object
```

```
3    Set AMr = Union(AssetReturns, MarketReturns)
4    m = AMr.Columns.Count
5    ReDim STE(1 To m, 1 To m)
6    For j = 1 To m
7      STE(j, j) = WorksheetFunction.StEyx(AMr.Columns(j), AMr.Columns(m))
8    Next
9    STExyDiagonalMatrix = STE
10   End Function
```

其中,第 3 行使用 Union 函数将资产回报和市场指数回报合并为一个数组,并将其指定给对象变量"AMr"。在 AMr 中,最后 1 列为市场指数回报,这便于残差标准误的计算。

第 7 行调用 Excel 的 STEYX 函数来计算各资产回报对市场指数回报回归的残差标准误。其中,AMr.Columns(m)是市场指数回报列,STE(j, j)是 STE 方阵中对角线上的各个单元格。过程最后生成一个对角阵。

(3) 计算单指模型对角阵和协方差矩阵的 VBA 函数

```
1    Private Function ReturnsMultiA(Prices)
2      m = Prices.Columns.Count
3      n = Prices.Rows.Count - 1
4      ReDim RTs(1 To n, 1 To m)
5      For i = 1 To n
6        For j = 1 To m
7          RTs(i, j) = Log(Prices(i, j)/Prices(i + 1, j))
8        Next
9      Next
10     ReturnsMultiA = RTs
11   End Function
12
13   Private Function AvgsMultiA(Prices)
14     m = Prices.Columns.Count
15     n = Prices.Rows.Count - 1
16     ReDim RTs(1 To n, 1 To m)
17     ReDim ERs(1 To m)
18     RTs = ReturnsMultiA(Prices)
19     For i = 1 To n
20       For j = 1 To m
21         ERs(j) = ERs(j) + RTs(i,j)/n
22       Next j
23     Next i
24     AvgsMultiA = ERs
25
26   Function VarEyxMatrixUsePriceArg(AssetPrices, MarketIndex)
27     Dim AM As Range
```

```
28      Set AM = Union(AssetPrices, MarketIndex)
29      m = AM.Columns.Count
30      n = AM.Rows.Count - 1
31      ReDim RT(1 To n, 1 To m)
32      ReDim ER(1 To m)
33      RT = ReturnsMultiA(AM)
34      ER = AvgsMultiA(AM)
35      ReDim DEV(1 To n, 1 To m)
36      ReDim SumDD(1 To m, 1 To m)
37      For j = 1 To m
38        For i = 1 To n
39          DEV(i, j) = RT(i, j) - ER(j)
40        Next
41      Next
42      For i = 1 To m
43        For j = 1 To i
44          For t = 1 To n
45            SumDD(i, j) = SumDD(i, j) + (DEV(t, i) * DEV(t, j))
46          Next
47        Next
48      Next
49      ReDim VarE(1 To m, 1 To m)
50      For j = 1 To m
51        VarE(j, j) = (SumDD(j, j) - SumDD(m, j)^2/SumDD(m, m))/(n - 2)
52      Next
53      VarEyxMatrixUsePriceArg = VarE
54    End Function
```

参考书目

[1] 〔美〕埃尔顿等,《现代投资组合理论与投资分析》(第7版),余维彬译,机械工业出版社2007年版。

[2] 〔美〕杰克·弗朗西斯、罗杰·伊博森:《投资学——全球视角》,胡坚、高飞、钱宥妮译,中国人民大学出版社2006年版。

[3] William F. Sharpe, A Simplified Model for Portfolio Analysis, Management Science, 1963, Vol. 9, No. 2, pp. 277—293.

[4] William F. Sharpe, Capital Asset Prices: A Theory of Market Equilibrium under Conditions of Risk, Journal of Finance, 1964, Vol. 19, pp. 425—442.

[5] T. S. T. Ho, Sang Bin Lee, The Oxford Guide to Financial Modeling, Oxford University Press, 2004.

第八章 在险价值

本章说明在险价值（Value at Risk，VaR）及相关概念的量化方法，以及如何用 Excel 构建基于在险价值的风险预测模型等问题。第一节阐述在险价值的概念和计算方法。第二节阐述在险价值模型的解构及回测等问题。第三节说明在 Excel 中构建在险价值模型并对其进行回测的方法。

第一节 在险价值及其计算方法

在这一节中，我们将解释 VaR 的定义并说明计算 VaR 的主要方法。

一、在险价值概述

（一）最大化损失

风险是实际回报偏离期望回报的可能性，一般用资产回报的方差或标准差来衡量，这既包括向上的偏离，即回报大于均值，也包括向下的偏离，即回报小于均值。如果偏离导致负回报，投资者将遭受自有资本或权益资本损失，甚至破产。

金融机构的权益资本占资产的比率一般很低，对回报向下偏离所导致的最大化损失非常敏感，因此，相对于工商企业，金融机构更关注风险的损失方面。这就是现代金融机构的风险管理以识别组合的下侧风险和相应的最大潜在损失为基础的原因。

所谓下侧风险指资产回报小于回报均值从而给投资者带来损失的可能性，其驱动因素与一般风险相同，为股票指数、利率和汇率等。这些风险因素的不利变化所导致的投资损失大小，取决于资产价格的波动性和资产对风险因子的敏感性两个因素。其中，债券的敏感性指标为持续期，股票的敏感性指标为贝塔值。

下侧风险导致的资产损失分为预期损失、未预期损失和极端损失三种。预期损失是在正常环境下的平均损失，未预期损失是正常环境下超出预期但在一定临界值以内的损失。预期损失加未预期损失为最大化损失。极端损失是超过未预期损失临界值的损失，在正常环境下几乎不可能发生。

银行贷款的预期损失一般等于其资产负债表上的贷款损失拨备。债券等交易资产或市场组合的预期损失接近于零，因此，市场组合的最大化损失就是未预期损失。

最大化损失是个相对概念，与置信水平 c 和持有期 T 有关。

置信水平是损失小于或等于某一临界值的概率。设 L 是随机损失额，a 是临界值，则置信水平

$$c = P(L \leqslant a) = F(a)$$

式中，P 为概率，F 为分布函数。显然，较大的 c 意味着有较大的损失临界值 a。99% 的置信水平所对应的损失，要大于 95% 置信水平对应的损失临界值。

资产持有期 T 是从当前到假设的资产出售日之间的时间，一般以天为单位。$T=10$，表示我们假定从当前到资产出售的时间为 10 天。在各期回报相互独立的假定下，随机变量 T

期的方差等于 T 乘 1 期的方差，即有：$\sigma_T^2 = \sigma^2 T$，以及 $\sigma_T = \sigma\sqrt{T}$。因此，相对于既定的损失标准差 σ，资产持有期越长，潜在损失也越大。

（二）作为最大化损失尺度的在险价值

在险价值（VaR）用来测量正常经营环境下资产的最大化损失。因为把损失作为监控指标，所以，在 VaR 的世界中，回报的正负号刚好与正常世界相反：回报是负数，而损失则为正数。在损失用正数表示的情况下，有：

$$F(\text{VaR}) = P(L \leqslant \text{VaR}) = c$$

其中，L 为持有期损失额，F 为损失分布函数，VaR 为损失分布的一个分位数，代表最大化损失，P 为损失小于或等于 VaR 的概率，即置信水平 c。

假定持有期 T 为 1 天，置信水平 c 为 99%，最大化损失为 100 万，则用 VaR 的语言来说就是："明天组合的损失超过 100 万的概率仅为 1%"，或"我有 99% 的把握，明天组合的损失小于或等于 100 万"，以及"我有 99% 的把握，在今后 100 天内，只有 1 天组合的损失会超过 100 万"。

二、在险价值计算方法

在险价值的计算方法主要有德尔塔—正态法、历史模拟法和蒙特卡罗模拟法三种。

（一）德尔塔—正态法

这种方法是分析法，因为其给出一个解析解，同时又是参数法，因为其计算结果依赖一些参数。德尔塔—正态法假定：

(1) 资产价格的变化是风险因子的线性函数（这种线性关系常用希腊字母 Δ 来表示）；

(2) 资产价格的变动遵循参数为 μ 和 σ 的正态分布。

在这些假定下，如果我们再进一步假定组合的期望回报 μ 为 0，组合持有期为 T，则标准化组合损失 L 为：

$$Z = \frac{L - \mu T}{\sigma\sqrt{T}} = \frac{L}{\sigma\sqrt{T}}$$

而组合的市场价值损失 L 小于 VaR 的概率为：

$$F(\text{VaR}) = P(L \leqslant \text{VaR}) = P\left(\frac{L}{\sigma\sqrt{T}} \leqslant \frac{\text{VaR}}{\sigma\sqrt{T}}\right) = P(Z \leqslant z) = \Phi(z) = c$$

式中，Z 为标准正态变量，Φ 为标准正态变量的分布函数。由

$$\Phi^{-1}(c) = z = \frac{\text{VaR}}{\sigma\sqrt{T}}$$

可得德尔塔—正态 VaR 的计算公式：

$$\text{VaR} = \Phi^{-1}(c)\sigma\sqrt{T} = z\sigma\sqrt{T} \tag{8.1}$$

式中的 σ 是资产价值变动（ΔV）的标准差，等于组合回报标准差 σ_r 乘以组合当前价值 V_t，即 $\sigma = \sigma_r \times V_t$，$z$ 是标准正态分布区间点或 σ 的个数。

式(8.1)表明，VaR 的大小依赖于 z，而 z 又依赖于置信水平 c。在只考虑损失的情况下，置信水平 c 与 z 的对应关系见表 8-1。

表 8-1 标准正态分布的置信水平和对应的分位数

置信水平 c	99%	98%	96%	95%	94%	93%	92%	91%	90%
区间点 z	2.326	2.054	1.751	1.645	1.555	1.476	1.405	1.341	1.282

表 8-1 说明,从标准正态分布中随机抽取一个数,其小于或等于 2.326 的概率为 99%,或者说,从标准正态分布中随机抽取一个数,其大于 2.326 的概率仅为 1%。因为标准正态变量由正态变量标准化而来,而前者的标准差为 1,所以,$z=2.326$ 代表了一个正态随机变量的 2.326 个标准差。

标准正态分布区间点与标准正态分布的几何关系见图 8-1:

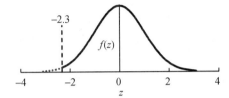
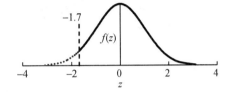

(a) -2.326 分位数右边曲线下面积代表 99% 的概率,左边代表 1% 的概率

(b) -1.695 分位数右边曲线下面积代表 95% 的概率,左边代表 5% 的概率

图 8-1 标准正态分布的区间点和对应概率

假定一种股票的当前价格为 52.7 元,日回报标准差为 2.1%。那么,持有该股票 10 万股 1 天,最大化损失是多少?持有该股票 10 天,最大化损失又是多少?

显然,问题的正确答案依赖于我们对置信水平的选择。假定置信水平为 99%,则第二天和第 10 天后的可能最大化损失分别为:

$$\text{VaR}(c=99\%, T=1) = 2.326 \times 2.1\% \times \sqrt{1} \times 5270,000 = 257,400$$

$$\text{VaR}(c=99\%, T=10) = 2.326 \times 2.1\% \times \sqrt{10} \times 5270,000 = 814,000$$

置信水平为 95%,则

$$\text{VaR}(c=95\%, T=1) = 1.645 \times 2.1\% \times \sqrt{1} \times 5270,000 = 182,000$$

$$\text{VaR}(c=95\%, T=10) = 1.645 \times 2.1\% \times \sqrt{10} \times 5270,000 = 575,700$$

以上计算表明,投资该股票 10 万股,在正常情况下,第二天损失不超过 25.74 万元的可能性为 99%,不超过 18.2 万元的可能性为 95%。

在险价值尺度 VaR 揭示在一定的置信水平下组合可能遭受的最大损失。超过 VaR 的损失称为尾部损失,其期望值称为预期亏损(Expected Shortfall, ES),即以概率加权的平均尾部损失。因为 ES 是损失已经超过最大化损失条件下的平均尾部损失,所以其又被称为条件 VaR。在德尔塔—正态方法下,预期亏损的公式是:

$$\text{ES} = E(L \mid L > \text{VaR}) = \sigma \sqrt{T} \frac{\varphi(\Phi^{-1}(c))}{\Phi(-z)} = \sigma \sqrt{T} \frac{\varphi(z)}{1-c} \tag{8.2}$$

其中,$\varphi(z)$ 是标准正态变量的密度函数,$\Phi(-z)=1-c$ 是 $Z>z$ 的概率。

(二)历史模拟法

历史模拟法是非参数方法,该方法不考虑随机变量的分布特征,直接用资产回报的历史数据来预测资产在明天的损失。在既定的历史回报数据集中,覆盖率为 k 的百分点值就是明天概率为 k 的最大化损失,或由 k 确定的 VaR。

要用历史模拟法计算 VaR,需要计算历史回报率序列,以及序列中各项与组合当前价值 V_0 的乘积:

$$\left\{\ln\left(\frac{P_i}{P_{i+1}}\right)V_0\right\}_{i=0}^{n}$$

该序列是用历史数据模拟的当前资产在第二天的所有可能损失(负回报),其中排在百分之一位的损失,即发生概率为 1% 的最大化损失或 VaR。

历史模拟法的 VaR 计算公式为:

$$\text{VaR}_{t+1} = -\text{Percentile}((r_i V_t)_{i=0}^{n}, k) \tag{8.3}$$

式中,Percentile 是计算序列中第 k 百分点值的函数。该函数的参数 $\{r_i V_t\}_{i=0}^{n}$ 是按历史回报率和组合当前价值模拟的单日损失序列,或第二天所有可能损失,其中 V_0 是组合的当前价值,r_i 是过去 i 日的回报率。该函数的另一个参数 k 是百分数,$k=1\%$,表示函数要计算的是序列中位于 1% 点上的值。因为损失在 VaR 模型中是正数,所以 Percentile 前要加一个负号。

表 8-2 展示的是一个组合 500 天按升序排列的历史损失序列。其中排第 5 位的损失为 -61 万元人民币,排第 25 位的损失为 -42 万元人民币。因此,按照历史模拟法,在 99% 的置信水平下,该组合第二天最大化损失为 61 万元人民币;在 95% 的置信水平下,该组合的第二天最大化损失为 43 万元人民币。

表 8-2　一个组合按升序排列的 500 天历史损失序列(损失单位:万元)

序号	1	2	3	4	5	…	25	…	499	500
组合损失	-88	-75	-66	-64	-61	…	-43	…	67	69

历史模拟法的优点是易于理解,操作简单,不需要判断数据的分布类型和估计各种参数,能捕捉到异常的尾部损失。其主要缺点是模拟结果受所选历史时段的影响很大,这与分析法相同,但是,因为分析法使用参数,所以其校正起来要容易一些。

(三) 蒙特卡洛模拟法

蒙特卡洛模拟是用重复模拟随机过程所得数据的平均值来趋近随机变量数学期望的方法,其理论基础是概率论中的大数法则。按照这一法则,当重复试验或模拟的次数趋于无穷大时,事件发生的频率趋近于事件的概率。蒙特卡洛模拟是参数法,因为进行这种模拟需要建立包含各种参数的随机事件数学模型。

用蒙特卡洛模拟来确定组合 VaR 的步骤如下:

第一步,确定资产的随机价格公式和所需参数,其中主要参数是变量的均值和方差。

第二步,根据各资产的单日历史价格序列,估计各资产回报的期望值和标准差。

第三步,用随机数发生器生成一个有 n 个随机数的数据集。

第四步,将随机数和参数代入随机价格公式,模拟数量为 n 的随机资产价格集,再减去当前价格,得到模拟回报集,或直接用随机回报公式模拟随机回报集再乘以当前价格。

第五步,根据各资产在组合中的权重,计算组合的模拟回报集。

第六步,计算组合模拟回报集的百分之一分位数,即得到置信水平为 99% 的最大化组合损失;或者用德尔塔——正态 VaR 公式计算模拟回报集的 VaR。

在模拟股票价格和回报时,一般使用如下的对数正态随机股票价格公式:[①]

$$P_T = P_t \text{Exp}\left[\left(\mu - \frac{\sigma^2}{2}\right)T + \sigma\sqrt{T}z\right] \tag{8.4}$$

其中,P_t 为当前股价,μ 为期望回报,σ 为回报的标准差,T 为资产持有期间,z 为标准正态随机数。而对数正态随机股票回报的公式为:

$$r = e^{(\mu - \sigma^2/2)T + \sigma\sqrt{T}z} - 1 \tag{8.5}$$

假定组合有 m 种资产,资产权重为 w_j,则用来模拟组合第 i 项回报率的公式为:

$$r_{Pi} = \sum_{j=1}^{m}\left[e^{\left(\mu - \frac{\sigma^2}{2}\right)T + \sigma\sqrt{T}z_{ji}} - 1\right]w_j, \quad i = 1, 2, \cdots, n \tag{8.6}$$

对 n 次模拟所得组合回报集,我们既可以用历史模拟法也可以用德尔塔—正态法来计算蒙特卡洛 VaR。

蒙特卡洛模拟法的优点是能综合反映各种因素对 VaR 的影响,其缺点是模拟效率严重依赖计算机性能,再就是需要设定损失的分布性质。

第二节 在险价值的解构和回测

本节说明 VaR 的解构和回测。VaR 解构涉及对 VaR 内在要素的分析,主要的内在要素是组合成分、组合成分价值变化以及组合成分的风险等。回测是模型运行一段时间后对模型的有效性进行检验的一种统计方法。

一、VaR 解构

(一)边际 VaR

边际 VaR 是组合 VaR 变化与组合成分价值变化的比值,衡量组合 VaR 对组合成分市场风险的敏感性,其公式是:

$$\text{边际 VaR}_j = \frac{\partial \text{VaR}}{\partial x_j} = \frac{\partial(z\sigma_P V_0)}{\partial(w_j V_0)} = z\frac{\partial \sigma_P}{\partial w_j} \tag{8.7}$$

其中,V_0 是组合当前市场价值,w_j 为资产 j 的权重,$x_j = w_j V_0$。要计算边际 VaR,需要计算组合标准差对权重的偏导数。由组合方差对权重的偏导数

$$\frac{\partial \sigma_P^2}{\partial w_j} = 2\sigma_P \frac{\partial \sigma_P}{\partial w_j} = 2\sigma_{jP}$$

可得组合标准差对权重的偏导数

$$\frac{\partial \sigma_P}{\partial w_j} = \frac{\sigma_{jP}}{\sigma_P}$$

代入式(8.7),得:

$$\frac{\partial \text{VaR}}{\partial x_j} = z\frac{\partial \sigma_P}{\partial w_j} = z\frac{\sigma_{jP}}{\sigma_P} \tag{8.8}$$

式中的 σ_{jP} 是资产回报与组合回报的协方差。

(二)VaR β

在以往的分析中,股票的 β(beta)是股票回报序列对市场回报序列回归的斜率系数,代

[①] 关于这个随机股价公式将在第九章中作深入的探讨。

表该股票的系统风险,或市场回报对公司股票回报的影响。股票 j 的 β 可以表示为:

$$\beta_j = \frac{\sigma_{jM}}{\sigma_M^2}$$

其中,M 表示市场。而 VaR β 则是组合中一项资产的回报序列与组合回报序列回归的斜率系数,公式是:

$$\text{VaR } \beta_j = \frac{\sigma_{jP}}{\sigma_P^2} \tag{8.9}$$

与股票 β 的含义不同,VaR β 表示单项资产风险对组合风险的影响度。由式(8.8)和式(8.9),可知边际 VaR 与 VaR β 存在如下关系:

$$\text{边际 VaR}_j = z \frac{\sigma_{jP}}{\sigma_P} = z \frac{\sigma_{jP}}{\sigma_P^2} \sigma_P = \beta_j z \sigma_P = \beta_j \frac{z \sigma_P V_0}{V_0} = \beta_j \frac{\text{VaR}}{V_0} \tag{8.10}$$

即组合中某资产市场价值变动对组合风险的影响,与该资产 β_j 值的大小成正比,资产 j 的 β 值越大,其在组合中的价值变化对组合风险的影响(边际 VaR)越大。

(三) 增量 VaR

增加或取消某项交易,会导致组合仓位变化。增量 VaR 指增加或取消某项交易或者说组合仓位变化所导致的组合 VaR 变化。用 VaR_P 和 VaR_{P+a} 分别表示组合仓位变化前后的市场风险,则增量 VaR 为:

$$\Delta \text{VaR}_P = \text{VaR}_{P+a} - \text{VaR}_P$$

$$\approx \sum_{j=1}^m \frac{\partial \text{VaR}}{\partial x_j} \Delta x_j = \sum_{j=1}^m z \frac{\sigma_{jP}}{\sigma_P} \Delta x_j \tag{8.11}$$

其中,$\partial \text{VaR}/\partial x_j$ 是边际 VaR,Δx_j 是第 j 项投资的新增额。

(四) 成分 VaR

成分 VaR 或 VaR_j 表示组合中某一资产成分对组合 VaR 的贡献,其公式是:

$$\text{VaR}_j = \frac{\partial \text{VaR}}{\partial x_j} x_j = z \frac{\sigma_{jP}}{\sigma_P} x_j \tag{8.12}$$

成分 VaR 与 VaR β 的关系为:

$$\text{VaR}_j = z \frac{\sigma_{jP}}{\sigma_P} x_j = z \frac{\sigma_{jP}}{\sigma_P^2} \sigma_P w_j V_t = w_j \beta_j \text{VaR}$$

成分 VaR 总和等于组合 VaR:

$$\sum_{j=1}^m \text{VaR}_j = \sum_{j=1}^m w_j \beta_j \text{VaR} = \text{VaR}$$

二、回测

(一) 概述

VaR 是在一定的置信水平上对损失上限进行预测的模型。该模型是否有效,需要实践的检验。检验方法是计算事后实际损失超过 VaR 的次数,以此判断模型预测的准确性。这种利用事后实际数据来检验模型预测能力的统计方法称为"回测"(Back Testing)。

VaR 模型回测的本质,是判断模型设定的最大化损失是否确实是在一定置信水平下的最大损失。置信水平 c 是损失不超过 VaR 的概率,$1-c$ 是损失超过 VaR 的概率。实际损失大于 VaR 为越界。如果 VaR 模型是有效的,实际越界率或经验越界率就应该在统计学意义上等于模型预设的越界概率。因此,VaR 模型是否有效,可以通过检验回测期内的实际越界次数在统计学意义上是否等于模型预期的越界次数来判断。

定义

$$I = \begin{cases} 1, & L > \text{VaR} \\ 0, & L \leqslant \text{VaR} \end{cases} \tag{8.13}$$

则 I 是一个伯努利变量,其取值为1或0的概率分别为:

$$P(I=1) = p, \quad P(I=0) = 1-p$$

因此,I 的期望值为:

$$E(I) = 1p + 0(1-p) = p \tag{8.14}$$

I 在 n 个持有期内的和

$$X_n = \sum_{i=1}^{n} I_i \tag{8.15}$$

是二项式变量。在 I_i 独立同分布的假定下,X_n 的期望值为:

$$E(X_n) = E(I_1) + E(I_2) + \cdots + E(I_n) = np \tag{8.16}$$

设 $X_n = k$ 为回测期内的实际越界数。如果 VaR 模型是有效的,则 k 就应在一定显著性上等于 np。

(二)回测的步骤

1. 计算回测期内的界外数

要对模型进行回测,就需要用公式(8.13)和(8.15)计算样本越界数,即回测期内实际损失大于 VaR 的次数。

首先,确定回测期。回测期一般为1年。

其次,计算回测期内组合的历史损失序列和 VaR 序列:

$$\{L_1, L_2, \cdots, L_n\}, \quad \{\text{VaR}_1, \text{VaR}_2, \cdots, \text{VaR}_n\}$$

最后,构造一个标识函数 I,将损失序列的每一项与 VaR 序列中的对应项作比较,如果 $L_i > \text{VaR}_i$,$I_i = 1$,否则,$I_i = 0$。I_i 的部分和是回测期内的样本越界数 k:

$$k = \sum_{i=1}^{n} I_i \tag{8.17}$$

2. 建立假设

如前所述,如果我们构建的 VaR 模型是有效的,k 就应该在统计学意义上或在一定的显著性上等于 np。为了检验 VaR 模型的有效性,我们建立如下假设:

零假设: $k = np$

备选假设: $k \neq np$

如果实际越界数 k 显著大于期望越界数 np,说明 VaR 模型低估了实际风险,即损失的真实概率大于模型预设的概率,VaR 模型是无效的;如果 k 显著地低于 np,则说明模型高估了实际风险,即损失的真实概率低于模型预设的概率,模型也是无效的。

虽然监管当局只要求 $k \leqslant np$,但是,在金融机构实施的 VaR 模型回测中,k 既不能显著大于也不能显著小于 np。这是因为在金融机构的风险管理中,组合的资金来源被假定是负债和经济资本,其中经济资本被用来吸收组合在正常环境下的损失,其规模决定于组合的 VaR。

越界数显著大于期望值,可能导致组合的经济资本配置不足,机构作为一个整体可能承受了过多的风险;越界数显著小于期望值,则可能导致组合的经济资本配置过多和资源浪费。在这两种情况下,现有的 VaR 模型都需要调整。

3. 计算样本越界数的概率

二项式变量的概率质量函数,即 n 期内出现 k 次越界的概率为:

$$P(X=k) = \binom{n}{k} p^k (1-p)^{n-k}, \quad k=0,1\cdots,n \tag{8.18}$$

二项式变量的累积分布函数,即 X 小于或等于 k 的概率为:

$$P(X \leqslant k) = \sum_{i=0}^{k} \binom{n}{i} p^i (1-p)^{n-i}, \quad i=0,1\cdots,n \tag{8.19}$$

X 大于或等于 k 的概率为:

$$P(X \geqslant k) = 1 - P(X \leqslant k-1) \tag{8.20}$$

二项式检验是单尾检验,因此需要根据 k 大于或小于 np 的情况分别计算 k 的概率。若 k 小于 np,用 $P(X \leqslant k)$ 计算 k 的概率;若 k 大于 np,用 $1-P(X \leqslant k-1)$ 计算 k 的概率。

4. 进行假设检验

假定显著性水平 $a=5\%$,二项式分布的参数 n 和 p 已定。如果 $k \leqslant np$ 且由 k 确定的累积概率大于 5%,说明在当前参数下,$X=k$ 的概率是很大的,k 对 np 的偏离从统计学角度看是偶然的,因而在 95% 的置信水平上,我们不能拒绝 $k=np$ 的零假设,也就是不能得出 VaR 模型无效的结论。

如果 $k \leqslant np$ 且由 k 确定的累积概率小于 5%,则意味着 k 显著不等于 np,因此,在 95% 的置信水平上,我们可以拒绝 $k=np$ 的零假设,即在一定意义上可以断定模型是无效的。

假定 a、n 和 p 不变,但 $k \geqslant np$。我们用 $1-F(k-1)$ 计算出的累积概率大于 5%,则说明在当前的设定下,k 发生的概率是大的,在 95% 的置信水平上,我们不能拒绝 $k=np$ 的零假设。反之,如果计算所得累积概率小于 5%,则拒绝零假设。

现在我们用一个例子来说明检验过程。假定显著性为 5%,回测期数 $n=300$,模型设定的 1 次越界的概率 $p=1\%$。则预期界外数为 $np=300 \times 1\% = 3$,但检测到的界外数为 2。那么,我们是否可以据此判定 VaR 模型无效呢?

将各项参数带入累积二项式分布函数公式,计算均值及其附近值的概率,结果见表 8-3:

表 8-3 二项式质量函数和分布函数($n=300$, $p=1\%$)

越界数	0	1	2	3	4	5	6	7
质量函数	4.9%	14.9%	22.4%	22.5%	16.9%	10.1%	5.0%	2.1%
分布函数	4.9%	19.8%	42.2%	64.7%	81.6%	91.7%	96.7%	98.9%
1-分布函数	99.0%	95.1%	80.2%	57.8%	35.3%	18.4%	8.3%	3.3%

由表 8-3 可知,在上述参数下,越界数小于或等于 2 的概率为 42.21%,远大于 5% 的显著性水平。因此,在 95% 的置信水平上,我们不能得出 VaR 模型无效的结论,或者说我们不认为实际越界率(k/n)与模型预设概率 p 显著不同。

表 8-3 还表明,其他参数不变,k 的临界值为 $[1, 6]$。当 $k=0$ 时,$F(k)=4.9\%$,小于 5%;当 $k=7$ 时,$1-F(6)=3.3\%$,也小于 5%。因此,保持以上参数不变,当回测的 k 等于 0 或大于 6,我们可以拒绝 $k=np$ 的假设,也就是拒绝越界率等于模型预设概率的假设。

第三节 用 Excel 构建 VaR 模型

一、组合 VaR

我们构建的组合 VaR 模型界面见图 8-2。模型构建于"0801_VaR"工作簿的"VaR"工作表。

	A	B	C	D	E	F	G	H	I	J	K
1											
2		组合VaR									
3		时间		14/10/24							
4		资产描述									
5		资产	苹果	杜邦	迪斯尼	麦当劳	耐克	宝洁	旅行者	沃尔玛	
6		股份数	10000	10000	10000	10000	10000	10000	10000	10000	
7		现价	105.22	69	88.61	91.67	90.9	85.16	97.73	76.38	
8		敞口	1052200	690000	886100	916700	909000	851600	977300	763800	
9		权重	14.9%	9.8%	12.6%	13.0%	12.9%	12.1%	13.9%	10.8%	
10		标准差	1.692%	1.437%	1.417%	0.893%	1.503%	0.890%	1.190%	0.883%	
11											
12		组合									
13		股份数	80000								
14		敞口	7046700								
15		标准差	0.883%								
16											
17		VaR									
18		持有天数		1							
19		置信水平		99%							
20		德尔塔-正态法		144,681							
21		历史模拟法		177,580							
22											
23		分散化利益									
24		总资产VaR		189,211							
25		组合VaR		144,681							
26		降低		-44530							
27											

图 8-2 "VaR"工作表中的模型界面

模型的资产回报数据见图 8-3,该数据来自同一工作簿的"数据"工作表,见图 8-4。

	A	B	C	D	E	F	G	H	I	J	K
29											
30			苹果	杜邦	迪斯尼	麦当劳	耐克	宝洁	旅行者	沃尔玛	组合
31	1	0.37%	0.60%	0.70%	0.71%	0.58%	2.29%	0.99%	0.17%	0.80%	
32	2	1.77%	-0.09%	1.02%	0.09%	0.57%	-1.19%	1.24%	0.29%	0.53%	
1289	1259	-0.72%	-2.47%	-0.82%	-0.40%	-0.67%	-1.29%	-0.13%	-1.19%	-0.89%	
1290	1260	-0.61%	-2.44%	-1.91%	-0.12%	-1.56%	-0.85%	-0.78%	-0.09%	-1.01%	
1291											

图 8-3 "VaR"工作表中的资产回报数据

	B	C	D	E	F	G	H	I	J
1									
2		苹果	杜邦	迪斯尼	麦当劳	耐克	宝洁	旅行者	沃尔玛
3	10/24/14	105.22	69	88.61	91.67	90.9	85.16	97.73	76.38
4	10/23/14	104.83	68.59	87.99	91.02	90.37	83.23	96.77	76.25
1262	10/23/09	27.71	27.92	27.03	50.68	29.88	49.26	44.95	44.62
1263	10/22/09	27.88	28.61	27.55	50.74	30.35	49.68	45.3	44.66
1264									

图 8-4 "数据"工作表中的资产价格数据

图 8-2 和图 8-3 工作表中的单元格公式见表 8-4：

表 8-4 VaR 工作表中的单元格公式

$D$3	时间	=数据！B3
$C$5	资产	=数据！D2
$C$6	股份数	10000
$C$7	现价	=数据！D3
$C$8	敞口	=D7*D6
$C$9	权重	=D8/$C$14
$C$10	标准差	=STDEV(C31:C1290)
$D$18	持有天数	1
$D$19	置信水平	0.99
$D$20	德尔塔—正态法	=NORMSINV(D$19)*$C$15*SQRT($D$18)*$C$14
$D$21	历史模拟法	=−PERCENTILE(J31:J1290,1%)*$C$14*SQRT(D18)
$D$24	总资产 VaR	=SUMPRODUCT(C8:I8,C10:I10*NORMSINV(0.99))
$D$25	组合 VaR	=D20
$D$26	潜在损失降低	=D25−D24
$B$31	资产回报	=LN(数据！C3/数据！C4)
$J$31	组合回报	=SUMPRODUCT($C$9:$J$9,B31:I31)

表 8-4 中，计算历史模拟法的函数为 PERCENTILE（array，k），Excel 2010 及以上版本的对应函数为 PERCENTILE.INC。函数计算数组中第 k 个百分点的值，k 介于 0 和 1 之间，包括 0 和 1。不包括 0 和 1 的第 k 个百分点值的函数为 PERCENTILE.EXC。因为 VaR 习惯上为正值，所以函数 PERCENTILE 带负号。

二、VaR 解构

对上面组合 VaR 所做的解构，见图 8-5，其中的资产和组合回报数据见图 8-6。模型建于"0802_VaR 解构"工作簿的"VaR 解构"工作表。

	A	B	C	D	E	F	G	H	I	J	K
1											
2		组合VaR的解构									
3		*时间*	14/10/24								
4		*观测数*	1260								
5		资产	苹果	杜邦	迪斯尼	麦当劳	耐克	宝洁	旅行者	沃尔玛	
6		股份数	10000	10000	10000	10000	10000	10000	10000	10000	
7		现价	105.22	69	88.61	91.67	90.9	85.16	97.73	76.38	
8		敞口	1052200	690000	886100	916700	909000	851600	977300	763800	
9		权重	14.9%	9.8%	12.6%	13.0%	12.9%	12.1%	13.9%	10.8%	
10		标准差	1.69%	1.44%	1.42%	0.89%	1.50%	0.89%	1.19%	0.91%	
11		**股票数增减**	-2000					1000		1000	
12		敞口增减	-210440					85160		76380	
13		变动后敞口	841760	690000	886100	916700	909000	936760	977300	840180	
14		变动后权重	12.0%	9.9%	12.7%	13.1%	13.0%	13.4%	14.0%	12.0%	
15											
16		组合									
17		股份数	80000								
18		敞口	7046700								
19		**标准差**	**0.88%**								
20		股票数增减	0								
21		敞口增减	-48900								
22		变动后敞口	6997800								
23		**变动后标准差**	**0.87%**								
24											
25		VaR解构									
26		资产	苹果	杜邦	迪斯尼	麦当劳	耐克	宝洁	旅行者	沃尔玛	
27		*VaR*	41417	23067	29215	19039	31784	17640	27049	16095	
28		σ_{jp}	0.010%	0.010%	0.010%	0.005%	0.009%	0.005%	0.008%	0.005%	
29		*VaR β*	124.9%	128.2%	127.0%	68.7%	120.7%	63.8%	101.5%	60.2%	
30		*VaR β* 比例	18.65%	12.55%	15.98%	8.93%	15.57%	7.71%	14.08%	6.53%	
31		边际VaR	2.56%	2.63%	2.61%	1.41%	2.48%	1.31%	2.08%	1.24%	
32		成分VaR	26984	18158	23114	12927	22528	11159	20368	9443	
33		增量VaR	-5397					1116		944	
34											
35		投资变动前后的组合VaR									
36		持有天数		1							
37		置信水平		99%							
38		投资变动前		144681							
39		投资变动后		141529							
40		实际变动		-3152							
41		增量VaR		-3337							
42		差额		185							
43											

图 8-5 组合 VaR 结构

	B	C	D	E	F	G	H	I	J	K
49										
50	苹果	杜邦	迪斯尼	麦当劳	耐克	宝洁	旅行者	沃尔玛	组合	组合2
51	0.4%	0.6%	0.7%	0.7%	0.6%	2.3%	1.0%	0.2%	0.8%	0.8%
52	1.8%	-0.1%	1.0%	0.1%	0.6%	-1.2%	1.2%	0.3%	0.5%	0.5%
1309	-0.7%	-2.5%	-0.8%	-0.4%	-0.7%	-1.3%	-0.1%	-1.2%	-0.9%	-0.9%
1310	-0.6%	-2.4%	-1.9%	-0.1%	-1.6%	-0.8%	-0.8%	-0.1%	-1.0%	-1.0%
1311										

图 8-6 "VaR 解构"工作表中的数据

图 8-5 工作表中，B4:J14 区域的部分单元格公式见表 8-5；C17:C23 区域的部分单元格公式见表 8-6；C27:C33 区域主要单元格公式见表 8-7；C36:C42 区域以及 C51:J52 区域的单元格公式见表 8-8。

表 8-5 "VaR 解构"工作表 B4:J14 区域单元格公式

$C$4	观测数	=COUNT(A51:A1310)
$C$6	股份数	10000
$C$7	现价	='数据'!B3
$C$8	敞口	=C6*C7
$C$9	权重	=C8/$C$18
$C$10	标准差	=STDEV(B51:B1310)
$C$11	股票数增减	−2000
$C$12	敞口增减	=IF(C11=" "," ",C11*C7)
$C$13	变动后敞口	=IF(C12=" ",C8,C8+C12)
$C$14	变动后权重	=C13/$C$22

表 8-6 "VaR 解构"工作表 C17:C23 区域单元格公式

$C$17	股份数	=SUM(C6:J6)
$C$18	敞口	=SUM(C8:J8)
$C$19	标准差	=STDEV(J51:J1310)
$C$20	股票数增减	=SUM(C11:J11)
$C$21	敞口增减	=SUM(C12:J12)
$C$22	变动后敞口	=SUM(C13:J13)
$C$23	变动后标准差	=STDEV(K51:K1310)

表 8-7 "VaR 解构"工作表 C17:C23 区域单元格公式

$C$27	VaR	=NORMSINV(0.99)*C10*C8
$C$28	σ_{jp}	=COVAR(B51:B1310,$J$51:$J$1310)*$C$4/($C$4−1)
$C$29	VaR β	=C28/$C$19^2
$C$30	VaR β 比例	=C29*C9
$C$31	边际 VaR	=NORMSINV(0.99)*C28/$C$19
$C$32	成分 VaR	=C31*C8
$C$33	增量 VaR	=IF(C12=" "," ",C31*C12)

表 8-8 "VaR 解构"工作表 C36:C42 及 C51:J52 区域单元格公式

$C$36	持有天数	1
$C$37	置信水平	0.99
$C$38	投资变动前	=NORMSINV(D$37)*$C$19*SQRT(1)*$C$18
$C$39	投资变动后	=NORMSINV(D$37)*$C$23*SQRT(1)*C22
$C$40	实际变动	=D39-D38
$C$41	增量 VaR	=SUM(C33:J33)
$C$42	差额	=D40-D41
$C$51	苹果回报	=LN('数据'!D3/'数据'!D4)
$J$51	组合	=SUMPRODUCT($C$9:$J$9,B51:I51)
$J$52	组合 2	=SUMPRODUCT($C$14:$J$14,B51:I51)

资产的 VaR β 比例和边际 VaR 是影响组合 VaR 大小的重要指标。由图 8-5 可知,苹果股票的这两个指标最大,宝洁和沃尔玛股票的这两个指标最小,因此,我们可以通过减少苹果股票的数量和增加宝洁与沃尔玛股票的数量来减少组合 VaR。图 8-5 显示,在将苹果股票减少 2000 股,宝洁和沃尔玛股票各增加 1000 股后,组合 VaR 由 144682 减少到 141530,减少了 3152,按公式计算的增量 VaR 则为 -3336。

因为改变组合的股票成分会导致资产权重变化,所以,组合的标准差进而组合 VaR 应根据改变后的资产权重重新计算。图 8-6 展示了"VaR 解构"工作表中的回报数据,其 J 列的组合回报由变动前的资产权重计算,K 列的组合回报由变动后的权重计算。

三、蒙特卡罗 VaR

以上组合的 VaR 也可以通过蒙特卡罗模拟(MCS)得到。在 Excel 中进行模拟可以用功能强大的专业插件来完成,以下模型只是用来说明蒙特卡罗模拟的原理。首先我们说明如何用 Excel 公式和随机数发生器进行模拟,其次说明如何用 VBA 代码进行模拟。

(一) 用 Excel 公式执行蒙特卡罗模拟

构建蒙特卡罗模拟模型的工作簿为"0803_蒙特卡罗 VaR_EXCEL 公式"。该工作簿有 3 个工作表,分别是"蒙特卡罗""随机数""数据"。"蒙特卡罗"工作表的主界面见图 8-7,图 8-8 是该表中组合回报模拟数据集,图 8-9 是该表中制作直方图的分组和频率数据,其中一些单元格区域被隐藏。

"蒙特卡罗"工作表中的部分单元格公式见表 8-9。其中 C16 直接用资产价格和自编函数 CovsMatrixUsePriceArg 计算组合历史回报标准差(需按"Shift+Control+Enter"键返回结果)。C20 计算的是蒙特卡罗模拟回报标准差。Q42:Q91 区域的频率函数 FREQUENCY 是数组函数,键入公式和参数后需按"Shift+Control+Enter"键返回结果。

该表的 B42:K5041 区域计算组合随机回报,其中的随机数来自"随机数"工作表(界面见图 8-10)。"随机数"工作表中的随机数由 Excel 的"数据\数据分析\随机数发生器"生成。在 Excel 的计算选项设置为"自动重算"的情况下,在"随机数"工作表中更新随机数数据会导致计算机假死,即计算机进入漫长的计算过程中。这是因为"随机数"工作表中每更新一个随机数,"蒙特卡罗"工作表中引用该随机数的公式就会自动重新计算,该表中有 5 万个使用随机数的单元格公式,更新一次需要独立重算 5 万次。为避免计算机假死,需要在更新随机数前,将"公式\计算选项"的值设为"手动",这点至关重要。

	A	B	C	D	E	F	G	H	I	J	K
1											
2		*蒙特卡罗 VaR*									
3		*组合描述*									
4		时间	14/10/24								
5		资产	苹果	杜邦	迪斯尼	麦当劳	耐克	宝洁	旅行者	沃尔玛	
6		现价	105.22	69	88.61	91.67	90.9	85.16	97.73	76.38	
7		股份数	10000	10000	10000	10000	10000	10000	10000	10000	
8		敞口	1052200	690000	886100	916700	909000	851600	977300	763800	
9		权重	14.9%	9.8%	12.6%	13.0%	12.9%	12.1%	13.9%	10.8%	
10		期望回报	0.105%	0.070%	0.093%	0.047%	0.087%	0.043%	0.061%	0.043%	
11		标准差	1.692%	1.437%	1.417%	0.893%	1.503%	0.890%	1.190%	0.906%	
12											
13		*组合*									
14		金额	7046700								
15		期望回报	0.070%								
16		标准差	**0.88%**								
17											
18		*模拟*									
19		迭代次数	5000								
20		标准差	**0.885%**								
21											
22		*MCS VaR*									
23			VaR								
24		置信水平	99%								
25		持有期	1								
26		德尔塔正态	145,070								
27		k百分点值	139,626								
28											
29		*比较*									
30		德尔塔正态	144,681								
31		历史模拟	177,580								
32		蒙特卡罗	145,070								
33											

图 8-7 "蒙特卡罗"工作表主界面

	A	B	C	D	E	F	G	H	I	J	K	L
40												
41			*1*	*2*	*3*	*4*	*5*	*6*	*7*	*8*	*9*	*10*
42		1	0.3%	0.3%	1.3%	0.1%	-0.7%	-1.7%	0.8%	-1.7%	1.8%	1.0%
43		2	-0.1%	-1.2%	0.1%	0.8%	-1.8%	-1.1%	0.1%	1.2%	-0.3%	-0.1%
5040		4999	-1.6%	-0.3%	0.6%	1.9%	-1.4%	1.1%	0.2%	0.8%	0.7%	0.7%
5041		5000	0.3%	0.2%	-0.7%	1.8%	0.6%	0.1%	0.6%	0.1%	1.5%	1.4%
5042												

图 8-8 "蒙特卡罗"工作表中的模拟组合回报数据集

第八章 在险价值

	M	N	O	P	Q	R
41			序号	分组	频率	
42	最大值	4.9%	1	-8.0%	1	
43	最小值	-8.0%	2	-7.7%	0	
44	组距	0.0026	3	-7.5%	0	
45			4	-7.2%	0	
60			19	-3.3%	1	
61			20	-3.0%	4	
62			21	-2.7%	22	
63			22	-2.5%	53	
68			27	-1.2%	1655	
69			28	-0.9%	2590	
70			29	-0.6%	3499	
71			30	-0.4%	4465	
72			31	-0.1%	5098	
73			32	0.2%	5326	
80			39	2.0%	653	
81			40	2.3%	348	
82			41	2.5%	165	
83			42	2.8%	77	
84			43	3.1%	24	
85			44	3.3%	11	
90			49	4.7%	0	
91			50	4.9%	0	
92						

图 8-9 "蒙特卡罗"工作表中的蒙特卡罗模拟回报的频率数据

表 8-9 "蒙特卡罗"工作表中部分单元格公式

C10	期望回报	=AVERAGE(LN(数据!C4:C1263/数据!C5:C1264))
C11	标准差	=STDEV(LN(数据!C4:C1263/数据!C5:C1264))
C14	金额	=SUM(C8:J8)
C15	期望回报	=SUMPRODUCT(C9:J9,C10:J10)
C16	标准差	=SQRT(MMULT(MMULT(C9:J9,CovsMatrixUsePriceArg(数据!C4:J1264)),TRANSPOSE(C9:J9)))
C19	迭代次数	5000
C20	标准差	=STDEVP(OFFSET($B$42,0,0,$C$19,10))
C26	德尔塔正态	=NORMSINV(C$24)*$C$20*SQRT(1)*$C$14
C27	k 百分点值	=-PERCENTILE(B42:J5041,1%)*C14
C30	德尔塔正态	=NORMSINV(0.99)*C16*C14
C31	历史模拟	=-PERCENTILE(数据!K4:K1263,1%)*$C$14
C32	蒙特卡罗	=C26
C42	模拟回报	=EXP(($C$15-$C$16^2/2)*$C$25+$C$16*SQRT($C$25)*随机数!B1)-1
N42	最大值	=MAX(OFFSET($B$42,0,0,$C$19,10))
N43	最小值	=MIN(OFFSET($B$42,0,0,$C$19,10))
Q42:Q91	频率	=FREQUENCY(OFFSET($B$42,0,0,$C$19,10),P42:P91)

	A	B	C	D	E	F	G	H	I	J	K
1	0.09	0.18	-1.73	-1.58	0.73	0.53	-0.78	0.54	0.47	-0.55	
2	0.73	-1.19	-1.01	-2.11	-0.72	-0.10	0.89	-0.79	0.08	0.70	
3	0.93	-1.55	0.05	0.61	0.26	-1.00	-0.30	-0.42	-0.72	0.95	
4999	-1.25	0.42	1.19	0.30	0.09	2.18	1.01	0.43	-0.14	0.21	
5000	0.31	2.27	-0.34	0.07	-0.08	1.58	-0.20	-0.25	-0.44	-1.20	
5001											

图 8-10 "随机数"工作表中用 Excel 随机数发生器生成的标准正态随机数

用 VBA 子过程调用该发生器的代码如下:

```
1    Sub 随机数()
2        Application.ScreenUpdating = False
3        Sheets("随机数").Range("A1:T10000").ClearContents
4        Application.Calculation = xlManual
5        Run "ATPVBAEN.XLAM!Random", Sheets("随机数").Range("$A$1"), 10,
         5000, 2, 0, 1
6        Application.Calculation = xlAutomatic
7        Sheets("随机数").Range("A1").Select
8        Sheets("蒙特卡罗").Select
9        Range("A1").Select
10   End Sub
```

调用前需在 Excel 的"文件\选项\加载项\转到"菜单中选中"分析工具库－VBA"选项,以及 VBE 的"工具\引用"选项中选中"atpvbaen.xls"宏。

在"随机数"子过程中,第 4 句代码将 Excel 的计算选项设置为手动,这对防止随机数发生过程中计算机假死非常重要。该过程第 5 句是核心,该语句调用 Excel 的 ATPVBAEN.XLAM!Random。

宏在随机数工作表中生成指定分布类型和数量的随机数。宏名称后附加的参数分别是:变量个数,每一变量的随机数个数,分布类型,均值和标准差。

"0803_蒙特卡罗 VaR_EXCEL 公式"工作簿的"数据"工作表界面见图 8-11,其中的部分单元格公式见表 8-10。

	A	B	C	D	E	F	G	H	I	J	K	L
1												
2		权重	0.15	0.10	0.13	0.13	0.13	0.12	0.14	0.11	1	
3			苹果	杜邦	迪斯尼	麦当劳	耐克	宝洁	旅行者	沃尔玛	组合	
4	1	14/10/24	105	69	89	92	91	85	98	76	0.8%	
5	2	14/10/23	105	69	88	91	90	83	97	76	0.5%	
6	3	14/10/22	103	69	87	91	90	84	96	76	0.1%	
1262	1259	09/10/26	28	27	27	50	30	49	45	44	-0.9%	
1263	1260	09/10/23	28	28	27	51	30	49	45	45	-1.0%	
1264	1261	09/10/22	28	29	28	51	30	50	45	45		
1265												

图 8-11 蒙特卡罗模拟工作簿的"数据"工作表界面

表 8-10 蒙特卡罗工作簿数据工作表中的单元格公式

C2	权重	＝蒙特卡罗！C9	
C4	苹果	105.22	
K4	组合	＝SUMPRODUCT(LN(C4:J4/C5:J5),＄C＄2:＄J＄2)	

（二）用 VBA 子过程执行蒙特卡罗模拟

在 Excel 中用 VBA 子过程模拟组合 VaR 的主界面见图 8-12，模拟回报的输出在该表的 B90：AY289 区域，共 10000（50×200）个数据，见图 8-13。模型建于"0804_蒙特卡罗 VaR_VBA 过程"工作簿的"蒙特卡罗_VBA"工作表。资产价格和组合回报数据载于该工作簿的"数据"工作表，界面见图 8-14。

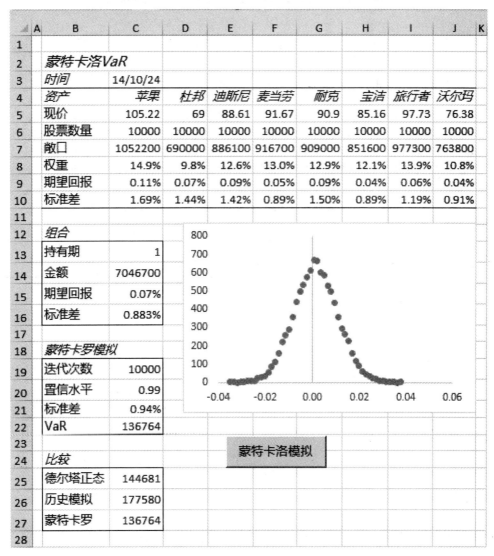

图 8-12 "蒙特卡罗_VBA"工作表模型界面

	A	B	C	D	AW	AX	AY	AZ
87								
88		模拟回报						
89			*1*	*2*	*3*	*48*	*49*	*50*
90	*1*	0.0025	0.00729	-0.002	-0.00143	-0.00974	0.000139
91	*2*	-0.00112	-0.00587	0.0037	0.002815	0.011229	0.001238
92	*3*	-0.011006	0.00457	-0.003	-0.02008	0.005222	-0.00316
288	*199*	0.013008	-0.00251	-0.009	-0.01081	0.012207	0.000945
289	*200*	-0.011481	0.0039	0.01	0.012325	-0.0107	0.000432
290								

图 8-13 "蒙特卡罗_VBA"工作表模拟回报输出界面

	A	B	C	D	E	F	G	H	I	J	K	L
1												
2			*权重*	15%	10%	13%	13%	13%	12%	14%	11%	*1*
3				苹果	杜邦	迪斯尼	麦当劳	耐克	宝洁	旅行者	沃尔玛	组合
4		1	14/10/24	105	69	89	92	91	85	98	76	0.8%
5		2	14/10/23	105	69	88	91	90	83	97	76	0.5%
1263	1260	09/10/23	28	28	27	51	30	49	45	45	-1.0%
1264	1261	09/10/22	28	29	28	51	30	50	45	45	
1265												

图 8-14 "0804_蒙特卡罗 VaR_VBA 过程"工作簿的"数据"工作表

为了使用 VBA，我们对"蒙特卡罗_VBA"工作表的一些单元格加了名称，见表 8-11。

表 8-11 "蒙特卡罗_VBA"工作表中的命名单元格

名称	单元格
Bins	=蒙特卡罗_VBA！$C$37
c_	=蒙特卡罗_VBA！$C$20
Data	=蒙特卡罗_VBA！$B$90：$AY$1048576
E	=蒙特卡罗_VBA！$C$15
Frq	=蒙特卡罗_VBA！$D$37
K	=蒙特卡罗_VBA！$F$37
Ma	=蒙特卡罗_VBA！$F$38
Mi	=蒙特卡罗_VBA！$F$39
n	=蒙特卡罗_VBA！$C$19
OUTPUT	=蒙特卡罗_VBA！$B$90
S	=蒙特卡罗_VBA！$C$21
SD	=蒙特卡罗_VBA！$C$16
V0	=蒙特卡罗_VBA！$C$14
VaR	=蒙特卡罗_VBA！$C$22

执行模拟的 VBA 子过程为 MCS，代码如下：

```vba
1   Sub MCS()
2       Application.Calculation = xlCalculationManual
3       Dim z1 As Double, z2 As Double, E As Variant, SD As Variant
4       Dim Rng As Range
5       Set Rng = Range("OUTPUT")
6       E = Range("E")
7       SD = Range("SD")
8       m = 50
9       Range(Rng, Rng(1, m + 1).End(xlDown)).ClearContents
10      n = Range("n")
11      h = n/m
12      Application.ScreenUpdating = False
13      ReDim Returns(1 To h, 1 To m)
14      For i = 1 To h Step 2
15        For j = 1 To m
16          z1 = WorksheetFunction.NormSInv(Rnd())
17          z2 = - z1
18          Returns(i, j) = (Exp((E - SD^2/2) * 1 + SD * Sqr(1) * z1) - 1)
19          Returns(i + 1, j) = (Exp((E - SD^2/2) * 1 + SD * Sqr(1) * z2) - 1)
20        Next
21      Next
22      For i = 1 To h
23        For j = 1 To m
24            Rng.Cells(i, j) = Returns(i, j)
25        Next
26      Next
27      K = [K] - 1
28      Ma = WorksheetFunction.Max(Returns)
29      Mi = WorksheetFunction.Min(Returns)
30      S = WorksheetFunction.StDev(Returns)
31      Range("Ma") = Ma
32      Range("Mi") = Mi
33      Range("S") = S
34      Z = WorksheetFunction.NormSInv([c_])
35      [Var] = Z * [S] * [V0]
36      ab = (Ma - Mi)/K
37      For j = 0 To K
38          Range("Bins").Cells(j + 1, 1) = Mi + j * ab
39      Next
40      Range(Rng, Rng(h, m).End(xlDown)).Name = "Data"
41      Application.Calculation = xlCalculationAutomatic
42  End Sub
```

其中,第 2 行将工作簿的计算选项设置为手动,以避免计算机假死。第 16—17 语句生成两个数值相同、正负号相反的正态随机数。第 18—19 语句计算两个组合随机回报值。第 30 和 34 行语句分别计算组合随机回报的标准差和 VaR。第 36—39 行语句计算组合随机回报的频率。

四、用 GARCH 标准差计算组合 VaR

计算基于 GARCH 波动性的组合 VaR 的工作簿名为"0805_VaR_GARCH 标准差",包括"主表"和"数据"两个原始工作表和一个由 VBA 子过程生成的"VaR 模型"工作表。"主表"工作表界面见图 8-15,"数据"工作表界面见图 8-16,"VaR 模型"工作表主界面见图 8-17,数据界面见图 8-18。

	A	B	C	D	E	F	G	H	I	J	K
1											
2		组合描述									
3		资产	苹果	杜邦	迪斯尼	麦当劳	耐克	宝洁	旅行者	沃尔玛	
4		股份数	10000	10000	10000	10000	10000	10000	10000	10000	
5		现价	105.22	69	88.61	91.67	90.9	85.16	97.73	76.38	
6		敞口	1052200	690000	886100	916700	909000	851600	977300	763800	
7		权重	14.9%	9.8%	12.6%	13.0%	12.9%	12.1%	13.9%	10.8%	
8											
9		组合									
10		股份数	80000								
11		敞口	7046700								
12		权重	100%								
13											
14											
15			计算VaR								
16											
17											
18			点击上面的命令按钮,计算基于GARCH波动性的组合VaR.								
19											

图 8-15 "0805_VaR_GARCH 标准差"工作簿"主表"工作表界面

	A	B	C	D	E	F	G	H	I	J	K	L
1		权重	0.15	0.10	0.13	0.13	0.13	0.12	0.14	0.11		
2			苹果	杜邦	迪斯尼	麦当劳	耐克	宝洁	旅行者	沃尔玛		组合
3	1	14/10/24	105	69	89	92	91	85	98	76	14/10/24	0.8%
4	2	14/10/23	105	69	88	91	90	83	97	76	14/10/23	0.5%
5	3	14/10/22	103	69	87	91	90	84	96	76	14/10/22	0.1%
1262	1260	09/10/23	28	28	27	51	30	49	45	45	09/10/23	-1.0%
1263	1261	09/10/22	28	29	28	51	30	50	45	45	09/10/22	
1264												

图 8-16 "0805_VaR_GARCH 标准差"工作簿"数据"工作表界面

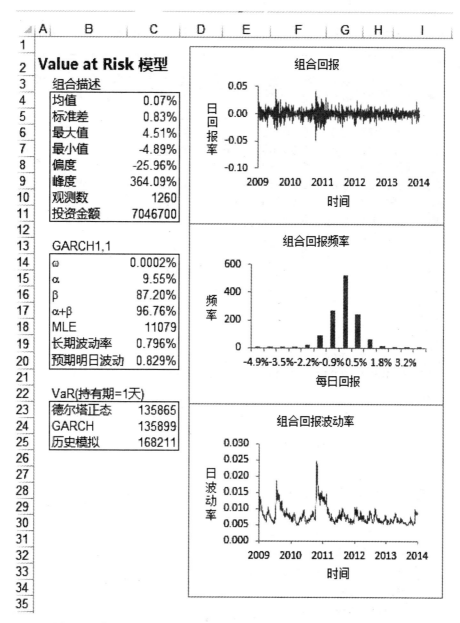

图 8-17 "0805_VaR_GARCH 标准差"工作簿"VaR 模型"工作表主界面

在"0805_VaR_GARCH 标准差"工作簿"数据"工作表中,单元格 L3 的公式是:
=SUMPRODUCT($C$1:$I$1,LN(C3:I3/C4:I4))

将其复制到 L3:L1262 单元格,得到组合的每日回报序列。

用来构建 VaR-GARCH 模型的 VBA 子过程有 3 个,分别是"构建模型""最大似然值"和"绘制图形",代码分别见表 8-14、表 8-15 和表 8-16。

	A	B	C	D	E	F	G	H
36								
37	时间	组合回报	条件方差	似然值	条件标准差	投资损益	组	频率
38	09/10/23	-0.01	0.00010	8.2	0.010	-70247	-0.05	1
39	09/10/26	-0.01	0.00010	8.6	0.010	-53873	-0.04	1
40	09/10/27	0.00	0.00009	9.0	0.010	-33096	-0.04	4
41	09/10/28	-0.02	0.00009	6.6	0.009	-107426	-0.03	11
42	09/10/29	0.02	0.00010	4.4	0.010	153591	-0.02	27
43	09/10/30	-0.03	0.00013	3.7	0.012	-185495	-0.02	89
44	09/11/2	0.01	0.00018	8.3	0.014	50746	-0.01	269
45	09/11/3	0.00	0.00017	8.7	0.013	5557	0.00	525
46	09/11/4	0.01	0.00015	8.6	0.012	42508	0.00	244
47	09/11/5	0.02	0.00014	5.6	0.012	148857	0.01	62
48	09/11/6	0.00	0.00016	8.7	0.013	20681	0.02	20
49	09/11/9	0.02	0.00014	6.0	0.012	143216	0.02	4
50	09/11/10	0.00	0.00017	8.7	0.013	-7842	0.03	1
51	09/11/11	0.01	0.00015	8.6	0.012	40082	0.04	1
52	09/11/12	-0.01	0.00013	8.1	0.012	-74654	0.05	1
1296	14/10/23	0.00	0.00007	9.2	0.009	34910		
1297	14/10/24	0.01	0.00007	8.7	0.008	55249		
1298								

图 8-18 "0805_VaR_GARCH 标准差"工作簿"VaR 模型"工作表的数据界面

构建"VaR 模型"工作表的 VBA 代码如下：

```
1   Sub 构建模型()
2   Application.ScreenUpdating = False
3   On Error Resume Next
4   Application.DisplayAlerts = False
5   Worksheets("VaR 模型").Delete
6   Application.DisplayAlerts = True
7   Worksheets.Add
8   ActiveSheet.Name = "VaR 模型"
9   ActiveWindow.DisplayGridlines = False
10  Range("A2") = "Value at Risk 模型"
11  Range("b3") = "组合描述"
12  Range("b13") = "GARCH1,1"
13  Range("b22") = "VaR(持有期 = 1 天)"
14  Range("H37") = "数据"
15  Range("b4:b11") = Application.Transpose_
16  (Array("均值","标准差","最大值","最小值","偏度","峰度","观测数","投资金额"))
17  Range("b23:b25") = Application.Transpose(Array_
18  ("德尔塔正态","GARCH","历史模拟"))
```

```
19    Range("a37:f37") = Array_
20    ("时间","组合回报","条件方差","似然值","条件标准差","投资损益")
21    Range("b14:b20") = Application.Transpose_
22    (Array("w","a","b","a+b","MLE","长期波动率","预期明天的波动率"))
23    With Range("A2").Font
24        .Name = "微软雅黑"
25        .Color = RGB(200,25,25)
26        .Bold = True
27        .Size = 12
28    End With
29    Range("b14").Font.Name = "symbol"
30    Range("b15").Font.Name = "symbol"
31    Range("b16").Font.Name = "symbol"
32    Range("b17").Font.Name = "symbol"
33    Range("B4:C11").BorderAround ColorIndex:=1
34    Range("B14:C20").BorderAround ColorIndex:=1
35    Range("B23:C25").BorderAround ColorIndex:=1
36    Range("c4").Name = "MEAN"
37    Range("c5").Name = "STD"
38    Range("c6").Name = "Mx"
39    Range("c7").Name = "Mn"
40    Range("c8").Name = "SK"
41    Range("c9").Name = "KU"
42    Range("c10").Name = "Nr"
43    Range("c11").Name = "Invest"
44    Range("c14").Name = "w"
45    Range("c15").Name = "a"
46    Range("c16").Name = "b"
47    Range("c17").Name = "ab"
48    Range("c18").Name = "MLE"
49    Range("c19").Name = "长期波动率"
50    Range("c20").Name = "预期波动率"
51    Range("c23").Name = "DN"
52    Range("c24").Name = "DNG"
53    Range("c25").Name = "HS"
54    Range("D37").Name = "Output"
55    Range("G38").Name = "Bins"
56    Range("H38").Name = "数据"
57    Range("A38:A1297").Name = "Time"
58    Range("B38:B1297").Name = "returns"
59    Range("C39:C1297").Name = "variance"
60    Range("D38:D1297").Name = "likelihood"
61    Range("E38:E1297").Name = "sigma"
```

```
62   Range("F38:F1297").Name = "dV"
63   Range("B1297").Name = "R_One"
64   Range("C1297").Name = "V_One"
65   Range("w") = 0.0005
66   Range("a") = 0.1
67   Range("b") = 0.95
68   Range("ab") = "= a + b"
69   Range("MLE") = "= SUM(likelihood)"
70   Range("长期波动率") = "= sqrt(w/(1 - a - b))"
71   Range("预期波动率") = "= SQRT(w + a * R_One^2 + b * V_One)"
72   Sheets("数据").Range("K3:L1262").Copy
73   Sheets("VaR模型").Select
74   Range("A38").PasteSpecial Paste: = xlPasteValues
75   Range("Time").NumberFormatLocal = "yyyy/m/d"
76   If Range("A38").Value>Range("A39") Then Range("A38:B1297").Sort Key1:
     = Range("A38")
77   Range("C38") = Range("B38")^2
78   Range("variance") = "= w + a * R[-1]C[-1]^2 + b * R[-1]C"
79   Range("likelihood") = "= - LN(RC[-1]) - RC[-2]^2/RC[-1]"
80   Range("sigma") = "= SQRT(RC[-2])"
81   Range("dV") = "= Invest * RC[-4]"
82   Returns = Range("Returns")
83   n = Range("Returns").Count
84   Range("Output").Cells(2, 2) = Application.Var(Returns)
85   Range("mean") = Application.Average(Returns)
86   Range("STD") = Application.StDev(Returns)
87   Range("SK") = Application.Skew(Returns)
88   Range("KU") = Application.Kurt(Returns)
89   Range("Mx") = Application.Max(Returns)
90   Range("Mn") = Application.Min(Returns)
91   Range("Nr") = Application.Count(Returns)
92   Range("Invest") = Sheets("主表").Range("C11").Value
93   Range("E38") = Sqr(Range("C38"))
94   Range("DN") = "= - Invest * STD * NORMSINV(0.01) * SQRT(1)"
95   Range("DNG") = "= - Invest * 预期波动率 * NORMSINV(0.01) * SQRT(1)"
96   Range("HS") = "= - PERCENTILE(dV,0.01) * SQRT(1)"
97   Range("C4:C8").NumberFormat = "0.000%"
98   Range("C9").NumberFormat = "0.00"
99   Range("C14").NumberFormat = "0.0000%"
100  Range("C15:C17").NumberFormat = "0.00%"
101  Range("C18").NumberFormat = "0"
102  Range("C19:C20").NumberFormat = "0.000%"
103  Range("C23:C25").NumberFormat = "0"
```

```vba
104    Mn = Range("Mn")
105    Mx = Range("Mx")
106    m = 14
107    Binwidth = (Mx - Mn)/m
108    ReDim BINS(m)
109    For j = 0 To m
110        BINS(j) = Mn + j * Binwidth
111        Range("Bins").Cells(j + 1, 1) = BINS(j)
112    Next j
113    For i = 1 To n
114      For j = 1 To m + 1
115        If Returns(i, 1) <= BINS(j) Then Range("数据").Cells(j, 1) = Range("数据").Cells(j, 1) + 1: Exit For
116      Next j
117    Next i
118    Range("A4:F1297").Columns.AutoFit
119    ActiveSheet.Range("A1").Select
120    End Sub
```

计算"VaR 模型"工作表最大似然值的 VBA 代码如下:

```vba
1    Sub 最大似然值()
2      Solverok setcell:= Range("MLE"), MaxMinVal:= 1, Bychange:= Range("C14:C16")
3      SolverAdd cellRef:= Range("ab"), relation:= 1, formulaText:= 0.9999
4      SolverOptions MaxTime:= 100, _
5        Iterations:= 100, Precision:= 0.0000001, Estimates:= 2, _
6        Derivatives:= 2, IntTolerance:= 0.00000001, Scaling:= True, _
7        Convergence:= 0.000000001, AssumeNonNeg:= True
8      SolverSolve UserFinish:= True
9    End Sub
```

制作"VaR 模型"工作表图表的 VBA 代码如下:

```vba
1    Sub 绘制图形()
2      Application.ScreenUpdating = False
3      Dim ch1 As ChartObject
4      Set ch1 = Worksheets("VaR 模型").ChartObjects.Add(280, 2, 140 * 1.618, 140)
5      With ch1.Chart
6        .ChartWizard Source:= Worksheets("VaR 模型").Range("returns"), _
7          Format:= 2, _
8          Gallery:= xlLine, _
9          PlotBy:= xlColumns, _
10         HasLegend:= fals, _
```

```
11      Title: = Range("b35") & "组合回报", _
12      CategoryTitle: = "时间", _
13      ValueTitle: = "日回报率"
14    .SeriesCollection(1).XValues = Worksheets("VaR 模型").Range("Time")
15    With .Axes(xlCategory)
16      .TickLabelPosition = xlLow
17      .MajorUnit = 1
18      .MajorUnitScale = xlYears
19      .TickLabels.NumberFormatLocal = "[$-409]yyyy;@"
20    End With
21    .Axes(xlValue).AxisTitle.Orientation = xlVertical
22    .SeriesCollection(1).Format.Line.Weight = 0.75
23    With .ChartArea.Font
24      .Size = 9
25      .Bold = False
26    End With
27    .ChartTitle.Font.Size = 9
28  End With
29  Dim ch2 As ChartObject
30  Set ch2 = Worksheets("VaR 模型").ChartObjects.Add(280, 142, 140 * 1.618, 140)
31  With ch2.Chart
32    .ChartWizard Source: = Sheets("VaR 模型")._
33      Range(Range("Bins").Cells(-1, 1), Range("数据").Cells(m, 1)), _
34      Gallery: = xlColumn, _
35      PlotBy: = xlColumns, _
36      HasLegend: = fals, _
37      Title: = Range("b35") & "组合回报频率", _
38      CategoryTitle: = "每日回报", _
39      ValueTitle: = "频率"
40    With .Axes(xlCategory)
41      .TickLabels.NumberFormatLocal = "#,##0.0%_"
42      .HasTitle = True
43      .AxisTitle.Text = "每日回报"
44      .MajorTickMark = xlTickMarkOutside
45    End With
46    With .ChartArea.Font
47      .Size = 9
48      .Bold = False
49    End With
50    .ChartTitle.Font.Size = 9
51    .Axes(xlValue).AxisTitle.Orientation = xlVertical
52  End With
```

```
53      Dim ch3 As ChartObject
54      Set ch3 = Worksheets("VaR 模型").ChartObjects.Add(280, 282, 140 * 1.618,
        140)
55      With ch3.Chart
56          .ChartWizard Source: = Worksheets("VaR 模型").Range("sigma"), _
57              Format: = 2, _
58              Gallery: = xlLine, _
59              PlotBy: = xlColumns, _
60              HasLegend: = False, _
61              Title: = Range("b35") & "组合回报波动率", _
62              CategoryTitle: = "时间", _
63              ValueTitle: = "日波动率"
64          .SeriesCollection(1).XValues = Worksheets("VaR 模型").Range("Time")
65          With .ChartArea.Font
66              .Size = 9
67              .Bold = False
68          End With
69          .ChartTitle.Font.Size = 9
70          .Axes(xlValue).AxisTitle.Orientation = xlVertical
71          .SeriesCollection(1).Format.Line.Weight = 0.75
72          With .Axes(xlCategory)
73              .MajorUnit = 1
74              .MajorUnitScale = xlYears
75              .TickLabels.NumberFormatLocal = "[$-409]yyyy;@"
76          End With
77      End With
78      End Sub
```

五、VaR 回测

我们在"0806_回测"工作簿中构建了一个包括美国 10 年期国债(代码:DGS10)和美元兑人民币汇率(代码:DEXCHUS)的两资产组合,并计算了其持有期为 1 天的 VaR。美元兑人民币汇率有独立的价值和回报,所以应看作是一个单独的资产。然后我们用 Excel 的二项式统计函数对其作了回测。结果见该工作簿的"回测"工作表。该工作表的组合资产和 VaR 数据部分见图 8-19,公式见表 8-17。该工作表的回测部分见图 8-20,公式见表 8-18。工作表的二项式检验中概率和临界值表见图 8-21,公式见表 8-19。工作表中组合损益的计算过程见图 8-22,公式见表 8-20。

"回测"工作表中,C23 和 C29 单元格的数据验证(数据有效性)设置分别为:

> 验证条件
> 允许:系列(提供下拉箭头)
> 来源:=$F$29:$F$34(C23)
> 来源:=$E$29:$E$34(C29)

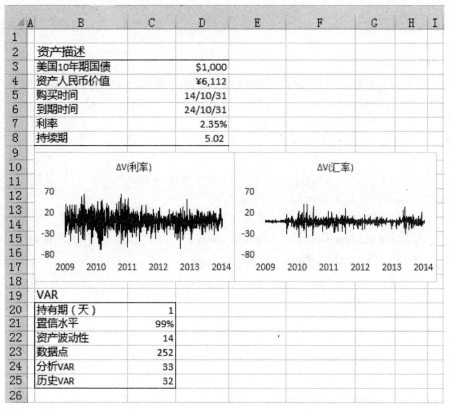

图 8-19 "0806_回测"工作簿—"回测"工作表的组合 VaR 界面

表 8-17 回测工作表中 VaR 计算部分(图 8-19)单元格公式

D3	美国 10 年期国债	1000
D4	资产人民币价值	＝D3 * D78
D5	购买时间	＝B78
D6	到期时间	＝EDATE(D5,120)
D7	利率	＝C78
D8	持续期	＝MDURATION(D5,D6,D7 * D3,D7,2)
D20	持有期(天)	1
D21	置信水平	0.99
D22	资产波动性	＝H78
D23	数据点	252
D24	分析 VAR	＝－I78 * SQRT(C20)
D25	历史 VAR	＝－PERCENTILE(OFFSET(＄G＄78,0,0,C23),1‰) * SQRT(C20)

第八章 在险价值

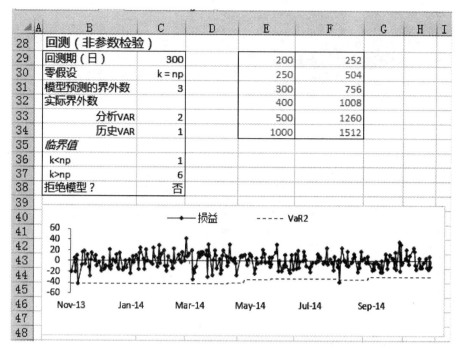

图 8-20 "回测"工作表的回测界面

表 8-18 回测工作表中回测部分(图 8-20)单元格公式

D29	回测期(日)	300
D30	零假设	k=np
D31	模型预测的界外数	=C29*(1-C21)
D33	分析 VAR	=SUM(OFFSET(K78,0,0,$C$29,1))
D34	历史 VAR	=SUM(OFFSET(L78,0,0,$C$29,1))
D36	k<np	=BINOM.INV(C29,1-C21,5%)
D37	k>np	=BINOM.INV(C29,1-C21,95%)
D38	拒绝模型？	=IF(AND(C34>=C36,C34<=C37),"否","是")

表 8-19 回测工作表中二项式概率和临界值部分(图 8-21)单元格公式

C51	覆盖率	=1-B51/$C$29
D51	累积概率	=BINOMDIST(B51,$C$29,1%,1)
E52	1-累积概率	=1-BINOMDIST(B52-1,$C$29,1%,1)
F51	允许范围内？	=IF(B51<$C$31,IF(D51>5%,"Yes","No"),IF(E51>5%,"Yes","No"))
C68	k<np	=BINOM.INV(B68,1%,5%)

	A	B	C	D	E	F	G
49		二项式检验（回测日数=300，界外概率=1%，临界值=5%）					
50		界外数	覆盖率	累积概率	1-累积概率	允许范围内？	
51		0	100.0%	4.90%		No	
52		1	99.7%	19.76%	95.10%	Yes	
53		2	99.3%	42.21%	80.24%	Yes	
54		3	99.0%	64.72%	57.79%	Yes	
55		4	98.7%	81.61%	35.28%	Yes	
56		5	98.3%	91.71%	18.39%	Yes	
57		6	98.0%	96.72%	8.29%	Yes	
58		7	97.7%	98.85%	3.28%	No	
59		8	97.3%	99.64%	1.15%	No	
60		9	97.0%	99.90%	0.36%	No	
61		10	96.7%	99.97%	0.10%	No	
62		11	96.3%	99.99%	0.03%	No	
63		12	96.0%	100.00%	0.01%	No	
64							
65		二项式检验（概率=1%，a=5%）					
66			临界值	临界值			
67		回测期（日）	k<np	k>np			
68		200	0	5			
69		250	0	5			
70		300	1	6			
71		400	1	8			
72		500	2	9			
73							

图 8-21 回测工作表中的二项式概率和临界值表

	A	B	C	D	E	F	G	H	I	J	K	L
76												
77				DGS10	DEXCHUS	ΔV（利率）	ΔV（汇率）	损益	σ	VaR1	VaR2	越界序列1	越界序列2
78		1	14/10/31	2.4%	6.1124	-9.20	-1.60	-10.8	14	-32.6	-29.5	0	0
79		2	14/10/30	2.3%	6.114	6.13	3.30	9.4	14	-32.5	-29.5	0	0
80		3	14/10/29	2.3%	6.1107	-12.26	-2.30	-14.6	14	-32.5	-29.5	0	0
81		4	14/10/28	2.3%	6.113	-9.20	-3.00	-12.2	14	-32.4	-29.5	0	0
1336		1259	09/10/22	3.4%	6.8272	-23.97	1.80	-22.2	34	-78.3	-63.7	0	0
1337		1260	09/10/21	3.4%	6.8254	20.54	-1.20	19.3	34	-78.2	-71.9	0	0
1840		1763	07/10/17	4.7%	7.5116	11.30	-1.40	9.9					
1841		1764	07/10/16	4.7%	7.513	3.77	4.00	7.8					
1842		1765	07/10/15	4.7%	7.509								
1843													

图 8-22 回测工作表中界外序列的计算

表 8-20 回测工作表中界外序列的计算部分(图 8-22)单元格公式

E78	ΔV(利率)	=－＄D＄8＊＄D＄3＊(C78－C79)＊D78
F78	ΔV(汇率)	=＄D＄3＊(D78－D79)
G77	损益	=E78＋F78
H78	σ	=STDEV(OFFSET(G78,0,0,＄C＄23))
I78	VaR1	=NORMSINV(1%)＊H78
J78	VaR2	=PERCENTILE(G78:G278,1%)
K78	界外序列 1	=(＄G78＜I78)＊1
L78	界外序列 2	=(＄G78＜J78)＊1

"0806_回测"工作簿中的"数据"工作表界面见图 8-23,工作表中的公式见表 8-21。

	A	B	C	D	E	F	G	H
1		DGS10		DEXCHUS				
2	DATE	VALUE	DATE	VALUE		DATE	DGS10	DEXCHUS
3	14/10/31	2.35	14/10/31	6.11	1	14/10/31	2.35	6.1124
4	14/10/30	2.32	14/10/30	6.11	2	14/10/30	2.32	6.114
1774	07/10/2	4.54	07/10/2	7.5093	1773	07/10/2	4.54	7.5093
1775	07/10/1	4.56	07/10/1	7.5158	1774	07/10/1	4.56	7.5158
1776								

图 8-23 "0806_回测"工作簿中的"数据"工作表界面

表 8-21 "0806_回测"工作簿中的"数据"工作表单元格公式

F3	DATE	=A3
G3	DGS10	=B3
H3	DEXCHUS	=VLOOKUP(A3,＄C＄3:＄D＄2407,2,FALSE)

原始数据带 ND 或英文小数点等文本,需要将其删除。删除可以用以下 VBA 宏:

```
Sub DeleteNDRows()
Dim CR As Range, n, i
Set CR = Application.InputBox(prompt:="选择时间和数值序列", Type:=8)
n = CR.Rows.Count
    For i = n To 1 Step -1
        If IsNumeric(CR(i, 2)) = False Then CR.Rows(i).Delete
    Next
End Sub
```

另外,原始数据 DGS10 和 DEXCHUS 的日期不匹配,需要使用 VLOOKUP 函数以 DGS10 日期为准重新匹配两列数据的时间。

参考书目

[1] P. Jorion, Value at Risk, 3rd edition, McGraw-Hill, 2007.
[2] K. Dowd, Measuring Market Risk, 2nd edition, John Wiley & Sons, 2005.

[3] P. F. Christoffersen, Elements of Financial Risk Management, Academic Press, 2003.

[4]〔加〕约翰·赫尔:《风险管理与金融机构》,王勇、金燕敏译,机械工业出版社2007年版。

[5]〔美〕威廉·H.格林:《计量经济分析》(上册)(第五版),费剑平译,中国人民大学出版社2007年版。

第九章 二项式期权定价

这一章阐述二项式期权定价模型及其在 Excel 中的构建问题。第一节解释股票价格的二项式运动和二项式随机股票价格模型,第二节说明二项式期权定价的主要方法。第三节讲解如何在 Excel 中构建二项式期权定价模型。本章第四节对期权价格的二项式分布与对数正态分布之间的关系作了说明。

第一节 二项式随机股票价格

一、股票价格的二项式随机运动

一个按连续复利增值的固定收益债券在到期时只有一个在期初已经确定了的值。股票的增值率是不确定的,因此,从 0 期到 1 期,股票价格的变动率在 $[-1,\infty)$ 区间内有无限多种可能。但是,我们可以把无限的可能变化结果简单地归结为上升(用 u 表示)和下降(用 d 表示)两类:

$$\frac{S+\Delta S}{S} = \begin{cases} u & \text{如果 } \Delta S > 0 \\ d & \text{如果 } \Delta S \leqslant 0 \end{cases}$$

这样,从 0 期到 1 期,股票价格只有上升和下降两种可能的变化结果。

设 S_0 是 0 期时的股价,股价从 0 期到 1 期的所有可能结果,见图 9-1。股价从 1 期到 3 期所有可能变化结果的排列,见图 9-2。

图 9-1 股票价格 1 期二项式运动的所有可能结果

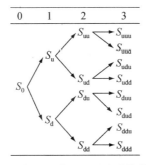

图 9-2 股票价格 3 期运动用排列法计算的所有可能结果

在考虑升降顺序时,结果空间 Ω 将以 2^n 的速度扩大。例如,$n=2$,$\Omega=2^2=4$;$n=4$,$\Omega=2^4=8$;$n=10$,$\Omega=2^{10}=1024$;而当 $n=100$ 时,所有可能结果数则是一个天文数字。在不考

虑升降顺序时，n 期股价变动的所有可能结果数为 $n+1$。这时，股价从 1 期到 3 期变动的所有可能结果，见图 9-3。其中股价升降顺序不同但上升次数相同的结果被放在了同一个节点。

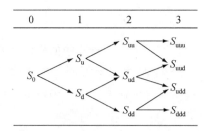

图 9-3　股票价格 3 期运动用组合法计算的所有可能结果

在股价的各期变动相互独立的假定下，我们可以把股价的 1 次变动看成一次伯努利试验，从而把 n 期股价变动看成重复 n 次的伯努利试验。例如，在 $n=1$ 时，我们进行了 1 次伯努利试验，产生了 u 和 d 两个结果；在 $n=3$ 时，我们重复进行了 4 次伯努利试验，产生了 8 个可能的结果。

在这种股价运动中，股价上升次数 k 是一个二项式变量，因此，这一股价运动称为二项式股价运动或股价的二项式随机游走。

随机游走简单地说是物体的每一步移动都通过随机选择移动方向来实现的随机过程。这可以设想为一个人从节点 S_0 开始的向前运动，他每前进一步都面临向左或向右两种选择，每次选择都通过抛掷硬币来决定：出现正面，向左走，反之，向右走。三次抛投硬币后，如果正面出现 3 次，他将到达节点 S_{uuu}；正面出现 2 次，他将到达节点 S_{uud}，等等。面对今后的 n 次抛掷，他有 2^n 种可能的游走路径，达到 $n+1$ 种可能的终点。

现在我们来考察在股价 n 期的运动中出现 k 次上涨的概率。因为 k 是一个二项式变量，其发生的概率仅仅与股价运动期数 n 和每次运动上升的概率 p 有关，而与股票价格的金额和涨跌幅无关，所以，在这种考察中，我们暂时不考虑股价变动的量，即涨跌幅度，只考察股票价格变动的质，即涨跌。

用 S 表示股价，用 S_u 和 S_d 分别表示上升股价和下跌股价。假定股价的一次变动中，出现 $S=S_u$ 和 $S=S_d$ 的概率分别为 p 和 $1-p$，股价各期变动相互独立，则 n 期内股价上升次数 k 的取值范围为 $\{0,1,\cdots,n\}$，$k=i$ 的概率为：

$$P(n \text{ 期变动出现 1 次 } k=i, i=0,1,\cdots,n) = p^k(1-p)^{n-k} \tag{9.1}$$

但是，在 n 期内，k 取值为 i 的次数为：

$$\binom{n}{k} = \frac{n!}{k!(n-k)!}$$

因此，在 n 期的运动中出现 k 次上升的概率为：

$$P_n(n \text{ 期变动 } k \text{ 次上升}) = P_n(k) = \binom{n}{k} p^k(1-p)^{n-k} \tag{9.2}$$

在 $n=\{1,2,3,4\}$ 的股价运动中，含 $k(k \leqslant n)$ 次上涨结果的组合数，见表 9-1。由表 9-1 可知，在 $n=3$ 时，$k=0,3$ 的组合数为 1，$k=1,2$ 的组合数为 3。因此，如果股价在一次变动中上升的概率 $p=0.5\%$，那么，在 3 期运动中，股价上升 2 次的概率为：

$$P_n(k) = \binom{3}{2} 0.5^2(1-0.5) = 3 \times 0.125 = 0.375$$

表 9-1　股价 4 次变动出现 $k(k=0,\cdots,4)$ 次上涨的组合数

n	k				
	0	1	2	3	4
1	1	1			
2	1	2	1		
3	1	3	3	1	
4	1	4	6	4	1

保持以上假定不变,与各期股价变动结果对应的 k=i 的概率,见图 9-4：

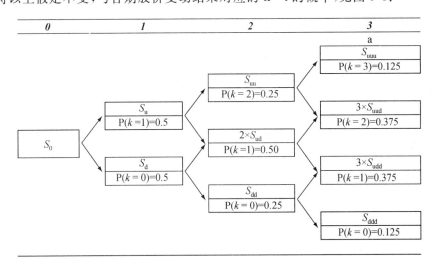

图 9-4　股票价格二项式运动及其各节点事件发生的概率

二、二项式随机股票价格模型

以上我们考察了股票价格在 n 期二项式随机运动中出现 k 次上升的概率。如前所述,这种考察不涉及股价变动的量。但是,我们当前的研究对象是期权定价,而要对期权定价,我们不仅需要知道股价未来涨跌的各种可能性,还需要知道股票未来的价格分布,这意味着我们需要一个对股价二项式运动的各种可能结果赋值的模型,即二项式随机股票价格模型。

在当前文献中,这类模型种类繁多,但最早的同时也是最流行的是由考克斯、罗斯和鲁宾斯坦于 1979 年创立的 CRR 模型。[①] 在 CRR 模型中,上升因子 u 和下降因子 d 分别为：

$$u = e^{\sigma\sqrt{\Delta t}}, \quad d = e^{-\sigma\sqrt{\Delta t}} = 1/u \tag{9.3}$$

其中, $\Delta t = T/n$, T 是以年为单位的时间, n 为步数; σ 是股票价格变化 ($\Delta S/S$) 的标准差或股票回报的波动性。设 S_t 是 t 期股价,则 CRR 模型中的股价变动公式为：

$$S_{t+1} = \begin{cases} S_t\, e^{\sigma\sqrt{\Delta t}} & \text{如果 } S \text{ 上升} \\ S_t\, e^{-\sigma\sqrt{\Delta t}} & \text{如果 } S \text{ 下降} \end{cases} \tag{9.4}$$

在二项式模型中,驱动股票价格运动是 σ。σ 同时决定股价的涨幅和跌幅,所以,这一模型中未来股票价格有两个可能的值,分别对应股价上升和下降两种可能的结果。

---

① 参见〔美〕考克斯、罗斯、鲁宾斯坦:《期权定价:一种简化方法》,载《金融经济学》1979 年第 7 期。

另一个流行的二项式模型是由 Jarrow 和 Rudd 开发的 JR 模型。在该模型中，u 和 d 被设定为：

$$u = e^{\left(R-D-\frac{\sigma^2}{2}\right)\Delta t + \sigma\sqrt{\Delta t}}, \quad d = e^{\left(R-D-\frac{\sigma^2}{2}\right)\Delta t - \sigma\sqrt{\Delta t}} \tag{9.5}$$

其中，R 为无风险利率，D 为连续股息率，$\mathrm{EXP}(R-D-\sigma^2/2)\Delta t$ 是股价二项式随机游走中的漂移项或趋势项，$\mathrm{EXP}(\sigma\sqrt{\Delta t})$ 是股价二项式随机游走中的波动项。如果 σ 和 D 均为 0，股价运动退化为增值率等于无风险利率的债券运动。

CRR 价格树与 JR 价格树的比较，见图 9-5。其中，σ 为 30%，R 为 5%，$D=0$，$\Delta t=1$。

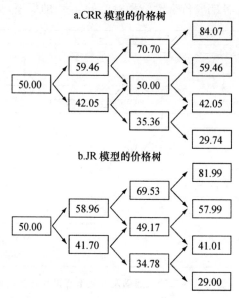

图 9-5　CRR 价格树与 JR 价格树比较

结合图 9-4 和图 9-5，到第 3 期时，各节点股价的概率、股价和期望股价见表 9-2：

表 9-2　二项式股票价格 3 期后的期望值

步数		1	2	3	4
终端概率		0.125	0.375	0.375	0.125
随机股价	CRR	84.70	59.46	42.05	29.74
	JR	81.99	57.99	41.01	29.00
概率加权价	CRR	10.59	22.30	15.77	3.72
	JR	10.25	21.75	15.38	3.63
预期股价	CRR	52.37			
	JR	51.00			

第二节　二项式期权定价方法

本节阐述二项式期权定价的两种主要方法：风险中性定价法和复制组合法。另外，在本节中，我们还对金融衍生品定价的一般方法作了说明。

一、风险中性定价法

一旦确定了基础资产到期时的价格分布,在期权执行价 K 已知情况下,期权到期价值的分布也就相应确定。图 9-6 是二项式期权定价模型中一个 3 期期权的终端价格公式。

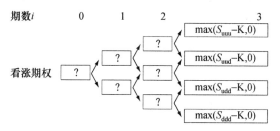

图 9-6　期权的二项式终端价格分布

在期权执行价 K 为 50 元时,按 CRR 模型计算的期权终端价值分布,见图 9-7:

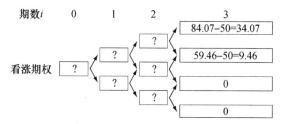

图 9-7　执行价 K＝50,3 期期权价值的终端分布

现在的问题是:如何根据期权未来价值分布计算期权当前价格？有很多可选算法,其中最基础的是风险中性定价法和复制组合法。下面,我们首先介绍期权的风险中性定价法。

在二项式期权模型中,一个 Call 期权在到期时的期望值为:

$$E(\text{Call}) = \sum_{k=0}^{n} P_n(k) \text{Call}_{nk} \tag{9.6}$$

其中,$P_n(k)$ 是股价 n 次运动 k 次上涨的二项式概率,Call_{nk} 是期权在终端时的第 k 项可能值,$k=0, 1, \cdots, n$。式(9.6)可写为:

$$E(\text{Call}) = \sum_{k=0}^{n} \binom{n}{k} q^k (1-q)^{n-k} \text{Call}_{nk} \tag{9.7}$$

其中,q 和 $1-q$ 分别是一次变动中股价上涨和下跌的概率。由式(9.7)可知,一旦确定了 n 和 q,也就确定了 k,从而确定了终端期权的预期价值。因此,在二项式期权定价中,关键问题是确定一次伯努利试验中成功的概率 q,一旦 q 被确定,时期 n 的二项式概率也相应被确定。

这里 q 代表真实概率。但是,我们并不知道在一次变动中各上市公司股价上涨的真实概率,并且按照风险中性定价法,我们也不需要知道真实概率,所需要的只是一个人为的"风险中性"概率。风险中性概率为:

$$p = \frac{r-d}{u-d} \tag{9.8}$$

式中,r 为无风险资产的增值因子。这样,期权到期时的期望价值为:

$$E(\text{Call}) = \sum_{k=0}^{n} \binom{n}{k} p^k (1-p)^{n-k} \text{Call}_{nk} \tag{9.9}$$

风险中性概率 p 可根据二项式模型中 1 期风险投资的回报公式推导。设 μ 为真实回报，令 $y=1+\mu$，则

$$y = \frac{quS + (1-q)dS}{S} = qu + (1-q)d \tag{9.10}$$

但是，在风险中性的世界，投资者仅仅满足于一个无风险利率回报 R_f，因此，式(9.10)应写为：

$$r = 1 + R_f = \frac{puS + (1-p)dS}{S} = pu + (1-p)d \tag{9.11}$$

由

$$r = pu + (1-p)d = pu + d - pd = p(u-d) + d$$

可得：

$$p = \frac{r-d}{u-d}$$

无风险资产增值因子 r 的复利表达式为：

$$r = e^{(R_f - D)\Delta t} \tag{9.12}$$

式中，D 为连续股息率。因为股息支付延缓资产积累速度，所以，必须从增值因子中减去年股息率。另外，要使风险中性概率 p 的值在 0 和 1 之间，必须有 $u>r>d$，如果 $r>u$，必然有 $(r-d)>(u-d)$，从而有 $p>1$，但这与概率的性质相悖。

风险中性概率暗含的假定是：期权是无风险资产，投资期权，只应得到无风险回报。因此，按照风险中性概率，高风险股票的 u 有较小权重，d 有较大权重；低风险股票的 u 有较大权重，d 有较小权重。这一调节的结果是股票的期望回报与其风险大小无关，都等于无风险利率。这种调整及其结果见表 9-3：

表 9-3 不同风险资产的风险中性回报和风险回报比较
($r=1.04,T=1,u$ 和 d 的现实概率 q 和 $1-q$ 均为 50%)

σ	u	d	$r-d$	$u-d$	p	$1-p$	$R_f = pu+(1-p)d$	$\mu = qu+(1-q)d$
20%	1.22	0.82	0.22	0.40	0.55	0.45	4%	2%
30%	1.35	0.74	0.30	0.61	0.49	0.51	4%	5%
40%	1.49	0.67	0.37	0.82	0.45	0.55	4%	8%
50%	1.65	0.61	0.43	1.04	0.42	0.58	4%	13%
60%	1.82	0.55	0.49	1.27	0.39	0.61	4%	19%
70%	2.01	0.50	0.54	1.52	0.36	0.64	4%	26%
80%	2.23	0.45	0.59	1.78	0.33	0.67	4%	34%

风险中性概率 p 或 $1-p$ 与贴现因子 $1/r$ 的乘积为状态价格：

$$\pi_u = \frac{p}{r} = \frac{r-d}{r(u-d)}, \quad \pi_d = \frac{1-p}{r} = \frac{u-r}{r(u-d)}$$

状态价格简单地说就是 1 期后 1 元或有价值的风险中性现值。状态价格可以用来复制一个风险资产的现金流。假定一个基础资产 1 期后的价格在上升状态时为 1.22 元，在下降状态时为 0.82 元，上升和下降的概率分别为 0.55 和 0.45。再假定有两只原始证券 π_u 和 π_d。1 期后，如果基础资产价格上升，π_u 支付 1 元，否则支付 0 元；而 π_d 则在基础资产价格下降时支付 1 元，在基础资产价格上升时支付 0 元。

无风险利率为 4% 时,两只原始证券在 0 期的价格分别为:
$$\pi_u = 1 \times 0.55/1.04 = 0.528846, \quad \pi_d = 1 \times 0.45/1.04 = 0.43269$$

在 0 期时,同时购买 1.22 单位 π_u 和 0.82 单位 π_d,支出 0.96154 元。到 1 期时,基础资产价格上升,投资者由 π_u 得到 1.22 元,基础资产价格下降,投资者由 π_d 得到 0.82 元,这与投资一个基础资产的收入相同。按无套利原则,基础资产的价格也应该是 0.96154 元。

二、复制组合定价法

考虑一个 1 期的股票看涨期权,其执行价和当前股票价格均为 50 元。一如先前的假定,该股票价格 S 未来只有上升和下降两种状态。S 的波动性为 30%,上升因子 $u=1.1$,下降因子 $d=0.9091$。期权到期支付函数为:
$$C_T = \max(S_T - K, 0)$$
由此可得该股票价格和期权价值在到期时的分布,见图 9-8。现在的问题是:该看涨期权的当前价格 C 应该是多少?

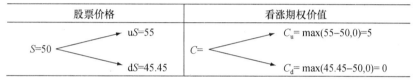

图 9-8 股票与期权到期价值分布

为了计算 C 的价值,我们复制一个组合,该组合由 Δ 份股票和金额为 B 的银行借款构成。该组合和期权的运动,见图 9-9:

图 9-9 复制组合价值与期权价值分布

由图 9-9 可知复制组合与期权价值之间的等价关系为:
$$C_u = u\Delta S - Br, \quad C_d = d\Delta S - Br$$
解该方程组,得到 Δ 和 B 的表达式:
$$\Delta = \frac{C_u - C_d}{(u-d)S} \tag{9.13}$$

$$B = -\frac{uC_d - dC_u}{(u-d)r} \tag{9.14}$$

代入上面的数据,得:
$$\Delta = \frac{5-0}{(1.1-0.9091) \times 50} = 0.5238$$

$$B = -\frac{0 - 0.9091 \times 5}{(1.1 - 0.9091)\mathrm{EXP}(0.05)} = 22.6483$$

因此,复制组合的当前价值为:
$$\Delta S - B = 0.5238 \times 50 - 22.6483 = 3.5422$$

假定无风险利率为 5%,因而增值因子 $r = e^{R_f \Delta t} = 1.05127$。这样,到 1 期时,该复制组合的可能价值为：

$$\Delta uS - Br = 28.81 - 23.81 = 5, \quad \Delta dS - Br = 23.81 - 23.81 = 0$$

这样，1期后，复制组合与期权之间的价值关系，见图9-10。我们看到，该复制组合和看涨期权的价值受相同的因素驱动，且有相同的未来支付分布：如果股票价格上涨，复制组合与看涨期权的价值均为5；如果股票价格下降，复制组合与看涨期权的价值均为0。因此，我们可以认为该看涨期权与该复制组合有相同的现值，即3.5422。

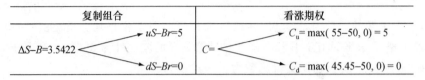

图9-10 复制组合与期权的价值关系

现在考虑一个3期的期权，$S_0 = 50$元，$u = 1.1$，$d = 0.9091$，$K = 50$。从0期到3期股价的分布见图9-11，根据终端股价分布计算的终端期权价值分布，见图9-12。

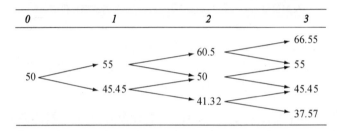

图9-11 从0期到3期股票价格的各种可能变化

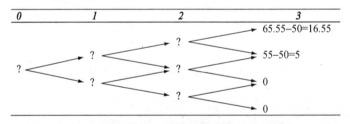

图9-12 到第3期时期权的各种可能价格

有了终端即第3期的期权价值分布，就可以计算$n-1$期即第2期的Δ和B，结果见图9-13。而有了第2期的Δ和B，又可以利用公式$\Delta S - B/r = C$计算出第2期的期权价值分布，结果见图9-14。重复上面的过程两次，最终得到的股票和期权价格树形图，见图9-15。

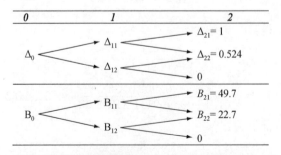

图9-13 根据3期的期权可能价格和其他参数计算2期的Delta和Br

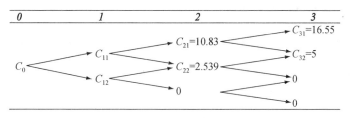

图 9-14　根据 2 期时的 Delta 和 Br 计算 2 期时的期权可能价格

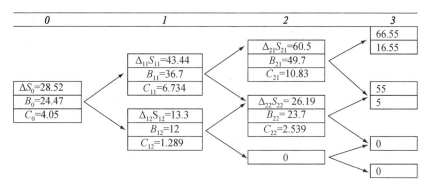

图 9-15　用复制组合法计算 3 期看涨期权的价格

用复制组合定价一个看涨期权的步骤可以概括如下：

（1）计算资产价格未来各期的分布；

（2）计算期权的终期价值分布；

（3）用终端期权价值分布计算 $n-1$ 期的 Δ 和 B，然后用 Δ 份的资产和 B 的借款，构造一个高杠杆组合，复制 $n-1$ 期的期权价值分布；

重复第 3 步的计算，直到计算出 0 期的 Δ、B 和期权价格。

三、期权定价的一般步骤

计算期权价格与计算其他金融资产的价格从本质上说没有区别，这就是：

（1）计算到期时资产的各种可能价值或支付分布；

（2）用对应的概率计算到期资产各种可能价值的加权平均值，即资产的期望值；

（3）用一个适当的贴现率计算期望值的现值，得到资产的当前价格。

期权定价的特殊性在于：

（1）期权到期时的各种可能收入要么为正数，要么为零，没有下侧风险；

（2）计算期权期望值的概率为风险中性概率；

（3）将期权期望值折成现值的贴现率为无风险利率。

在使用风险中性定价法对期权定价时，一个可选择的步骤如下：

（1）计算股票价格 S 在终端（n）时的分布：
$$S_{ni} = S_0\, u^{n-i}\, d^i, \quad i = 0, 1, \cdots, n$$

（2）计算期权价格在终端时的分布：
$$\text{Call}_{ni} = \max(S_0\, u^i\, d^{(n-i)} - K, 0), \quad \text{Put}_{ni} = \max(K - S_0\, u^i\, d^{(n-i)}, 0)$$

其中，K 是期权执行价，Call_{ni} 或 Put_{ni} 是 n 期时看涨或看跌期权的第 i 项可能价格；

（3）计算 n 期中 S 上升 i 次的风险中性二项概率质量函数值；

(4) 计算期权在终期时的期望值：
$$E(\text{Call}) = \sum_{i=0}^{n} P_n(i)\text{Call}_{ni}, \quad E(\text{Put}) = \sum_{k=0}^{n} P_n(i)\text{Put}_{ni}$$

(5) 计算期权期望值在 0 期时的现值：
$$\text{Call} = e^{-R_f T} E(\text{Call}), \quad \text{Put} = e^{-R_f T} E(\text{Put})$$

上述步骤可以用一个公式表示为：
$$\text{Call} = e^{-R_f T} \sum_{i=0}^{n} \binom{n}{i} p^i (1-p)^{n-i} \max(S_0 u^i d^{n-i} - K, 0) \quad (9.15)$$

用 $K - S_0 u^i d^{n-i}$ 代替上式中的 $S_0 u^i d^{n-i} - K$，用 Put 代替 Call，即得到看跌期权的公式。

假定 $S_0 = 50, K = 50, R_f = 2\%, T = 1, n = 4, \Delta t = 0.25, \sigma = 20\%$。由此得 $u = 1.1052$，$d = 0.9048, r = 1.005, p = 0.5$。到期时所有可能的股价和期权价，对应的二项式概率，期权的期望值 $E(C)$ 和现值 C_0，见表 9-4：

表 9-4 根据到期条件直接计算二项式期权价格 ($n=4, p=0.5$)

项目	i				
	0	1	2	3	4
$S_0 u^{n-i} d^i$	74.59	61.07	50	40.94	33.52
C_{ni}	24.59	11.07	0	0	0
$P_n(n-i)$	6.252%	25%	37.5%	24.996%	6.248%
$P_n(n-i) \times C_{ni}$	1.5375	2.768	0	0	0
$E(C_n)$	4.3055				
C_0	4.2202				

第三节 随机股票价格的二项式分布与对数正态分布

一、对数正态随机变量

在二项式模型中，股票价格被假定服从二项分布。实际上，二项式模型中的股价是渐进对数正态分布的。如果一个随机变量的对数服从正态分布，则称该随机变量为对数正态变量。对数正态变量与正态变量的关系：

诺　　　　　　　　　　　　$X \sim LN(\mu, \sigma^2)$
则　　　　　　　　　　　　$\ln X \sim N(\mu, \sigma^2)$

记号 $LN(\cdot)$ 代表对数正态分布。

图 9-16 是二项式股票价格与对应二项式概率的散点图，其中的图形表明二项式股价具有较为明显的渐进对数正态分布特征。图 9-17 是二项式股价的对数与对应二项式概率的散点图，该图表明随机股价的对数具有明显的渐进正态分布特征。

对数正态分布的密度函数为：
$$f(x) = \frac{1}{\sqrt{2\pi}\sigma x} e^{-\frac{(\ln x - \mu)^2}{2\sigma^2}}, \quad x > 0$$

一个对数正态变量的期望值为：

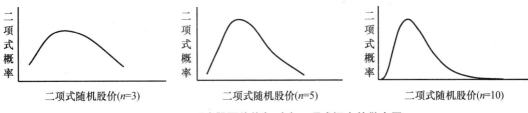

图 9-16 二项式股票价格与对应二项式概率的散点图

图 9-17 二项式股票价格对数与对应二项式概率的散点图

$$E(X) = e^{\mu+\sigma^2/2} \tag{9.16}$$

方差为：

$$\mathrm{Var}(X) = e^{2\mu+\sigma^2}(e^{\sigma^2}-1) \tag{9.17}$$

现在给出对数正态变量期望值公式的推导。设 x 为对数正态变量，因此 $y=\ln x$ 为正态变量，且

$$e^y = e^{\ln x} = x$$

对正态变量 y 作变换：$y=\mu+\sigma z$，我们得到：

$$E(e^y) = E(e^{\mu+\sigma z}) = e^\mu E(e^{\sigma z})$$

现在我们只需要计算 $e^{\sigma z}$ 的期望值，过程如下：

$$\begin{aligned}
E(e^{\sigma z}) &= \frac{1}{\sqrt{2\pi}}\int_{-\infty}^{\infty} e^{\sigma u}e^{-\frac{u^2}{2}}du \\
&= \frac{1}{\sqrt{2\pi}}\int_{-\infty}^{\infty} e^{-\frac{u^2-2\sigma u+\sigma^2-\sigma^2}{2}}du \\
&= e^{\sigma^2/2}\frac{1}{\sqrt{2\pi}}\int_{-\infty}^{\infty} e^{-\frac{(u-\sigma)^2}{2}}du \\
&= e^{\sigma^2/2}
\end{aligned} \tag{9.18}$$

因此

$$E(e^y) = E(e^{\mu+\sigma z}) = e^{\mu+\sigma^2/2}$$

二、对数正态随机股票价格

一般认为，股票价格 S 是一个对数正态变量，即股票价格的对数服从正态分布。在这一假定下，随机股票价格公式为：

$$S_T = S_0 e^{\mu T+\sigma\sqrt{T}z} \tag{9.19}$$

随机回报为：

$$\ln\left(\frac{S_T}{S_0}\right) = \mu T + \sigma\sqrt{T}z \tag{9.20}$$

公式(9.20)可以通过将股票的对数回报标准化得到。如果股票价格是对数正态的,则股票的对数回报必然就是正态的,不考虑连续股利 D,有

$$S_T = S_0 e^{yT}, \quad \ln\left(\frac{S_T}{S_0}\right) = yT \sim N[\mu T, \sigma^2 T]$$

对 yT 标准化,即得式(9.20):

$$\ln\left(\frac{S_T}{S_0}\right) = \mu T + \sigma \sqrt{T} z$$

等式两边取指数,同乘以 S_0,得:

$$S_0 e^{\ln\left(\frac{S_T}{S_0}\right)} = S_0 e^{\mu T + \sigma \sqrt{T} z}$$

因为

$$S_0 e^{\ln\left(\frac{S_T}{S_0}\right)} = S_T$$

所以

$$S_T = S_0 e^{\mu T + \sigma \sqrt{T} z}$$

上式中的 μ 是股票期望回报。然而,在风险中性世界,人们认为股票的期望回报应该是风险中性的,即股票的期望回报 μ 应该等于无风险利率 R。设

$$\mu = R - \sigma^2/2$$

则

$$\ln\left(\frac{S_T}{S_0}\right) = \mu T + \sigma \sqrt{T} z = (R - \sigma^2/2) T + \sigma \sqrt{T} z \tag{9.21}$$

以及

$$S_T = S_0 e^{\mu T + \sigma \sqrt{T} z} = S_0 e^{(R - \sigma^2/2) T + \sigma \sqrt{T} z} \tag{9.22}$$

这时,作为风险中性资产,股票的期望回报为无风险利率 R:

$$E(e^y) = E(e^{\mu + \sigma z}) = e^{\mu + \sigma^2/2} = e^{R - \sigma^2/2} e^{\sigma^2/2} = e^R$$

三、从对数正态随机股票价格到二项式随机股票价格

在式(9.22)中,z 是具有参数$[0,1]$的标准正态随机数,其概率密度函数关于 0 对称,其在股价运动中取正负值的概率相同。因此,我们可以通过将标准正态随机变量 z 转化为二项式随机变量的方法,把股票价格的分布由对数正态分布转变为二项分布。设

$$S_0 e^{(R-\sigma^2/2)T+\sigma\sqrt{T}z} = \begin{cases} S_0 e^{(R-\sigma^2/2)T+\sigma\sqrt{T}}, & \text{对所有 } z > 0 \\ S_0 e^{(R-\sigma^2/2)T-\sigma\sqrt{T}}, & \text{对所有 } z \leqslant 0 \end{cases}$$

由此得到 JR 模型。如果再进一步假定漂移项 $e^{(R-q-\sigma^2/2)T}$ 为 0,则得到 CRR 模型:

$$S_0 e^{\sigma\sqrt{T}z} = \begin{cases} S_0 e^{\sigma\sqrt{T}}, & \text{对所有 } z > 0 \\ S_0 e^{-\sigma\sqrt{T}}, & \text{对所有 } z \leqslant 0 \end{cases}$$

可见,无论是 CRR 模型还是 JR 模型,随机股票价格的分布都是渐进对数正态的。布莱克—斯科尔斯模型(BS 模型)的一个重要假定是股票价格服从对数正态分布,因此,二项式模型事实上以 BS 模型为极限,图 9-18 展示了二项式期权价格向 BS 模型逼近的过程。

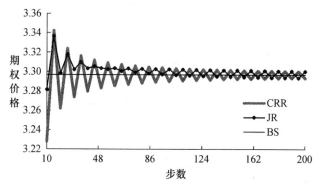

图 9-18　二项式模型逼近 BS 模型

第四节　用 Excel 构建二项式期权价格模型

在本节中,我们首先说明如何用风险中性概率直接定价二项式期权,然后说明用树形图定价二项式期权的方法,包括 CRR 模型和 JR 模型,最后介绍我们用 VBA 构建的二项式期权定价模型以及用 VBA 编写的二项式期权价格函数。

一、用二项式概率计算期权价格

利用上一节的公式(9.15),我们可以直接使用风险中性二项式概率计算期权价格。二项式期权定价法的优点是可以利用到期前的节点价格为美式期权定价,而用公式(9.15)得到的是终点价格,不能用来为美式期权定价,因此,这一方法的意义仅在于帮助我们更好地理解二项式期权定价法。

构建模型的工作簿为"0901_二项式期权定价_二项式概率",工作表为"二项式概率定价法",模型界面见图 9-19。

在由图 9-19 展示的模型中,n 是步数或时段数,有效值为 1 到 1000 的整数。

"二项式概率定价法"工作表以及以下各表中英文字母及缩写所代表的变量,见表 9-5。计算参数和期权价的公式见表 9-6。

表 9-5　变量的符号和公式

dt	时段	$=T/n$
u	上升因子	$=\mathrm{Exp}(Vol*dt)$
d	下降因子	$=1/u$
Gf	增长因子	$=\mathrm{Exp}((R-q)*dt)$
Df	贴现因子	$=\mathrm{Exp}(-R*dt)$
p	风险中性概率	$=(r-d)/(u-d)$

用二项式概率计算期权价格

	A	B	C	D	E	F	G	H	I	J	K	L
1												
2		用二项式概率计算期权价格										
3		输入				输出	CRR	JR		期权类型		
4		S		50		dt	0.05	0.05		看涨	●	
5		K		50		u	1.069	1.07		看跌	○	
6		T		0.50		d	0.935	0.94			1	1
7		R		5%		Gf	1.003	1				
8		Div		0%		Df	0.975	0.98				
9		VOL		30%		p	0.502	0.500				
10		n		10		1-p	0.498	0.500				
11												
12						CALL	4.71	4.73				
13												
14												
15					CRR				JR			
16		序号	上涨次数	终端股价	二项式概率	终端期权价	概率加权价	终端股价	二项式概率	终端期权价	概率加权价	
17		0	0	26	0%	0	0	26	0%	0	0	
18		1	1	29	1%	0	0	29	1%	0	0	
19		2	2	33	4%	0	0	34	4%	0	0	
20		3	3	38	12%	0	0	38	12%	0	0	
21		4	4	44	20%	0	0	44	21%	0	0	
22		5	5	50	25%	0	0	50	25%	0	0.031	
23		6	6	57	21%	7.179	1.483	57	21%	7	1.502	
24		7	7	65	12%	15.39	1.831	66	12%	16	1.823	
25		8	8	75	4%	24.78	1.114	75	4%	25	1.097	
26		9	9	86	1%	35.51	0.357	86	1%	36	0.349	
27		10	10	98	0%	47.79	0.048	98	0%	48	0.047	
28		11										
29		12										
1016		999										
1017		1000										
1018												

图 9-19 "二项式概率定价法"工作表中的模型界面

表 9-6 "二项式概率定价法"工作表中的单元格公式

单元格	变量	公式
G4	dt	=D6/D10
H4	dt	=G4
G5	u	=EXP(D9*SQRT(G4))
H5	u	=EXP((D7−D8−D9^2/2)*H4+D9*SQRT(H4))
G6	d	=1/G5

(续表)

单元格	变量	公式
H6	d	=EXP((D7−D8−D9^2/2)*H4−D9*SQRT(H4))
G7	Gf	=EXP((D7−D8)*(G4))
H7	Gf	=EXP((D7−D8)*($H$4))
G8	Df	=EXP(−D7*D6)
H8	Df	=EXP(−D7*D6)
G9	p	=(G7−G6)/(G5−G6)
H9	p	=(H7−H6)/(H5−H6)
F12	CALL	=IF(J6=1,"CALL","PUT")
K6	控件的值	=IF($J$6=1,1,−1)
G12	期权价	=G8*SUM(OFFSET($G$17,0,0,$D$10+1))
H12	期权价	=H8*SUM(OFFSET($K$17,0,0,$D$10+1))
C17	上涨次数	=IF(B17<=$D$10,B17," ")
D17	终端股价	=IF(ISNUMBER(C17),$D$4*$G$5^C17*$G$6^($D$10−C17)," ")
E17	二项式概率	=IF(ISNUMBER(D17),BINOMDIST($C$17,$D$10,$G$9,0)," ")
F17	终端期权价	=IF(ISNUMBER(E17),MAX($K$6*(D17−$D$5),0)," ")
G17	概率加权价	=IF(ISNUMBER(F17),F17*E17," ")
H17	终端股价	=IF(ISNUMBER(G17),$D$4*$H$5^C17*$H$6^($D$10−C17)," ")
J17	终端期权价	=IF(ISNUMBER(I17),MAX($K$6*(H17−$D$5),0)," ")

二、风险中性概率定价法

二项式期权定价的一般工具是树形图,包括股票价格树形图和期权价格树形图。二项式$(u+d)^n$的展开式为:

$$(u+d)^1 = u^1 d^0 + u^0 d^1$$
$$(u+d)^2 = u^2 d^0 + 2u^1 d^1 + u^0 d^2$$
$$(u+d)^3 = u^3 d^0 + 3u^2 d^1 + 3u^1 d^2 + u^0 d^3$$
$$(u+d)^4 = u^4 d^0 + 4u^3 d^1 + 6u^2 d^2 + 3u^1 d^3 + u^0 d^4$$

上述展开式可用树形图来表示,见表9-7:

表9-7 二项式展开式的树形图

	j					i
0	1	2	3	4		
$u^0 d^0$	$u^1 d^0$	$u^2 d^0$	$u^3 d^0$	$u^4 d^0$		0
	$u^0 d^1$	$u^1 d^1$	$u^2 d^1$	$u^3 d^1$		1
		$u^0 d^2$	$u^1 d^2$	$u^2 d^2$		2
			$u^0 d^3$	$u^1 d^3$		3
				$u^0 d^4$		4

由表9-7可知,在第一行(0行)中,所有d的指数都是0,因此,该行的值为u^1,u^2,…,

u^n。从第二行到最末一行,各节点的值为$u^{j-i}d^i$。我们可以用这一树形图来计算各节点的股票价格。

图 9-20 是我们在"0902_二项式期权定价—风险中性概率"工作簿的"CRR 模型"工作表中构建的二项式期权定价模型界面。二项式树的构建方法是:

(1) 在 C12,键入公式:=C11＊＄D＄5/＄D＄9,复制到 D12:M12;
(2) 在 C13,键入公式:=D3;
(3) 在 D13,键入公式:=C13＊＄H＄4,复制到 E13:M13;
(4) 在 D14,键入公式:=IF(C13 & C14=" "," ",C13＊＄H＄5),复制到 D14:M23;
(5) 在 M24,键入公式:=MAX(X＊(m13－＄D＄4),0),复制到 M24:M34;
(6) 在 C24,键入公式:=IF(D25="","",(＄H＄8＊D24+(1－＄H＄8)＊D25)＊＄H＄7,复制到 C24:L33。

	A	B	C	D	E	F	G	H	I	J	K	L	M	N
1		CRR模型												
2		输入				输出								
3			S		50	dt		0.050			看涨	●		
4			K		50	u		1.069			看跌	○		
5			t		0.5	d		0.935			1	1		
6			Rf		5%	Gf		1.003						
7			Div		0%	Df		0.998						
8			VOL		30%	p		0.502						
9			n		10	Call		4.71						
10														
11			步数	0	1	2	3	4	5	6	7	8	9	10
12			时间	0	0.05	0.1	0.15	0.2	0.25	0.3	0.35	0.4	0.45	0.5
13			股价	50	53	57	61	65	70	75	80	86	91	97.79
14					47	50	53	57	61	65	70	75	80	85.51
15						44	47	50	53	57	61	65	70	74.78
16							41	44	47	50	53	57	61	65.39
17								38	41	44	47	50	53	57.18
18									36	38	41	44	47	50.00
19										33	36	38	41	43.72
20											31	33	36	38.23
21												29	31	33.43
22													27	29.24
23														25.56
24			Call	4.71	6.69	9.25	12.4	16	21	25	30.3	35.8	41.6	47.8
25					2.75	4.14	6.08	8.7	12	16	20.3	25	30.1	35.5
26						1.36	2.21	3.5	5.4	8.1	12	15.6	20.1	24.8
27							0.51	0.9	1.6	2.8	4.61	7	11.3	15.4
28								0.1	0.23	0.5	0.9	1.8	3.59	7.18
29									0	0	0	0	0	0
30										0	0	0	0	0
31											0	0	0	0
32												0	0	0
33													0	0
34														0
35														

图 9-20 "CRR 模型"工作表中的二项式期权定价模型界面

"0902_二项式期权定价—风险中性概率"工作簿的"美式期权"工作表中 CRR 美式期权的界面,见图 9-21。构建美式期权模型的步骤是:

图 9-21 "美式期权"工作表中的模型界面

(1) 按以上步骤构建一个一般的 CRR 模型；

(2) 在 M34,键入公式：=MAX(\$L\$4*(M12-\$D\$3),0),复制到 M34:M44；

(3) 在 C34,键入公式：=IF(D35=" "," ",\$L\$4*(C12-\$D\$3)),复制到 C34:L43；

(4) 在 C47,键入公式：=IF(D24=" "," ",IF(C34>C23,C34,"-")),复制到 C47:L56。

其中,C47:L56 区域中有数字的单元格是美式期权的可提前执行节点。

工作簿"0903_二项式期权定价—风险中性概率 II"的"CRR 模型"工作表中的 CRR 模型是用标准树形图构建的,其界面见图 9-22。该模型的建造步骤如下：

(1) 在 C24,键入公式：=D3；

(2) 在 D14,键入公式：=IF(C13<>" ",C13*\$H\$5,IF(C15=" "," ",C15*\$H\$4)),复制到 D14:M34；

(3) 在 M36,键入公式：=IF(M14=" "," ",MAX(X*(M14-\$D\$4),0)),复制到 M36:M56；

(4) 在 C36,键入公式：=IF(D35=" "," ",IF(D37=" "," ",(D35*\$H\$8+D37*(1-\$H\$8))*\$H\$7)),复制到 C36:L55。

三、复制组合定价法

复制组合定价法模型的工作表界面见图 9-20,构建于"0904_二项式期权定价—复制组合法"工作簿的"复制组合定价法"工作表。

计算模型参数的单元格公式见表 9-8：

表 9-8 "复制组合定价法"工作表的部分单元格公式

H4	u	=EXP(D8*SQRT(H3))
H5	d	=1/H4
H6	Df	=EXP(-D6*H3)
H7	Div	=EXP(-D7*(H3))
H8	期权价	=C46
F8	CALL	=IF(J5=1,"CALL","PUT")
B46	Call	=IF(X=1,"Call","Put")

表 9-8 中,X 是 K5 单元格的名称。

构造 Δ 树形图的方法：在 C24 键入公式：=IF(D47=" "," ",\$H\$7*((D46-D47)/(D13-D14))),复制到 C24:L33 区域。

构造 B 树形图的方法：在 C35 键入公式：=IF(D47=" "," ",\$H\$6*((D47*\$H\$4-D46*\$H\$5)/(\$H\$4-\$H\$5))),复制到 C35:L44。

Call 树形图的构建方法是：在 M46 键入公式：=MAX(X*(M13-\$D\$4),0),复制到 M46:M56 区域；在 C46 键入公式：=IF(D47=" "," ",C13*C24+C35),复制到 C46:L55 区域。只有在完成这最后一步后,整个模型才会正确显示。

第九章　二项式期权定价

CRR模型

输入：
- S = 50
- K = 50
- T = 0.5
- R = 5%
- Div = 0%
- VOL = 30%
- n = 10

输出：
- dt = 0.05
- u = 1.07
- d = 0.94
- Gf = 1.00
- Df = 1.00
- p = 0.50
- CALL = 4.71

看涨 ● 　看跌 ○　　1　1

步数	0	1	2	3	4	5	6	7	8	9	10
时间	0	0.1	0.10	0.15	0.2	0.3	0.30	0.35	0.40	0.45	0.5

股价树：

行	0	1	2	3	4	5	6	7	8	9	10	层
14										97.8		0
15									91.4			1
16								85.5		85.5		2
17							80		80			3
18						74.8		74.8		74.8		4
19					69.9		69.9		69.9			5
20				65.4		65.4		65.4		65.4		6
21			61.1		61.1		61.1		61.1			7
22		57.2		57.2		57.2		57.2		57.2		8
23	53		53.5		53.5		53.5		53.5			9
24	股价 50		50		50		50		50		50	10
25		47		46.8		46.8		46.8		46.8		11
26			43.7		43.7		43.7		43.7		43.7	12
27				40.9		40.9		40.9		40.9		13
28					38.2		38.2		38.2		38.2	14
29						35.8		35.8		35.8		15
30							33.4		33.4		33.4	16
31								31.3		31.3		17
32									29.2		29.2	18
33										27.3		19
34											25.6	20

期权价格树：

行	0	1	2	3	4	5	6	7	8	9	10	层
36										47.8		0
37									41.6			1
38								35.8		35.5		2
39							30.3		30.1			3
40							25.3		25		24.8	4
41						20.5		20.3		20.1		5
42					16.2		15.9		15.6		15.4	6
43				12.4		12		11.5		11.3		7
44			9.25		8.67		8.06		7.43		7.2	8
45		6.7		6.08		5.4		4.61		3.50		9
46	Call 4.71		4.14		3.5		2.76		1.8		0	10
47		2.7		2.21		1.6		0.9		0		11
48			1.36		0.92		0.45		0		0	12
49				0.51		0.23		0		0		13
50					0.11		0		0		0	14
51						0		0		0		15
52							0		0		0	16
53								0		0		17
54									0		0	18
55										0		19
56											0	20

图 9-22　"CRR 模型"工作表中用标准树形图构建的 CRR 模型界面

	A	B	C	D	E	F	G	H	I	J	K	L	M	N	O
1		复制组合期权定价模型													
2		输入				输出									
3		S			50	dt		0.050		看涨	●				
4		K			50	u		1.069		看跌	○				
5		T			0.5	d		0.935			1	1			
6		R			5%	Df		0.998							
7		Div			0%	Div		1.000							
8		VOL			30%	CALL		4.714							
9		n			10										
10															
11		步数	0	1	2	3	4	5	6	7	8	9	10		
12		时间	0	0.05	0.1	0.15	0.2	0.25	0.3	0.35	0.4	0.45	0.5		
13		S	50	53.5	57.2	61.1	65.4	69.9	74.8	80.0	85.5	91.4	97.8	0	
14				46.8	50	53.5	57.2	61.1	65.4	69.9	74.8	80.0	85.5	1	
15					43.7	46.8	50.0	53.5	57.2	61.1	65.4	69.9	74.8	2	
16						40.9	43.7	46.8	50.0	53.5	57.2	61.1	65.4	3	
17							38.2	40.9	43.7	46.8	50.0	53.5	57.2	4	
18								35.8	38.2	40.9	43.7	46.8	50.0	5	
19									33.4	35.8	38.2	40.9	43.7	6	
20										31.3	33.4	35.8	38.2	7	
21											29.2	31.3	33.4	8	
22												27.3	29.2	9	
23													25.6	10	
24		Δ	0.6	0.7	0.8	0.9	0.98	1	1	1	1	1		0	
25				0.4	0.6	0.7	0.9	1.0	1.0	1.0	1.0	1		1	
26					0.3	0.4	0.6	0.7	0.9	1.0	1.0	1		2	
27						0.1	0.2	0.4	0.6	0.8	1.0	1		3	
28							0.0	0.1	0.2	0.3	0.5	1		4	
29								0	0	0	0	0		5	
30									0	0	0	0		6	
31										0	0	0		7	
32											0	0		8	
33												0		9	
34														10	
35		B	-24.6	-31.3	-38.1	-43.8	-47.7	-49.4	-49.5	-49.6	-49.8	-49.9		0	
36				-18.0	-24.7	-32.4	-40.1	-46.3	-49.5	-49.6	-49.8	-49.9		1	
37					-11.3	-17.1	-24.8	-34.1	-43.4	-49.6	-49.8	-49.9		2	
38						-5.5	-9.4	-15.6	-24.9	-37.3	-49.8	-49.9		3	
39							-1.6	-3.1	-6.3	-12.5	-25.0	-49.9		4	
40								0	0	0	0	0		5	
41									0	0	0	0		6	
42										0	0	0		7	
43											0	0		8	
44												0		9	
45														10	
46		Call	4.71	6.7	9.2	12.4	16.2	20.5	25.3	30.3	35.8	41.6	47.8	0	
47				2.7	4.1	6.1	8.7	12.0	15.9	20.3	25.0	30.1	35.5	1	
48					1.4	2.2	3.5	5.4	8.1	11.5	15.6	20.1	24.8	2	
49						0.5	0.9	1.6	2.8	4.6	7.4	11.3	15.4	3	
50							0.1	0.2	0.5	0.9	1.8	3.6	7.2	4	
51								0.0	0.0	0.0	0.0	0.0	0.0	5	
52									0.0	0.0	0.0	0.0	0.0	6	
53										0.0	0.0	0.0	0.0	7	
54											0.0	0.0	0.0	8	
55												0.0	0.0	9	
56													0.0	10	

图 9-23 "复制组合定价法"工作表界面

四、用 VBA 过程计算二项式期权价格

(一) 计算二项式期权价格的 VBA 函数

计算二项式看涨期权的 VBA 函数代码如下:

```
1    Function OptionCallCRR(S, K, T, R, Div, Vol, n)
```

```
2    Dim i As Integer, j As Integer, x As Integer
3    Dim Gf As Double, Df As Double, u As Double, d As Double, p As Double, q
     As Double
4    Gf = Exp((R - Div) * T/n)
5    Df = Exp(-R * T/n)
6    u = Exp(Vol * Sqr(T/n))
7    d = 1/u
8    p = (Gf - d)/(u - d)
9    q = 1 - p
10   ReDim OptionPrice(n, n)
11   For j = n To 0 Step -1
12     For i = 0 To j
13       If j = n Then
14         OptionPrice(i, j) = Application.Max((u^(n - i) * d^(i) * S) - K, 0)
15       Else
16         OptionPrice(i, j) = (p * OptionPrice(i, j + 1) + q * OptionPrice(i +
           1, j + 1)) * Df
17       End If
18     Next i
19   Next j
20   OptionCallCRR = OptionPrice(0, 0)
21   End Function
```

将第 14 行代码改为：

```
OptionPrice(i, j) = Application.Max(-((u^(n - i) * d^(i) * S) - K), 0)
```

则函数转变为计算看跌期权的函数。

（二）二项树期权定价模型——使用 VBA 子过程 I

用 VBA 计算二项式期权价格的工作表为"简单二项树"，其界面见图 9-24；工作表中的命名单元格的名称和单元格地址见表 9-9。

表 9-9 "简单二项树"工作表中的命名单元格名称和地址

Div	=简单二项树!$C$8
Euro_Amer	=简单二项树!$J$10
K	=简单二项树!$C$5
n	=简单二项树!$C$10
Output	=简单二项树!$C$17
R_	=简单二项树!$C$7
S	=简单二项树!$C$4
T	=简单二项树!$C$6
VOL	=简单二项树!$C$9
X	=简单二项树!$I$10
输出	=简单二项树!$F$4:$F$9

	A	B	C	D	E	F	G	H	I	J	K	L	M	N
1														
2		二项式期权价格												
3		输入			输出			选择类型和执行方式						
4		S	50		dt	4.71								
5		K	50		u	0.05		● CALL						
6		T	0.5		d	1.07		○ PUT		二项树				
7		R	5%		Gf	0.94								
8		Div	0%		Df	1		欧式 ▼						
9		VOL	30%		p	0.5								
10		n	10		CALL	3.3		欧式		1	1			
11								美式						
12														
13														
14		时段	0	1	2	3	4	5	6	7	8	9	10	
15		时间	0	0.05	0.1	0.15	0.2	0.25	0.3	0.35	0.4	0.45	0.5	
16														
17		股价	50	53.5	57.18	61.1	65.4	69.9	74.78	79.97	85.5	91.4	97.8	
18				46.8	50	53.5	57.2	61.1	65.39	69.93	74.8	80	85.5	
19					43.72	46.8	50	53.5	57.18	61.15	65.4	69.9	74.8	
20						40.9	43.7	46.8	50	53.47	57.2	61.1	65.4	
21							38.2	40.9	43.72	46.76	50	53.5	57.2	
22								35.8	38.23	40.89	43.7	46.8	50	
23									33.43	35.75	38.2	40.9	43.7	
24										31.26	33.4	35.8	38.2	
25											29.2	31.3	33.4	
26												27.3	29.2	
27													25.6	
28														
29		CALL	4.71	6.69	9.246	12.4	16.2	20.5	25.27	30.34	35.8	41.6	47.8	
30				2.75	4.142	6.08	8.67	12	15.89	20.3	25	30.1	35.5	
31					1.361	2.21	3.5	5.4	8.059	11.52	15.6	20.1	24.8	
32						0.51	0.92	1.6	2.757	4.613	7.43	11.3	15.4	
33							0.11	0.23	0.451	0.901	1.8	3.59	7.18	
34								0	0	0	0	0	0	
35									0	0	0	0	0	
36										0	0	0	0	
37											0	0	0	
38												0	0	
39													0	
40														

图 9-24 二项式期权定价的简单 VBA 模型

"简单二项树"工作表中的 VBA 子过程如下,其中略去了声明变量和清空区域数据的语句。

```
1    Sub BiOptionPrice()
7    S = Range("S")
8    K = Range("K")
9    T = Range("T")
10   R = Range("R_")
11   Div = Range("Div")
12   VOL = Range("VOL")
13   n = Range("n")
14   X = Range("X")
15   Euro_Amer = Range("Euro_Amer")
16   If X = 2 Then X = -1
```

```vb
17    Gf = Exp((R - Div) * T/n)
18    Df = Exp(-R * T/n)
19    u = Exp(VOL * Sqr(T/n))
20    d = 1/u
21    p = (Gf - d)/(u - d)
22    q = 1 - p
23    ReDim Stockprice(0 To n, 0 To n)
24    ReDim OptionPrice(n, n)
25    Stockprice(0, 0) = S
26    For j = 1 To n
27      Stockprice(0, j) = Stockprice(0, j - 1) * u
28    Next
29    For i = 1 To n
30      For j = i To n
31        Stockprice(i, j) = Stockprice(i - 1, j - 1) * d
32      Next
33    Next
34    For j = n To 0 Step - 1
35      For i = 0 To j
36        If j = n Then
37          OptionPrice(i, j) = Application.Max(X * (Stockprice(i, n) - K), 0)
38        Else
39          Select Case Euro_Amer
40          Case Is = 1
41            OptionPrice(i, j) = (p * OptionPrice(i, j + 1) + q * OptionPrice(i + 1, j + 1)) * Df
42          Case Is = 2
43            OptionPrice(i, j) = Application.Max(X * (Stockprice(i, j) - K), _
44              (p * OptionPrice(i, j + 1) + q * OptionPrice(i + 1, j + 1)) * Df)
45          End Select
46        End If
47      Next i
48    Next j
49    For i = 0 To n
50      For j = 0 To n
51        Range("output").Offset(i, j) = Stockprice(i, j)
52        Range("output").Offset(n + 2 + i, j) = OptionPrice(i, j)
53      Next j
54    Next i
55    OP = OptionPrice(0, 0)
56    Range("输出") = Application.Transpose(Array(OP, T/n, u, d, Gf, p, q))
57    For j = 0 To n
58      Range("output").Offset(-3, j) = j
```

59	Range("output").Offset(-2, j) = j * T/n
60	Next j
61	Range("output").Offset(-3, -1) = "时段"
62	Range("output").Offset(-2, -1) = "时间"
63	Range("output").Offset(0, -1) = "股价"
64	Range("output").Offset(n + 2, -1) = "期权价"
65	End Sub

(三)二项树期权定价模型——使用 VBA 子过程 II

在这一模型中,用 VBA 子过程生成的二项树包含公式,新的期权价格可以通过简单地改变除步数 n 以外的参数来得到。模型的工作表界面见图 9-25,工作表中手动命名单元格的地址和名称见表 9-10。

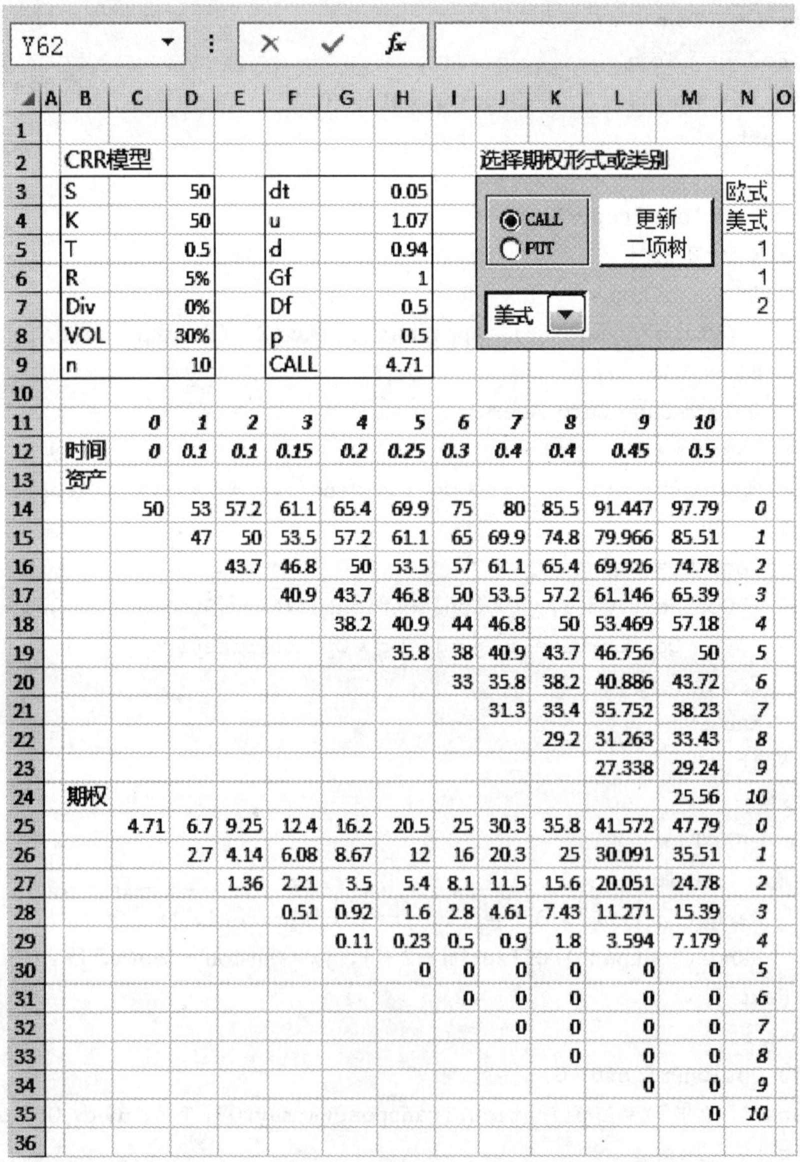

图 9-25 用 VBA 构建可互动二项树期权定价模型

表 9-10 非代码命名单元格的地址和名称

名称	地址
S	=带公式二项树!$D$3
K	=带公式二项树!$D$4
T	=带公式二项树!$D$5
_R	=带公式二项树!$D$6
Div	=带公式二项树!$D$7
VOL	=带公式二项树!$D$8
n	=带公式二项树!$D$9
dt	=带公式二项树!$H$3
u	=带公式二项树!$H$4
d	=带公式二项树!$H$5
p	=带公式二项树!$H$7
q	=带公式二项树!$H$8
Euro_Amer	=带公式二项树!$N$7
X	=带公式二项树!$N$6
output	=带公式二项树!$C$14

可互动二项树期权定价模型 VBA 代码如下,其中略去了声明变量的语句。

```
1   Sub OpPrice()
2   Dim i As Integer, j As Integer, n As Integer, Euro_Amer As Integer
3   Range(Range("output").Offset(-3,-2), Range("SU500")).ClearContents
4   Application.ScreenUpdating = False
5   n = Range("n")
6   Euro_Amer = Range("Euro_Amer")
7   Range("output").Offset(0, n).Name = "TOP"
8   Range(Range("output").Cells(1, 2), Range("TOP")).Name = "TopRow"
9   Range(Range("TOP").Offset(n+1, 0), Range("TOP").Offset(2*n+1, 0)).
     Name = "FinalNodes"
10  Range("TopRow") = " = RC[-1] * u"
11  Range("FinalNodes") = " = MAX(X * (OFFSET(TOP,RC[1],0) - K),0)"
12  Range("output") = " = S"
13  For j = 1 To n
14      For i = 1 To j
15          Range("OUTPUT").Offset(i, j).FormulaR1C1 = " = R[-1]C[-1] * d"
16      Next i
17  Next j
18  For j = n To 1 Step -1
19      For i = 1 To j
20          If Euro_Amer = 1 Then
21              Range("OUTPUT").Offset(i+n, j-1) = " = (p * RC[1] + q * R[1]C[1]) *
                EXP(-_R * dt)"
22          Else
23              Range("OUTPUT").Offset(i+n, j-1) = _
```

```
24          " = MAX((X * (OFFSET(output,RC2,R11C) - K)),EXP( - _R * dt) * (p * RC
   [1] + q * R[1]C[1]))"
25        End If
26    Next i
27  Next j
28  For j = 0 To n
29    Range("output").Offset( - 3, j) = j
30    Range("output").Offset(j, n + 1) = j
31    Range("output").Offset(j + n + 1, n + 1) = j
32    Range("output").Offset( - 2, j) = " = R[ - 1]C * dt"
33    If Euro_Amer = 2 Then
34      With Range("output").Offset(j + n + 1, - 1)
35        .Value = j
36        .Font.Color = RGB(255, 255, 255)
37      End With
38    End If
39  Next j
40  Range("output").Offset( - 2, - 1) = "时间"
41  Range("output").Offset( - 1, - 1) = "资产"
42  Range("output").Offset(n, - 1) = "期权"
43  End Sub
```

(四)二项树期权定价模型——使用 VBA 子过程 III

在这一模型中,VBA 代码生成一个标准树形图,其中每个节点包括股价和对应的期权价。如果在选项中选择美式看跌期权,则生成的二项树中可提前执行节点将以灰色高亮显示。其工作表界面见图 9-26,主表的界面见图 9-27,主表中的命名单元格见表 9-11。

表 9-11 标准树形图二项式期权定价模型主表中的命名单元格

名称	引用
_R	=期权定价模型!$C$6
CRR_JR	=期权定价模型!$I$8
Div	=期权定价模型!$C$7
Euro_Amer	=期权定价模型!$I$9
Inputs	=期权定价模型!$C$3:$C$11
K	=期权定价模型!$C$4
n	=期权定价模型!$C$9
Outputs	=期权定价模型!$C$14:$C$21
S	=期权定价模型!$C$3
T	=期权定价模型!$C$5
VOL	=期权定价模型!$C$8
X	=期权定价模型!$I$10

构建标准树形图二项式期权定价模型的 VBA 代码中,字母 q 是年度化股息率,而不是股价下降的风险中性概率。

第九章 二项式期权定价

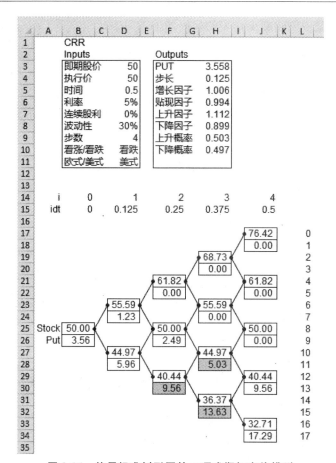

图 9-26 使用标准树形图的二项式期权定价模型

图 9-27 使用标准树形图的二项式期权定价模型主表界面

标准树形图模型中创建新工作表的代码如下：

```
1   Sub NewSheet()
2   Application.ScreenUpdating = False
3   On Error Resume Next
4   Application.DisplayAlerts = False
5   Worksheets("二项树").Delete
6   Application.DisplayAlerts = True
7   Worksheets.Add After: = Sheets("期权定价模型")
8   ActiveSheet.Name = "二项树"
9   With Cells.Font
10  .Size = 10
11  .Name = "ARIAL"
12  End With
13  ActiveWindow.DisplayGridlines = False
14  If Range("CRR_JR") = 1 Then Range("B1") = "CRR" Else Range("B1") = "JR"
15  Range("B2") = "Inputs"
16  Range("F2") = "Outputs"
17  Range("B17").Name = "Start"
18  Range("B3:B11") = Application.Transpose(Array("即期股价","执行价","时间",_
19  "利率","连续股利","波动性","步数","看涨/看跌","欧式/美式"))
20  Range("F4:F10") = Application.Transpose(Array("步长","增长因子",_
21  "贴现因子","上升因子","下降因子","上升概率","下降概率"))
22  Sheets("期权定价模型").Range("Inputs").Copy
23  Range("D3:D11").PasteSpecial Paste: = xlPasteAllExceptBorders
24  If Range("D10") = 1 Then Range("F3").Value = "CALL" Else Range("F3").Value = "PUT"
25  Range("B3:D11").BorderAround Weight: = xlThin
26  Range("F3:H11").BorderAround Weight: = xlThin
27  End Sub
```

标准树形图模型中计算二项式期权价格的代码如下：

```
1   Sub BinormOption()
2   S = Range("D3")
3   K = Range("D4")
4   T = Range("D5")
5   R = Range("D6")
6   q = Range("D7")
7   VOL = Range("D8")
8   n = Range("D9")
9   X = Sheets("期权定价模型").Range("X")
10  Euro_Amer = Sheets("期权定价模型").Range("Euro_Amer")
11  CRR_JR = Sheets("期权定价模型").Range("CRR_JR")
```

```
12    If X = 2 Then X = -1
13        Call_Put = X
14    If n > 100 Then
15        n = 100
16        MsgBox ("n 没有必要大于 100。VBA 将把 n 改为 100。")
17        Range("D9").Value = n
18        Sheets("期权定价模型").Range("n") = n
19    End If
20    dt = T/n
21    Gf = Exp((R - q) * dt)
22    Df = Exp(-R * dt)
23    If CRR_JR = 1 Then
24        u = Exp(VOL * Sqr(dt))
25        d = 1/u
26    Else
27        u = Exp((R - q - VOL^2/2) * dt + VOL * Sqr(dt))
28        d = Exp((R - q - VOL^2/2) * dt - VOL * Sqr(dt))
29    End If
30    p = (Gf - d)/(u - d)
31    ReDim PRICES(0 To 4 * n, 0 To 2 * n)
32    ReDim OptionPrice(0 To 4 * n, 0 To 2 * n)
33    PRICES(n * 2, 0) = S
34    For j = 2 To 2 * n Step 2
35        For i = 2 * n - j To 2 * n + j Step 4
36            If i = 2 * n - j Then
37                PRICES(i, j) = PRICES(i + 2, j - 2) * u
38            Else
39                PRICES(i, j) = PRICES(i - 2, j - 2) * d
40            End If
41        Next
42    Next
43    For j = 2 * n To 0 Step -2
44      For i = 2 * n - j To 2 * n + j Step 4
45        If j = 2 * n Then
46            OptionPrice(i, j) = Application.Max(X * (PRICES(i, j) - K), 0)
47        Else
48        Select Case Euro_Amer
49            Case Is = 1
50                OptionPrice(i, j) = Df * (p * OptionPrice(i - 2, j + 2) _
51                    + (1 - p) * OptionPrice(i + 2, j + 2))
52            Case Is = 2
53                OptionPrice(i, j) = Application.Max(X * (PRICES(i, j) - K), _
```

```
54              Df * (p * OptionPrice(i - 2, j + 2) + (1 - p) * OptionPrice(i + 2,
                   j + 2)))
55              If X * (PRICES(i, j) - K) > Df * (p * OptionPrice(i - 2, j + 2) + (1 - p) _
56                 * OptionPrice(i + 2, j + 2)) Then
57                  With Range("Start").Offset(i + 1, j).Interior
58                      .ThemeColor = xlThemeColorDark1
59                      .TintAndShade = -0.25
60                  End With
61              End If
62          End Select
63      End If
64   Next
65 Next
66 Op_price = OptionPrice(2 * n, 0)
67 Range("H3:H10") = Application.Transpose(Array(Op_price, dt, Gf, Df, u, d,
     p, 1 - p))
68 Sheets("期权定价模型").Range("Outputs") _
69    = Application.Transpose(Array(Op_price, dt, Gf, Df, u, d, p, 1 - p))
70 End Sub
```

标准树形图模型中向工作表输出计算结果的代码如下:

```
1  Sub TREE()
2    For j = 0 To 2 * n Step 2
3      For i = 0 + 2 * n - j To 0 + 2 * n + j Step 4
4        Range("Start").Offset(i, j) = PRICES(i, j)
5        Range("Start").Offset(i + 1, j) = OptionPrice(i, j)
6      Next i
7    Next j
8    Range("Start").Offset(-3, -1) = "i"
9    Range("Start").Offset(-2, -1) = "idt"
10   Range("Start").Offset(2 * n, -1).Value = "Stock"
11   If X = 1 Then
12     Range("Start").Offset(2 * n + 1, -1).Value = "Call"
13   Else
14     Range("Start").Offset(2 * n + 1, -1).Value = "Put"
15   End If
16   For i = 0 To 4 * n + 1
17     Range("Start").Offset(i, 2 * n + 2) = i
18   Next i
19   ActiveSheet.UsedRange.Rows.RowHeight = 12.75
20   ActiveSheet.UsedRange.ColumnWidth = 6
21   For j = 0 To 2 * n Step 2
22     Range("Start").Offset(-2, j) = T * j / (2 * n)
```

```
23      Range("Start").Offset(-3, j) = j/2
24      Range("Start").Offset(0, j + 1).ColumnWidth = 2
25   Next j
26   Range("Start").Select
27 End Sub
```

标准树形图中向树形图节点添加边框和箭头的代码如下:

```
1  Sub Border_Arrow()
2  Dim c As Variant
3  For Each c In Range(Range("Start").Offset(0, 0),_
4         Range("Start").Offset(4 * n + 1, 2 * n))
5     If WorksheetFunction.IsNumber(c) Then
6        c.BorderAround Weight: = xlThin
7        c.NumberFormat = "0.00_"
8     End If
9  Next c
10 Dim BX, BY, EX, EY
11 For j = 1 To 2 * n Step 2
12   For i = 1 + 2 * n - j To 1 + 2 * n + j Step 4
13     If j < 2 * n Then
14        BX = Columns(j + 2).Left
15        BY = Rows(i + 2 * n - 1 - j).TOP
16        EX = Columns(j + 3).Left
17        EY = Rows(i + 2 * n + 1 - j).TOP
18        With ActiveSheet.Shapes.AddLine(BX, BY, EX, EY)
19           With .Line
20              .ForeColor.SchemeColor = RGB(0, 0, 0)
21              .EndArrowheadStyle = 6
22              .EndArrowheadLength = msoArrowheadShort
23              .EndArrowheadWidth = msoArrowheadNarrow
24           End With
25              .TOP = i * 12.75 + 12.75 * 14 + 12.75/2
26              .Flip msoFlipVertical
27        End With
28        With ActiveSheet.Shapes.AddLine(BX, BY, EX, EY)
29           With .Line
30              .ForeColor.SchemeColor = RGB(0, 0, 0)
31              .EndArrowheadStyle = 6
32              .EndArrowheadLength = msoArrowheadShort
33              .EndArrowheadWidth = msoArrowheadNarrow
34              .BeginArrowheadStyle = 6
35              .BeginArrowheadLength = msoArrowheadShort
36              .BeginArrowheadWidth = msoArrowheadNarrow
```

```
37            End With
38               .TOP = i * 12.75 + 12.75 * 16 + 12.75/2
39         End With
40      End If
41   Next i
42 Next j
43 End Sub
```

标准树形图模型中调用各个子过程的代码如下:

```
1 Sub OPTIONTREE()
2    Call NewSheet
3    Call BinormOption
4    Call TREE
5    Call Border_Arrow
6 End Sub
```

计算二项式期权的代码如下:

```
1  Sub BinomOptionPrice()
2   Sheets("期权定价模型").Select
3   Range("Outputs").ClearContents
4   S = Range("S")
5   K = Range("K")
6   T = Range("T")
7   R = Range("_R")
8   q = Range("Div")
9   VOL = Range("VOL")
10  n = Range("n")
11  X = Range("X")
12  Euro_Amer = Range("Euro_Amer")
13  CRR_JR = Range("CRR_JR")
14  If X = 2 Then X = -1
15  Call_Put = X
16  dt = T/n
17  Gf = Exp((R - q) * dt)
18  Df = Exp(-R * dt)
19  If CRR_JR = 1 Then
20    u = Exp(VOL * Sqr(dt))
21    d = 1/u
22  Else
23    u = Exp((R - q - VOL^2/2) * dt + VOL * Sqr(dt))
24    d = Exp((R - q - VOL^2/2) * dt - VOL * Sqr(dt))
25  End If
26  p = (Gf - d)/(u - d)
```

```
27    ReDim Sprice(n, n)
28    ReDim OptionPrice(n, n)
29    For j = 0 To n
30      For i = 0 To j
31        Sprice(i, j) = u^(j - i) * d^(i) * S
32    Next i
33    Next j
34    For j = n To 0 Step - 1
35      For i = 0 To j
36        If j = n Then
37          OptionPrice(i, j) = Application.Max(X * (Sprice(i, n) - K), 0)
38        Else
39          Select Case Euro_Amer
40            Case Is = 1
41              OptionPrice(i, j) = (p * OptionPrice(i, j + 1) + _
42              (1 - p) * OptionPrice(i + 1, j + 1)) * Df
43            Case Is = 2
44              OptionPrice(i, j) = Application.Max(X * (Sprice(i, j) - K), _
45              (p * OptionPrice(i, j + 1) + (1 - p) * OptionPrice(i + 1, j + 1)) * Df)
46          End Select
47        End If
48    Next i
49    Next j
50    Op_price = OptionPrice(0, 0)
51    Sheets("期权定价模型").Range("Outputs") _
52    = Application.Transpose(Array(Op_price, dt, Gf, Df, u, d, p, 1 - p))
53    End Sub
```

参考书目

[1] J. Cox, S. Ross, M. Rubinstein, Option Pricing: A Simplified Approach, Journal of Financial Economics, 1979, Vol. 7, pp. 229—264.

[2] R. A. Jarrow, A. Rudd, Option Pricing, Richard D. Irwin, Englewood Cliffs, NJ, 1983.

[3] J. Hull, Options, Futures, and Other Derivatives, 7th edition, Person Education, 2009.

[4] 〔美〕苏瑞什·M.桑德瑞森:《固定收益证券市场及其衍生产品》(第2版),龙永红译,中国人民大学出版社2006年版。

[5] 〔美〕罗伯特·L.麦克唐纳:《衍生产品市场》,钱立译,中国人民大学出版社2006年版。

[6] 〔英〕沃特沙姆、帕拉莫尔:《金融数量方法》,陈工孟等译,上海人民出版社2004年版。

第十章 布朗运动和伊藤公式

随机过程是当代金融学最重要的数学基础之一,其中与金融衍生品定价关系最密切的是布朗运动和伊藤公式。下一章将要介绍的布莱克—斯科尔斯期权定价模型就以股票价格遵循几何布朗运动的假设为前提。本章以不严格的方式来解释布朗运动和伊藤公式,目的只是为了让非数学专业读者能更好地理解基于随机过程的金融学原理。近几十年来,出现了大量通俗的面向普通读者的随机过程和随机微积分读物,这是本章得以完成的前提。[①]

第一节 随机游走和布朗运动

一、资产价格运动和随机过程

金融资产的价值随时间而变化。然而,这种变化有确定性和不确定性两种。设 $V(0)$ 是资产的当前价值,r 是资产的年增值率,V 是资产在 t 年后的价值。在 r 确定的情况下,我们可以对资产价值 V 与时间的关系构建如下数学模型:

$$V = V(0)\,e^{rt} \tag{10.1}$$

假定 $V_0 = ¥100, r = 5\%, t = 1$,则 1 年后,$V$ 的值将确定地等于 ¥105.13。

然而,股票没有固定的收益率,其未来价值随时间而发生的变化具有随机性。因此,要对无确定收益率的金融资产未来价值建模,必须研究随机过程。事实上,上一章所考察的股票价格和期权价格的二项式运动就是一个随机过程。另外,即使是固定收益证券,如果我们打算在到期前将其出售,其未来市场价格进而未来回报在当前时间也是不确定的,因为决定其未来投资回报的利率运动是一个随机过程。

随机过程 X_t 是定义在结果空间 Ω 上的一组随机变量,是变量 $t \in T$ 和 $\omega \in \Omega$ 的函数。这里 t 是时间,ω 是随机结果。当 T 为可数集时,$X_t(\omega)$ 是离散时间的随机过程,而当 T 是一个实数区间时,$X_t(\omega)$ 为连续时间的随机过程。

相对于既定的时间 t,随机过程 X_t 是 ω 的函数。例如,设 R_t 是股票回报,t_0 为当前时间,则未来各期的股票回报 $R_t\,(t=1,2,\cdots,n)$ 是随机变量,其值由随机结果(未来各期股票收盘价)决定,即 $R_t = R_t(\omega)$。

相对于已知的试验结果,随机过程是时间的普通函数,该函数称为随机过程的实现(Realization)、轨迹(Trajectory)、样本轨道(Sample Path)或路径(Path)。例如,每天的股票回报 R_t 是一个随机过程,过去 250 天的股票回报序列既是股票价格过程的一次实现,又是时间的函数:每一确定的时间对应一个确定的股票价格。

在金融衍生品定价中,最受关注的随机过程是布朗运动。当花粉等微粒悬浮在水中时,会因为不断受到周围水分子的碰撞而四下游动。英国植物学家布朗首先观察到这一现象,

---

[①] 这些教科书包括:〔美〕布莱兹尼阿克等:《随机过程基础》(影印版),清华大学出版社 2009 年版;〔丹〕麦考斯基:《随机分析基础》,世界图书出版公司北京公司 2009 年版;〔美〕施瑞伍:《金融随机分析》(第 2 卷),世界图书出版公司北京公司 2007 年版;〔美〕罗斯:《应用随机过程:概率模型导论》(第 9 版),龚光鲁译,人民邮电出版社 2007 年版。

因此这一现象被命名为布朗运动。美国数学家维纳最早为布朗运动建立数学模型,因此布朗运动又称为维纳过程。

二、随机游走

我们通过构造布朗运动来研究布朗运动(Brownian Motion)。布朗运动是对称随机游走(Symmetric Random Walk)的极限形式,因此,构造布朗运动的最好方式是先构造一个对称随机游走,然后再通过求极限的方式来得到一个布朗运动。

考虑一个粒子或客体在实数轴上的运动。在每一个时间单位,该客体向左(L)或向右(R)移动一步,概率为 $P(\omega=L)=P(\omega=R)=0.5$。设

$$y_i = \begin{cases} 1, & \text{如果 } \omega = L \\ -1, & \text{如果 } \omega = R \end{cases} \tag{10.2}$$

并定义 $X_0=0$ 为客体的初始位置,则客体移动 n 步后的位置为:

$$X_n = \sum_{i=1}^{n} y_i, \quad n=1,2,\cdots \tag{10.3}$$

序列 $\{X_n, n \geq 0\}$ 即所谓"对称随机游走"。图 10-1 展示的是随机游走的一次实现:

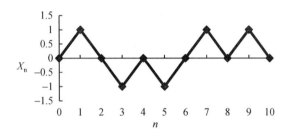

图 10-1 对称随机游走的一次实现

值得注意的是,这里的 $X_n - X_0 = X_n$ 是独立同分布的伯努利变量 $y_1, \cdots, y_n$ 的和,因而决定其值的大小的不是一个因素,而是 1 族随机变量。

在给定的时间内,随机游走可以通过增大 n 来加快。设 t 为时间,n 为对 t 的划分数,则粒子移动一步的时间是 $\Delta t = t/n$。如果 $t=10$,$n=10$ 或 500,则 $\Delta t = 1$ 或 0.02。然而,如果要保持随机变量的波动性不变,则我们应在缩短时间步长 Δt 的同时,相应缩小 X_n 的增量($\Delta x = y_i$)的值。固定 t,然后分别按 $1/k$ 和 $\sqrt{1/k}$ 的比例来缩放 Δx 和 Δt 的随机游走,被称为缩放随机游走(Scaled Random Walk)。这里的 k 称为缩放因子。假定 $\Delta t_1 = \Delta x_1 = 1$,$k=50$,则

$$\Delta t_{50} = 1/k = 1/50 = 0.02, \quad \Delta x_{500} = \sqrt{1/k} = \sqrt{1/50} = 0.1414$$

这表明,在缩放前,随机变量每隔 1 单位时间增加或减少 1 单位值。在游走速度加快 50 倍后,随机变量每隔 0.02 单位的时间增加或减少 0.1414 单位值。因为 $1/k$ 为时间增量,$\sqrt{1/k}$ 为随机变量增量,因此,$1/k$ 和 $\sqrt{1/k}$ 的关系暗含了 Δt 和 Δx 的关系,即 $\sqrt{\Delta t} = \Delta x$。图 10-2 展示了在将同一时间划分为 10 和 500 个区间时,随机游走的两次实现。

现在我们来考察随机游走 X_n 的期望值和方差。固定 $n = [t/\Delta t]$,其中 $[a]$ 表示 a 的正数部分,则在单步的对称随机游走中,有:

$$E(y_i) = 0.5 \times 1 + 0.5 \times (-1) = 0 \tag{10.4}$$

$$\text{Var}(y_i) = E(y_i^2) = 1 \tag{10.5}$$

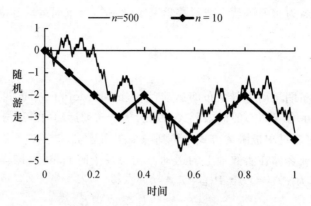

图 10-2 分区数 n 分别为 10 和 500 时随机游走的样本轨道

因为 y_i 是相互独立的，所以

$$E(X_n) = [E(y_1) + \cdots + E(y_n)] = 0 \tag{10.6}$$

$$\mathrm{Var}(X_n) = \sum_{i=1}^n E(y_i)^2 = \sum_{i=1}^n 1 = n \tag{10.7}$$

又因为 y_i 是 X_n 的增量，即 $\Delta x = y$，所以，由 $\Delta x = \sqrt{\Delta t}$，可推得：

$$\mathrm{Var}(y_i) = \Delta t \tag{10.8}$$

$$\mathrm{Var}(X_n) = n\Delta t = t \tag{10.9}$$

三、布朗运动

（一）定义

当 $n \to \infty$，从而 $\Delta t \to 0$ 时，随机游走趋近于布朗运动。具有以下特征的随机过程称为标准布朗运动 W_t 或维纳过程：

(1) $W_0 = 0$，即布朗运动的初值为 0；

(2) 有连续的样本轨道；

(3) 有平稳独立的增量，该增量均值为 0，方差为 Δt；

(4) 对于任何 $t > 0$，W_t 服从均值为 0、方差为 t 的正态分布。

布朗运动轨迹的一个重要性质是增量独立。即使时间区间的长度非常短，其两个相邻区间上的增量也是独立的。因此，布朗运动的路径非常不规则，几乎"处处不可微"（Nowhere Differentiable）。这意味着在布朗运动路径上几乎每一点上都有无数的直线与之相切。而连续可微函数的路径是光滑的，其中的每一点都只有一条直线与之相切。

具有漂移项 μt 的布朗运动

$$X_t = \mu t + \sigma W_t \quad t \geqslant 0 \tag{10.10}$$

称为漂移布朗运动，这里 μ 和 σ 为常数且 $\sigma > 0$。漂移布朗运动的自然指数形式为几何布朗运动：

$$X_t = e^{\mu t + \sigma W_t} \quad t \geqslant 0 \tag{10.11}$$

几何布朗运动服从对数正态分布而不是正态分布。我们在上一章讨论过对数正态随机股票价格，该价格过程就是一个几何布朗运动。

布朗运动具有马尔可夫属性。如果一个过程的未来状态仅仅依赖于其现在的状态，则称该过程为马尔可夫过程。布朗运动就是这样一个过程，或者说具有马尔可夫属性。设 t

为当前时间。如果我们想要知道一个布朗运动在 $t+1$ 时的状态,只需要知道其在 t 时的状态,而不需要去了解其过去的信息。

就金融而言,这意味着股票明天的价格只与其今天的价格有关,而与其过去几周、几个月的或几年的价格无关。

布朗运动还具有鞅属性,以下是布朗运动这一属性的说明。

(二)布朗运动的鞅属性

鞅(Martingale)原本为装备在马头上对马的运动进行控制的马具,在英文中含有公平赌博之意。简单地说,鞅在随机过程论中指一类随机过程,在这类随机过程中,随机变量下一期的期望值就是随机变量的当前值,在离散条件下即 $E(X_{n+1})=X_n$。下面是对鞅的简单说明。在此之前,我们先解释一些概率论中的相关概念。

在概率论中,试验的所有可能结果构成结果空间 Ω,其中的一些子集的集合称为 $\mathscr{F}$ 类。$\mathscr{F}$ 是一个 σ 域(σ field)或 σ 代数(σ algebra),具有以下属性:

(1) 空集 $\varnothing$ 属于 $\mathscr{F}$;
(2) 如果 A 属于 $\mathscr{F}$,则 A 的补集 A^c 也属于 $\mathscr{F}$;
(3) 如果 $A_1, A_2, \cdots$ 属于 $\mathscr{F}$,它们的并 $A_1 \cup A_2 \cup \cdots$ 也属于 $\mathscr{F}$。

因为 $\mathscr{F}$ 是事件的集合,所以,在一个试验序列中,新的事件会随着试验的进行不断发生,导致随机变量不断变化,同时导致新的 $\mathscr{F}$ 或 σ 域产生,如 $\mathscr{F}_1, \mathscr{F}_2, \cdots$,等等。

现在我们用二项式随机股价运动来说明以上概念。[①] 我们把股价的连续变化看作一个连续试验序列,连续试验的所有可能结果构成结果空间,A 为股票价格 n 次变动中出现 k 次上升的事件,$k=0,1,\cdots,n$。在二项式模型下,股价的一次变动产生股价上升 u 和下降 d 两个可能的结果,且两个结果发生的概率相同。

在股价变动 1 次前,σ 域由 $\varnothing$ 和 Ω 构成,因此 $\mathscr{F}_0=\{\varnothing,\Omega\}$。随后股价发生一次变动,这一变动有 u 和 d 两个可能结果,分别属于 $A_1=\{u\}$ 和 $A_2=\{d\}$ 两个事件。因为

$$A_1^c = A_2, \quad A_1 \cup A_2 = \Omega$$

所以,由一次股价变动生成的 σ 域为:

$$\mathscr{F}_1 = \{\varnothing, \Omega, A_1, A_2\}$$

股价发生连续两次变化后,产生四个新的原子集:

$$A_3 = \{uu\}, \quad A_4 = \{ud\}, \quad A_5 = \{du\}, \quad A_6 = \{dd\}$$

同样,4 个原子集发生的概率相同,均为 1/4(0.25)。其 4 个补集为:

$$A_3^c, \quad A_4^c, \quad A_5^c, \quad A_6^c$$

4 个并集为:

$$A_2 \cup A_3, \quad A_3 \cup A_4, \quad A_4 \cup A_5, \quad A_5 \cup A_2$$

这些子集加上 $\mathscr{F}_1$ 的集,生成一个新的 σ 域,即 $\mathscr{F}_2$:

$$\mathscr{F}_2 = \{\varnothing, \Omega, A_1, \cdots, A_6, \quad A_2^c, \cdots, A_6^c, \quad A_2 \cup A_3, \cdots, A_5 \cup A_2\}$$

股价连续 3 次运动,产生 8 个概率均为 1/8(0.125)的原子集:

$$A_7 = \{uuu\}, \quad A_8 = \{uud\}, \quad \cdots, \quad A_{14} = \{ddd\}$$

以及它们的补集和并集。这些子集和 $\mathscr{F}_2$ 中的集一起,又生成一个 σ 域,即 $\mathscr{F}_3$。

股票的无限变动将在 Ω 上生成无限多个 σ 域:$\mathscr{F}_1, \mathscr{F}_2, \cdots$,我们把同一 Ω 上 σ 域的集合

---

① 参见〔美〕施瑞伍:《金融随机分析》(第 2 卷),世界图书出版公司北京公司 2007 年版,第 4—6 页。

$$\mathcal{F}_1 \subset \mathcal{F}_2 \subset \cdots \mathcal{F}$$

称为滤波(Filtration)。滤波在物理学上指过滤掉噪音的信号。在随机过程中,按照布莱兹尼阿克和扎斯塔尼阿克的说法:"$\mathcal{F}_n$代表了我们在时间n时的知识。它包含了n时的所有事件A,从而使我们有可能在此时做出A是否已经发生的结论。随着n的不断增加,事件A会越来越多,代表我们知识的$\mathcal{F}_n$也会越来越大。"①。

总之,随机过程中的"Filtration"是不断积累的信息流或累积信息,代表我们从过去到现在已经获得的知识。我们对一个过程的知识越多,对该过程未来变化的预测就越准确,未来的不确定性就越小。

设$\mathcal{F}_1,\mathcal{F}_2,\cdots,\mathcal{F}_n$是股票价格的$n$次变化,$\mathcal{F}_n$是由$\mathcal{F}_1,\mathcal{F}_2,\cdots,\mathcal{F}_n$生成的$\sigma$域:

$$\mathcal{F}_n = \sigma(\mathcal{F}_1,\cdots,\mathcal{F}_n)$$

而A是股票4次变化至少上升3次这一事件。当$n=4$或$n=5$时,进而滤波为$\mathcal{F}_4$或$\mathcal{F}_5$时,我们可以确切地知道A是否已经发生,因此,A属于$\mathcal{F}_4$和$\mathcal{F}_5$。当$n=3$而滤波为$\mathcal{F}_3$时,如果股价变动结果为:$\{u,u,d\}$,我们不能确定A是否会发生,因而$A \notin \mathcal{F}_3$。如果股价连续3次变动的结果是:$\{u,u,u\}$,我们可以确定A将发生。但我们不能据此认为A属于$\mathcal{F}_3$,因为$\mathcal{F}_3$中不存在由4次连续试验生成的事件或子集。

在连续时间下,如果$\mathcal{F}_t=\sigma(X_t,t \geqslant 0)$是由$X_t$生成的$\sigma$域,则我们说$X_t$是适应滤波$(\mathcal{F}_t,t \geqslant 0)$的。这里的所谓适应(be adapted to, adaptedness)是指滤波$\mathcal{F}_t$中包含了足够多的信息来预期X_t下一阶段的变化。

在离散时间下,如果$\mathcal{F}_n=\sigma(X_1,\cdots,X_n)$是由随机变量序列$X_1,\cdots,X_n$生成的$\sigma$域,则我们说$X_1,\cdots,X_n$是适应于滤波$\mathcal{F}_1,\mathcal{F}_2,\cdots,\mathcal{F}_n$的。

要而言之,σ域或$\mathcal{F}$类是由一系列试验生成的随机结果集的集合。随着试验的不断进行和试验结果的不断产生,随机过程的轨道不断延长,我们对随机过程结构的认识也不断增加。我们因此可以根据已知随机试验结果提供的信息,来确定随机变量在下一阶段的期望值。

例如,在二项式股价模型中,我们把股票价格运动看作是一个纯粹的自然过程或物理过程,股价按照固定的参数发生随机的演变,所以,在二项式模型下,虽然我们不能确定股价未来是上升还是下降,但是知道其上升或下降的概率和一次涨跌的幅度。因此,在股价的每次变动前,我们已经知道股价变化的所有可能结果和股票的所有可能价值。

在股价变动一次前,我们没有任何的信息来确定哪一个结果不会发生,因此,我们不能从u和d这两个结果中排出或"滤掉"任何一个可能的结果,未来的不确定性为100%。股价的第2次变化有4个可能的结果和对应的4个可能的股价:

$$uu, ud, du, dd, uuS, udS, duS, ddS$$

假定股票价格S的第1次变化为上升。在S已上涨1次条件下,我们有更多的信息来预期S未来的变化,我们可以确定第2次变化的所有可能结果中,dd肯定不会发生,从而可以将其从不确定事件集中滤掉,未来的不确定性因此从1减少到3/4。总之,如果X_t和$\mathcal{F}_s$独立,则$\mathcal{F}_s$为我们预测X在时间t时的值提供了信息。

一个随机过程,如果具有下面属性:

(1) $E|X_t|<\infty$,对所有的$t \geqslant 0$;

---

① 〔美〕布莱兹尼阿克等:《随机过程基础》(影印版),清华大学出版社2009年版,第47页。

(2) X 适应于 $\mathscr{F}_s$；

(3) $E(X_t|\mathscr{F}_s)=X_s$，对所有的 $0 \leqslant s \leqslant t$。 (10.12)

则称该过程为对应滤波 $\mathscr{F}_t$ 的鞅，其中 $E(X_t|\mathscr{F}_s)=X_s$ 是一般条件期望。在离散时间下，用序列 $X_1,\cdots,X_n$ 来代替滤波 $\mathscr{F}_n$，则随机过程的一般条件期望为：

$$E(X_{n+1} \mid X_1,\cdots X_n) = X_n, \text{对所有 } n = 1,2,\cdots,n \quad (10.13)$$

显然，前面介绍的对称随机游走是一个鞅。一个对称随机游走为：

$$X_n = y_1 + y_2 + \cdots + y_n$$

两边取期望：

$$E(\mid X_n \mid) = E(\mid y_1 + y_2 + \cdots + y_n \mid)$$
$$\leqslant E(\mid y_1 \mid) + \cdots + E(\mid y_n \mid) < \infty$$
$$E(X_{n+1} \mid \mathscr{F}_n) = E(y_{n+1} \mid \mathscr{F}_n) + E(X_n \mid \mathscr{F}_n)$$
$$= E(y_{n+1}) + X_n = X_n$$

上式成立的原因：(1) y_{n+1} 与 $\mathscr{F}_n$ 独立，X_n 在 n 时是已知的；(2) y 的期望值为 0。同样，布朗运动也是一个鞅过程。设 W_t 是一个布朗运动，对任何的 $0 \leqslant s \leqslant t$，有：

$$E(W_t \mid \mathscr{F}_s) = E(W_t - W_s \mid \mathscr{F}_s) + E(W_s \mid \mathscr{F}_s)$$
$$= E(W_t - W_s) + W_s = W_s$$

其中，$W_t - W_s$ 是布朗运动的增量，其期望值为 0，而在时间 s，W_s 是已知的，因此，布朗运动在时间 t 的期望值就是布朗运动的当前值，这证明布朗运动具有鞅属性。

（三）布朗运动的二次变差

二次变差（Quadratic Variation）是理解随机积分的一个关键概念。所谓二次变差是指随机变量或随机过程 X_t 的增量平方和的极限：

$$V_T^2 = \lim_{n\to\infty}\sum_{i=0}^{n-1} \mid X_{t_{i+1}} - X_{t_i} \mid^2 \quad (10.14)$$

其中，$0=t_0<t_1<\cdots<t_n=T$，是区间 $[0,T]$ 上的一个分区。

一个以时间为参数的普通可微函数，在时间区间 $[0,T]$ 内，当 $[0,T]$ 的分区数 n 趋于无穷大时，其二次变差趋于 0。例如，$X_t = t$ 是连续可微函数，其增量为：

$$\Delta X_t = \Delta t = T/n$$

其增量平方和的极限为：

$$\lim_{n\to\infty}\sum_{i=1}^{n}(\Delta t)^2 = \sum_{i=1}^{n}\left(\frac{T}{n}\right)^2 = n\left(\frac{T}{n}\right)^2 = n\frac{T^2}{n^2} = \frac{T^2}{n} \to 0$$

令 $0=t_0<t_1<\cdots<t_n=T$，是区间 $[0,T]$ 上的一个分区。定义

$$\Delta_i W = W_{t_{i+1}} - W_{t_i}$$

为对应分区的布朗运动的增量。布朗运动的一个显著特征是其样本轨道增量平方和（二次变差）几乎必然地（a.s.）收敛于 T，即

$$\lim_{n\to\infty}\sum_{i=0}^{n-1}(\Delta_i W)^2 = T \quad (10.15)$$

术语"几乎必然（almost surely）收敛"指除了概率为 0 的轨道外，所有其他轨道都以 1 的概率收敛。

我们可以通过证明布朗运动二次变差的方差为 0 来证明其二次变差收敛于 T。一个变量的增量平方的方差为 $\text{Var}(\Delta x^2)$。如果布朗运动二次变差的方差收敛于 0，则表明其二次

变差收敛于 T(这称为"均方收敛")。[①]

因为 $\Delta_i W$ 是参数为 $[0, \sqrt{\Delta t}]$ 的正态变量,所以,当 $n \to \infty$,有

$$E\left(\left[\sum_{i=0}^{n-1}(\Delta_i W)^2 - T\right]^2\right) = \sum_{i=0}^{n-1} E\left(\left[(\Delta_i W)^2 - \Delta t\right]^2\right)$$

$$= \sum_{i=0}^{n-1}(E[(\Delta_i W)^4] - 2E[(\Delta_i W)^2]\Delta t + (\Delta t)^2)$$

$$= \sum_{i=0}^{n-1}[3(\Delta t)^2 - 2(\Delta t)^2 + (\Delta t)^2]$$

$$= \sum_{i=0}^{n-1} 2(\Delta t)^2 = 2n\left(\frac{T}{n}\right)^2 = \frac{2T^2}{n} \to 0 \quad (10.16)$$

上式第 3 个等式成立是因为存在如下关系:

$$E(\Delta_i W)^1 = E(z\sqrt{\Delta t}) = 0$$

$$E[(\Delta_i W)^2] = E[(z\sqrt{\Delta t})^2] = \Delta t$$

$$E[(\Delta_i W)^4] = E[(z\sqrt{\Delta t})^4] = E(z)^4(\sqrt{\Delta t})^4 = 3(\Delta t)^2$$

以上分析表明,对布朗运动,有:

$$\lim_{n \to \infty} \sum_{i=0}^{n-1}(\Delta_i W)^2 = \int_0^T dW_t^2 = \int_0^T dt = T \quad (10.17)$$

其等价的"微分"形式为:

$$dW_t^2 = dt$$

在离散情况下为:

$$(\Delta_i W)^2 = \Delta t$$

第二节 伊藤积分和伊藤公式

一、伊藤积分

如果一个随机过程具有连续轨道,且能表示为如下形式:

$$x_T = x_0 + \int_0^T \mu(t)ds + \int_0^T \sigma(t) drW_t \quad (10.18)$$

则称该过程为伊藤过程。伊藤过程的两个参数 μ 和 σ 都是 t 的函数。不考虑 t,μ 称为漂移系数,σ 称为扩散系数。方程(10.18)中右边的第二个积分即所谓的"扩散过程"。

除了带跳跃的过程,几乎所有随机过程都可看作是伊藤过程。如果 μ 为常数,$\sigma = 0$,则方程(10.18)变为一个确定过程:

$$x_T = x_0 + \int_0^T \mu dt = x_0 + \mu T$$

如果设 $\mu = 0, \sigma = 1$,则方程(10.18)转化为一个维纳过程或布朗运动:

$$W_T = W_0 + \int_0^T dW_t$$

[①] 参见〔美〕布莱兹尼阿克、扎斯塔尼阿克:《随机过程基础》(影印版),清华大学出版社 2009 年版,第 174 页。

我们可以把方程(10.18)写成如下的"随机微分方程"的解：

$$dx_t = \mu(t)dt + \sigma(t)dW_t \tag{10.19}$$

然而，随机微分方程的说法并不正确。实际上式(10.19)只是方程(10.18)的简化形式。与随机积分不同，随机微分没有严密的数学意义。因此，随机过程是随机积分方程的解，而不是"随机微分方程"的解。在含义已经明确的情况下，我们可以说式(10.19)与式(10.18)等价，也可以说前者是后者的一个解。

方程(10.18)右边第一个积分是普通的黎曼积分，第二个积分是伊藤积分。普通积分是黎曼和的极限：

$$\int_0^T f(t)dt = \lim_{\Delta t \to 0} \sum_{i=0}^{n-1} f(t_i)\Delta t_i \tag{10.20}$$

同样，伊藤积分可以定义为：

$$\int_0^T f(t)dW_t = \lim_{n \to \infty} \sum_{i=0}^{n-1} f(t_i)\Delta_i W \tag{10.21}$$

伊藤积分与黎曼积分的一个显著区别是：在黎曼和中，自变量 x 的样本点 t_k 可以是 x 轴子区间 $[t_i, t_{i+1}]$ 中的任意一点，而在伊藤积分中，样本点只能是 $[t_i, t_{i+1}]$ 中的左端点。这是因为随机过程的二次变差不等于0，左右端点的不同选择会带来不同的结果。

令 $0 = t_0 < t_1 < \cdots < t_n = T$ 是时间区间 $[0, T]$ 的分区。我们下面证明，在随机情况下，有：

$$\lim_{n \to \infty} \sum_{i=0}^{n-1} W(t_i)[W(t_{i+1}) - W(t_i)] = \frac{1}{2}W(T)^2 - \frac{1}{2}T \tag{10.22}$$

$$\lim_{n \to \infty} \sum_{i=0}^{n-1} W(t_{i+1})[W(t_{i+1}) - W(t_i)] = \frac{1}{2}W(T)^2 + \frac{1}{2}T \tag{10.23}$$

首先，设

$$a = \sum_{i=0}^{n-1} W(t_i)[W(t_{i+1}) - W(t_i)], \quad b = \sum_{i=0}^{n-1} W(t_{i+1})[W(t_{i+1}) - W(t_i)]$$

因为

$$2a = (a+b) + (a-b), \quad a = 0.5(a+b) + 0.5(a-b)$$
$$2b = (a+b) - (a-b), \quad b = 0.5(a+b) - 0.5(a-b)$$

所以，我们现在需要证明：

$$0.5(a+b) + 0.5(a-b) \neq 0.5(a+b) - 0.5(a-b)$$

其次，计算 $a+b$ 和 $a-b$：

$$a + b = \sum_{i=0}^{n-1} W(t_i)[W(t_{i+1}) - W(t_i)] + \sum_{i=0}^{n-1} W(t_{i+1})[W(t_{i+1}) - W(t_i)]$$

$$= \sum_{i=0}^{n-1} [W(t_i)W(t_{i+1}) - W(t_i)^2 + W(t_{i+1})^2 - W(t_{i+1})W(t_i)]$$

$$= \sum_{i=0}^{n-1} [W(t_{i+1})^2 - W(t_i)^2] = W(T)^2$$

$$a - b = \sum_{i=0}^{n-1} W(t_i)[W(t_{i+1}) - W(t_i)] - \sum_{i=0}^{n-1} W(t_{i+1})[W(t_{i+1}) - W(t_i)]$$

$$= \sum_{i=0}^{n-1} [W(t_i)W(t_{i+1}) - W(t_i)^2 - W(t_{i+1})^2 + W(t_{i+1})W(t_i)]$$

$$= -\sum_{i=0}^{n-1}[W(t_{i+1})^2 - 2W(t_{i+1})W(t_i) + W(t_i)^2]$$

$$= -\sum_{i=0}^{n-1}[W(t_{i+1}) - W(t_i)]^2$$

最后，再从 $(a+b)$ 和 $(a-b)$ 中解出 a 和 b：

$$a = \sum_{i=0}^{n-1} W(t_i)[W(t_{i+1}) - W(t_i)] = \frac{1}{2}W(T)^2 - \frac{1}{2}\sum_{i=0}^{n-1}[W(t_{i+1}) - W(t_i)]^2$$

$$b = \sum_{i=0}^{n-1} W(t_{i+1})[W(t_{i+1}) - (W(t_i)] = \frac{1}{2}W(T)^2 + \frac{1}{2}\sum_{i=0}^{n-1}[W(t_{i+1}) - W(t_i)]^2$$

又因为

$$\lim_{n\to\infty}\sum_{i=0}^{n-1}[W(t_{i+1}) - W(t_i)]^2 = T$$

所以，

$$\lim_{n\to\infty}\sum_{i=0}^{n-1} W(t_i)[W(t_{i+1}) - W(t_i)] = \frac{1}{2}W(T)^2 - \frac{1}{2}T$$

$$\lim_{n\to\infty}\sum_{i=0}^{n-1} W(t_{i+1})[W(t_{i+1}) - (W(t_i)] = \frac{1}{2}W(T)^2 + \frac{1}{2}T$$

可见，对伊藤积分来说，选择 x 轴上小区间 $[a, b]$ 中的不同点，会有不同的结果。在伊藤积分中，我们只能选择 $[a, b]$ 区间中的左端点，这与伊藤积分是依概率收敛有关。对伊藤积分，有：

$$\lim_{n\to\infty}\sum_{i=0}^{n-1} W(t_i)[W(t_{i+1}) - W(t_i)] = \int_0^T W(t) \mathrm{d}W(t) = \frac{1}{2}W(T)^2 - \frac{1}{2}T \quad (10.24)$$

而对于黎曼积分，则有：

$$\lim_{\Delta t\to 0}\sum_{i=0}^{n-1} f(t_i)\Delta t_i = \int_0^T x(t)\mathrm{d}x(t) = \frac{1}{2}x(T)^2$$

二、伊藤公式

随机微积分的一个重要运算法则是伊藤公式（Ito's Formula），该公式由日本数学家伊藤于1944年建立。下面我们首先推导以简单布朗运动为被积函数的伊藤公式。

假定 f 是一个可微函数，有直到二阶的偏导数，W_t 是一个布朗运动。定义

$$\mathrm{d}f(W_t) = f(W_t) - f(W_{t-1})$$

则函数 f 的 2 阶泰勒展开式为：

$$\mathrm{d}f(W_t) = f'(W_t)\mathrm{d}W_t + \frac{1}{2}f''(W_t)(\mathrm{d}W_t)^2$$

因为 $(\mathrm{d}W_t)^2 \approx \mathrm{d}t$，所以，上式可以写为：

$$\mathrm{d}f(W_t) = f'(W_t)\mathrm{d}W_t + \frac{1}{2}f''(W_t)\mathrm{d}t \quad (10.25)$$

这就是简单伊藤公式的微分形式。两端积分，即得简单伊藤公式的积分形式：

$$f(W_t) - f(W_0) = \int_0^T f'(W_t)\mathrm{d}W_t + \int_0^T \frac{1}{2}f''(W_t)\mathrm{d}t \quad (10.26)$$

现在我们用一个例子来说明伊藤公式的应用。假定 x 是一个布朗运动，f 是一个可微

函数。设 $f(x)=x^2$,则有:
$$f'(x) = 2x, \quad f''(x) = 2$$
代入伊藤公式,有:
$$d(W_t^2) = f'(W_t)dW_t + \frac{1}{2}f''(W_t)dt$$
$$= 2W_t dW_t + dt$$
两端积分,因布朗运动的初值为零,所以,
$$(W_T)^2 = 2\int_0^T W_t dW_t + T$$
调整后得:
$$\int_0^T W_t dW_t = \frac{1}{2}(W_T)^2 - \frac{1}{2}T$$
这与上面直接按定义得出结果的方程(10.24)一致,但计算过程却大大简化了。

现在我们进行一般伊藤公式的推导。设 x_t 是一个伊藤过程:
$$x_T = x_0 + \int_0^T a_t dt + \int_0^T b_t dW_t$$
其简略形式为:
$$dx = a_t dt + b_t dW_t \tag{10.27}$$
再假定 $f(x_t,t)$ 是一个实值函数,对所有的 $t \geqslant 0$ 有直到二阶的连续偏导数。在这个意义上,我们说该函数是连续可微的。该函数的一个自变量 x_t 是伊藤过程。由泰勒级数的二阶展开式,有:
$$df = \frac{\partial f}{\partial x}dx + \frac{\partial f}{\partial t}dt + \frac{1}{2}\frac{\partial^2 f}{\partial x^2}dxdx + \frac{\partial^2 f}{\partial x \partial t}dxdt + \frac{1}{2}\frac{\partial^2 f}{\partial t^2}dtdt \tag{10.28}$$
将方程(10.27)带入方程(10.28)得到:
$$df = \frac{\partial f}{\partial x}(a_t dt + b_t dW_t) + \frac{\partial f}{\partial t}dt + \frac{1}{2}\frac{\partial^2 f}{\partial x^2}(a_t dt + b_t dW_t)(a_t dt + b_t dW_t)$$
$$+ \frac{\partial^2 f}{\partial x \partial t}(a_t dt + b_t dW_t)dt + \frac{1}{2}\frac{\partial^2 f}{\partial t^2}dtdt \tag{10.29}$$
使用如下的伊藤乘法表:
$$dtdW = 0, \quad dtdt = 0$$
$$dWdt = 0, \quad dWdW = dt$$
可将(10.29)式简化:
$$df = \frac{\partial f}{\partial x}a_t dt + \frac{\partial f}{\partial x}b_t dW_t + \frac{\partial f}{\partial t}dt + \frac{1}{2}\frac{\partial^2 f}{\partial x^2}b_t^2 dt$$
$$= \left(\frac{\partial f}{\partial t} + \frac{\partial f}{\partial x}a_t + \frac{1}{2}\frac{\partial^2 f}{\partial x^2}b_t^2\right)dt + \frac{\partial f}{\partial x}b_t dW_t \tag{10.30}$$
这就是一般伊藤公式。

三、股票价格过程

股票价格 S_t 被认为是一个几何布朗运动:
$$S_T = f(x_T) = S_0 e^{x_T} = S_0 e^{aT+bW_T} \tag{10.31}$$
其中,$x_T = aT + bW_T$ 是一个算术布朗运动。因为 $f(x) = S_0 e^x$,所以,

$$\frac{\partial f}{\partial x} = S_0 e^x = S_t, \frac{\partial^2 f}{\partial x^2} = S_0 e^x = S_t$$

应用伊藤公式：

$$dS_t = \left(\frac{\partial f}{\partial x}a + \frac{1}{2}\frac{\partial^2 f}{\partial x^2}b^2\right)dt + \frac{\partial f}{\partial x}bdW_t = \left(aS_t + \frac{1}{2}b^2 S_t\right)dt + bS_t dW_t$$

作调整，得：

$$\frac{dS_t}{S_t} = \left(a + \frac{1}{2}b^2\right)dt + bdW_t \tag{10.32}$$

两端积分，得：

$$\ln\frac{S_T}{S_0} = \left(a + \frac{1}{2}b^2\right)T + bW_t$$

设 $a = \mu S_T, b = \sigma S_T$，上式变为：

$$\ln\frac{S_T}{S_0} = \left(\mu S_T + \frac{1}{2}\sigma^2 S_T^2\right)T + \sigma S_T W_t$$

对 $f(x) = \ln S_T$，有：

$$\frac{\partial f}{\partial x} = \frac{1}{S_T}, \frac{\partial^2 f}{\partial x^2} = -\frac{1}{S_T^2}$$

应用伊藤公式：

$$d\ln S_t = \left(\frac{\partial f}{\partial x}a_t + \frac{1}{2}\frac{\partial^2 f}{\partial x^2}b_t^2\right)dt + \frac{\partial f}{\partial x}\sigma S_T dW_t$$

$$= \left(\frac{1}{S_T}\mu S_T - \frac{1}{S_T^2}\sigma^2 S_T^2\right)dt + \frac{1}{S_T}\sigma S_T dW_t$$

$$= \left(\mu - \frac{1}{2}\sigma^2\right)dt + \sigma dW_t \tag{10.33}$$

两端积分，得：

$$S_T = S_0 Exp\left(\mu T - \frac{1}{2}\sigma^2 T + \sigma W_T\right) \tag{10.34}$$

为了用数值方法或者说模拟方法来实现股票价格过程，我们把(10.34)改写为：

$$S_T = S_t Exp\left(\mu\tau - \frac{1}{2}\sigma^2\tau + \sigma dW_\tau\right), \tau = T - t$$

然后利用 $z = dW_\tau/\sqrt{\tau}$ 将 dW_τ 转化为标准正态变量与时间平方根的乘积，由此得：

$$S_T = S_t Exp\left(\mu\tau - \frac{1}{2}\sigma^2\tau + \sigma z\sqrt{\tau}\right) \tag{10.35}$$

上式的离散形式为：

$$S_{t+\Delta t} = S_t Exp\left[\left(\mu - \frac{1}{2}\sigma^2\right)\Delta t + \sigma z\sqrt{\Delta t}\right] \tag{10.36}$$

第三节 用 Excel 构造随机游走、布朗运动和股票价格过程

一、对称随机游走

首先，我们在工作簿"1001_随机游走"的"对称游走"工作表中构建了一个 10 步的对称随机游走模型，见图 10-3，其中的单元格公式见表 10-1。

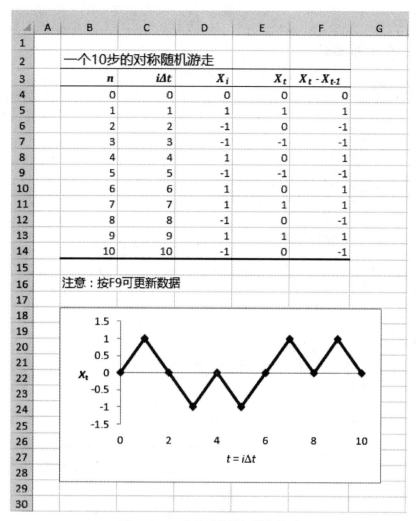

图 10-3 10 步的对称随机游走模型

表 10-1 图 10-3 中的单元格公式

单元格	变量	公式
D5	Xi	=IF(RAND()>0.5,1,-1)
E5	Xt	=SUM($D$5:D5)
F5	Xt-Xt-1	=E5-E4

然后我们又在该"1001_随机游走"工作簿的"缩放随机游走"工作表中将 10 步随机游走加快到 500 步。模型界面见图 10-4,公式见表 10-2。

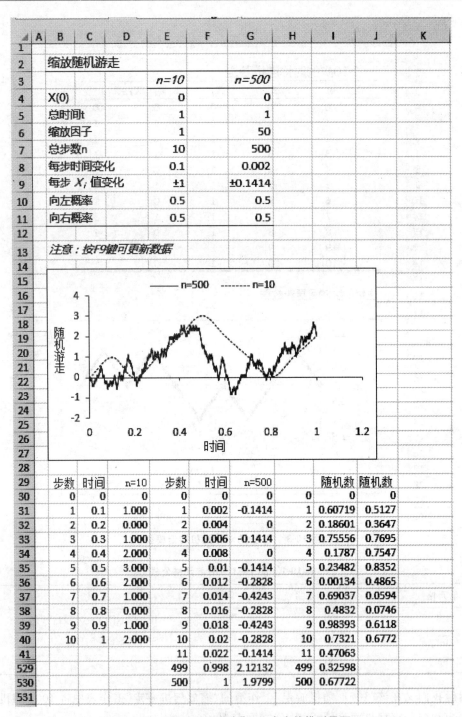

图 10-4 "缩放随机游走"工作表中的模型界面

表 10-2 "缩放随机游走"工作表中的单元格公式

E8	每步时间变化	=E5/E7
E9	每步 X_i 值变化	="±"&ROUND(1/SQRT(E6),4)
G7	总步数 n	=E7*G6
G8	每步时间变化	=$G$5/(G7)

(续表)

G9	每步 Xi 值变化	="±"&ROUND(1/SQRT(G6),4)
G10	向左概率	0.5
C31	时间	=＄E＄5＊(B31/＄E＄7)
D31	n=10	=D30+IF(J31＜=0.5,-1/SQRT(＄E＄6),1/SQRT(＄E＄6))
F31	时间	=＄G＄5＊(E31/＄G＄7)
G31	n=500	=G30+IF(I30＜=0.5,-1/SQRT(＄G＄6),1/SQRT(＄G＄6))
I31	随机数	=RAND()
J31	随机数	=VLOOKUP(B31＊＄G＄6,＄H＄31:＄I＄530,2,TRUE)

二、非对称随机游走

现在我们再用 Stampfli(2004)等人介绍的方法构造一个10步的随机游走,然后通过不断增大 n 来使其趋近布朗运动。模型见"1002_构造布朗运动"工作簿的"构造布朗运动"工作表(图10-5,图10-6,图10-7)。

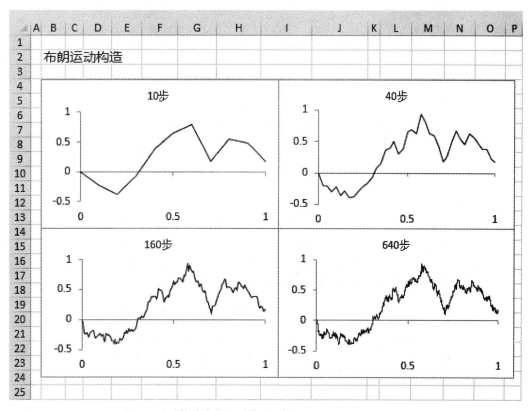

图 10-5 "构造布朗运动"工作表中不同速度的随机游走

假定我们将时间区间[0,T]划分为 n 个子区间,n=[T/Δt],则布朗运动可以表示为:

$$x_T = \sum_{i=1}^{n} z_i \sqrt{\Delta t} \tag{10.37}$$

其中,z 为标准正态变量。我们利用这一公式先在 Excel 中模拟一个10步的随机游走,然后,通过将[0,1]时间区间分割成越来越多的小区间来加快随机游走速度。为了使速度的加快建立在原有路径上，时间段数的增加只能通过在原有的 X_{i+1} 和 X_i 之间插入一个新的样本点 $X_{i+0.5}$ 来实现。计算新样本点公式是：

$$\frac{x_{i+1} + x_i}{2} + \frac{\varepsilon \sqrt{\Delta t}}{2} \tag{10.38}$$

其中 ε 是服从标准正态分布的随机数。

	A	B	C	D	E	F	G	H	I	J	K
27											
28	n	0/1	n	10	20	40	80	160	320	640	
29			dt	0.10	0.05	0.025	0.0125	0.00625	0.003125	0.0015625	
30	0	0		0	0	0	0	0	0	0	
31	1	1		0.1	0.05	0.025	0.0125	0.00625	0.003125	0.0015625	
32	2	0		0.2	0.1	0.05	0.025	0.0125	0.00625	0.003125	
33	3	1		0.3	0.15	0.075	0.0375	0.01875	0.009375	0.0046875	
34	4	0		0.4	0.2	0.1	0.05	0.025	0.0125	0.00625	
35	5	1		0.5	0.25	0.125	0.0625	0.03125	0.015625	0.0078125	
36	6	0		0.6	0.3	0.15	0.075	0.0375	0.01875	0.009375	
37	7	1		0.7	0.35	0.175	0.0875	0.04375	0.021875	0.0109375	
38	8	0		0.8	0.4	0.2	0.1	0.05	0.025	0.0125	
39	9	1		0.9	0.45	0.225	0.1125	0.05625	0.028125	0.0140625	
40	10	0		1	0.5	0.25	0.125	0.0625	0.03125	0.015625	
41	11	1			0.55	0.275	0.1375	0.06875	0.034375	0.0171875	
668	638	0								0.996875	
669	639	1								0.9984375	
670	640	0								1	
671											

图 10-6 "构造布朗运动"工作表中的时间模块

	K	L	M	N	O	P	Q	R	S
27									
28				随机游走					
29		10步	20步	40步	80步	160步	320步	640步	
30		0	0	0	0	0	0	0	
31		-0.3236	-0.0953	-0.0629	-0.1123	-0.0552	-0.044	0.00109	
32		-0.131	-0.3236	-0.0953	-0.0629	-0.1123	-0.0552	-0.044	
33		0.32774	-0.125	-0.3511	0.01237	-0.0462	-0.0694	-0.0678	
34		0.38873	-0.131	-0.3236	-0.0953	-0.0629	-0.1123	-0.0552	
35		0.31002	0.16582	-0.181	-0.1374	-0.0265	-0.0996	-0.0523	
36		0.13891	0.32774	-0.125	-0.3511	0.01237	-0.0462	-0.0694	
37		0.11809	0.4517	-0.1085	-0.3687	-0.0466	-0.0252	-0.0773	
38		0.28768	0.38873	-0.131	-0.3236	-0.0953	-0.0629	-0.1123	
39		0.58309	0.25225	0.16742	-0.3316	-0.1116	-0.0198	-0.0906	
40		0.35627	0.31002	0.16582	-0.181	-0.1374	-0.0265	-0.0996	
50			0.35627	0.31002	0.16582	-0.181	-0.1374	-0.0265	
70				0.35627	0.31002	0.16582	-0.181	-0.1374	
110					0.35627	0.31002	0.16582	-0.181	
190						0.35627	0.31002	0.16582	
350							0.35627	0.31002	
670								0.35627	
671									

图 10-7 "构造布朗运动"工作表中的随机变量模块

模型构建过程如下：

第 1 步,在 A30:A670 区域填充 1—640 的整数,在 B30 单元格键入公式:=MOD(A30,2),复制到 B30:B670 区域,生成一个 0/1 序列。

第 2 步,在 D30 键入公式:=IF($A30<=D$28,$A30/D$28,""),复制到 D30:J30 区域,生成 6 个时段序列,每个序列的时段数分别为 10、20、40、80、160、320 和 640。

第 3 步,在 L31 单元格键入公式:=L30+SQRT(D$29)*NORMSINV(RAND()),复制到 L31:L40 区域。

第 4 步,在 M31 单元格键入公式:IF($A31<=E$28,IF($B31=1,(M30+OFFSET(L32,-$A32*0.5,0))/2+(SQRT(E$29)/2)*NORMSINV(RAND()),OFFSET(L31,-$A31*0.5,0)),""),将其复制到 M31:R670 区域。注意公式的相对和绝对引用的方式。

我们可以按 F9 键来重算随机游走的轨道。

三、用 Excel 建立布朗运动和股票价格过程模型

布朗运动的 Excel 模型见图 10-8,建于工作簿"1003_布朗运动"的"布朗运动"工作表,其单元格公式见表 10-3。

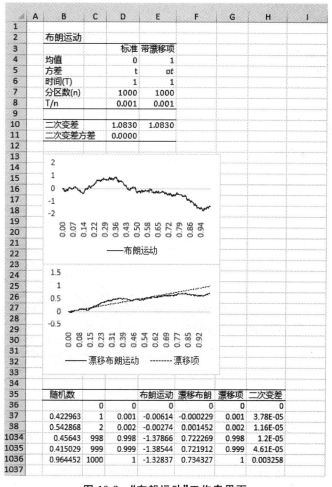

图 10-8 "布朗运动"工作表界面

表 10-3 "布朗运动"工作表中的单元格公式

单元格	变量	公式
D10	二次变差	=SUM((E36:E1035－E37:E1036)^2)
E10	二次变差	=SUMXMY2(E36:E1035,E37:E1036)
D11	二次变差方差	=VAR(H37:H1036)
B37	随机数	=RAND()
D37	时间	=C37*$C$37/$D$7
E37	布朗运动	=E36+NORM.INV(B37,0,SQRT($D$8))
F37	漂移布朗运动	=0.2*E37+G37
G37	漂移项	=G36+$E$4*($D$6/$D$7)
H37	二次变差	=(E37－E36)^2

我们用 Excel 公式构建的股票价格过程模型见图 10-9 和图 10-10,所用工作簿为"1004_股票价格过程模拟",工作表为"股票价格过程"。"股票价格过程"工作表的部分单元格公式见表 10-4。

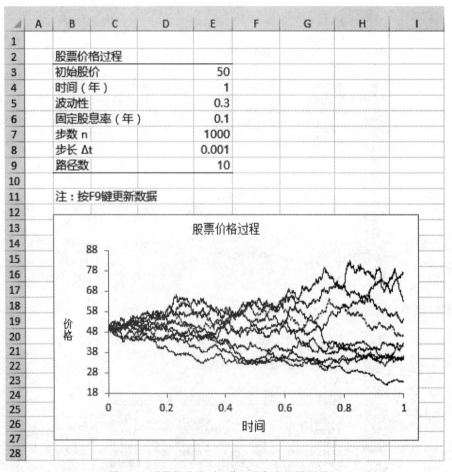

图 10-9 "股票价格过程"工作表中的模型界面

表 10-4　股票价格过程工作表中的单元格公式

单元格	变量	公式
$C$33	时间	=B33*$E$4/$E$7
$D$33	Path1	=D32*EXP(($E$6−0.5*$E$5^2)*$E$8+$E$5*SQRT($E$8)*NORMSINV(RAND()))

	B	C	D	E	F	G	H	I	J	K	L	M	N
29													
30		股票价格过程											
31	步数	时间	Path1	Path2	Path3	Path4	Path5	Path6	Path7	Path8	Path9	Path10	
32	0	0	50	50	50	50	50	50	50	50	50	50	
33	1	0.001	50.1	50.4	49.3	50.2	49.8	50.0	49.1	50.4	50.2	49.9	
34	2	0.002	50.1	50.3	50.0	49.6	49.4	49.6	48.4	50.4	50.8	50.6	
1030	998	0.998	34.8	76.9	23.8	35.5	42.0	34.5	63.9	41.3	53.7	47.0	
1031	999	0.999	35.0	76.7	23.8	35.9	42.5	34.3	63.0	41.4	54.7	46.5	
1032	1000	1	35.5	76.7	23.6	36.2	42.6	34.4	63.1	41.3	54.5	46.3	
1033													

图 10-10　"股票价格过程"工作表中的模拟数据集

四、用 Excel 和 VBA 构建随机价格过程

在"1005_随机游走－VBA"工作簿的"随机游走"和"股价随机游走"工作表中,我们使用 Excel 和 VBA 构建了两个随机游走模型。其中"随机游走"工作表中的模型界面见图 10-11,该工作表中命名单元格的名称和地址见表 10-5,代码见表 10-6。

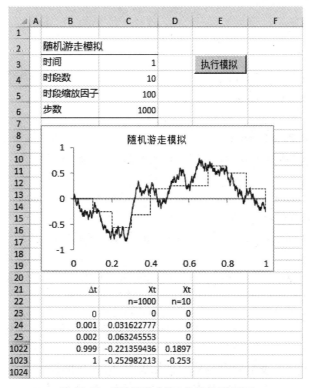

图 10-11　"随机游走"工作表模型界面

表 10-5 "随机游走"工作表中的命名单元格的名称和地址

Steps	=随机游走!＄B＄24
Xt	=随机游走!＄C＄24
步数	=随机游走!＄C＄6
时段	=随机游走!＄C＄4
时间	=随机游走!＄C＄3
缩放因子	=随机游走!＄C＄5

"随机游走"工作表中的 VBA 子过程如下:

```
1   Sub RandomWalk()
2     Range("Steps").Range(Cells(1, 1), Cells(10000, 3)).ClearContents
3     Dim T As Single, i As Integer, k As Integer, n As Integer, M As Integer, j As Integer
4     Dim X As Double, X1 As Double
5     T = Range("时间")
6     M = Range("时段")
7     k = Range("缩放因子")
8     n = M * k
9     X = 0
10    For i = 1 To n
11      If rnd>0.5 Then
12        X = X + T/Sqr(n)
13      Else
14        X = X - T/Sqr(n)
15      End If
16      Range("Steps").Cells(i) = i/n
17      Range("Xt").Cells(i) = X
18    Next
19    For i = 0 To n Step k
20      Range("Xt").Cells(i, 2) = Range("Xt").Cells(i)
21    Next
22    For i = 1 To n
23      If Range("Xt").Cells(i, 2) <> " " Then
24        Range("Xt").Cells(i, 2) = Range("Xt").Cells(i, 2)
25      Else
26        Range("Xt").Cells(i, 2) = Range("Xt").Cells(i-1, 2)
27      End If
28    Next
29  End Sub
```

"股价随机游走"工作表中的命名单元格见表 10-6,构建的模型见图 10-12。其中有 3 个子过程,前两个是"up"或"down"的发声子过程,后一个是模拟二项式随机价格游走的子过程。如果不想让模型发声,只需要将价格随机游走子过程中的第 31 行和第 32 行语句注释掉就行。

表 10-6 "股价随机游走"工作表中的命名单元格

d	＝股价随机游走！＄C＄10	u	＝股价随机游走！＄C＄9
dt	＝股价随机游走！＄C＄7	股价	＝股价随机游走！＄F＄5
n	＝股价随机游走！＄C＄6	股价均值	＝股价随机游走！＄F＄7
Output	＝股价随机游走！＄B＄27	时间	＝股价随机游走！＄F＄4
S	＝股价随机游走！＄C＄4	增量	＝股价随机游走！＄F＄6
Sigma	＝股价随机游走！＄C＄8	增量均值	＝股价随机游走！＄F＄8
T	＝股价随机游走！＄C＄5		

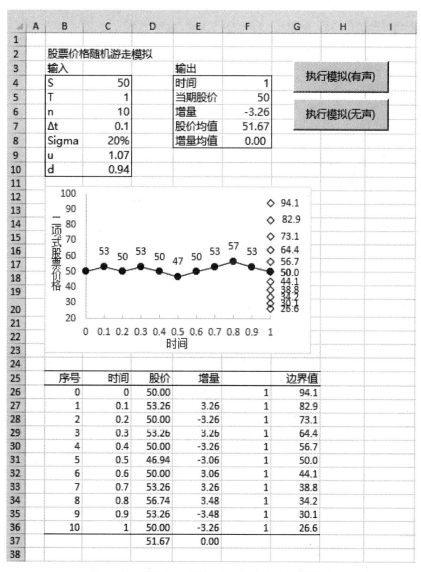

图 10-12 "股价随机游走"工作表中的模型界面

"股价随机游走"工作表中的 VBA 代码如下：

```
1   Sub STEPUP()
2       Application.Speech.Speak ("Up")
3   End Sub
1   Sub STEPDOWN()
2       Application.Speech.Speak ("Down")
3   End Sub
1   Sub PricesRandomWalk()
2       Dim S, T, n, dt, VOL, u, d, i, Mean, DMean
3       Dim Rng As Range
4       Set Rng = Range("output")
5       n = 10
6       Range("n") = n
7       Range(Rng(0, 1), Rng(n + 1, 6)).ClearContents
8       S = Range("S")
9       T = Range("T")
10      dt = Range("dt")
11      VOL = Range("Sigma")
12      u = Exp(VOL * Sqr(dt))
13      d = 1/u
14      [时间] = 0: [股价] = 0: [增量] = 0: [股价均值] = 0: [增量均值] = 0
15      For i = 0 To n
16          Rng(i, 1) = i
17          Rng(i, 2) = i/n
18          Rng(i, 5) = 1
19          Rng(i, 6) = S * u^(n - i) * d^i
20      Next
21      Rng(0, 3) = S
22      For i = 1 To n
23          [时间] = i/n
24          If rnd>0.5 Then S = S * u Else S = S * d
25          Rng(i, 3) = S
26          [股价] = S
27          Rng(n + 1, 3) = Rng(n + 1, 3) + S/n
28          Rng(i, 4) = Rng(i, 3) - Rng(i - 1, 3)
29          [增量] = Rng(i, 4)
30          Rng(n + 1, 4) = Rng(n + 1, 4) + Rng(i, 4)/n
31          Application.Wait Second(Now() + 1)
32          If Rng(i, 3)>Rng(i - 1, 3) Then STEPUP Else STEPDOWN
33      Next
34      [股价均值] = Rng.Cells(n + 1, 3)
35      [增量均值] = Rng.Cells(n + 1, 4)
36  End Sub
```

我们利用 VBA 程序来实现随机股票价格过程的模型界面见图 10-13 和图 10-14，工作簿为"1006_股票价格过程模拟-VBA"，工作表为"随机股票价格过程"。该工作表中命名单元格的名称和地址见表 10-7。

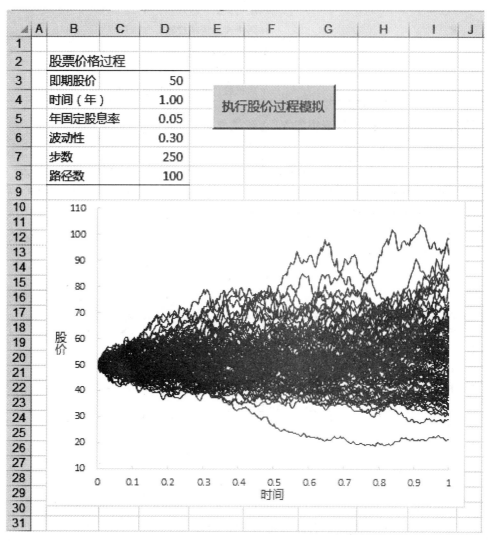

图 10-13　"随机股票价格过程"工作表中的模型界面

	A	B	C	CU	CV	CW	CX
46							
47		1	2	98	99	100	
48	0.000	50.00	50.00	50.00	50.00	50.00	
49	0.004	50.00	49.32	50.39	50.80	50.18	
50	0.008	48.83	49.21	52.13	52.77	51.07	
296	0.992	51.60	39.23	41.25	49.67	40.27	
297	0.996	50.55	39.34	41.12	48.49	39.24	
298	1.000	49.94	38.37	41.64	47.34	39.48	
299							

图 10-14　"随机股票价格过程"工作表中模型生成的随机股票价格集

表 10-7 "随机股票价格过程"工作表中的命名单元格

N	=随机股票价格过程!＄D＄7
output	=随机股票价格过程!＄A＄48
Paths	=随机股票价格过程!＄D＄8
R_	=随机股票价格过程!＄D＄5
S	=随机股票价格过程!＄D＄3
T	=随机股票价格过程!＄D＄4
VOL	=随机股票价格过程!＄D＄6

"随机股票价格过程"工作表中的 VBA 子过程如下：

```
1   Sub 股价模拟()
2   Dim x1 As Double, x2 As Double, u As Double, Nrnd1 As Double, Nrnd2 As Double
3   Range(Range("output").Offset(-1, 0), Cells(10000, 10000)).ClearContents
4   Application.ScreenUpdating = False
5   p = Range("S")
6   n = Range("N")
7   n = n + n Mod 2
8   m = Range("paths")
9   t = Range("T")
10  rf = Range("R_")
11  vol = Range("VOL")
12  dt = t/n
13  Range("N") = n
14  ReDim Price(0 To n, 1 To m) As Double
15  For i = 0 To n/2
16    For j = 1 To m
17      If i = 0 Then
18        Price(0, j) = p
19      Else
20        Nrnd1 = WorksheetFunction.NormSInv(Rnd)
21        Nrnd2 = WorksheetFunction.NormSInv(Rnd)
22        Price(2 * i - 1, j) = Price(2 * i - 2, j) * Exp((rf - vol * vol/2) * dt + vol * Sqr(dt) * Nrnd1)
23        Price(2 * i, j) = Price(2 * i - 1, j) * Exp((rf - vol * vol/2) * dt + vol * Sqr(dt) * Nrnd2)
24      End If
25    Next j
26  Next i
27  For i = 0 To n
28    For j = 1 To m
29      Range("output").Cells(0, j + 1) = j
30      Range("output").Cells(i + 1) = i * dt
```

```
31      Range("output").Cells(i + 1, j + 1) = Price(i, j)
32    Next j
33   Next i
34  "End Sub
```

参考书目

[1] Z. Brzeüniak, T. Zastawniak, Basic Stochastic Processes, 清华大学出版社 2009 年版。

[2] S. Shreve, Stochastic Calculus for Finance II: Continuous-Time Models, 世界图书出版公司北京公司 2004 年版。

[3] B. Øksendal, Stochastic Differential Equations, 6th edition, 世界图书出版公司北京公司 2006 年版。

[4] M. Mikosch, Elementary Stochastic Calculus with Finance in View, 世界图书出版公司北京公司 2009 年版。

[5] E. Jondeau, Ser-Huang Poon, M. Rockinger, Financial Modeling Under Non-Gaussian Distributions, Springer-Verlag London Limited, 2007.

[6] 〔美〕索尔:《数值分析》,吴兆金、王国英、范红军译,人民邮电出版社 2009 年版。

[7] 林元烈:《应用随机过程》,清华大学出版社 2002 年版。

[8] 〔美〕斯塔夫里、古德曼:《金融数学》,蔡明超译,机械工业出版社 2004 年版。

[9] J. Hull, Options, Futures, and Other Derivatives, 7th edition, Person Education, 2009.

[10] 〔英〕保罗·威尔莫特:《金融工程与风险管理技术》,刘立新等译,机械工业出版社 2009 年版。

[11] 〔美〕贝克:《衍生证券教程:理论和计算》,格致出版社、上海人民出版社 2009 年版。

第十一章 布莱克—斯科尔斯模型

这一章解释布莱克和斯科尔斯创立的期权定价模型及其在 Excel 中的构建问题。其中,第一节推导布莱克—斯科尔斯的期权定价偏微分方程(BS 方程)及其解的计算公式(BS 公式);第二节说明在布莱克—斯科尔斯方程中各自变量对期权价格的独立影响,以及期权价格中暗含的基础资产回报的波动性;第三节说明如何在 Excel 中构建布莱克—斯科尔斯模型,计算期权价格对各自变量的偏导数和发现期权价格的暗含波动性。

第一节 布莱克—斯科尔斯方程和公式

本节首先说明布莱克—斯科尔斯期权定价模型的"无套利定价"理念,然后说明如何从一个复制组合与期权价格的等价关系中导出布莱克—斯科尔斯期权价格方程,最后说明如何根据解该方程的终端条件推导出布莱克—斯科尔斯期权定价公式。

一、布莱克—斯科尔斯方程

(一)资产定价的无套利原则

布莱克(Black)和斯科尔斯(Scholes)于 1973 年创立的期权定价模型基于一个假定:资产价格必然反映其价值。这一假定的更常见说法是"资产定价应遵循无套利原则"。按照这一原则,如果两个资产有相同的风险和相同的现金流,那么,这两个资产就应该有相同的价格,否则,就会发生套利。投资者会卖空价值被高估的资产,买入价值被低估的资产,以获得一个套利收益。

例如,A 和 B 是两种有相同现金流的资产,两个资产 1 年后的付款都是 110 元。但是,A 资产当前的价格是 100 元,而 B 资产当前价格只有 90 元。这种价差可能反映了投资者对两个资产违约风险的看法,但是实际上这两个资产的风险可能是相同的。在"两者的风险其实相同"的判断下,一些投资者就会在当前做空 A 资产,即借入 A 资产再将其卖出,用所得资金购买 B 资产。不考虑交易费用,1 年后该投资者的无本金回报为:

投资收入: 110 元 + 10 元 × (1 + 无风险利率)

融资费用: 110 元

利润: 10 元 × (1 + 无风险利率)

然而,投资者的套利活动会推高 B 资产的当前价格,削弱甚至消除无本套利的空间。

(二)布莱克—斯科尔斯偏微分方程

按照无套利定价原则,如果我们复制一个与期权有相同风险和相同现金流的组合,则该组合的价值 Π_t 与期权价值 V_t 就应该相等,即有:

$$\Pi_t = V_t$$

设 S_t 是 1 单位股票的价格,而 Δ 是股票的数量,其取值范围为 $[0,1]$,也就是说,组合中的股票数不可能是负数,但也不会大于 1;B_t 是无风险银行借款,其利率是固定的,且与无风险存款 D_t 相同。现在我们用 Δ 份的股票和金额为 B_t 的无风险银行借款构造一个投资组合,

第十一章 布莱克—斯科尔斯模型

并使其与一个看涨期权等值：
$$V_t = \Delta S_t - B_t \tag{11.1}$$

因为 $D_t = -B_t$，所以式(11.1)也可以写成：
$$V_t = \Delta S_t + D_t \tag{11.2}$$

上式的"微分"形式为：
$$dV_t = \Delta\, dS_t + dD_t \tag{11.3}$$

其中等号右边第一项中的 S 为股票价格，dS_t 是一个伊藤过程：
$$dS_t = \mu S_t dt + \sigma S_t dW_t \tag{11.4}$$

而第二项 dD_t 则是时间的普通函数：
$$dD_t = r D_t dt \tag{11.5}$$

定义 $a = \mu S_t$，$b = \sigma S_t$，对期权价格 V_t 应用该伊藤公式：
$$df = \left(\frac{\partial f}{\partial t} + \frac{\partial f}{\partial x} a_t + \frac{1}{2}\frac{\partial^2 f}{\partial x^2} b_t^2\right)dt + \frac{\partial f}{\partial x} b_t dB_t$$

我们有：
$$dV_t = \left(\frac{\partial V}{\partial t} + \mu S_t \frac{\partial V}{\partial S} + \frac{1}{2}\sigma^2 S_t^2 \frac{\partial^2 V}{\partial S^2}\right)dt + \frac{\partial V}{\partial S}\sigma S_t dW_t$$

现在期权价值动态与复制组合之间的动态等价关系为：
$$\left(\frac{\partial V}{\partial t} + \mu S_t \frac{\partial V}{\partial S} + \frac{1}{2}\sigma^2 S_t^2 \frac{\partial^2 V}{\partial S^2}\right)dt + \frac{\partial V}{\partial S}\sigma S_t dW_t = \Delta\, dS_t + dD_t$$

代入 dD_t 和 dS_t 的表达式，得：
$$\begin{aligned}&\left(\frac{\partial V}{\partial t} + \mu S_t \frac{\partial V}{\partial S} + \frac{1}{2}\sigma^2 S_t^2 \frac{\partial^2 V}{\partial S^2}\right)dt + \frac{\partial V}{\partial S}\sigma S_t dW_t \\ &= \Delta(\mu S_t dt + \sigma S_t dW_t) + r D_t dt\end{aligned} \tag{11.6}$$

因为存款价值的变化是确定的，所以，现在要让等式两边的价值动态相等，只需要将等式右边的股价波动与等式左边期权价值的波动保持一致就可以了，这要求：
$$\Delta = \frac{\partial V}{\partial S} \tag{11.7}$$

即让股票数量 Δ 的变化与期权价值因股票价格而发生的变化保持一致，即进行所谓的"Delta 对冲"。这表明 BS 方程是对投资者行为建模的方程。在式(11.6)中用 $\partial V/\partial S$ 替换 Δ，我们得到：
$$\begin{aligned}&\left(\frac{\partial V}{\partial t} + \mu S_t \frac{\partial V}{\partial S} + \frac{1}{2}\sigma^2 S_t^2 \frac{\partial^2 V}{\partial S^2}\right)dt + \frac{\partial V}{\partial S}\sigma S_t dW_t \\ &= \mu S_t \frac{\partial V}{\partial S}dt + \frac{\partial V}{\partial S}\sigma S_t dW_t + r D_t dt\end{aligned}$$

整理后得：
$$\left(\frac{\partial V}{\partial t} + \frac{1}{2}\sigma^2 S_t^2 \frac{\partial^2 V}{\partial S^2}\right)dt = r D_t dt \tag{11.8}$$

方程(11.8)中已经不再有股票价格过程 S_t 和 dW，即不再有随机项，因而已经是确定性方程。由式(11.2)和(11.7)，我们有：
$$D_t = V_t - \frac{\partial V}{\partial S} S_t$$

代入式(11.8)，得：

$$\left(\frac{\partial V}{\partial t} + \frac{1}{2}\sigma^2 S_t^2 \frac{\partial^2 V}{\partial S^2}\right)dt = r\left(V_t - \frac{\partial V}{\partial S}S_t\right)dt$$

整理后得:

$$\frac{\partial V}{\partial t}\frac{1}{r} + \frac{1}{2r}\sigma^2 S_t^2 \frac{\partial^2 V}{\partial S^2} + \frac{\partial V}{\partial S}S_t - V_t = 0 \tag{11.9}$$

这就是著名的布莱克—斯科尔斯偏微分方程(Black-Scholes Partial Differential Equation, 简称 BS 方程)。

按照上面的假定,无风险存款等值于无风险借款,因此,方程(11.1)现在可以写为:

$$V_t = \frac{\partial V}{\partial S}S_t - B_t \tag{11.10}$$

式中的 $\partial V/\partial S$ 是期权价值变化与股票价值变化的比例关系。因为 V 和 S 都不可能是负数,所以这一比例始终非负。

解布莱克—斯科尔斯方程需要一些边界条件,对欧式看涨期权 c 和欧式看跌期权 p,最重要的边界条件(终端条件)是:

$$c_T = \max(S_T - K, 0)$$
$$p_T = \max(K - S_T, 0)$$

二、布莱克—斯科尔斯公式

前面推导出了布莱克和斯科尔斯的偏微分方程,即 BS 方程。解该方程的公式称为布莱克—斯科尔斯公式(Black-Scholes Formula),即 BS 公式。

设 S_0 为即期股票价格,K 为期权执行价,r 为无风险利率,q 为年度化股息率,σ 为股票回报波动性,T 为到期年数。则对欧式看涨期权 c 和看跌期权 p,BS 公式分别为:

$$c = e^{-qT}S_0 N(d_1) - K e^{-rT} N(d_2) \tag{11.11}$$
$$p = K e^{-rT} N(-d_2) - e^{-qT} S_0 N(-d_1) \tag{11.12}$$

其中,

$$N(z) = \Phi(z) = \frac{1}{\sqrt{2\pi}}\int_{-\infty}^{z} e^{-\frac{1}{2}x^2} dx$$

是标准正态分布函数,而 d_1 和 d_2 分别为:

$$d_1 = \frac{\ln(S_0/K) + \left(r - q + \frac{\sigma^2}{2}\right)T}{\sigma\sqrt{T}} \tag{11.13}$$

$$d_2 = \frac{\ln(S_0/K) + \left(r - q - \frac{\sigma^2}{2}\right)T}{\sigma\sqrt{T}} = d_1 - \sigma\sqrt{T} \tag{11.14}$$

以下我们使用金融数学的传统方法推导期权定价公式。[1]

一个看涨期权到期时的支付函数为:

$$c_T = \max(S_T - K, 0)$$

或

$$c_T = (S_T - K)^+$$

期权价格是其未来期望收益的现值,而在动态风险对冲的条件下,期权被看作无风险资

---

[1] 参见 Shreve(2007), Øksendal(2006), Musiela 和 Rutkowski(2007)。

产，因此，我们应该用无风险利率来对期权的期望收益贴现：

$$c = e^{-rT} E[(S_T - K)^+] \tag{11.15}$$

将股票价格过程

$$S_T = S_0 \text{Exp}\left(rT - qT - \frac{1}{2}\sigma^2 T + \sigma\sqrt{T}z\right)$$

代入式(11.15)，我们得到：

$$c = e^{-rT} E\left(\left[S_0 e^{rT - qT - \frac{\sigma^2}{2}T + \sigma\sqrt{T}z} - K\right]^+\right)$$

其中，q 为年度化股息率。因为一个标准正态变量的期望值为：

$$E(Z) = \int_{-\infty}^{\infty} x \frac{1}{\sqrt{2\pi}} e^{\frac{-x^2}{2}} dx$$

所以，对标准正态变量 z，期权期望值的现值表达式可以写为：

$$c = e^{-rT} \int_{-\infty}^{\infty} \left[S_0 e^{rT - qT - \frac{\sigma^2}{2}T + \sigma\sqrt{T}x} - K\right]^+ \frac{1}{\sqrt{2\pi}} e^{\frac{-x^2}{2}} dx \tag{11.16}$$

由上式可知，要使期权价值 c 为正数，必须有：

$$S_0 Exp\left(rT - qT - \frac{1}{2}\sigma^2 T + \sigma\sqrt{T}x\right) - K > 0$$

即必须有：

$$\text{Exp}\left(rT - qT - \frac{1}{2}\sigma^2 T + \sigma\sqrt{T}x\right) > \frac{K}{S_0}$$

$$\Rightarrow rT - qT \frac{1}{2}\sigma^2 T + \sigma\sqrt{T}x > \ln\left(\frac{K}{S_0}\right)$$

$$\Rightarrow x > a = \frac{\ln\left(\frac{K}{S_0}\right) - \left(r - q - \frac{1}{2}\sigma^2\right)T}{\sigma\sqrt{T}}$$

把 a 作为积分下限，式(11.16)变为：

$$c = \frac{1}{\sqrt{2\pi}} \int_a^{\infty} e^{-rT} \left[S_0 e^{\left(rT - qT - \frac{1}{2}\sigma^2 T + \sigma\sqrt{T}x\right)} - K\right] e^{\frac{-x^2}{2}} dx$$

将上式分为两个积分：

$$I_1 = \frac{1}{\sqrt{2\pi}} \int_a^{\infty} e^{-qT} S_0 e^{\left(-\frac{1}{2}\sigma^2 T + \sigma\sqrt{T}x\right)} e^{\frac{-x^2}{2}} dx$$

$$I_2 = -e^{-rT} K \frac{1}{\sqrt{2\pi}} \int_a^{\infty} e^{\frac{-x^2}{2}} dx = -e^{-rT} K N(-a)$$

第二个积分的第二个等式成立是因为标准正态分布具有对称性：

$$\frac{1}{\sqrt{2\pi}} \int_a^{\infty} e^{\frac{-x^2}{2}} dx = \frac{1}{\sqrt{2\pi}} \int_{-\infty}^{-a} e^{\frac{-x^2}{2}} dx$$

然后对第一个积分进行整理：

$$I_1 = \frac{1}{\sqrt{2\pi}} \int_a^{\infty} e^{-qT} S_0 \text{Exp}\left(-\frac{\sigma^2 \tau}{2} + \sigma\sqrt{\tau}x - \frac{x^2}{2}\right) dx$$

$$= \frac{1}{\sqrt{2\pi}} \int_a^{\infty} e^{-qT} S_0 \text{Exp}\left[-\frac{1}{2}\left(\sigma^2 \tau - 2\sigma\sqrt{\tau}x + x^2\right)\right] dx$$

$$= \frac{1}{\sqrt{2\pi}} \int_a^\infty \mathrm{e}^{-qT} S_0 \mathrm{Exp}\left[-\frac{1}{2}(x-\sigma\sqrt{\tau})^2\right]\mathrm{d}x$$

再进行变量代换：

$$y = x - \sigma\sqrt{T}$$

于是第一个积分变为：

$$I_1 = \frac{1}{\sqrt{2\pi}} \int_a^\infty \mathrm{e}^{-qT} S_0 \mathrm{e}^{\left[-\frac{1}{2}(x-\sigma\sqrt{T})^2\right]}\mathrm{d}x = \frac{1}{\sqrt{2\pi}} \int_{a-\sigma\sqrt{T}}^\infty \mathrm{e}^{-qT} S_0 \mathrm{e}^{\frac{-y^2}{2}}\mathrm{d}y$$

利用标准正态分布的对称性，有：

$$I_1 = \frac{1}{\sqrt{2\pi}} \int_{a-\sigma\sqrt{T}}^\infty \mathrm{e}^{-qT} S_0 \mathrm{e}^{\frac{-y^2}{2}}\mathrm{d}y = \mathrm{e}^{-qT} S_0 \frac{1}{\sqrt{2\pi}} \int_{-\infty}^{-a+\sigma\sqrt{T}} \mathrm{e}^{\frac{-y^2}{2}}\mathrm{d}y$$

设 $d_2 = -a$，则

$$I_1 = \mathrm{e}^{-qT} S_0 \frac{1}{\sqrt{2\pi}} \int_{-\infty}^{d_2+\sigma\sqrt{T}} \mathrm{e}^{\frac{-y^2}{2}}\mathrm{d}y = \mathrm{e}^{-qT} S_0 N(d_2 + \sigma\sqrt{T})$$

$$I_2 = -\mathrm{e}^{-rT} K N(-a) = -\mathrm{e}^{-rT} K N(d_2)$$

加总 I_1 和 I_2，得：

$$c = \mathrm{e}^{-qT} S_0 N(d_2 + \sigma\sqrt{T}) - \mathrm{e}^{-rT} K N(d_2)$$

其中，

$$d_2 = \frac{-\left[\ln\left(\frac{K}{S_0}\right) - \left(r - q - \frac{1}{2}\sigma^2\right)T\right]}{\sigma\sqrt{T}}$$

$$= \frac{\ln(S_0/K) + \left(r - q - \frac{1}{2}\sigma^2\right)T}{\sigma\sqrt{T}}$$

$$d_2 + \sigma\sqrt{T} = \frac{\ln(S_0/K) + \left(r - qT - \frac{1}{2}\sigma^2\right)T + \sigma^2 T}{\sigma\sqrt{T}}$$

$$= \frac{\ln(S_0/K) + \left(r - qT + \frac{1}{2}\sigma^2\right)T}{\sigma\sqrt{T}}$$

$$= d_1$$

由此得布莱克—斯科尔斯看涨期权公式：

$$c = \mathrm{e}^{-qT} S_0 N(d_1) - \mathrm{e}^{-rT} K N(d_2)$$

设 $q = $ 年度化股息率，为 0，则

$$d_1 = \frac{\ln(S_0/K) + \left(r + \frac{1}{2}\sigma^2\right)T}{\sigma\sqrt{T}}$$

$$d_2 = \frac{\ln(S_0/K) + \left(r - \frac{1}{2}\sigma^2\right)T}{\sigma\sqrt{T}}$$

期权价格为：

$$c = S_0 N(d_2 + \sigma\sqrt{T}) - \mathrm{e}^{-rT} K N(d_2) \tag{11.17}$$

$$p = K\mathrm{e}^{-rT}N(-d_2) - \mathrm{e}^{-qT}S_0N(-d_1) \tag{11.18}$$

第二节 希腊字母和暗含波动性

本节首先解释布莱克—斯科尔斯偏微分方程中,表示期权价值变动与股价、股票回报波动性、时间和利率变动关系的符号,即所谓的"希腊字母",然后再说明从期权价格中发现其中暗含的基础资产波动性的方法。

一、希腊字母

布莱克—斯科尔斯偏微分方程(11.19)

$$\frac{\partial V}{\partial t} + \frac{1}{2}\sigma^2 S_t^2 \frac{\partial^2 V}{\partial S^2} + \frac{\partial V}{\partial S}rS_t - rV_t = 0$$

可以写成如下形式:

$$\Theta + \Gamma\frac{1}{2}\sigma^2 S_t^2 + \Delta rS_t = rV_t \tag{11.19}$$

其中,Θ 和 Δ 这两个希腊字母分别表示期权价格对时间和股价变化的一阶偏导数,Γ 表示期权价格对股价变化的二阶偏导数。另外,式(11.19)中没有出现的希腊字母 ρ 和符号 Vega 分别表示期权价格对利率和波动性的偏导数。

在这些希腊字母或符号中,Delta(Δ)是期权价值相对于基础资产价格的变动率,相当于衡量债券价格利率敏感性的久期。在无股息时,其公式是:

$$\Delta_{\text{Call}} = \frac{\partial V}{\partial S} = N(d_1), \quad \Delta_{\text{Put}} = \frac{\partial V}{\partial S} = N(d_1) - 1$$

Delta 与基础资产价格的关系如图 11-1 所示:

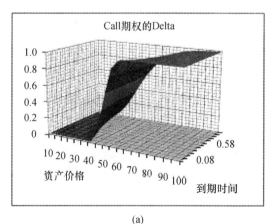
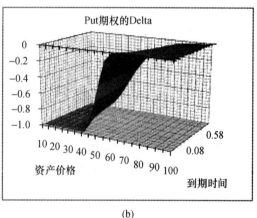

图 11-1 基础资产价格和到期时间变动对期权 Delta 的影响

Gamma(希腊字母 Γ)是期权的 Delta 对基础资产价格的变化率,衡量期权价格对基础资产价格敏感性的敏感性,是期权价格对基础资产价格的二阶偏导数。不论是看涨期权还是看跌期权,其 Gamma 的计算公式都是:

$$\Gamma = \frac{\partial^2 V}{\partial S^2} = \frac{N'(d_1)}{S_0\sigma\sqrt{T-1}}$$

其中，$N'(x)$ 是标准正态变量的密度函数。当基础资产价格变化时，Gamma 的变化如图 11-2 所示：

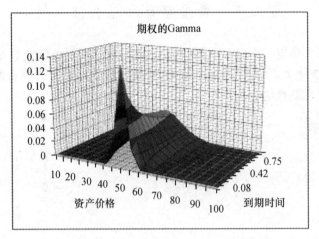

图 11-2 基础资产价格和到期时间变动对期权 Gamma 的影响

Theta（希腊字母 Θ）是期权价值对时间的偏导数。其公式是：

$$\Theta_{\text{Call}} = \frac{\partial V}{\partial t} = \frac{-S_0 \, N'(d_1)\sigma}{2\sqrt{T}} - r\,e^{-rT} K \cdot N(d_2)$$

$$\Theta_{\text{Put}} = \frac{\partial V}{\partial t} = \frac{-S_0 \, N'(d_1)\sigma}{2T} + r\,e^{-rT} K \cdot N(-d_2)$$

期权价值包括内在价值与时间价值两个部分。剩余到期时间越长，期权由虚值期权或平值期权变为实值期权的可能性就越大。随着到期日临近，期权的时间价值会迅速衰减。当期权为平值期权时，期权价值对时间最敏感。而当期权为深度虚值和深度实值时，期权价格对时间的敏感性减弱。图 11-3 反映了期权 Theta 与基础资产价格的关系。

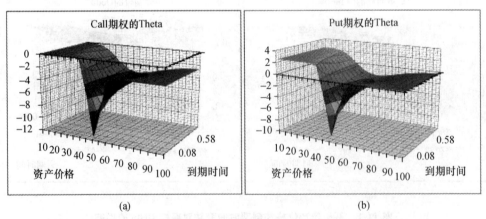

图 11-3 基础资产价格和到期时间变化对期权 Theta 的影响

Vega 并不是一个希腊字母，而是一个符号。该符号反映期权价值对基础资产波动性的敏感性。与 Gamma 一样，看涨期权和看跌期权的 Vega 计算公式相同，这是因为期权没有下行风险，即期权的收益率不会为负数，所以，不论是看涨期权还是看跌期权，基础资产价格波动性越大，期权的价值都越大。Vega 的公式为：

$$\text{Vega} = \frac{\partial V}{\partial \sigma} = S_0 \sigma \sqrt{T} N'(d_1)$$

期权 Vega 与基础资产价格的关系如图 11-4 所示：

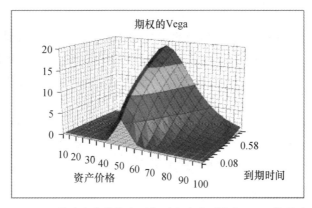

图 11-4　基础资产价格和到期时间变化对期权 Vega 的影响

Rho（希腊字母 ρ）代表期权价值对无风险利率的敏感性，对看涨期权，其值始终为正，因为利率上升，看涨期权投资者未来购买股票所需资金的现值减少，其他因素不变，期权价值增加。而对看跌期权，其值始终为负，因为其他因素不变，如果利率上升，看跌期权投资者未来出售股票所得收入即 K 的现值会减少。Rho 的公式如下：

$$\text{Rho}_{\text{Call}} = \frac{\partial V}{\partial r} = e^{-rT} K \cdot T \cdot N(d_2) \text{（看涨期权）}$$

$$\text{Rho}_{\text{Put}} = \frac{\partial V}{\partial r} = -e^{-rT} K \cdot T \cdot N(-d_2) \text{（看跌期权）}$$

图 11-5 描述了 Rho 与基础资产价格之间的关系。该图表明 Rho 在期权位于平值及其附近时变动激烈，利率变动在这时对期权价格变动有较大影响。随着期权向深度虚值和深度实值状态转变，利率变动对期权价格变动的影响迅速减弱直到消失。

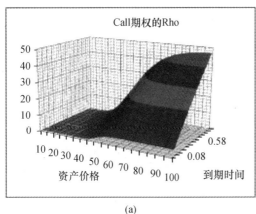
(a)

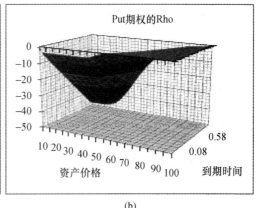
(b)

图 11-5　看涨和看跌期权的 Rho 对资产价格和时间的敏感性

二、暗含的波动性

如前所述，在期权的价格公式中，唯一需要估计的参数是股票价格的波动性。我们可以通过历史数据来估计波动性。但是,股票价格的波动性受时间的影响很大,时段不同,选取的股票价格的样本不同,所得到的股票价格波动性也不同。

另外,期权价格是由市场关系决定的,而不是由模型决定的。模型只是市场关系的抽象而已,因此模型价格不可能始终与市场一致。

期权价格依赖于基础资产的价格,因此,期权市场价格中暗含的波动性反映了市场对基础资产价格波动性的预期。知道了期权市场价格中暗含的波动性,就知道了市场当前对该基础资产未来价格风险的预期。为了获知市场预期的动向,我们需要从期权价格中反向寻找期权价格中的波动性。

期权价格中暗含的波动性不能用解析方法只能用数值法发现。在 Excel 中,从期权市场价格中发现暗含波动性的现成工具是"单变量求解"和"规划求解",但是这些工具在需要反复使用时很不方便。因此,就当前任务而言,最好是自己编写一个用牛顿法求近似值的 VBA 函数。

牛顿法的迭代公式是:

$$x_0 = 猜测值$$
$$x_{i+1} = x_i - \frac{f(x_i)}{f'(x_i)}, \quad i = 0, 1, 2, \cdots \tag{11.20}$$

其中,x_0 是初始估计值,(11.20)式右边第二项是 x 的一个变化。

我们知道,Vega 是期权价格对波动性的一阶偏导数,其离散形式是:

$$\text{Vega} = \frac{\Delta f}{\Delta \sigma}$$

其中,f 为期权价格。因此,我们可以使用下面的公式来发现期权市场价格中的暗含波动性:

$$\sigma_{i+1} = \sigma_i - \frac{f_{BS} - f_{\text{Market}}}{\text{Vega}} = \sigma_i - \frac{\Delta f}{\text{Vega}} \tag{11.21}$$

第三节 用 Excel 构建 BS 模型

本节首先说明如何用 Excel 和 VBA 来计算或模拟 BS 期权价格,然后说明用 Excel 计算希腊字母的方法,最后说明如何用 Excel 和 VBA 从期权价格中发现暗含的波动性。

一、用 Excel 和 VBA 计算或模拟 BS 期权价格

以下我们首先说明如何用 Excel 公式来计算 BS 期权价格,然后说明用蒙特卡罗模拟来发现 BS 期权价格的方法。

(一) BS 期权价格模型

图 11-6 展示的 BS 期权价格模型见"1101_期权定价模型"工作簿的"BS 期权价格模型"工作表。该工作表中的单元格公式见表 11-1。

第十一章 布莱克—斯科尔斯模型

	A	B	C	D
1				
2		**布莱克-斯科尔斯期权价格模型**		
3		*输入*		
4		即期股票价格	45	
5		期权执行价	45	
6		到期时间	0.25	
7		无风险利率	0.025	
8		年股息率	0.02	
9		波动性	0.2	
10				
11		*输出*		
12		d1	0.0625	
13		d2	-0.0375	
14		Nd1	0.5249	
15		Nd2	0.4850	
16		Call	1.81253	
17		Put	1.75660	
18				
19		*自编函数*		
20		Call	1.81253	
21		Put	1.75660	
22				
23				

图 11-6 "BS 期权价格模型"工作表中的模型界面

表 11-1 "BS 期权价格模型"工作表中的单元格公式

地址	变量	公式
\$C\$12	d1	=(LN(C4/C5)+(C7-C8+C9^2/2)*C6)/(C9*SQRT(C6))
\$C\$13	d2	=C12-C9*SQRT(C6)
\$C\$14	Nd1	=NORMSDIST(C12)
\$C\$15	Nd2	=NORMSDIST(C13)
\$C\$16	Call	=C4*EXP(-C8*C6)*C14-C5*EXP(-C7*C6)*C15
\$C\$17	Put	=C5*EXP(-C7*C6)*(1-C15)-C4*EXP(-C8*C6)*(1-C14)

以下是自编期权价格函数:

```
1    Function OptionPriceCall(S, K, T, R, Div, VOL)
2        d1 = (Log(S/K) + (R - Div + VOL^2/2) * T)/(VOL * Sqr(T))
3        d2 = d1 - VOL * Sqr(T)
4        Nd1 = Application.NormSDist(d1)
5        Nd2 = Application.NormSDist(d2)
6        OptionPriceCall = S * Exp(-Div * T) * Nd1 - K * Exp(-R * T) * Nd2
7    End Function
8    Function OptionPricePUT(S, K, T, R, Div, VOL)
9        d1 = (Log(S/K) + (R - Div + VOL^2/2) * T)/(VOL * Sqr(T))
10       d2 = d1 - VOL * Sqr(T)
11       Nd1 = Application.NormSDist(-d1)
12       Nd2 = Application.NormSDist(-d2)
```

```
13    OptionPricePUT = K * Exp( - R * T) * Nd2 - S * Exp( - Div * T) * Nd1
14  End Function
```

（二）BS 期权价格的蒙特卡罗模拟

模型的输入—输出和图表模块见图 11-7（建于"1102_BS 期权价格模拟"工作簿的"BS 期权价格模拟"工作表）。该工作表中命名单元格的地址和名称见表 11-2，所展示区域中单元格公式见表 11-3。

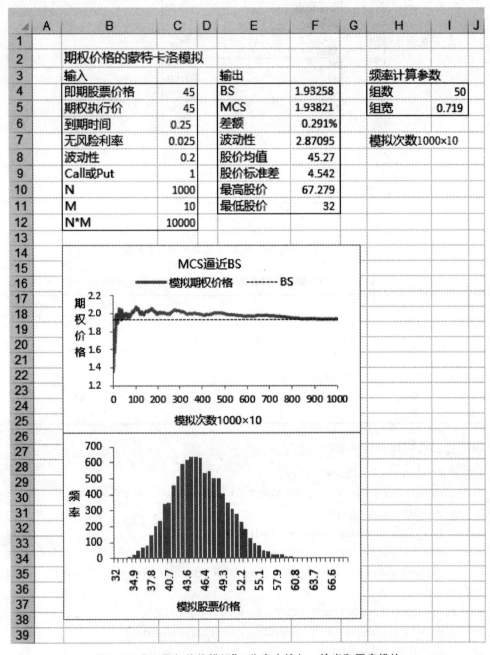

图 11-7 "BS 期权价格模拟"工作表中输入—输出和图表模块

第十一章 布莱克—斯科尔斯模型

表 11-2 "BS 期权价格模拟"工作表中命名单元格地址和名称

BINs	=BS 期权价格模拟！＄AI＄49：＄AI＄98	S	=BS 期权价格模拟！＄C＄4
Down	=BS 期权价格模拟！＃REF！	T	=BS 期权价格模拟！＄C＄6
K	=BS 期权价格模拟！＄C＄5	VOL	=BS 期权价格模拟！＄C＄8
M	=BS 期权价格模拟！＄C＄11	X	=BS 期权价格模拟！＄C＄9
MC	=BS 期权价格模拟！＄F＄5	期权价	=BS 期权价格模拟！＄V＄48：＄AE＄1047
N	=BS 期权价格模拟！＄C＄10	随机股价	=BS 期权价格模拟！＄L＄48：＄U＄1047
R_	=BS 期权价格模拟！＄C＄7	随机数	=BS 期权价格模拟！＄B＄48：＄K＄1047

模型的随机数模块和随机股价模块,分别见图 11-8 和图 11-9。随机股价的计算方法是:在单元格 L48 键入公式:

$$=S * EXP((R\_ - VOL * VOL/2) * T + VOL * B48 * SQRT(T))$$

然后将其复制到 L48:U1047 区域,公式中的一些参数使用的是单元格名称而非单元格地址。

	A	B	C	D	E	F	G	H	I	J	K	L
45												
46	随机数											
47		1	2	3	4	5	6	7	8	9	10	
48	1	-0.56	-3.05	1.21	-0.05	-0.09	-1.15	-1.46	0.47	-0.39	1.15	
49	2	-0.85	0.03	-0.67	1.62	0.58	-0.11	0.41	0.29	-0.96	-0.19	
1045	998	-1.29	-0.01	0.75	-0.39	-0.19	-0.96	-0.30	0.92	0.10	1.48	
1046	999	0.46	0.08	0.17	-0.10	1.26	-0.07	1.99	0.22	-0.23	-0.27	
1047	1000	-0.42	0.13	-1.28	-0.32	0.86	-0.70	0.71	-0.95	-1.00	0.46	
1048												

图 11-8 "BS 期权价格模拟"工作表中的随机数模块

	L	M	N	O	P	Q	R	S	T	U	V
45											
46	随机股价										
47	1	2	3	4	5	6	7	8	9	10	
48	42.6	33.2	50.9	44.9	44.7	40.2	38.9	47.2	43.3	50.6	
49	41.4	45.2	42.1	53	47.8	44.6	47	46.4	40.9	44.2	
1045	39.6	45	48.6	43.3	44.2	40.9	43.7	49.4	45.5	52.2	
1046	47.2	45.4	45.9	44.6	51.1	44.7	55	46.1	44.1	43.9	
1047	43.2	45.7	39.6	43.6	49.1	42	48.4	41	40.8	47.2	
1048											

图 11-9 "BS 期权价格模拟"工作表中的随机股价模块

随机期权价格和渐增累积模拟期权价格,见图 11-10。

在图 11-10 展示的工作表中,随机期权价格的计算方法是:在单元格 V48 键入公式:

$$=EXP(-R\_ * T) * MAX(X * (L48 - K), 0)$$

然后将其复制到 V48:AE1047 单元格。而模拟期权价格和 BS 期权价格的计算,则是在单元格 AG48 和 AH48 分别键入公式:

$$=AVERAGE(OFFSET(\$V\$48, 0, 0, AF48, M))$$
$$=\$F\$4$$

再分别将其复制到 AG48:AG1047 和 AH48:AH1047 区域。其中命名单元格地址见表 11-3。

	V	W	X	Y	Z	AA	AB	AC	AD	AE	AF	AG	AH	AI
45														
46	随机期权价格													
47	1	2	3	4	5	6	7	8	9	10		模拟期权价格	BS	
48	0	0	5.83	0	0	0	0	2.19	0	5.53	1	1.355625013	1.933	
49	0	0.17	0	7.95	2.75	0	1.94	1.35	0	0	2	1.386232303	1.933	
50	5.36	0	0	0	1.9	2.78	5.36	0	1.93	0	3	1.501881098	1.933	
51	0	0	0.92	0	5.63	0.52	5.85	8.16	1.72	4.65	4	1.812538514	1.933	
52	0	0	0	2.29	0	3.48	0	0	6.5	2.5	5	1.745477906	1.933	
1043	6.27	0	0	0	0.6	0	2.94	0	0.71	6.2	996	1.939967203	1.933	
1044	0	0	0	0	8.78	0.66	0	0	4.24	0	997	1.939394468	1.933	
1045	0	0	3.55	0	0	0	0	4.39	0.49	7.18	998	1.939016156	1.933	
1046	2.18	0.43	0.85	0	6.06	0	9.94	1.04	0	0	999	1.939127301	1.933	
1047	0	0.66	0	0	4.07	0	3.34	0	0	2.16	1000	1.938211045	1.933	
1048														

图 11-10 "BS 期权价格模拟"工作表中的随机期权价格和渐增累积模拟期权价格模块

图 11-11 展示的是模型中绘制直方图的数据。计算方法：在 AJ48 键入公式"＝F11"，再在 AJ49 键入公式"＝AJ48＋＄I＄5"，将其复制到 AJ49：AJ97 区域。选中 AK48：AK97 区域，键入数组公式"＝FREQUENCY"（随机股价，BINs），按"Shift＋Control＋Enter"组合键。

	AI	AJ	AK	AL
46				
47	序号	BINs	频率	
48	1	32	1	
49	2	32.8	5	
50	3	33.5	9	
51	4	34.2	13	
52	5	34.9	25	
93	46	64.4	0	
94	47	65.1	2	
95	48	65.8	0	
96	49	66.6	0	
97	50	67.3	1	
98				

图 11-11 "BS 期权价格模拟"工作表中的随机期权价格分布频率模块

（三）用 VBA 子过程模拟 BS 期权价格

用 VBA 子过程模拟 BS 期权价格的模型构建于"1103_用 VBA 模拟期权价格"工作簿的"期权价格模拟"工作表。该工作表的命名单元格地址和名称见表 11-3；输入—输出模块、图表模块和数据集模块见图 11-12。

表 11-3 "期权价格模拟"工作表中的命名单元格的地址和名称

bin	＝期权价格模拟！＄G＄73	SPrices	＝期权价格模拟！＄K＄73：＄O＄10072
BS	＝期权价格模拟！＄C＄13	T	＝期权价格模拟！＄C＄5
CallorPut	＝期权价格模拟！＄C＄8	Up	＝期权价格模拟！＄C＄17
data	＝期权价格模拟！＄H＄73	VOL	＝期权价格模拟！＄C＄7
Down	＝期权价格模拟！＄C＄18	股价波动性	＝期权价格模拟！＄F＄14
K	＝期权价格模拟！＄C＄4	股价分布峰度	＝期权价格模拟！＄F＄16

(续表)

M	=期权价格模拟！＄C＄10	股价分布偏度	=期权价格模拟！＄F＄15
MC	=期权价格模拟！＄C＄14	股价均值	=期权价格模拟！＄F＄13
N	=期权价格模拟！＄C＄9	耗费时间	=期权价格模拟！＄N＄3
OptionP	=期权价格模拟！＄F＄73：＄I＄172	结束时间	=期权价格模拟！＄N＄2
output	=期权价格模拟！＄B＄72	开始时间	=期权价格模拟！＄N＄1
R_	=期权价格模拟！＄C＄6	最低价	=期权价格模拟！＄F＄18
S	=期权价格模拟！＄C＄3	最高价	=期权价格模拟！＄F＄17
SD	=期权价格模拟！＄C＄16		

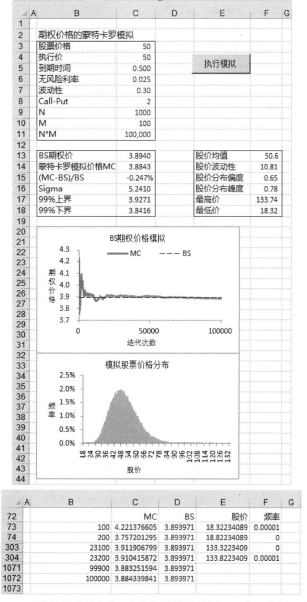

图 11-12　"期权价格模拟"工作表中的输入/输出、图表和数据集模块

"期权价格模拟"工作表中的 VBA 代码如下：

```vb
1   Dim S As Double, k As Double, T As Double, R As Double, Vol As Double, Mean As Double
2   Dim STD As Double, Sw As Double, Kt As Double, Mx As Double, Mn As Double
3   Dim n As Long, M As Integer, Call_Put As Integer, BinNum
4   Dim price(), OptionPrice(), counter()
5   Function BSPrice(S, k, T, R, Call_Put)
6   d1 = (Log(S/k) + (R + Vol^2/2) * T)/(Vol * Sqr(T))
7   d2 = d1 - Vol * Sqr(T)
8   If Call_Put <> 1 Then Call_Put = -1
9   X = Call_Put
10  Nd1 = Application.NormSDist(X * d1)
11  Nd2 = Application.NormSDist(X * d2)
12  BSPrice = (S * Nd1 - k * Exp(-R * T) * Nd2) * X
13  End Function
14  Sub BS期权价格模拟()
15  Application.ScreenUpdating = False
16  Range(Range("output").Offset(0, 0), Range("p65536")).ClearContents
17  S = Range("S")
18  k = Range("K")
19  n = Range("N")
20  M = Range("M")
21  T = Range("T")
22  R = Range("R_")
23  Vol = Range("VOL")
24  Call_Put = Range("CallorPut")
25  If Call_Put <> 1 Then Call_Put = -1
26  X = Call_Put
27  If M > 200 Then M = 200
28  Range("M") = M
29  n = n - n Mod 4
30  Range("N") = n
31  ReDim price(1 To n, 1 To M)
32  For i = 1 To n Step 4
33    For j = 1 To M
34  line:
35      X1 = 2 * Rnd - 1
36      X2 = 2 * Rnd - 1
37      u = X1^2 + X2^2
38      If u > 1 Then GoTo line
39      Nrnd1 = X1 * Sqr(-2 * Log(u)/u)
40      Nrnd2 = X2 * Sqr(-2 * Log(u)/u)
41      price(i, j) = S * Exp((R - Vol * Vol/2) * T + Vol * Sqr(T) * Nrnd1)
42      price(i + 1, j) = S * Exp((R - Vol * Vol/2) * T + Vol * Sqr(T) * -Nrnd1)
43      price(i + 2, j) = S * Exp((R - Vol * Vol/2) * T + Vol * Sqr(T) * Nrnd2)
44      price(i + 3, j) = S * Exp((R - Vol * Vol/2) * T + Vol * Sqr(T) * -Nrnd2)
```

```
45      Next j
46    Next i
47    ReDim OptionPrice(1 To n, 1 To M)
48    For i = 1 To n Step 4
49      For j = 1 To M
50        OptionPrice(i, j) = Exp( - R * T) * Application.Max(X * (price(i, j) - k), 0)
51        OptionPrice(i + 1, j) = Exp( - R * T) * Application.Max(X * (price(i + 1, j) - k), 0)
52        OptionPrice(i + 2, j) = Exp( - R * T) * Application.Max(X * (price(i + 2, j) - k), 0)
53        OptionPrice(i + 3, j) = Exp( - R * T) * Application.Max(X * (price(i + 3, j) - k), 0)
54      Next j
55    Next i
56    ReDim data(1 To n)
57    For i = 1 To n
58      For j = 1 To M
59        Temp = Temp + OptionPrice(i, j)
60        data(i) = Temp/M/i
61      Next j
62    Next i
63    BS = BSPrice(S, k, T, R, Call_Put)
64    For i = 1 To n
65        Range("output").Cells(i + 1, 1) = i * M
66        Range("output").Cells(i + 1, 2) = data(i)
67        Range("output").Cells(i + 1, 3) = BS
68    Next
69    Range("output").Cells(1, 2) = "MC"
70    Range("output").Cells(1, 3) = "BS"
71    MC = Application.Average(OptionPrice)
72    SD = Application.StDev(OptionPrice)
73    MxOp = Application.Max(OptionPrice)
74    MnOp = Application.Min(OptionPrice)
75    Up = MC + SD * 2.58/Sqr(n * M)
76    Down = MC   SD * 2.58/Sqr(n * M)
77    Range("BS") = BS
78    Range("MC") = MC
79    Range("SD") = SD
80    Range("Up") = Up
81    Range("Down") = Down
82    Mean = Application.Average(price)
83    STD = Application.StDev(price)
84    Sw = Application.Skew(price)
85    Kt = Application.Kurt(price)
86    Mx = Application.Max(price)
```

```
87      Mn = Application.Min(price)
88      Range("股价均值") = Mean
89      Range("股价波动性") = STD
90      Range("股价分布偏度") = Sw
91      Range("股价分布峰度") = Kt
92      Range("最高价") = Mx
93      Range("最低价") = Mn
94      End Sub
95      Sub 频数()
96      Dim bin, H
97      bin = (Mx - Mn) * 2
98      b = (Mx - Mn)/bin
99      ReDim counter(bin)
100     For i = 1 To n
101         For j = 1 To M
102             bin = (price(i, j) - Mn) * 2
103             counter(bin) = counter(bin) + 1
104         Next j
105     Next i
106     H = Mn - b
107     BinNum = UBound(counter) + 1
108     For i = 1 To BinNum
109         H = H + b
110         Range("output").Cells(i + 1, 4) = H
111         Range("output").Cells(i + 1, 5) = counter(i - 1)/(n * M) + 0
112     Next i
113     End Sub
114     Sub 制图()
115     On Error Resume Next
116     Application.DisplayAlerts = False
117     ActiveSheet.ChartobjectS.Delete
118     Application.DisplayAlerts = True
119     Dim FontSize As Integer
120     Dim Tp As Integer, Lft As Integer, Hght As Integer, Wdth As Integer
121     FontSize = 10
122     Lft = 5: Tp = 255: Wdth = 300: Hght = 210
123     Dim Cht1 As ChartObject
124     Set Cht1 = ActiveSheet.ChartobjectS.Add(Lft, Tp, Wdth, Hght)
125     With Cht1.Chart
126         .SetSourceData Range("output").Range(Cells(1, 1), Cells(n + 1, 3))
127         .ChartType = xlXYScatterSmoothNoMarkers
128         .PlotBy = xlColumns
129         With .SeriesCollection(2).Border
130             .LineStyle = xlDash
131             .Weight = xlThin
```

```
132         .Color = RGB(255, 0, 0)
133      End With
134      .HasTitle = True
135      .ChartTitle.Text = "BS 期权价格模拟"
136      With .ChartTitle.Font
137         .Size = FontSize
138         .Color = RGB(0, 0, 0)
139      End With
140      With .Axes(xlCategory)
141         .HasTitle = True
142         .AxisTitle.Text = "迭代次数"
143         .AxisTitle.Font.Size = FontSize - 1
144         .AxisTitle.Font.Bold = True
145         .HasMajorGridlines = False
146         .MaximumScale = n * M
147         .MinimumScale = 0
148         .TickLabels.NumberFormatLocal = "0_"
149      End With
150      With .Axes(xlValue)
151         .HasTitle = True
152         .AxisTitle.Text = "期权价格"
153         .AxisTitle.Orientation = xlVertical
154         .AxisTitle.Font.Size = FontSize - 1
155         .AxisTitle.Font.Bold = True
156         .HasMajorGridlines = False
157         .TickLabels.NumberFormatLocal = "0.0_"
158      End With
159      .HasLegend = True
160      .Legend.Position = - xlLegendPositionCustom
161   End With
162   Dim Cht2 As ChartObject
163   Set Cht2 = ActiveSheet.ChartobjectS.Add(Lft + Wdth, Tp, Wdth, Hght)
164   With Cht2.Chart
165      .SetSourceData Source: = Range("output").Range(Cells(1, 4), Cells(BinNum + 1, 5))
166      .ChartType = xlColumnClustered
167      .HasLegend = False
168      .HasTitle = True
169      .ChartTitle.Text = "模拟股票价格分布"
170      With .ChartTitle.Font
171         .Size = FontSize
172         .Color = RGB(0, 0, 0)
173      End With
174      With .Axes(xlCategory)
175         .HasTitle = True
```

```
176         .AxisTitle.Text = "股价"
177         .AxisTitle.Font.Size = FontSize - 1
178         .AxisTitle.Font.Bold = True
179         .TickMarkSpacing = 10
180         .TickLabelSpacing = 12
181         .TickLabels.NumberFormatLocal = "0_ "
182       End With
183       With .Axes(xlValue)
184         .HasTitle = True
185         .AxisTitle.Text = "频率"
186         .AxisTitle.Font.Size = FontSize - 1
187         .AxisTitle.Font.Bold = True
188         .AxisTitle.Orientation = xlVertical
189         .HasMajorGridlines = False
190         .TickLabels.NumberFormatLocal = "0.0%"
191       End With
192     End With
193 End Sub
194 Sub BSMCM()
195   BS 期权价格模拟
196   频数
197   制图
198 End Sub
```

二、希腊字母

希腊字母模型构建于"1104_希腊字母函数和图形"工作簿的"希腊字母互动模型"工作表,工作表中命名单元格地址和名称见表 11-4,输入—输出模块和图表模块见图 11-13,其中的单元格公式见表 11-5。

表 11-4 "希腊字母互动模型"工作表中命名单元格的地址和名称

K	=希腊字母互动模型示例!＄C＄4	利率	=希腊字母互动模型示例!＄C＄6
Letters	=希腊字母互动模型示例!＄F＄14	连续股利	=希腊字母互动模型示例!＄C＄7
波动性	=希腊字母互动模型示例!＄C＄8	时间	=希腊字母互动模型示例!＄C＄5
即期股价	=希腊字母互动模型示例!＄C＄3	执行价	=希腊字母互动模型示例!＄F＄15

图 11-13 展示的工作表组合框控件的设置为:

数据源区域:＄F＄9:＄F＄13

单元格链接:＄F＄14

下拉显示项:5

工作表中用于绘制图 11-13 中三维图表的数据集见图 11-14。计算该数据集的方法是:在 C48 键入公式"=GREEKS(Letters,＄B48,K,C＄47,利率,连续股利,波动性,1)",将其复制到 C48:N66 区域;在 C70 键入公式"=GREEKS(Letters,＄B70,K,C＄69,利率,连续股利,波动性,2)",将其复制到 C70:N88 区域。

第十一章 布莱克—斯科尔斯模型

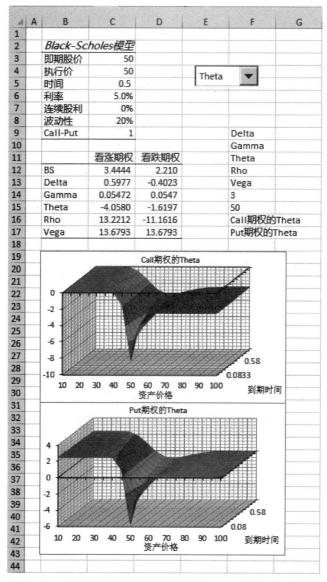

图 11-13 "希腊字母互动模型"工作表输入—输出和图表界面

表 11-5 "希腊字母互动模型"工作表中的单元格公式

单元格	名称	公式
C12	BS	=BSOptionPrice(即期股价,K,时间,利率,连续股利,波动性,1)
C13	Delta	=BSDelta(即期股价,K,时间,利率,连续股利,波动性,1)
C14	Gamma	=BSGamma(即期股价,K,时间,利率,连续股利,波动性)
C15	Theta	=BSTheta(即期股价,K,时间,利率,波动性,1)
C16	Rho	=BSRho(即期股价,K,时间,利率,连续股利,波动性,1)
C17	Vega	=BSVega(即期股价,K,时间,利率,0,波动性)
D12	BS	=BSOptionPrice(即期股价,K,时间,利率,连续股利,波动性,2)
D13	Delta	=BSDelta(即期股价,K,时间,利率,连续股利,波动性,2)
D14	Gamma	=C14
D15	Theta	=BSTheta(即期股价,K,时间,利率,波动性,2)
D16	Rho	=BSRho(即期股价,K,时间,利率,连续股利,波动性,2)
D17	Vega	=C17

	A	B	C	D	E	L	M	N	O
45									
46			到期时间	Theta					
47		资产价格	0.0833	0.17	0.25	0.83	0.92	1.00	
48		10	-4.2E-168	-6.95E-84	-7.55E-56	-9.76E-17	-3.18E-15	-5.78E-14	
49		15	-6.35E-94	-7.38E-47	-3.3E-31	-1.97E-09	-1.36E-08	-6.77E-08	
50		20	-2.79E-54	-4.4E-27	-4.71E-18	-1.53E-05	-4.59E-05	-0.000114	
51		25	-5.88E-31	-1.87E-15	-2.53E-10	-0.002892	-0.005337	-0.008864	
52		30	-1.03E-16	-2.32E-08	-1.3E-05	-0.070127	-0.096155	-0.124736	
53		35	-4.74E-08	-0.000474	-0.009463	-0.485525	-0.556322	-0.621591	
62		80	-2.489605	-2.479253	-2.468986	-2.443044	-2.444898	-2.446671	
63		85	-2.489605	-2.479253	-2.468946	-2.415596	-2.412201	-2.409373	
64		90	-2.489605	-2.479253	-2.468945	-2.404529	-2.397834	-2.391764	
65		95	-2.489605	-2.479253	-2.468945	-2.40032	-2.391859	-2.38387	
66		100	-2.489605	-2.479253	-2.468945	-2.398789	-2.389475	-2.380467	
67									
68			到期时间	Theta					
69		资产价格	0.08	0.17	0.25	0.83	0.92	1.00	
70		10	2.489605	2.479253	2.468945	2.397974	2.388003	2.378074	
71		15	2.489605	2.479253	2.468945	2.397974	2.388003	2.378073	
72		20	2.489605	2.479253	2.468945	2.397958	2.387957	2.377959	
73		25	2.489605	2.479253	2.468945	2.395081	2.382666	2.36921	
74		30	2.489605	2.479253	2.468931	2.327846	2.291848	2.253337	
75		35	2.489605	2.478779	2.459481	1.912449	1.831681	1.756483	
84		80	-1.93E-14	-2.09E-07	-4.19E-05	-0.045071	-0.056896	-0.068597	
85		85	-2.07E-18	-2.12E-09	-1.94E-06	-0.017622	-0.024198	-0.0313	
86		90	-1.36E-22	-1.69E-11	-7.63E-08	-0.006555	-0.009832	-0.01369	
87		95	-6.09E-27	-1.11E-13	-2.65E-09	-0.002346	-0.003856	-0.005796	
88		100	-2.03E-31	-6.3E-16	-8.32E-11	-0.000815	-0.001472	-0.002394	
89									

图 11-14 "希腊字母互动模型"工作表中用于绘制三维图表的数据

"希腊字母互动模型"工作表中的 VBA 函数和子过程如下:

1 Dim d1 As Double, d2 As Double, Nd1 As Double, Nd2 As Double, dNd1 As Double
2 Dim x As Integer, pi As Double
3 Function Nd(z)
4 pi = WorksheetFunction.pi()
5 Nd = Exp(-z^2/2)/Sqr(2 * pi)
6 End Function
7 Function BSOptionPrice(S, K, T, R, Div, VOL, Call_Put)
8 d1 = (Log(S/K) + (R - Div + VOL^2/2) * T)/(VOL * Sqr(T))
9 d2 = d1 - VOL * Sqr(T)
10 If Call_Put<>1 Then Call_Put = -1
11 x = Call_Put
12 Nd1 = Application.NormSDist(x * d1)
13 Nd2 = Application.NormSDist(x * d2)
14 BSOptionPrice = (S * Exp(-Div * T) * Nd1 - K * Exp(-R * T) * Nd2) * x
15 End Function
16 Function BSDelta(S, K, T, R, Div, VOL, Call_Put)
17 If Call_Put<>1 Then Call_Put = 2

```
18    x = Call_Put
19    d1 = (Log(S/K) + (R - Div + VOL^2/2) * T)/(VOL * Sqr(T))
20    Nd1 = Application.NormSDist(d1)
21    BSDelta = (Nd1 - (x - 1)) * Exp( - Div * T)
22    End Function
23    Function BSGamma(S, K, T, R, Div, VOL)
24    d1 = (Log(S/K) + (R - Div + VOL^2/2) * T)/(VOL * Sqr(T))
25    dNd1 = Nd(d1)
26    BSGamma = (dNd1 * Exp( - Div * T))/(S * VOL * Sqr(T))
27    End Function
28    Function BSTheta(S, K, T, R, Div, VOL, Call_Put)
29    If Call_Put<>1 Then Call_Put = - 1
30    x = Call_Put
31    d1 = (Log(S/K) + (R - Div + VOL^2/2) * T)/(VOL * Sqr(T))
32    d2 = d1 - VOL * Sqr(T)
33    dNd1 = Nd(d1)
34    BSTheta = - S * Exp( - Div * T) * dNd1 * VOL/(2 * Sqr(T))_
35            - x * R * K * Exp( - R * T) * Application.NormSDist(x * d2)_
36            + x * Div * S * Exp( - Div * T) * Application.NormSDist(x * d1)
37    End Function
38    Function BSRho(S, K, T, R, Div, VOL, Call_Put)
39    d1 = (Log(S/K) + (R - Div + VOL^2/2) * T)/(VOL * Sqr(T))
40    d2 = d1 - VOL * Sqr(T)
41    dNd1 = Nd(d1)
42    If Call_Put<>1 Then Call_Put = - 1
43    x = Call_Put
44    BSRho = x * K * T * Exp( - R * T) * Application.NormSDist(x * d2)
45    End Function
46    Function BSVega(S, K, T, R, Div, VOL, Optional Call_Put)
47    x = Call_Put
48    d1 = (Log(S/K) + (R - Div + VOL^2/2) * T)/(VOL * Sqr(T))
49    dNd1 = Nd(d1)
50    If Call_Put = 1 Then BSVega = S * Sqr(T) * dNd1 * Exp( - Div * T) Else BSVega = S * Sqr(T) * dNd1
51    End Function
52    Private Function GREEKS(Letters, S, K, T, R, Div, VOL, Call_Put)
53    Select Case Letters
54      Case 1
55        GREEKS = BSDelta(S, K, T, R, Div, VOL, Call_Put)
56      Case 2
57        GREEKS = BSGamma(S, K, T, R, Div, VOL)
58      Case 3
59        GREEKS = BSTheta(S, K, T, R, Div, VOL, Call_Put)
```

```
60      Case 4
61          GREEKS = BSRho(S, K, T, R, Div, VOL, Call_Put)
62      Case 5
63          GREEKS = BSVega(S, K, T, R, Div, VOL, Call_Put)
64      End Select
65  End Function
```

二、暗含波动性

计算暗含波动性的步骤：(1) 在"雅虎金融"网站下载目标公司的期权行情（入口见图 11-15）、股价和股息率数据，在 ICE 网站或 global-Rate 网站下载 Libor 数据；(2) 在 BS 期权价格函数中输入猜测的波动性及其他已知参数计算期权价格；(3) 用规划求解发现暗含的波动性；(4) 用自编函数发现不同执行价和对应期权价（期权价格链）下的暗含波动性序列。

图 11-15 目标公司期权价格数据下载入口

我们构建的模型见图 11-16，建于"1105_暗含波动性"工作簿的"暗含波动性"工作表。

"暗含波动性"工作表 C15 中的期权价格用自编函数计算，波动性引用自 C12 单元格。C12 的初始值为猜测的波动性，之后用规划求解工具发现暗含的波动性。规划求解的设置为：

设定目标：   G5
到：   值＝0
通过更改可变单元格： G6

"暗含波动性"工作表的部分单元格公式见表 11-6。模型所用的数据载于"1105_暗含波动性"工作簿的"数据"工作表。其中，期权、股息率和无风险利率的数据见图 11-17，期权行情数据（雅虎财金网）见图 11-18。

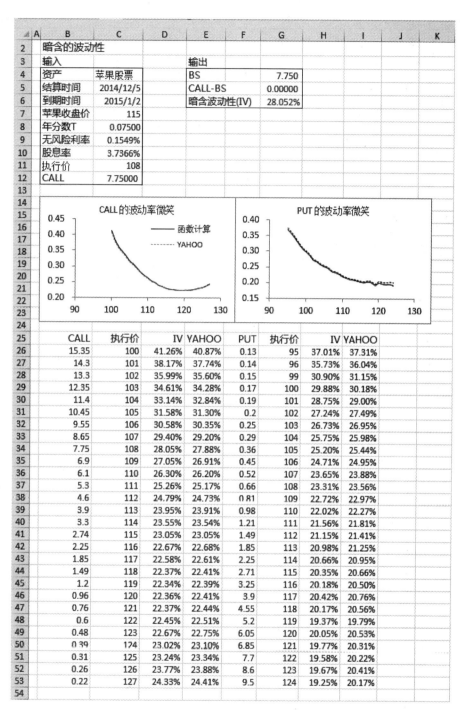

图 11-16 "暗含波动性"工作表中的模型界面

表 11-6 "暗含波动性"工作表中部分单元格的公式

单元格	变量	公式
C8	CALL	=B35
G4	BS	=OptionPriceCall(C7,C11,C8,C9,C10,G6)
G5	CALL－BS	=C12－G4

(续表)

单元格	变量	公式
G6	暗含波动性(IV)	0.280520997445273
B26	CALL	=数据!F19
C26	执行价	=数据!B19
D26	IV	=CALLVOL_Implied($C$7,C26,$C$8,$C$9,$C$10,B26,0.4)
E26	YAHOO	=数据!K19
H26	IV	=PUTVOL_Implied($C$7,G26,$C$8,$C$9,$C$10,F26,0.3)

	M	N	O	P	Q	R	S	T
1								
2		*期权描述*			*股息*			
3		资产	Apple		日期	股息	调整	
4		现价	115		2015/1/26	0.47	0.47	
5		结算时间	2014/12/5		2014/11/6	0.47	0.47	
6		到期时间	2015/1/2		2014/8/7	0.47	3.29	
7		日数	27		2014/5/8	0.47	0.067	
8		年分数	0.075		合计		4.2971	
9		无风险利率	0.1549%		年收益率		3.737%	
10								
11		*US dollar LIBOR*						
12		days	12-05-2014					
13		1	0.11%					
14		7	0.13%					
15		30	0.16%					
16		60	0.20%					
17		90	0.24%					
18		180	0.33%					
19		360	0.58%					
20		27	0.1549%					
21								

图 11-17 "数据"工作表中的期权、无风险利率和股息率数据

发现暗含波动性的 VBA 函数如下：

```
1  Dim d1 As Double, d2 As Double, Nd1 As Double, Nd2 As Double, dNd1 As Double
2  Dim Error As Double, PriceError As Double, VOL As Double, BS As Double, Vega As Double
1  Function CALLVOL_Implied(S, K, T, R, Div, OptionPrice, VolGuess)
2    Error = 0.00000001
3    VOL = VolGuess
4    Do
5      d1 = (Log(S/K) + (R - Div + VOL^2/2) * T)/(VOL * Sqr(T))
6      d2 = d1 - VOL * Sqr(T)
```

	A	B	C	D	E	F	G	H	I	J	K	L
1		Apple Inc. (AAPL)										
2		Watchlist										
3		115.00 Down-0.49(-0.42%) NasdaqGS - As of 4:00PM EST										
4		| After Hours: 115.00 0.00 (0.00%) 7:59PM EST										
5		January 2, 2015										
6												
7		List										
8		Straddle										
9		In The Money										
10		Show Me Strikes From										
11		$ to $										
12		Apply Filter Clear Filter										
13		Calls										
14		Strike	Contract Name	Last	Bid	Ask	Change	%Change	Volume	Open Ir	Implied Volatility	
15												
16		∵ Filter										
17		✕ [modify]										
28		109	AAPL150102C00109000	7	6.7	6.9	0.55	7.53%	33	213	26.91%	
29		110	AAPL150102C00110000	6.1	5.9	6.1	0.18	2.71%	210	1928	26.20%	
30		111	AAPL150102C00111000	5.25	5.15	5.3	0	0.00%	26	619	25.17%	
31		112	AAPL150102C00112000	4.5	4.45	4.6	0	0.00%	18	448	24.73%	
32		113	AAPL150102C00113000	3.65	3.8	3.9	0	0.00%	28	1311	23.91%	
33		114	AAPL150102C00114000	3.46	3.2	3.3	0.1	2.63%	614	1218	23.54%	
34		115	AAPL150102C00115000	2.6	2.68	2.74	0.1	3.12%	711	3615	23.05%	
35		116	AAPL150102C00116000	2.14	2.22	2.25	0	0.00%	435	2349	22.68%	
36		117	AAPL150102C00117000	1.71	1.81	1.85	-0.2	-6.48%	206	4344	22.61%	
37		118	AAPL150102C00118000	1.4	1.44	1.49	0.14	7.45%	591	3136	22.41%	
38		119	AAPL150102C00119000	1.09	1.15	1.2	0	0.00%	68	1533	22.39%	
39		120	AAPL150102C00120000	0.87	0.92	0.96	0.18	14.2%	295	3612	22.41%	
40		121	AAPL150102C00121000	0.71	0.73	0.76	0	0.00%	49	1617	22.44%	
41		122	AAPL150102C00122000	0.57	0.58	0.6	0	0.00%	95	1165	22.51%	
42		123	AAPL150102C00123000	0.5	0.42	0.48	0	0.00%	13	752	22.75%	
43		124	AAPL150102C00124000	0.36	0.35	0.39	0	0.00%	8	504	23.10%	
60		Show Me Strikes From										
61		$ to $										
62		Apply Filter Clear Filter										
63		Puts										
64		Strike	Contract Name	Last	Bid	Ask	Change	%Change	Volume	Open Ir	Implied Volatility	
65												
66		∵ Filter										
67		✕ [modify]										
78		107	AAPL150102P00107000	0.48	0.49	0.52	0	0.00%	130	465	23.88%	
79		108	AAPL150102P00108000	0.63	0.6	0.66	0	0.00%	123	451	23.56%	
80		109	AAPL150102P00109000	0.74	0.76	0.81	0	0.00%	62	178	22.97%	
81		110	AAPL150102P00110000	0.87	0.95	0.98	0	0.00%	413	1812	22.27%	
82		111	AAPL150102P00111000	1.24	1.17	1.21	0.07	6.48%	448	3354	21.81%	
83		112	AAPL150102P00112000	1.43	1.44	1.49	0	0.00%	824	1324	21.41%	
84		113	AAPL150102P00113000	1.91	1.78	1.85	-0.2	-10.5%	63	2559	21.25%	
85		114	AAPL150102P00114000	2.2	2.17	2.25	0	0.00%	28	636	20.95%	
86		115	AAPL150102P00115000	2.7	2.64	2.71	0	0.00%	298	2648	20.66%	
87		116	AAPL150102P00116000	3.15	3.15	3.25	-0.4	-13.4%	33	616	20.50%	
88		117	AAPL150102P00117000	3.6	3.75	3.9	0	0.00%	12	813	20.76%	
89		118	AAPL150102P00118000	4	4.35	4.55	0	0.00%	37	629	20.56%	
90		119	AAPL150102P00119000	5.19	5.05	5.2	0	0.00%	3	273	19.79%	
91		120	AAPL150102P00120000	6.1	5.85	6.05	0	0.00%	18	704	20.53%	
95												

图 11-18 苹果股票价格的期权价格链

```
7      Nd1 = Application.NormSDist(d1)
8      Nd2 = Application.NormSDist(d2)
9      dNd1 = Exp(-d1^2/2)/Sqr(2 * 3.14159265358979)
10     BS = (S * Exp(-Div * T) * Nd1 - K * Exp(-R * T) * Nd2)
11     Vega = S * Sqr(T) * dNd1 * Exp(-Div * T)
12     VOL = VOL - (BS - OptionPrice)/Vega
13     PriceError = (BS - OptionPrice)
14   Loop Until Abs(PriceError)<Error
15     CALLVOL_Implied = VOL
16   End Function
1    Function PUTVOL_Implied(S, K, T, R, Div, OptionPrice, VolGuess)
2      Error = 0.00000001
3      VOL = VolGuess
4      Do
5        d1 = (Log(S/K) + (R - Div + VOL^2/2) * T)/(VOL * Sqr(T))
6        d2 = d1 - VOL * Sqr(T)
7        Nd1 = Application.NormSDist(-d1)
8        Nd2 = Application.NormSDist(-d2)
9        dNd1 = Exp(-d1^2/2)/Sqr(2 * 3.14159265358979)
10       BS = K * Exp(-R * T) * Nd2 - S * Exp(-Div * T) * Nd1
11       Vega = S * Sqr(T) * dNd1
12       VOL = VOL - (BS - OptionPrice)/Vega
13       PriceError = (BS - OptionPrice)
14     Loop Until Abs(PriceError)<Error
15     PUTVOL_Implied = VOL
16   End Function
```

参考书目

[1] F. Black, M. Scholes, The Pricing of Options and Corporate Liabilities, Journal of Political Economy, 1973, Vol. 81, pp. 637—654.

[2] J. Hull, Options, Futures, and Other Derivatives, 7th ed., Person Education, Inc., 2009.

[3] S. Ross, An Elementary Introduction to Mathematical Finance, 3rd edition, 机械工业出版社 2004 年版。

[4] S. Shreve, Stochastic Calculus for Finance II: Continuous-Time Models, 世界出版公司北京公司 2007 年版。

[5] B. Øksendal, Stochastic Differential Equations, 6th edition, 世界图书出版公司北京公司 2006 年版。

［6］M. Musiela，M. Rutkowski，Martingale Methods in Financial Modelling，2nd edition，世界图书出版公司北京公司 2007 年版。

［7］F. Rouah，G. Vainberg，Option Pricing Models and Volatility Using Excel-VBA，John Wiley & Sons，Inc.，2007.

［8］〔美〕J. Stampfli，V. Goodman，《金融数学》，机械工业出版社 2004 年版。

附录 A Excel 简介

Excel 是微软公司开发的当前应用最为广泛的数据分析工具。自 2007 版后,Excel 有了很大的改进。之前的版本,一个工作表的行数为 65,536,列数为 256,大约 1677 万个单元格。从 Excel 2007 起,一个工作表的行列数分别增加到 1,048,576 行和 16,384 列,大约 171.8 亿个单元格。2013 版 Excel 内置了 13 个类别 420 个工作表函数。Excel 的内置分析工具,如模拟运算表,规划求解和分析工具库为复杂的金融分析提供了便利的工具。其中一些工具如规划求解自 2010 版后也有了很大的改进。总之,Excel 功能强大,且不断完善,是金融分析和建模的利器。

第一节 Excel 的设置和快捷键

要高效地使用 Excel,必须对 Excel 进行适当的设置。以下介绍一些基本的但又是重要的设置:

一、在功能区显示"开发工具"选项卡

打开 Excel 的工作簿,出现 Excel 工作表界面(图 A-1)。该界面由功能区和表格组成。功能区由最上方的自定义快速访问工具栏、选项卡和命令构成。表格由名称框、编辑栏、行列标识和单元格组成。

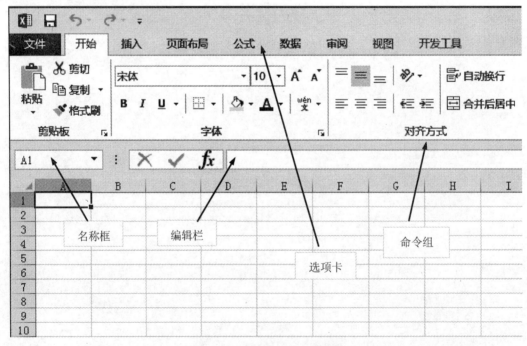

图 A-1 Excel 2013 工作表界面

选项是组的集合,而组又是各种命令的集合。选项卡包括文件选项卡和功能选项卡。

文件选项卡由文件操作命令、文件信息和 Excel 选项组成(图 A-2)。文件操作命令涉及文件的打开、保存和打印等。文件信息涉及权限、共享和版本等问题。Excel 选项涉及对 Excel 的个性化设置(图 A-3)。

功能选项卡包括主选项卡和工具选项卡。工具选项卡包括绘图工具、图表工具、表格工具和其他工具。工具选项卡不出现在功能区上,需要单击图形、图表和表格加以激活。Excel 有 9 个内置主选项卡,分别是:"开始""插入""页面布局""公式""数据""审阅""视图""开发工具""背景消除"。在默认情况下,功能区只加载了上述前 7 个主选项卡,"开发工具"选项卡不在功能区上。

"开发工具"由"代码""加载项"和"控件"等组构成,其中代码组包括"Visual Basic""宏""录制宏""宏安全性"等命令。要在 Excel 中便捷地使用 VBA 和各种控件,需要将"开发工具"选项卡添加到功能区上。依次单击"文件\选项\自定义功能区",进入"自定义功能区"对话框,选中菜单中"开发工具"选项,单击"确定"。

图 A-2　文件选项卡

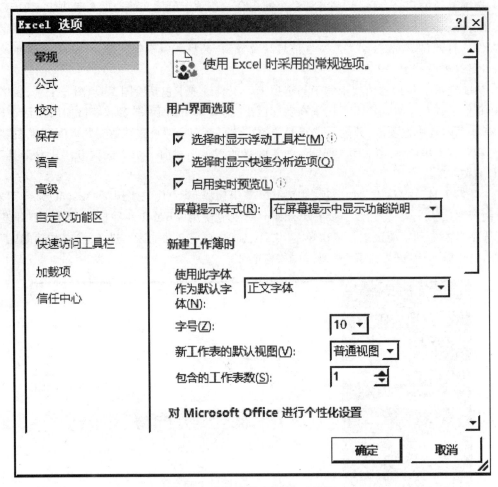

图 A-3　文件选项卡的 Excel 选项

二、添加"分析工具库"和"规划求解"加载项

Excel 有两个重要的加载宏：分析工具库和规划求解加载项。这两个加载项可能需要手动加载。方法是：单击"文件\选项\加载项"，进入"加载项"设置页面。其底部有：

管理(A)：Excel 加载项　转到(G)…

单击"转到"，出现"可用加载宏"菜单，见图 A-4。

选定其中的"分析工具库"和"规划求解加载项"。如果要在 VBA 中调用分析工具库中的宏，则可加选"分析工具库—VBA"。

三、设置"宏"安全性

宏是可自动执行特定任务的程序，在 Excel 中大多数宏是用 VBA 编写的脚本文件。一些人可能会把包含恶意代码的宏秘密置入他人电脑中，以执行对他人不利的任务。因此，在使用宏来提高效率时，需要对宏的安全性进行设置。

在默认状态下，Excel 禁用所有宏，这时，只有"受信任文档"中的宏可用，其他文档中的宏都将被禁用。所谓"受信任文档"指文档在打开时不会出现安全提示的文档。所有位于

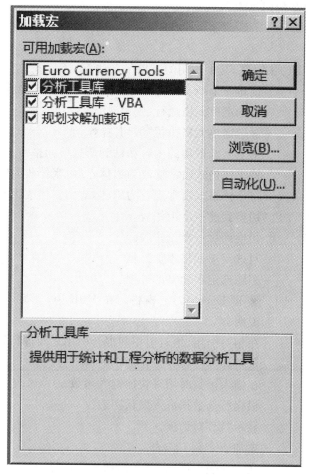

图 A-4　加载宏选项

"受信任位置"中的文档被自动设置为受信任文档。"受信任位置"是用户自己的计算机上 Excel 程序所在的位置。由本人在自己的计算机上创建的文档，都是"受信任文档"。在他人计算机上创建的文档，如果包含宏，默认状态下都不是"受信任文档"，需要由用户自己选择是否将其确定为受信任文档。

在 Excel 的"开发工具"功能卡中，单击"宏安全性\宏设置"，会出现以下四个选项：

建议选择第 2 项。在这个选项下，第一次打开不是来自"受信任位置"的包含 VBA 代码的文档时，会出现一个包含"安全警告 宏已被禁用 启用内容 "字样的消息栏。单击其中的" 启用内容 "，宏将被启用，同时该文档将被永久转换为"受信任文档"，下次再打开此文档时，消息栏将不再出现。如果选择第 4 项，则在这一设置下，即使打开的不是受信任文档，也不会出现"宏已被禁用"的消息栏。

四、常用快捷键

Excel有许多内置的快捷键,其中常用的有以下一些:

快捷键	说明
Ctrl+N	创建一个新工作簿。
Ctrl+C	对选定单元格执行"复制"操作。
Ctrl+X	对选定单元格执行"剪切"操作。
Ctrl+V	将复制或剪切的内容粘贴到所选单元格。
Ctrl+B	将字体格式由常规改为粗体,或由粗体改为常规。
Ctrl+I	将字体格式由常规改为斜体,或由斜体改为常规。
Ctrl+PageUp	切换到前一个工作表。
Ctrl+PageUp	切换到后一个工作表。
Ctrl+Shift+&	对选定单元格添加外框。
Ctrl+Shift+_	删除选定单元格的外框。
F1	显示"Excel帮助"窗格。在VBE中,则显示所选函数或变量的说明。
F4	在相对引用、绝对引用和混合引用之间进行切换。
F9	重新计算已打开工作簿中的所有公式。
Tab	在输入函数时用来快速键入函数。
Alt+F1	根据所选数据嵌入默认图表。
Alt+F8	显示"宏"对话框。
Shift+F11	添加一个新工作表。
Alt+F11	在工作表界面和VBE界面之间进行切换。
Shift+箭头键	依据箭头的方向,扩展或缩小选定范围。
Ctrl+Shift+箭头键	将选定范围从活动单元格扩展到同列或同行的最后一个非空单元格。

第二节 公式、名称和函数

一、Excel公式

(一)公式的类型和运算符

电子数据表相对于其他数据分析工具的一个最重要优势,是电子数据表的每一个单元格都是一个独立的运算单位,其显示的数字和文本,既可以直接键入(硬输入),也可以由公式产生。公式指用来实现某一任务的表达式。凡公式都由等号"="开头,表示单元格显示的内容来自等号右边的引用或运算。运算可以通过算式、函数或两者的混合来进行。

根据执行的任务,可以将公式分为引用、运算、文本操作和信息反馈四类。运算又包括算术运算、逻辑运算和调用函数的运算。各种公式的示例如表A-1所示:

表 A-1　公式类型和示例

公式类型	示例	解释
引用	=B1	将 B1 单元格中的内容引用到公式所在单元格。
算术运算	=B1+C1	计算 B1 与 C1 单元格中值的总和。
逻辑运算	=(B1>C1)*1	判断 B1 是否大于 C1,并将结果"TRUE"或"FALSE"转化为 1 或 0。
函数运算	=LN(B1/B2)	计算 B1 与 B2 中值的商,再用 LN 函数计算其自然对数。
文本操作	=LEFT(D1,4)	将 D1 中文本字符串的前 4 个字符提取到公式所在单元格。
信息反馈	=ISNUMBER(D1)	返回 D1 中的数据是否是数值型数据的信息

如果计算是基于数组的,则公式为数组公式。工作表上的非数组公式在完成键入后,按"Enter"键返回结果,而数组公式则是按"Shift+Ctrl+Enter"键返回结果。另外,查看编辑栏,可见数组公式被一对花括号包括。用户不能通过添加花括号来把非数组公式变为数组公式。

Excel 的运算符有算术运算符、比较运算符、引用运算符和文本连接符四类。算术运算符中的乘号、除号和乘方分别用星号(*)、正斜线(/)和脱字号(^)表示。比较运算符中的"大于等于""小于等于"和"不等于"分别用">="、"<="和"<>"表示。引用和文本连接运算符及其含义见表 A-2。在运算过程中,引用运算符的优先级别最高。

表 A-2　引用和连接运算符

名称	符号	含义	示例
区域运算符	冒号(:)	引用由起点和终点单元格确定的连续区域	COUNT(A1:C10) 计算 A1:C10 中有数值的单元格个数
联合运算符	逗号(,)	引用多个不相连的单元格区域	=COUNTA(B1:B6,E1:E6) 计算括号中两个区域的非空格数
交集运算符	空格( )	引用两个区域中的共有单元格	=COUNT(F8:I18 H8:J21) 计算括号中两个区域中数值相同的单元格数目
连接运算符	与号(&)	将两单元格的内容合并为一个单元格中的文本	=D1&E1,假定 D1="股价:",E1=¥45,则公式所在单元格的文本为"股价:¥45"

(二) 用"复制柄"快速输入公式

快速输入同一公式的方法是利用"复制柄"。复制柄是激活单元格右下角的小方块。假定我们要在 B2:B102 这 100 个单元格中输入同一公式,可以用以下方法来快速向下填充我们在第一个单元格键入的公式:

第一,在 A2:A102 区域没有数字时,在 A2 键入数字 1,打开"填充\序列"选项卡,对"序列产生在"选项,选"列",在"终止值"框中键入数字 100。如果 A2:A102 有数字,直接进入下一步。

第二,在 B2 单元格键入公式,单击该单元格,将鼠标指针移至该单元格方框的右下角,在鼠标指针由空心十字"✚"变为实心十字"✚"时,双击鼠标,则 B2 中的公式会自动填充到 B2:B102 区域。

(三) 引用

引用是最简单同时也是最重要的公式,Excel 的数据分析是以引用为基础的,因此,有必要对引用作更详细的介绍。

(1) 引用类型

引用分为相对引用、绝对引用和混合引用,三者形式如下:

$$\text{相对引用} \quad A1$$
$$\text{绝对引用} \quad \$A\$1$$
$$\text{混合引用} \quad \$A1, A\$1$$

另外,我们还可以使用 Excel 的 OFFSTE 函数进行偏移量的引用。

为了理解上述引用的区别,我们将引用公式所在单元格称为"引用单元格",公式所引用的单元格称为"被引用单元格"。

在相对引用中,被引用单元格的行或列会随着公式的复制而与引用单元格一起变化,但其与引用单元格之间的相对位置保持不变。例如,在 C5 单元格中输入公式"=D3",再将该公式复制到 C6 单元格,结果为:

$$\text{C5 中公式:"=D3"}$$
$$\text{C6 中公式:"=D4"}$$

在绝对引用中,被引用单元格在公式复制过程中的绝对位置不变,但其与引用单元格的相对位置会改变。例如,如果在 C5 中输入公式"=\$D\$3",再将公式复制到 C6,结果为:

$$\text{C5 中公式:"=\$D\$3"}$$
$$\text{C6 中公式:"=\$D\$3"}$$

在混合引用中,如果是"相对行,绝对列",则在复制公式的过程中,被引用单元格的列号不变,而行号会随引用单元格变化。例如,将 A5 中的公式"=\$A1"复制到 B5,公式仍为"=\$A1",但将其复制到 A6,公式变为"=\$A2"。

如果是"绝对行,相对列",则在复制公式过程中,被引用单元格的行号不变,而列号会随引用单元格变化。例如,将 A5 中的公式"=A\$1"复制到 B5,公式变为"=B\$1",但将其复制到 A6,公式仍为"=A\$1"。

提示:按"F4"键,可以在不同引用之间快速切换。

(2) 引用其他工作表中的数据

在实践中,常常需要在一个工作表中引用另一个工作表的数据,例如,在工作表"Sheet1"的 A1 中引用工作表"Sheet2"E1 的数据。实现这一操作的步骤是:

首先,在 Sheet1 的 A1 中键入一个等号"=";

其次,单击 Sheet2 的标签或按快捷键"Ctrl+PageDown",切换到工作表 Sheet2;

最后,单击 Sheet2 的 E1 单元格,再按"Enter"键或单击编辑栏上的"√"号。

完成上述最后一步后,Excel 会自动返回到 Sheet1。

(3) 对引用公式的修改

如果在键入公式后,又发现需要调整公式中的被引用对象,该如何操作?这时只需要单击(选定)公式所在单元格,将其激活,再将鼠标指针置于编辑栏内,则被引用单元格会出现彩色边框,这被称为对被引用单元格的"半选定"。用鼠标移动该边框到适当的位置,即可以迅速完成对引用公式的修改。

（4）偏移量引用

在 X 单元格以 Y 单元格为参照点引用 Z 单元格，为偏移量引用，其中，Z 对 Y 有 n 和 m 列的偏移，偏移量 n 行和 m 列的交点即 Z。我们可以用函数 OFFSET 进行偏移量的引用。假定工作表中的数据如表 A-3 所示，位于 B4:H4 区域。现在我们要在 C7 引用 H4 的数据，在 C8 引用 B4:G4 的数据并加总，则可以用 OFFSET 这一函数来实现，结果见表 A-4。

表 A-3 工作表数据

	B	C	D	E	F	G	H
3	1	2	3	4	5	6	合计
4	8.06	6.18	0.32	9.82	7.14	1.03	32.55

表 A-4 偏移量引用

	B	C
7	以 B3 为参照点引用 H4 ⟶	32.55
8	以 B3 为参照点引用 B4:G4 并加总 ⟶	32.55

表 A-4 中部分单元格公式为：

　　C7＝OFFSET($B$3,1,6)　　C8＝SUM(OFFSET($B$3,1,0,,6))

OFFSET 函数的语法为：

　　　　　OFFSET(reference, rows, cols, [height], [width])

其中，reference 为参照点，即偏移的原点，rows 是被引用单元格相距参照点的行数；Cols 是被引用单元格相距参照点的列数；height 表示偏移引用的行数，width 表示偏移引用的列数，两者为可选参数。

OFFSET($B$3,1,6)表示以 B3 为参照点，引用第 4 行和 H 列的单元格，即引用 H4 单元格。SUM(OFFSET($B$3,1,0,,6))表示以 B3 为参照点，引用下一行从 B 列到 G 列的数据，即 B4:G4 的数据，然后用求和函数 SUM 加总 B4:G4 的值。

二、名称

（一）概述

在 Excel 中，我们可以用一个名称来代表单元格、单元格区域、公式和常量值。指定给这些对象的名称称为"已定义名称"。实际中所使用的主要是单元格或单元格区域的名称。

名称实际上是一个引用公式。假定"资产价格"是单元格区域"B1:B1000"的一个名称。激活工作表中的任一单元格，例如 D2，再在"公式"选项卡的"定义的名称"组中，依次单击"用于公式\粘贴名称\粘贴列表"命令，则在 D2:E2 单元格中的显示见表 A-5：

表 A-5 粘贴名称结果

D2	E2
资产价格	＝Sheet1!$B$1:$B$1000

由此可见，"资产价格"这个名称是公式"＝Sheet1!$B$1:$B$1000"的代表。我们在公式中引用名称，实际上是在公式中引用另一个公式。

当我们在 Sheet1 的 D4 中键入公式"＝AVERAGE(资产价格)"时,D4 中的函数 AVERAGE 将返回区域"＄B＄1:＄B＄1000"中数据的平均值。该函数的参数"资产价格"实际上是引用区域"＄B＄1:＄B＄1000"的公式。

名称对单元格和单元格区域的引用,可以是相对、绝对和混合引用,默认情况下是绝对引用。在名称为绝对引用且其适用范围为整个工作簿的条件下,我们在该工作簿的任何一个单元格或单元格区域中引用一个名称,所返回的都是该名称所代表的单元格或单元格区域中的值。

名称的语法规则是:(1) 一个名称最多可以包括 255 个字符;(2) 名称的第一个字符只能是文字(汉字或字母)、下划线"_"和反斜线"\",其余字符只能是文字、字母、数字、句点和下划线;(3) 字母 R 和 C 不能单独用做名称;(4) 名称中不能有空格;(5) 名称对大小写敏感。

(二) 创建名称的方法

1. 通过编辑栏上的名称框创建

第一步,激活要命名的单元格或单元格区域;

第二步,单击编辑栏左端的名称框(fx 图标左边):

第三步,键入名称,按"Enter"键。

用这种方法创建的名称默认情况下适用于整个工作簿。

2. 通过"公式选项卡\ 定义的名称组\ 定义名称"命令创建

第一步,单击"公式"选项卡上的"定义名称",调出"新建名称"对话框(图 A-5);

第二步,在该对话框中,键入名称,选择名称的适用范围和引用位置;

第三步,如果是对公式或常数命名,则在"引用位置"框中输入公式或常数;

第四步,单击"确定"。

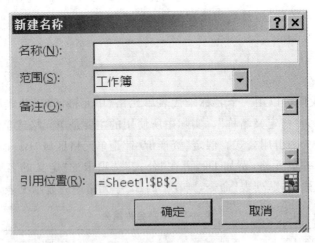

图 A-5　新建名称对话框

这种方法的好处是可以选择名称的适用范围,即是整个工作簿还是特定的工作表。另外,我们也可以通过"管理名称"进入上述对话框。

3. 通过"定义的名称"组中的"根据所选内容创建"命令创建

如果我们已经分别在并行的两列或两行键入了变量名称（标签）和变量值，现在想用变量名对变量数值所在单元格命名，则可使用这种方式。例如，假定变量名和变量值在工作表中按图 A-6 的方式垂直排列，要用 A1:A5 中的文本对 B1:B5 单元格命名，可通过以下操作实现：

第一，选定 A1:B5 单元格；
第二，单击"公式"选项卡上的"根据所选内容创建"；
第三，在调出的"以选定区域创建名称"菜单中，选择"最左列"（默认选项）；
第四，单击"确定"。

	A	B
1	现值	100
2	利率	5%
3	收益率	4.25%
4	期限	10
5	未来值	106

图 A-6　变量名称和价值

在未对单元格命名时，单元格 B5 中的未来值公式为"＝B1*(1＋B2)^B3"，在创建名称后，再键入未来值的计算公式，显示为"＝现值*(1＋收益率)^期限"。这使公式变得很直观。如果变量名和变量值以水平方式排列，则在显示的"以选定区域创建名称"菜单中，就应该选择"首行"这一选项。

（三）名称的使用

引用已定义名称的方法：在单元格中直接输入要引用的名称，或依次单击"公式 \ 用于公式"，在显示的名称列表中单击要引用的名称。

名称的一个用处是帮助我们快速激活已命名单元格或单元格区域。单击编辑栏左端的名称框，在显示的菜单中，单击特定名称，则该名称代表的单元格或单元格区域就会被激活，并出现在当前视图的中心位置。

三、内置函数

如前所述，Excel 内置函数有 420 个，分为 13 个类型。这些类型的名称和函数个数如表 A-6 所示：

表 A 6　Excel 的函数分类

多维数据集函数	7
数据库函数	12
日期和时间函数	24
工程函数	54
财务函数	55
信息函数	20

(续表)

逻辑函数	9
查找和引用函数	19
数学和三角函数	79
统计函数	104
文本函数	30
与加载项一起安装的用户定义函数	4
Web 函数	3
总数	420

Excel 的函数是执行特定计算或任务的计算机程序，由函数名、参数和结果三个部分构成，其中，参数是自变量，函数名等于结果，是因变量。输入的参数可以是数值，也可以是对单元格的引用。函数返回的结果为数值或字符串。

函数的使用方法：

(1) 激活要使用函数的单元格；

(2) 单击编辑栏前的快捷键"fx"，然后在显示的菜单中选择函数类别和该类别的函数，或直接通过功能区上的"公式"选项卡来选择函数；

(3) 在显示的对话框中按语法键入函数的参数。

快速完成函数名称和参数的输入方法：

(1) 在激活的单元格或单元格区域中键入一个等号；

(2) 在等号后键入函数名的第一个字母（所谓"显示触发器"），Excel 会自动显示一个函数列表，包括全部首字母相同的函数名；

(3) 不断按"向下箭头键"，直到要使用的函数名被选中；

(4) 按下"Tab"键（所谓"键入触发器"），函数名和一个圆括号会自动出现在所选单元格内，同时 Excel 还会显示该函数的所有参数；

(5) 根据屏幕上的提示完成对括号内参数的输入；

(6) 按"确定"键。

输出结果为数组的数组函数使用方法：

(1) 根据输出数组的大小，选定工作表的一个区域；

(2) 按下键盘的等号键，这时选定区域的左上角将出现一个等号；

(3) 在等号后输入函数名；

(4) 在函数名后的圆括号内输入参数；

(5) 按"Shift+Ctrl+Enter"组合键。

可以快速修改参数，方法是完成函数名及其参数的键入后，如发现函数的引用有错误，先单击函数所在单元格，再单击编辑栏，这时函数所引用的单元格将处于"半选定"状态，出现彩色方框。拖动要变动单元格的方框到正确的单元格上，即可完成引用错误的修改。

在 Excel 中，公式中可以同时包括引用、常量和函数，函数的参数本身也可以是公式或函数。如果参数需要绝对引用，则可在完成引用后就直接按"F4"功能键。

第三节 外部数据的导入和编辑

一、导入外部数据

对金融从业人员来说,使用 Excel 的主要目的是做金融数据分析,而数据分析的第一步是将外部数据导入 Excel,外部数据可以来自数据库、网站和文本。本小节主要说明从网站数据库获取数据、刷新数据和对数据重新排序的方法。图 A-7 显示了 Excel 数据选项卡的"获取外部数据"组和"连接"组。

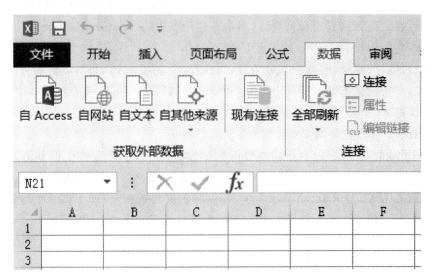

图 A-7 数据选项卡的导入和刷新外部数据命令组

(一) 从互联网或文本文件导入数据

1. 建立"web 查询"

一些网站的数据可以通过"web 查询"来获取。方法是:

(1) 登录到该网站的数据网页,复制网址;

(2) 新建一个 Excel 文档,单击"数据\自网站",出现"新建 web 查询"对话框;

(3) 将复制的数据网站地址粘贴到该对话框中的地址栏中,单击"转到"按钮;

(4) 对话框下方将展示网页数据,单击页面上的黄色底纹带框箭头(⇨),在其变为绿色底纹带框勾形符号后,单击下方的"导入"按钮;

(5) 在展示的对话框中选择导入位置,单击"确定"。

2. 下载 Excel 文档数据

这里以从中国人民银行网页下载数据为例来说明下载方法。中国人民银行的网站上有定期公布的金融数据,如中国金融机构信贷收支表、货币当局资产负债表、中国黄金和外汇储备报表、中国货币供给量,等等。我们当前的任务是将中国人民银行公布的"货币当局资产负债表"导入自己的 Excel 文档中。为此,执行以下操作:

第一步,在联网状态下,打开中国人民银行的主页,网址是 http://www.pbc.gov.cn/;

第二步,依次单击"调查与统计\2015年统计数据\货币统计概览\货币当局资产负债表",进入数据网页;

第三步,在工具栏上,单击"报表下载\excel下载",下载Excel格式的数据文档。

3. 下载文本文件数据

假定我们的任务是从"Yahoo! @Finance"网站上下载中国招商银行的股票数据,再将其导入本机上的Excel文档中。具体操作步骤如下:

第一步,从"新浪财金\股票\行情中心"上查询招商银行的股票代码;

第二步,进入"Yahoo!"网站的"Yahoo! @Finance"主页,在该主页左上角的"Get Quotes"框中,键入招商银行的股票代码:600036.ss,再单击"Get Quotes"按钮;

第三步,在招商银行股票行情页面,单击左边列表中的"Historical Prices";

第四步,在"Historical Prices"页面的"Set Date Range"中,选择数据的开始和结束时间,以及股价的时间频率,时间频率分为日、周或月,单击"Get Prices",以更新页面;

第五步,单击网页末的"Download to Spreadsheet"按钮,在显示的对话框中,选择保存位置,添加文件名"招商银行股票数据",单击"确定"。

4. 将文本文件数据导入Excel文档中

从网上下载的文本文件,有不同的分隔数据方法,主要分隔工具有Tab键、分号、逗号和空格等。最常用的是逗号隔离(Comma Separated,后缀名"CSV")和空格分隔(Space Delimited,后缀名"TXT")两类。Yahoo! @Finance的股票数据只有CSV一种类型。

将上述名为"招商银行股票数据"的CSV文档导入Excel的步骤如下:

第一步,新建一个已命名Excel文档(例如名为"中国股票行情"的Excel文档);

第二步,单击"数据\获取外部数据\自文本"命令,调出"导入文本文件"对话框,在该对话框中选择要导入的文件(在本例中为"招商银行股票数据");

第三步,单击"导入",调出"文本导入向导"对话框;

第四步,对"文件类型"选项,选择"分隔符号",对"分隔符号",选择"逗号",对"列数据格式",选择默认数据格式和确定需要跳过的列。

我们不能直接在Excel中导入另一个Excel文档的数据。要将下载的Excel数据导入其他Excel文档中,需要先将其另存为文本文件。

(二) 外部数据刷新

从网站数据库下载的数据在经过一段时间后,常常需要更新。

对于"Web查询",更新外部数据的方法是:

(1) 在联网状态下打开数据所在工作簿;

(2) 单击工作表Web查询区域的任一单元格激活web查询命令;

(3) 单击"数据"选项卡"连接"组的"全部刷新"命令调出菜单;

(4) 在调出的菜单中,单击"刷新"命令。

通过文本文件导入的数据,刷新数据时需要先下载新数据文件,让其覆盖旧文件,再单击"全部刷新"下拉菜单中的"刷新"。默认状态下,程序会出现"导入文本文件"对话框,要求用户提示文件名。在文件位置不变的情况下,这一步是多余的。避免出现这一步的方法是:

(1) 在"数据"选项卡的"连接"组内,依次单击"全部刷新\连接属性";

(2) 在调出的"连接属性"对话框中,取消对"刷新时提示文件名"的选择。

（三）数据的重新排序和添加序列号

下载的时间序列数据按日期以升序或者降序两种方式排列。在两种方式中进行转换非常简单。例如，要将数据由日期升序转换成日期降序，首先选中整个数据系列（可以不包括标题），再单击"开始\排序和筛选\降序"即可。

下载的数据一般需要复制到另一个工作表中进行分析。Excel 的复制柄是一个有效的数据复制工具。现举例说明：

假定一个美国 10 年期国债利率的历史数据集，起点为 1962 年 1 月 2 日，终点为 2012 年 2 月 18 日，总共有 13077 个数据点，存放于名为"美国国债利率"的工作簿的 Sheet1 中。其中 A1:B6 为数据说明，A7:B13083 为日期和利率数据。当前我们要在另一工作表中对最近 1000 个数据点进行分析。以下是快速复制该数据的方法：

1. 对工作表命名

(1) 将原始数据所在工作表 Sheet1 命名为"数据"；

(2) 再按"Ctrl+PageDown"转到 Sheet2，将其命名为"分析"。

2. 在"分析"工作表中添加序号

(1) 在"分析"工作表的 A2 单元格键入数字 1；

(2) 单击"开始\编辑填充\系列"命令，调出对话框；

(3) 在对话框的"序列产生在"选项中，选择"列"，在"终止值"框中键入 1000，其他不变，单击"确定"；

(4) 将 1 至 1000 的序号填充到 A2:A1001 区域。

3. 将数据工作表中的数据引用到分析工作表中

(1) 在"分析"工作表的 B2 单元格键入等号"＝"，按"Ctrl+PageUp"键转到"数据"工作表；

(2) 单击"数据"工作表的 A7，再按"Tab"键返回"分析"工作表，完成"分析"工作表 A2 对"数据"工作表 A7 的引用；

(3) 将"分析"工作表 A2 中的公式复制到 B2，将 B2 的数值格式设置为"常规"；

(4) 选中 A2:B2 区域，将鼠标指针置于选定单元格的复制柄上，在鼠标指针变为"＋"时，双击鼠标；

(5) "数据"工作表上的 1000 个数据点连同其对应日期将因此被引用到"分析"工作表的制定区域。

二、将数据中的文本类型转换为数值类型

从网站数据库导入的数据，有时为文本或包括文本，不能直接进行分析。例如，上例中美国 10 年期国债利率的数据就不能直接用来制作折线图，因为其中的历史数据包括文本。

用上述"数据"工作表中的数据制作折线图的一种方法是：

(1) 在 B6 单元格键入"美国 10 年期国债利率"；

(2) 选取 A6:B13083 区域，按"Alt+F1"组合键，生成一个图表；

(3) 如果默认的图表类型不是折线图，则需要再将其转换为折线图。结果如图 A-8 所示。

图 A-8 看起来像是面积图，但实际上是折线图。之所以出现这种情况，原因是利率数据集中有文本"ND"，Excel 的图表工具将其识别为零值，从而形成许多从某个非零数值陡然降至零的直线。

要用上面的数据做出"正常"的折线图，必须先将数据集中的文本点转化为 Excel 图表

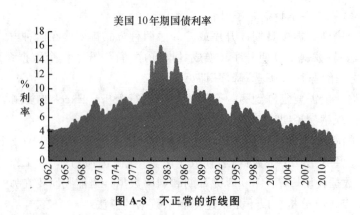

图 A-8　不正常的折线图

工具能处理为空值的数据点,方法是用 NA 函数将数据中的 ND 转化为错误值"♯NA"。Excel 图表工具将"♯NA"视为空值而非 0 值。

仍以上面的数据为例。在"数据"工作表的 C7 单元格键入公式

$$=IF(ISNUMBER(B7),B7,NA())$$

再选定 C7,将鼠标指针移至复制柄,双击鼠标。这时 B7:B13083 中的数据将被引用到 C7:C13083 中,同时数据集中所有的文本型数据 ND 都被转化为"♯NA"。

单击图 A-8 所示的"美国 10 年期国债利率"图表,制作该图的数据所在区域 B7:B13083 将被半选定,出现一个包围该区域的框线。将框线拖到 C7:C13083 区域,将生成一个新的"正常"折线图,见图 A-9:

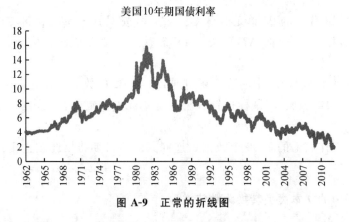

图 A-9　正常的折线图

上述公式中的函数 ISNUMBER(B7)检验命题"B7 是数值"的真假。如果命题为真,返回布尔值"TRUE",如果命题为假,返回布尔值"FALSE"。上述公式中的 IF 函数根据 ISNUMBER(D7)的值来选择命令。命题为真,执行第一个命令,即 C7=B7;命题为假,执行第二个命令,即 C7=NA()。函数 NA 将文本转换为"♯NA",即空值。

第四节　模拟分析工具

Excel 的模拟分析工具有"方案""单变量求解""模拟运算表"和"规划求解"等。前三个工具位于"数据"选项卡的"数据工具"组,规划求解位于"数据"选项卡的"分析"组。本节介绍其中的"模拟运算表""单变量求解"和"规划求解"三个工具。

一、模拟运算表

模拟运算表是展示当参数同时取不同值时同一公式运算结果的工具。用 Excel 的公式计算，一次可得一个结果，而模拟运算表可以同时显示在最多两个参数值发生 N 次变化时公式所有可能的结果。

在同一公式进行的多个运算中，只有一个参数发生变化的模拟运算表称为“单参数表”，有两个参数发生变化的称为“双参数表”。在模拟运算表中要变化的参数为“可变参数”。可变参数必须是对单元格的引用。模拟运算表由引用单元格、参数区域和结果区域三部分组成。图 A-10 中的 a 为单参数表，b 为双参数表。

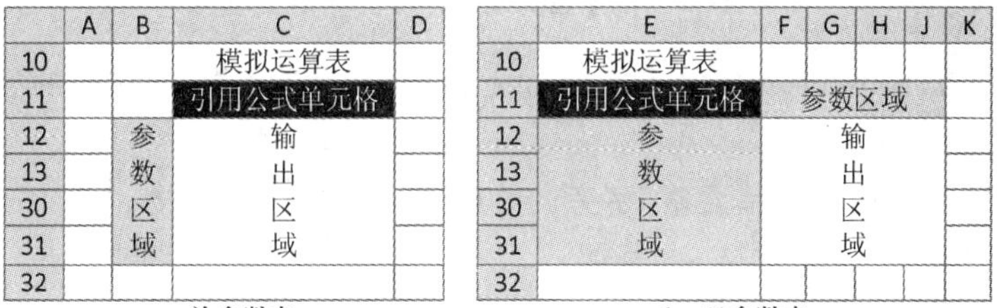

a. 单参数表　　b. 双参数表

图 A-10　模拟运算表的结构

下面我们用一个实例来说明单参数表的构建。

我们的目标是模拟到期收益率参数以 1%的步长从 1%变到 20%时债券价格的变化，模拟工具为单参数表。

首先，我们用函数“PRICE”及相关参数计算两债券价格，输入和输出见图 A-11：

	A	B	C	D
1		债券1	债券2	
2	结算日	2012/3/5	2012/3/5	
3	到期日	2022/3/5	2022/3/5	
4	期限(年)	10	10	
5	面值	100	100	
6	息票率	4%	8%	
7	到期收益率	3%	3%	
8	支付频率	2	2	
9	债券价格	108.5843	142.9216	
10				

图 A-11　债券信息和价格

在图 A-11 中，可变参数为单元格 B7 和 C7，C7 必须是对 B7 的引用，即 C7 中的公式必须是“＝B7”。B9 和 C9 中的公式分别为：

B9＝PRICE (B2, B3, B6, B7, B5, B8, 0)

C9＝PRICE (C2, C3, C6, C7, C5, C8, 0)

其次，执行以下操作：

(1) 将包含公式的单元格 B9 和 C9 分别引用到 C11 和 D11 单元格，即模拟表的“引用公式单元格”的位置；

(2) 在区域 B12:B31 中输入参数的预设改变值，分别为 1%，2%，…，20%；

(3) 选中 B11:D31 区域；

(4) 单击"数据\模拟分析\模拟运算表",显示的对话框有两个选项,如图 A-12 所示:

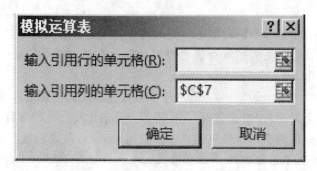

图 A-12 模拟运算表引用单元格对话框

选项的英文分别为"Row input cell:""Column input cell:",意指"对应行的参数单元格:"和"对应列的参数单元格:";

(5) 单击"输入引用列的单元格"字旁的方框,再单击 B7 单元格;

(6) 单击"确定"。

结果见图 A-13。双参数模拟运算表同时有两个参数变化。现在我们将"到期日"也设为可变参数,以 1 年为步长,得到 10 个不同的到期日,见图 A-14。

	A	B	C	D	E
10			模拟运算表		
11			108.5843	142.9216	
12		1%	128.4811	166.456	
13		2%	118.0456	154.1367	
30		19%	33.9071	51.5319	
31		20%	31.8915	48.9186	
32					

图 A-13 单参数模拟运算表计算结果

	E	F	G	H	I	P	Q
10		模拟运算					
11		108.5843	2013/3/5	2014/3/5	2015/3/5	2062/3/5	
12		1%	102.9776491	105.9257	108.8446	217.814	
13		2%	101.9703951	103.902	105.7955	163.0289	
30		19%	86.89560268	75.96639	66.85131	21.06167	
31		20%	86.11570248	74.64108	65.15791	20.0058	
32							

图 A-14 双参数模拟运算表计算结果

构建步骤:

(1) 在 F11 中键入公式"=B9";

(2) 在 F12:F31 中键入"到期收益率"参数的变化值;

(3) 在 G11:P11 中键入"到期日"参数的变化值;

(4) 选中 F11:P31,依次单击"数据\数据分析\模拟分析\模拟运算表",进入参数选择对话框；

（5）在"输入引用行的单元格"框中，输入"＝B3"，在"输入引用列的单元格"框中，输入"＝B7"，单击"确定"，生成双输入模拟运算表。

二、单变量求解

"单变量求解"用迭代法求一元 n 次方程的近似解。

在 Excel 中，单击"数据\数据工具\模拟分析\单变量求解"，调出该工具的输入框界面。输入框包括：

（1）"目标单元格"框，引用函数所在单元格；
（2）"目标值"框，由用户键入函数因变量的已知数值；
（3）"可变单元格"框，引用函数自变量初始猜测数值所在单元格。

完成输入后，单击"确定"返回 Excel 界面。在方程的构建和参数的输入都正确的情况下，可变单元格中初始猜测值变为方程的近似解，同时目标单元格值按一定误差等于目标值。

假定初始投资为 100 元，其后 5 年每年收回投资 25 元，求该投资的年平均收益率。这实际上是求下面多项式的解：

$$25\sum_{i=1}^{5}(1+y)^{-i}-100=0$$

首先，在工作表中输入各项参数和公式，见图 A-15。其中，年收益率假设为 10%。

	A	B	C	D	E
1		*用单变量求解计算投资现值*			
2		*投资收益率*			
3		初期投资	100		
4		每期付款	25		
5		投资收益率y	10%		
6		投资期（年）	5		
7			各期付款	各期现值	
8		1	25	22.73	=$C$4/(1+$C$5)^B8
9		2	25	20.66	=$C$4/(1+$C$5)^B9
10		3	25	18.78	=$C$4/(1+$C$5)^B10
11		4	25	17.08	=$C$4/(1+$C$5)^B11
12		5	25	15.52	=$C$4/(1+$C$5)^B12
13		总现值		94.77	
14		总现值-初始投资		-5.230	
15					
16		目标单元格：C14			
17		目标值： 0			
18		可变单元格：C5			
19					

图 A-15 用单变量求解工具计算投资收益率

其次，在单变量求解输入框中进行设置见图 A-16：单击"确定"。

计算结果是：D5＝7.93%，D14＝0。即该投资的年收益率为 7.93%。

在默认情况下，单变量求解的精度不高。要提高其精度，需要通过"文件"选项卡的"选

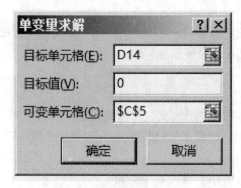

图 A-16　单变量求解参数设置

项"命令进入"公式"选项菜单,在"计算选项"中启用"迭代运算",增加"迭代次数"和大幅度降低"最大误差"的值。

三、规划求解

"规划求解"是远比单变量求解强大的计算工具,用于在约束条件下发现函数的最优解,有目标单元格(目标函数)、可变单元格(决策变量)和约束条件三个组件。其中,目标单元格是迭代公式所在单元格,或是对迭代公式所在单元格的引用。可变单元格是决策变量所在单元格,用来计算目标函数值。目标单元格中的公式必须有对可变单元格的引用。

在遵循一定的约束下,规划求解通过不断改变可变单元格值来最大化或最小化目标单元格中的近似值,或使该近似值与目标值的误差接近零。

(一)设置

使用规划求解前,需要对参数进行设置。单击"数据\分析\规划求解"命令,可调出"规划求解参数"对话框界面(见图 A-17),其中涉及参数输入、引擎选择和计算环境设置三类问题。

1. 参数

(1) 目标。在"设置目标"框中,输入对目标单元格的引用或名称,并选择目标的属性,是"最大""最小"还是"等于"一个确定值。

(2) 可变单元格。在"通过更改可变单元格"框中,输入对可变单元格的引用。在该输入框中,最多可以输入 200 个可变单元格引用,各引用之间用逗号加以分隔。可变单元格是必须要有的。

(3) 约束。约束条件是可选的。添加约束的方法如下:

第一步,单击"添加";

第二步,在"单元格引用"框中,引用被约束单元格(区域)或名称;

第三步,在"关系"选项中,选择"小于或等于、等于、大于或等于"三种约束关系中的一个;

第四步,在"约束"框中,输入约束条件,如果约束关系是"=、=或<>",则可在"约束"框中输入数字、单元格引用、名称或公式;

第五步,单击"添加"添加新的约束,单击"确定"返回"规划求解参数"对话框。

2. 引擎

引擎是求解方法或算法。Excel 规划求解有三个引擎:非线性 GRG、单纯线性规划和演化。其中,单纯线性规划用于线性问题的优化。GRG 是广义简约梯度的英文缩写,非线性

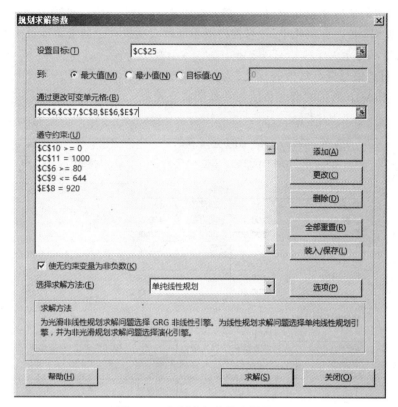

图 A-17 规划求解参数设置界面

GRG 用于光滑非线性问题的优化,也是使用频率最高的方法。

演化又称进化算法(Evolutionary Algorithms),是 2010 版 Excel 新增的一种优化方法,用于非平滑问题的优化。该方法借用生物进化过程中的"适者生存"机制来发现复杂现实问题的最优解。

进化算法不是先确定一个猜测值,再通过迭代逐步逼近最优解,而是一开始就由程序随机地产生一个由许多个体组成的总体,这些个体是"候选解"。然后再由适应函数来确定每个候选解对"环境"的适应性,并赋予其一定的适应性水平。接着,程序将第一代总体中的适应性较好的个体组成"双亲"(Parents),通过"交配"生育出一至两个"子女"。"交配"是将两个候选解中的要素(决策变量)加以合并以产生新的候选解的过程。交配导致基因的"重组"或进化。

个体基因不仅因为交配而变化,还会因"突变"而变化,其结果是有更好或更差基因的个体产生。

总体的进化通过对个体的"选择"来实现。通过选择,每一代总体中适应性高的个体(候选解)存活下来,个体中适应性低的被淘汰。这个过程会不断重复,直到出现一个满足一定条件的解。

3. 计算环境

单击"数据\规划求解\选项",调出计算环境选项卡,包括"所有方法""非线性 GRG"和"演化"三种算法的计算环境的设置。对一些高精度的计算,不能使用默认设置。这时,在所有方法中,约束精确度可能需要提高到小数点后的 12 位;可能需要选中自动缩放选项;最大时间和迭代次数的值应在 100 或以上。在非线性 GRG 中,一些计算需要将收敛精度设置在小数点后 8—12 位。在演化中,则可能需要不断改变随机种子数来得到最优解。

(二)规划求解示例 1

现在我们以"银行资产负债表优化"为例来说明规划求解的使用。假设一个名为 ABC 的银行,有如图 A-18 所示的资产负债表和预期收支表:

	A	B	C	D	E	F	G	H
1		用规划求解优化银行的资产负债表						
2		优化前ABC银行的资产负债表(单位:1亿)				最大贷款额		
3						644		
4		资产		负债				
5		准备金	90.200	活期存款	420.000			
6		证券	200.000	定期存款	400.000			
7		个人贷款	200.000	短期借款	100.000			
8		工商贷款	400.000	总负债	920.000			
9		总贷款	600.000					
10		同业拆放	109.800	权益	80.000			
11			1000.000		1000.000			
12								
13		预期银行收支表						
14				预期收入		预期支出		
15		资产	预期收益率	预期收益	负债	预期费用率	预期费用	
16		准备金	0.2%	0.18	活期存款	0.5%	2.1	
17		证券	4.2%	8.4	定期存款	3.8%	15.2	
18		个人贷款	7.0%	14	短期借款	5.2%	5.2	
19		工商贷款	7.2%	28.8				
20		同业拆放	5.0%	5.49				
21		总额		56.8704			22.5	
22								
23		预期资产收益率		5.7%				
24		预期负债费用率		2.4%				
25		目标函数						
26		预期净息差率		3.24%				
27								

图 A-18 ABC 银行的资产负债表和预期收支表

其中,

准备金=(活期存款+定期存款)×准备金率
同业拆放=总资产-准备金-证券-贷款总额
贷款总额=最大可能存款×70%

我们的目的是通过最大化预期净息差率 NII 来优化该银行的资产负债表。为此,构造如下设置:

最大化

$$\text{NII} = \frac{1}{A}\sum_j A_j i_j - \frac{1}{L}\sum_k L_k i_k$$

约束于

$$A_j \geqslant M_j, L_k \geqslant M_k, \quad \sum A_j = 1000, \quad \sum L_k = 1000 - 80$$

其中,NII=3.4%;A_j 为各项资产,L_k 为各项负债,M 为各项资产或负债的临界值。

在 Excel 的"规划求解参数"对话框中,做如下设置:

设置目标：　　　　　　　　　　　　C26
到：　　　　　　　　　　　　　　　最大值
通过更改可变单元格：　＄C＄6，＄C＄7，＄C＄8，＄E＄6，＄E＄7
遵守约束：

$$\$C\$6 >= 80$$
$$\$C\$9 <= 644$$
$$\$C\$10 >= 0$$
$$\$C\$11 = 1000$$
$$\$E\$8 = 920$$

选择求解方法：　　　　　　　　　　非线性 GRG

再单击"选项"做如下设置：
　　"所有方法"中的"约束精确度"：0.0000000001；
　　"非线性 GRG"中的"收敛"：0.0000000001。

其他选择默认设置。单击"求解"，规划求解返回一个对话框，称"规划求解找到一解，可满足所有的约束和最优状况"。单击"确定"，目标单元格返回最优解，一些或全部可变单元格的值也相应改变。在本例中，优化后的银行资产负债表和预期收支表见图 A-19。

	A	B	C	D	E	F	G	H
1		*用规划求解优化银行的资产负债表*						
2		优化后ABC银行的资产负债表（单位：1亿）						
3								
4			资产		负债			
5		准备金	101	活期存款	420			
6		证券	80	定期存款	500			
7		个人贷款	131	短期借款	0			
8		工商贷款	513	负责总额	920			
9		贷款总额	644					
10		同业拆放	175	权益	80			
11			1000		1000			
12								
13		优化后ABC银行的收支表						
14			收入			支出		
15		资产	预期收益率	预期收益	负债	预期费用率	预期费用	
16		准备金	0.2%	0.20	活期存款	0.50%	2.1	
17		证券	4.2%	3.36	定期存款	3.80%	19.00	
18		个人贷款	7.0%	9.16	短期借款	5.20%	0.00	
19		工商贷款	7.2%	36.94				
20		同业拆放	5.0%	8.74				
21		总额		58.4			21.1	
22			优化后		优化前			
23		预期资产收益率	5.8%		5.7%			
24		预期负债费用率	2.3%		2.4%			
25		*目标函数*						
26		预期净息差率	3.55%		3.24%			
27								

图 A-19　ABC 银行优化后的资产负债表和预期收支表

现实情况当然远比上述模型复杂，特别是银行经理并不能完全按自己的意愿调整资产负债表。尽管如此,在各种约束条件下对资产负债表所作的各种优化,还是可以给银行的管理者带来许多启示。

(三) 规划求解示例 2

下面用一个投资组合优化的例子说明规划求解中演化算法的应用:

已知一个组合由资产 $A_1, A_2, \cdots, A_m$ 组成。各资产在组合中的权重为 $w_j, j=1, 2, \cdots, m$。组合回报 r_P 为资产的权重向量 $\mathbf{w}=[w_1, w_2, \cdots w_m]$ 和回报向量 $\mathbf{r}=[r_1, r_2, \cdots r_m]$ 的内积:

$$r_P = w_1 r_1 + w_2 r_2 + \cdots + w_m r_m$$

对应的 Excel 函数为:

$$r_P = \text{SUMPRODUCT}(\mathbf{r}, \mathbf{w})$$

显然,在资产权重必须满足 $0 \leqslant \mathbf{w} \leqslant 1$ 的条件下,组合回报是定义在 $[0, 1]$ 区间上的资产权重 $\mathbf{w}$ 的光滑函数。

对股票市场的月度行情做连续 $n+1$ 次考察,得到 n 期组合回报 r_P 和对应的 n 期市场指数回报 r_m:

$$(r_{P1}, r_{P2}, \cdots, r_{Pn})^T, (r_{M1}, r_{M2}, \cdots, r_{Mn})^T$$

假定一个保守型投资者只满足于损失小于市场损失,并不追求利润最大化。该投资者想知道,如何选择各资产的比例,才能使组合每月损失小于市场损失的次数最少。为此,该投资者可以构造这样一个标识函数(Indicator Function)来确定其组合回报与对应的市场指数回报之间的关系:

$$I = \begin{cases} 1, & \text{if } r_P < r_M \\ 0, & \text{if } r_P \geqslant r_M \end{cases}$$

即如果当月的组合回报小于市场回报,I 取值为 1;反之,I 取值为 0。对应的 Excel 公式为:

$$I = (r_P > r_M) * 1$$

其意思是:如果 $r_P > r_M$,布尔值为 TRUE,TRUE 乘 1 得 1;如果 $r_P > r_M$ 不成立,布尔值为 FALSE,FALSE 乘 1 得 0。

由此得到一个值为 0 或 1 的序列 $\{I_t, t=1, 2, \cdots, n\}$ 以及组合回报小于市场回报的次数

$$k = \sum_{t=1}^{n} I_t$$

对应的 Excel 公式为:

$$k = \text{SUM}(I_t)$$

我们可以用如下方法来"优化"组合:根据历史数据来发现使 k 最小化的组合权重,然后将该权重用于当前的组合。这意味着求解以下目标函数:

$$\min k = \sum_{t=1}^{n} I_t$$

$$\text{s.t.} \begin{cases} 0 \leqslant w_j \leqslant 1, & \forall j \\ \sum w_j = 1 \end{cases}$$

现在问:对于这一目标函数,我们应该使用何种优化方法?显然,我们不能用经典方法如单纯形法和非线性 GRG 法来求解,因为标识函数 I 是非光滑函数,其取值依赖"IF"语句。对于非光滑问题,只能选择演化方法。

假定我们当前的组合如图 A-20 所示:

	B	C	D	E	F	G
3	资产	IBM	AAPL	WMT	MCD	PNC
4	回报	1.6%	3.7%	0.6%	1.8%	0.4%
5	权重	20%	20%	20%	20%	20%
6	权重下限	0%	0%	0%	0%	0%
7	权重上限	100%	100%	100%	100%	100%
8	权重和		100%			
9	组合期望回报		1.6%			
10	组合回报小于市场回报次数		16			

图 A-20　组合的资产和权重

在图 A-20 中的一些单元格的公式为：

$$C4=AVERAGE(B13:B72) \quad D8=SUM(C5:G5)$$
$$D9=AVERAGE(G13:G72) \quad D10=SUM(I13:I72)$$

资产和组合的各期回报，以及组合各期回报高于市场各期回报的次数，见图 A-21：

	B	C	D	E	F	G	H	I
12	IBM	AAPL	WMT	MCD	PNC	组合回报	SP500	I
13	3.1%	14.4%	−4.2%	1.3%	0.8%	3.08%	4.1%	1
14	4.7%	12.7%	2.7%	−1.3%	2.8%	4.32%	4.4%	1
15	−2.2%	6.0%	2.1%	5.0%	6.4%	3.46%	0.9%	0
16	2.2%	−5.6%	3.8%	3.6%	0.9%	1.01%	−0.5%	0
17	5.6%	6.2%	9.3%	5.7%	12.2%	7.80%	10.8%	1
18	1.7%	−0.9%	−2.4%	−2.9%	−3.9%	−1.67%	−7.2%	0
19	−5.1%	−1.4%	1.6%	5.3%	−7.6%	−1.45%	−5.7%	0
20	6.0%	16.3%	−0.8%	2.6%	−8.4%	3.14%	−2.1%	0
71	8.4%	7.4%	2.1%	7.2%	3.8%	5.79%	4.3%	0
72	1.4%	9.8%	−2.4%	3.1%	−1.8%	2.04%	1.0%	0

图 A-21　股票回报数据和 I 序列

在图 A-21 中，一些单元格的公式为：

$$G13=SUMPRODUCT(\$C\$5:\$G\$5,B13:F13) \quad I13=(G13<I3)*1$$

对"规划求解参数"对话框做以下设置：

　　设置目标：　　　　D10
　　到：　　　　　　　最小值
　　通过更改单元格：　$C$5:$G$5
　　遵守约束：　　　　C5:G5>=C6:G6
　　　　　　　　　　　C5:G5<=C7:G7
　　　　　　　　　　　D8=1
　　选择求解方法：　　演化

单击"选项\演化"，设置算法的突变和总体方面的参数。在 Excel 中，"总体大小"设为 300，"随机种子"为 6，"无改进最大时间"为 60，选中"使无约束变量为非负数"。单击"确定\求解"。"规划求解结果"对话框将显示："规划求解收敛于当前解，可满足所有的约束"。最后结果见图 A-22：

	B	C	D	E	F	G
3	资产	IBM	AAPL	WMT	MCD	PNC
4	回报	1.6%	3.7%	0.6%	1.8%	0.4%
5	权重	19%	37%	21%	22%	1%
6	权重下限	0%	0%	0%	0%	0%
7	权重上限	100%	100%	100%	100%	100%
8	权重和		100%			
9	组合期望回报		2.2%			
10	组合回报小于市场回报次数		10			

图 A-22 优化后的组合

优化前,在 60 个样本点中,组合月度回报值小于股指月度回报值的次数为 16,优化后为 10,且组合回报也由 1.6% 上升到 2.2%。

演化求解的结果往往随参数设置的不同而有很大差异,因此,要找到一个最优解,可能需要不断改变参数重新计算。

第五节 图表和控件

本节介绍 Excel 的图表和控件。

一、图表概述

Excel 有 11 种图表类型,其中常用的有折现图、散点图、柱形图和饼形图。每个类型中又包括一些子类型,如折线图又分为普通折线图、堆积折线图和百分比折线图等,各子类型又分为带有数据标记和不带数据标记两种类型。

图表分为创建图表和设置图表两个阶段。创建图表的常规步骤是:选中用于绘制图表的数据;在"插入"选项卡的"图表"组中,单击要插入的图表类型,再单击其中一个子类型。创建图表后,还需要对其进行设置,执行一些与标题、图例、网格线、数据标签、坐标轴格式等有关的操作。下面用实例说明最常用的折现图和散点图的绘制。

二、折线图绘制实例

我们当前的任务是用图 A-23 中美元对欧元的汇率的数据绘制一个折线图。

(一)组织数据

在绘制图形之前,需要组织好工作表上的绘图数据。数据分为标签(Label)、类别(Category)和价值(Value)三个要素。标签一般置于价值数据之上,说明该数据的性质,用于生成图例;类别数据由文本或时间组成,用来对价值数据进行分类,是图表中水平轴(横轴)的源数据;价值数据是一系列与类别对应的数值,用来生成图表中的柱、折线或散点等图形,是图表中垂直轴(纵轴)的源数据。

图 A-23 是关于美元对欧元和日元的时间序列数据。其中,B1 是数据标题(标题内容延伸覆盖了 C1);B2 和 C2 是数据标签,数字类型为文本;类别数据(日期)在 A3:A1513 区域中,数字类型是"短日期";价值数据(汇率)在 B3:C1513 区域中,数字类型是"常规"。

(二)创建图表

选中 A2:B1513 区域,在"插入"选项卡的"图表"命令组中,单击"折线图"命名调出"二维折线图"菜单,单击"折线图",即完成这一步的操作。

另外,在选中 A2:B1513 区域后,我们也可以按"Alt+F1"快捷键快速生成图表。如果折线图不是"默认图表",则在这一步后,还需要更改图表类型。默认图表本身也可以在图表工具的"更改图表类型"对话框中加以更改。

	A	B	C
1		美元对欧元和日元汇率	
2		欧元/美元	日元/美元
3	2012/2/24	0.7428	80.88
4	2012/2/23	0.7514	80.21
1512	2006/3/14	0.8432	115.97
1513	2006/3/13	0.8416	116.87

图 A-23　绘制折线图数据

(三) 设置图表

1. 添加标题

"单元格引用"是效率最高的标题添加方式。单击图表,调出图表工具,依次单击"设计\图表标题\图表上方",在编辑栏中键入"="号,单击 B1 单元格,按"Enter"键,完成图表标题的添加。坐标轴标题的添加与此类似。

2. 添加数据系列

我们的图表只有欧元兑美元的数据系列。要添加日元/美元汇率数据系列,非常简单。因为日元/美元数据紧接着欧元/美元数据。单击图表,B3:B1513 区域处于半选定状态,出现蓝色边框。拖动该边框的右角,将其扩展到 C3:C1513 区域,即完成添加工作。

3. 添加次坐标轴

因为日元/美元汇率与欧元/美元汇率两者的值差别很大,所以,需要添加次坐标轴来分别刻画两个数据系列。右击图表上的日元/美元汇率数据系列,单击"设置数据系列格式",选中"次坐标轴",单击"关闭",即完成操作。

4. 修改横轴上的数字格式

目的:把日期的格式改为简洁的仅有年份的格式。右击横坐标轴,进入"设置坐标轴格式"对话框,单击"数字",在"格式代码"框中,将"yyyy/m/d"改为"yyyy",单击"添加""关闭"。再将该坐标轴选项中的"主要刻度单位"固定为 1 年或 12 个月。

5. 修改纵轴的最大值和最小值

目的:尽可能多地展示数据细节。为此,在主次两个纵坐标轴的"设置坐标轴格式"对话框中,分别将最大值和最小值设置为 0.6 和 0.9,70 和 130。

6. 突出显示关键数据点

第一步,在工作表放置价值数据的区域中,选定特定单元格,修改其价值,将其放大,使其在图表中显示为一高耸的垂直线。

第二步,返回图表界面,单击图表中的这一垂直线,以选定整个数据系列;再次单击该直线,选定该数据点。在图表工具"布局"选项卡的"当前所选内容"组中,单击"设置所选内容格式"命令,在"数据标记选项"对话框中,将"数据标记类型"选为"内置",再根据自己的偏好选择"类型""大小"和"数据标记填充"的颜色。

保持数据点选定状态,在图表工具的"布局"选项卡的"标签"组中,依次单击"数据标签"

"其他数据标签选项",在标签选项中选定"类别名称"和"值",在"分隔符"中,选择"分行符"。单击"关闭"。在图表中,用文本框对突出显示的数据点加上说明文字。在工作表中,将更改的数据点改回原值。最后的结果见图 A-24。

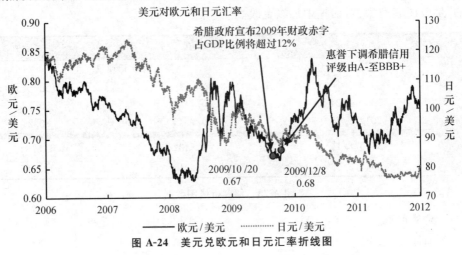

图 A-24　美元兑欧元和日元汇率折线图

三、散点图绘制实例

用来衡量债券价格敏感性的一个尺度是持续期。但持续期衡量的是债券价格的近似变化,与债券价格的真实变化有差异。图 A-25 中的数据对这两者之间的差异作了比较。我们用其中的数据制作一个散点图,即图 A-26。

	B	C	D	E
13	利率变动与债券价格			
14	利率变动	利率	实际价格	近似价格
15	−3.0%	1.0%	375	295
16	−2.5%	1.5%	328	277
17	−2.0%	2.0%	289	259
18	−1.5%	2.5%	256	241
19	−1.0%	3.0%	229	223
20	−0.5%	3.5%	206	204
21	0.0%	4.0%	186	186
22	0.5%	4.5%	169	168
23	1.0%	5.0%	155	150
24	1.5%	5.5%	142	132
25	2.0%	6.0%	132	114
26	2.5%	6.5%	122	95
27	3.0%	7.0%	114	77

图 A-25　债券价格相对于利率的实际和近似的变化

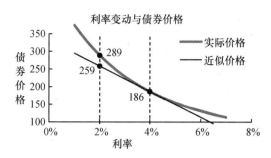

图 A-26 债券价格相对于利率的实际和近似的变化

以下说明创建图 A-26 的步骤：

1. 创建散点图

选中 C14:E27 单元格。单击"插入\图表\散点图\带直线的散点图"，创建一个散点图。对图表、横轴和纵轴添加标题，调整两个坐标轴的刻度。

2. 添加辅助线

在 G14:J27 区域键入制作辅助线数据，见图 A-27。

	G	H	I	J
14		辅助线1		辅助线2
15	4.00%	0	2%	0
16	4.00%	350	2%	350
17	4.00%		2%	
18	4.00%		2%	
19	4.00%		2%	
20	4.00%		2%	
21	4.00%		2%	
22	4.00%		2%	
23	4.00%		2%	
24	4.00%		2%	
25	4.00%		2%	
26	4.00%		2%	
27	4.00%		2%	

图 A-27 辅助线数据

单击图表，激活图表工具，单击"设计\数据组\选择数据\添加"，依次添加两条辅助线。其中，"X 轴系列值"分别为 15:G27 和 I15:I27，"Y 轴系列值"分别为 H15:H16 和 J15:J16。连续两次单击"确定"，返回工作表界面。

3. 突出显示关键数据点

在辅助线与价格曲线的交点上单击交点数据点，选中整个数据系列，再次单击选中该交点数据点，对其添加数据标记和数据标签，以突出显示。最后再将辅助线的线形设置为虚线。

四、控件

控件(Controls)是控制对象选择、赋值和代码执行的工具。Excel的控件有表单控件"Form controls"和ActiveX控件两类。表单是一种附带说明文字和固定格式的标准化文档。Excel的工作表也是一种形式的表单,因此,表单控件就是工作表控件。ActiveX控件,按照微软的说法,是"用于创建通过Web浏览器在Internet中工作的应用程序",实际上也可以在32位Excel和VBA中使用,但与64位Excel不兼容。本节以下部分的内容,除了个别情况,只涉及表单控件。

Excel表单控件有:标签、命令按钮、列表框、组合框、选项按钮、复选框、分组框、数值调节钮、滑动条等。

(1) 标签(Label)用于指示输入框的输入内容,位于输入框之前。

(2) 按钮(Command Button)用于通过单击执行指定的宏代码,又称"下压按钮"。

(3) 列表框(List Box)是一个选项列表,用户可以通过单击该列表的一个或多个文本进行单选或多选。只能单选的为单选列表框,可多选的为多选列表框。

(4) 组合框(Combo Box)又称为下拉框(Drop Down),由一个文本框和列表框组合而成。组合框平时只显示一个选项,单击其下拉箭头后,才显示其全部选项。组合框的功能与列表框相同,但更为简洁,是列表框的增强版。

(5) 选项按钮(Option Button)实际上是"单选框",用于"非此即彼"的互斥选项,一般成对使用。

(6) 复选框(Check Box)用于选择相互兼容的多个选项,简单说就是"多选框"。

(7) 分组框(Group Box)将控件分为相互独立的组,便于在复杂情况下使用。例如,在未分组时,在四个"选项按钮"中只能有一个被选中。在用分组框将它们分为两组后,可以同时选中其中的两个。

(8) 数字调节钮是一种通过单击向上或向下箭头来控制变量值大小的工具。

(9) 滚动条用于通过单击箭头或移动滑块来展示设定的价值变化。

控件的添加分为插入控件和设置控件格式两个阶段。插入控件的方法如下:

单击"开发工具\控件\插入\表单控件\目标控件"按钮,这时鼠标指针将变为"+"形;在工作表的目标位置上"拖放"鼠标。

设置控件格式的方法如下:

右击控件,单击"设置控件格式\设置控件格式",进入设置对话框。其中有大小(长宽高)、保护(是否锁定)、属性(对象位置)、可选文字(用于图形被关闭时显示)和控制(控件所支配的对象,包括数字、单元格和单元格区域等,命令按钮没有控制选项)等类别。另外,还可通过右击鼠标给控件指定宏或编辑文字。

参考书目

[1] 〔美〕沃肯贝奇:《Excel 2007宝典》,杨艳等译,人民邮电出版社2008年版。

附录 B　VBA 简介

第一节　VBE 和 VBA 过程

一、VBE

VBE 是 Excel VBA 编辑器的英文缩写。Excel VBA（Visual Basic for Applications）是微软在 Visual Basic 基础上专门针对 Excel 开发的程序语言，内置在 Excel 中，用于增强 Excel 的功能。

Excel VBA 是一种对象导向（object oriented）的程序语言，或者说是一种对象模型。这里的对象是 Excel 对象，即工作簿、工作表、单元格、单元格区域、图表，等等。对象是属性（如大小、位置、色彩等）的集合，可以被施加各种方法（如添加、删除、复制、粘贴和移动等）。属性更改和方法实施导致对象变化。VBA 代码将我们原本在 Excel 中针对对象所做的各项操作自动化，代码的执行过程就是对 Excel 对象进行各种操作的过程。因此，熟悉 Excel 是掌握 Excel VBA 的前提。

VBA 代码通过 VBE 编写。打开 VBE 的方法为：新建一个工作簿（Book1），单击"开发工具\代码\Visual Basic"命令，即可打开 VBE。见图 B-1。另外，按组合键"Alt＋F11"也可打开和关闭 VBE。

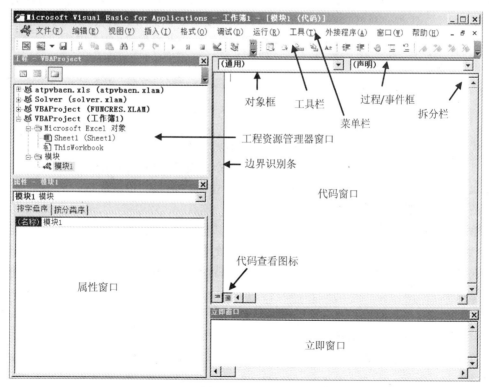

图 B-1　VBE 界面

VBE 界面由各种命令和窗口组成，命令集组成菜单栏和工具栏。下面介绍 VBE 的主要组成部分。

1. 菜单栏

菜单栏由文件、编辑、视图、插入、格式、调式、运行、工具、外接程序、窗口和帮助 11 个菜单组成。菜单是一组命令，例如，单击"插入"，可调出一个有过程、用户窗体、模块、类模块和文件五个命令的菜单。

2. 工具栏

VBE 有标准、编辑、调试、用户窗体四个工具栏。工具栏由一些代表常用菜单快捷方式的按钮组成。因此，我们既可以通过菜单栏也可通过工具栏执行特定命令。例如，要运行代码窗口中光标（鼠标指针）所在位置的子过程，既可以单击运行菜单上的"运行子过程/用户窗体"命令，也可以直接单击标准工具栏上的图标。此外，我们还可以用快捷键 F5 执行命令。

默认状态下，VBE 只显示标准工具栏。打开"视图"菜单，点击"工具栏"，选中"编辑栏"选项，工具栏上会增加一个编辑栏。其中的"设置注释块"和"解除注释块"按钮在编辑代码时非常有用。在编辑代码时，我们常常需要将数行代码转变为注释（程序中不作为代码执行的文本）。为此需要在各行代码前加一个英文单引号。"设置注释块"可在必要时将一大段代码瞬时变为注释。"解除注释块"则可用来执行相反的操作。

3. 工程资源管理器窗口(Project Explorer Window)

该窗口由窗口部件和窗口列表组成。窗口列表用于显示所有工程的列表。工程(Project)是模块(Module)的集合，模块是过程(Procedures)的集合，过程是可作为单元来执行的命名语句序列。一个工作簿的所有模块构成一个独立的工程。打开多个工作簿，就会有多个独立的 VBA 工程。所有这些工程都以列表形式显示在该窗口。我们可以通过该窗口在不同工作簿的模块之间切换。此外，该列表还显示了一些来自加载宏的工程。

工程资源管理器窗口有"查看代码""查看对象""切换文件"三个部件。"查看代码"用于打开代码窗口；"查看对象"用于打开工作表或用户窗体；"切换文件"用于显示或隐藏工程。

工程中的模块可以在不同工程中复制和粘贴，但不能被删除，只能从工程中移除。

4. 代码窗口(Code Window)

代码窗口是用来编写、显示和编辑 VBA 代码的页面。

打开代码窗口的方法为：单击"插入\模块"命令。在已有模块的情况下，方法有：(1) 单击模块；(2) 按 F7 键；(3) 在工程资源管理器中双击"窗口列表"中的模块；(4) 单击窗口部件中的"查看代码"命令。

输入代码的方法为：在代码窗口手动输入；从其他模块中复制并粘贴；通过文件菜单的"导入文件"命令和"插入"菜单的"文件"命令导入文本文件或 Basic 文件（后缀为". bas"）。

在代码窗口，可以将所选代码拖动到当前窗口的任何位置，以及其他代码窗口、立即窗口和垃圾箱中。

代码窗口有以下部件：

(1) 对象框和过程/事件框

当在工程资源管理器中选中的是模块时，对象框显示"通用"，过程框显示"声明"以及代码窗口中的过程名。

在工程窗口列表中双击一个工作表名（如 Sheet1），对象框会添加名为 worksheet 的对象。选择该对象,过程/事件框中会出现"工作表事件"列表。选择其中一个事件名,可以在代码窗口中编写针对该工作表的"事件过程"。

如果在工程列表框中双击"Thisworkbook",对象框中将增加名为 Workbook 的对象。选择该对象,过程/事件框中又会出现"工作簿事件"列表,用于编写针对该工作簿的各种事件过程。

(2) 边界识别条

边界识别条为代码框左边的灰色区域,用来添加和显示一些标记。例如,代码在运行中出错时,错误所在行会以黄色高亮显示,同时边界识别条上的对应点会出现一个指向该行的黄色底纹带框箭头。在代码框中没有代码的部分,边界识别条不可用。在有代码的部分,边界识别条可用来添加"断点""书签"等图标。

断点是边界识别条上的紫色圆点,表示代码运行过程中的"暂停"点,通过单击边界识别条添加或取消。

书签是标记代码中特定行的符号,用于在同一代码或不同代码的各行之间做快速切换。添加书签的方法:将光标置于准备添加书签代码语句上,右击边界识别条,再依次单击快捷菜单上的"切换"和"书签"命令。要取消书签,只需单击该书签,在"右击快捷菜单"上再次单击"切换"和"书签"命名。

(3) "代码查看"图标

该图标位于代码窗口的左下角,共两个,其中的图案分别为两长一短的横线和三长两短的横线。其中带三行线的为"过程查看"图标,单击该图标,代码窗口只显示光标所在过程。带五行横线的为"全模块查看"图标,单击该图标,代码窗口显示模块中的所有代码。

(4) 拆分栏

拆分栏在代码窗口的右上角。双击或拖动拆分栏,可将代码框划分为上下两个相等或不等的部分。

5. 立即窗口、属性窗口、本地窗口和监视窗口

在 VBE 界面的"视图"菜单栏上,单击上述窗口的名称,即可打开这些窗口。另外,按 Ctrl+G 和 F4 键还可分别打开"立即窗口"和"属性窗口"。

立即窗口(Immediate Window)是一个非常有用的代码调试工具,用于立即执行当前所编写的一行代码,以检验其效果。

属性窗口(Properties Window)显示对象的各种属性。我们可以通过该窗口修改对象的属性,例如在名称框中修改模块的名称。在默认情况下,模块的名称为"模块 1""模块 2"等等。

本地窗口(Locals Window)会显示当代码运行到断点时的所有变量的数据类型和值。我们可以使用"断点"和"本地窗口"组合来了解某变量在过程运行到某句代码时的值。

监视窗口(Watch Window)用于监视变量或表达式的值。例如,我们想让迭代过程在 i 等于 10 时中断,以查看前 10 个计算结果,则可以在过程旁的边界识别条上右击鼠标,单击"添加监视"调出"添加监视"对话框,在其中的"表达式框"中输入 i=10,在"监视类型"中选"当监视值为真时中断"。单击"确定"会出现监视窗口。当迭代过程运行到 i=10 时,过程自动中断。我们可以通过工作表或立即窗口查看这 10 个已有结果(需要另写代码)。

每一个窗口都有自己的位置。快速使窗口离位和归位的方法是:在"工具"菜单的"选项"命令中选中"可连接的"(Docking)复选框中的所有选项;双击一个窗口,会使其脱离自己

的位置；再次双击该窗口，又会使其回到自己的位置。

6. 对象浏览器窗口

对象浏览器是查看对象属性、方法和事件以及对象库中可用过程和常数的工具。

在对象浏览器中，每个应用程序和工程都是一个独立的库（Library）。库是"类"（Class）的集合，类是对象、模块或枚举（Enum）等，又是成员的集合。成员（Members）是对象的属性、方法和事件的集合，以及模块的过程和参数的常量的集合。

打开对象浏览器的方法是：在 VBE 中按 F2 快捷键，或在"视图"菜单中单击"对象浏览器"。窗口界面见图 B-2。

对象浏览器的窗口部件，按位置高低排序为：工程/库框，搜索文本框，搜索结果框，类列表，成员列表，详细数据框等。

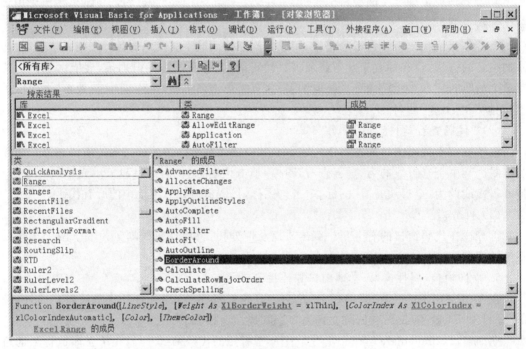

图 B-2　对象浏览器

对象浏览器的第一个功能是查询对象的属性、方法和事件。现以"Range"对象为例对此加以说明。需注意的是，查询前最好先右击鼠标，在调出的快捷菜单中选中"全字匹配"。

Range 是 Excel 对象，同时又是 Range 本身的属性，位于 Excel 对象库中。打开对象浏览器，在其左上端的"工程/库"框中选择"所有库"，在"搜索文本"框中输入"range"，再单击"搜索（望远镜）"图标。此时，类列表中将显示 Range，成员列表中将列出 range 对象的所有成员（所有属性、对象和事件）。

单击其中一个成员，对象浏览器底部的"详细数据框"将出现该 Range 成员的信息。单击对象浏览器最上方的帮助（问号）按钮或按 F1 键，可获得该 Range 成员更详细的信息。另外，我们还可把该成员的名称直接复制到代码中。在 Excel 2013 版中，VBA 中的"帮助"不能在离线状态下使用。

对象浏览器的另一个功能是寻找可用过程。以 VBA 为例，它有自己的内置函数，其中许多函数的功能与 Excel 内置函数的功能重叠。同一任务，我们可以通过在 VBA 中调用

Excel 函数来完成,也可直接使用 VBA 函数来完成。为此需要通过对象浏览器来了解 VBA 有哪些可用函数。

在对象浏览器的"工程/库"框中,选择 VBA,类列表将列出 VBA 的所有模块,其中有 Financial(金融)、Information(信息)、Math(数学)和 Strings(字符串),等等。每个模块包括多个同类别的函数,即模块的成员。我们看到,在信息模块中,有检验数据类型是否是数值的信息函数 IsNumeric。因此,要在 VBA 过程中加入检验数据是否是数值类型的代码,既可用 VBA 函数也可以用现在成为 Application 的方法的 Excel 函数。例如,语句

If IsNumeric (Range ("A1")) Then Range ("B1") = Range ("A") Else Range ("B1") = " "

与语句

If Application.IsNumber ("A1") Then Range ("B1") = Range ("A1") Else Range ("B1") = " "

都执行相同的任务:"如果 A1 单元格是数值,B1=A1,否则 B1 等于空格"。

对象浏览器的第 3 个功能是浏览属性和方法的常数。例如,BordeRround 是 Range 对象的一个方法。在对象窗口中的 Range 的成员列表中单击该方法,对象窗口的底部"详细数据框"显示该方法有 6 个可选参数,如表 B-1 所示:

表 B-1

参数	说明
LineStyle	线型
Weight As XlBorderWeight = xlThin	线条粗细,默认为细线
ColorIndex As XlColorIndex = xlColorIndexAutomatic	线条颜色,默认为自动
Color	边框颜色,以 RGB 值表示
ThemeColor	主题颜色

其中,以绿色字体显示的 XlBorderWeight 和 XlColorIndex 称为枚举,其成员是相关参数的一组常数。在详细数据框中单击 XlBorderWeight,页面跳转到类列表框,其中 XlBorderWeight 以高亮显示,对应的成员框显示其 4 个常数,如下表所示:

表 B-2

名称	值	线宽
xlHairline	1	特细
xlThin	2	细
xlMedium	−4138	中宽
xlThick	4	宽

如果我们要为单元格区域 C2:C7 设置中等宽度的边框,颜色为蓝色,则可用下面的语句:

Range ("C2:C7").BorderAround Weight：= xlMedium, ColorIndex：= 5

对象浏览器的窗口中所使用图标的含义,请参阅 Excel 帮助文档:Excel 2010 开发人员参考\Visual Basic 用户界面帮助\杂项\在"对象浏览器"及"代码"窗口中使用的图标。

二、VBA 过程

VBA 过程是模块中用来执行特定任务的代码。过程分为子过程(Sub 过程)和函数过程。

子过程以 Sub 语句开始，以 End Sub 语句结束，中间为一系列执行特定任务的语句。Sub 过程最基本的结构是：

```
Sub 过程名（）
    [语句]
    [Exit Sub]
    [语句]
End Sub
```

过程名称后的括弧用来放参数，但 Sub 过程一般不需要参数。

Function 过程以 Function 语句开始，以 End Function 语句结束，中间是一系列 VB 语句，用于执行特定的计算。函数过程最基本的结构为：

```
Function 函数名(参数表)
    [语句]
    [函数名 = 函数返回值]
    [Exit Function]
    [语句]
    [函数名 = 函数返回值]
End Function
```

函数过程一般需要在名称后的括弧内列出参数。参数用来计算函数名称的值。函数所返回的值可以是数值和数组，也可以是字符串。在函数过程中，必须有一句将计算结果(返回值)赋予函数名称的代码。

添加过程的方法是：在插入菜单上单击"过程"命令，在"添加过程"的对话框中，输入过程的名称，选择过程的类型(是子过程还是函数)和应用范围(是公共过程还是私有过程)，单击"确定"，VBA 会自动添加过程的开始和结束语句。更常用的方法是在代码窗口直接键入 Sub＋空格＋过程名，按"确定"键，VBA 会自动添加过程的结束语句。

关于过程有效范围的说明：如果一个过程只能被同一模块的其他过程调用，则需要在 Sub 语句和 Function 语句前加 Private 关键字。声明为私有过程的 Function 函数不会出现在 Excel 的用户自定义函数库中。专门为同一模块其他过程编写的函数，应声明为私有函数过程。实践中，我们常常将同一模块中其他许多过程都要用的计算编写成独立的私有过程，让其他过程在需要时调用。这使过程的代码简洁和易于调试。

默认情况下，不加任何关键字的过程都是公共过程，加不加 Public 关键字对过程的公共性质没有影响。公共过程可以被工程中的其他模块使用。

过程的开始语句是"声明"过程的语句。过程返回值的数据类型，可以在声明过程时指定，如下面的 Function 语句(开始语句)将返回值的数据类型指定为布尔型：

Function 函数名 (参数表) As *Boolean*

过程参数的数据类型如果没有在参数表中加以显式声明，则参数将采用默认数据类型

（即变体类型）。参数表中的变量是已声明变量，不能在过程代码中再次声明。

可以使用在参数前加 Optional 关键词的方法，将函数的后部分参数声明为可选参数，并为其设定一个默认值（并非必须）。可选参数后面的所有参数都必须是可选参数，即可选参数后不能有非可选参数。在下面的修正持续期函数中，票面利率 Coupon Rate 和到期收益率 YTM 被声明为双精度浮点型，付息次数 N 被声明为整数型，息票的每年支付频率 Frequency 被声明为可选参数，其默认值被设为 2：

```
Function MODDURATION (CouponRate As Double, YTM As Double, _
N As Integer, Optional Frequency As Integer = 2) As Double
```

注意：该语句被续行符分割为两行。续行符由一个空格和一个下划线组成。使用方法为：在语句需要断行的地方，添加一个空格和下划线，按"确定"键。续行符可以在一个语句的多个地方使用，但不能在字符串表达式中使用。字符串是一连串的文本字符。

用户编写的函数只能在函数所在的工作簿上调用。要在其他任何工作簿上调用用户自定义函数，必须将该函数另存为 Excel 加载宏文件。步骤如下：

第一步，在一个命名工作簿上用 VBE 编写函数过程，然后保存该工作簿；

第二步，在该工作簿中除保留一个空白工作表外，其余全部删除；

第三步，将该工作簿另存为 Excel 加载宏文件，文件的后缀名为"xlam"；

第四步，关闭用来编写函数的命名工作簿；

第五步，打开一个新工作簿，在"文件"选项卡的"选项"对话框中，依次单击"加载项"和"转到"命令，然后在"加载宏"对话框中选中所保存的加载宏文件。

Sub 过程和函数过程都可以用来执行同一运算。如果是经常在同一工作表进行运算，最好用 Sub 过程。如果经常需要在不同的工作表上进行运算，则应该用函数过程。

过程可以因为执行了 End Sub 语句而结束运行，也可以因在运行中触发了 Exit Sub 或 Exit Function 语句而结束。

第二节　VBA 的变量类型和运算符

一、变量类型

变量是在过程中数值可能会发生变化的对象，可以从名称和数据类型上加以规定。例如，如果在 VBA 的某个过程中，存在一个价格变量，则我们可以将其名称定为"PRCIE"，将其数据类型定为双精度浮点型。

VBA 的数据类型如表 B-3 所示：

表 B-3　VBA 数据类型

类型	范围
布尔型（Boolean）	True 或 False
整数型（integer）	$-32,768$ 到 $32,767$
长整型（long）	$-2,147,483,648$ 到 $2,147,483,647$

(续表)

类型	范围
单精度浮点型	负数从 $-3.402823E38$ 到 $-1.401298E-45$，正数从 $1.401298E-45$ 到 $3.402823E38$
双精度浮点型	负数从 $-1.79769313486231E30$ 到 $-4.94065645841247E-324$ 正数从 $4.94065645841247E-324$ 到 $1.79769313486232E308$
变体型(Variant)	可以是任何数字值，最大时等于 Double 的最大值
变比整型(Currency)	$-922,337,203,685,477.5808$ 到 $922,337,203,685,477.5807$
Decimal 型	没有小数点时为 $+/-79,228,162,514,264,337,593,543,950,335$ 而小数点右边有 28 位数时为 $+/-7.9228162514264337593543950335$； 最小非零数值为 $+/-0.0000000000000000000000000001$
字符串型(String)	变长为 0 到约 20 亿，定长为 1 到约 65,400

在 64 位的 VBA 中还有 LongLong 型数据。

在 VBA 中，"对象变量"是一个非常有用的变量类型。对象变量是对一个对象的引用，具有所引用对象的属性和方法。我们可以简单地把对象变量看作是一个对象的代表，具有所代表对象的所有属性和方法。这里的对象可以是工作表、图表、单元格和单元格区域，等等。引用一个单元格区域的对象变量虽然不是数组变量，但却可以作为数组来操作。

在 Excel 的帮助文件中，对象变量被定义为引用一个对象的变量。实际上，这里的"引用"与我们一般所说的引用不同。例如，单元格 A1 引用单元格 B1，即有：A1＝B1。这时，A1 的值会随 B1 的值变化。现在考虑一个单元格对象变量 Rng。假定我们让 Rng＝B1。这看起来像是 Rng 在引用 B1。但是，在 A1 对 B1 的引用中，A1 只是消极地接受 B1 值的变化，而在 Rng＝B1 中，Rng 和 B1 的值是相互决定的。我们既可以通过改变 B1 来改变 Rng，也可以通过改变 Rng 来改变 B1。

创建对象变量的步骤如下：

(1) 声明对象变量

对象变量必须声明为变体型或对象型：

  Dim CR, Dim CR as Variant, Dim CR as Object

其中，CR 是一个对象变量，Object 表示变量的数据类型是对象型。可以将对象变量声明为更具体的对象，如 Range，ChartObject，等等。

(2) 使用 Set 语句把对象赋值给对象变量

例如，要把活动单元格的当前区域赋值给对象变量 CR，可用下面的语句：

  Set CR = Activecell.CurrentRegion

现在 CR 成为工作表上当前区域的代表，在 VBA 中所有针对 CR 的操作，都是对这一当前区域的操作。

二、运算符

VBA 的运算符有算术运算符、比较运算符、字符串连接符和逻辑运算符四类：

(一) 算术运算符

- `^`   次方运算符
- `*`   乘法运算符
- `/`   除法运算符
- `\`   返回整数的除法运算符
- `Mod`   计算模或余数的运算符(返回两个数相除的余数)
- `+`   加法运算符
- `-`   减法运算符

(二) 比较运算符

- `=`   等于
- `<`   小于
- `>`   大于
- `<=`   小于等于
- `>=`   大于等于
- `<>`   不等于

(三) 字符串连接符

- `&`   语法:结果＝表达式1 & 表达式2
- `+`   当涉及字符串时,"＋"是连接符而不是加号

(四) 逻辑运算符

常用的有:

- `And`   对两个表达式进行逻辑连接
- `Eqv`   对两个表达式进行逻辑等价运算(返回 true 或 false)
- `Not`   对表达式进行逻辑否定运算
- `Or`   对两个表达式的结果进行逻辑析取

下面用几个例子来说明一些运算符的使用:

(1) & 运算符

在 VBE 的"立即窗口"输入下面的代码:

```
C = "A" & "B"
? C
```

按下 Enter 键后,将返回 AB。

(2) Not 运算符

在 VBE 的"立即窗口"输入下面的代码:

```
A = 10: B = 6
C = not (A = B)
? C
```

其中,":"用来连接两个语句。按下 Enter 键后,立即窗口将返回 True。

(3) Or 运算符

在 VBE 的"立即窗口"输入下面的代码:

```
A = 10: B = 8: C = 4
D = A>B Or C>B
If D = True Then E = A + B Else E = 0
? E
```

按下 Enter 键后,立即窗口将返回 18。

第三节　VBA 语句

一、VBA 语句类型

VBA 语句是由关键字、变量、常量、运算符和表达式等组成一个完整命令。VBA 有三种语句:声明语句、赋值语句和可执行语句。

1. 声明语句

声明语句(Declaration Statements)给 VBA 过程、变量、常数和数组命名,并定义其数据类型。

Dim 语句是以关键字 Dim 开头的语句,是最常用的声明语句,最基本的结构是:

```
Dim 变量名 As 数据类型
```

一个 Dim 语句可以声明多个变量。下面的语句声明了回报 Returns、输出单元格 Output、计数器 i 和总数 n 等多个变量:

```
Dim Returns As Variant, Output As Range, i As Integer, n As Integer
```

如前所述,在 Dim 语句没有为变量指定数据类型的情况下,变量被默认为变体型(Variant)。

以关键字"ReDim"开头的语句用于声明动态数组。下面的示例声明了一个 n+1 行和 m+1 列的二维动态数组。在用 ReDim 语句声明数组之前,不必先用 Dim 语句声明该数组。

```
ReDim Data (n, m)
```

VBA 行列索引号的默认起点是 0,因此,要声明一个 n 行和 m 列的数组,需要指定索引号的起始值:

```
ReDim Data (1 to n, 1 to m)
```

在过程中的 Dim 语句创建的是过程级别变量,该变量只能由所在过程使用。在模块顶部或所有过程之上的 Dim 语句创建的是模块级别的变量,该变量可以由模块中的所有过程使用。

Private 语句声明模块级别的私有变量,只能用于声明该变量的模块。Private 语句可使代码更易读取和解释。将一个模块的各个过程几乎都要使用的变量声明为私有变量,置于模块顶部,会提高代码编写的效率。以下是将参数声明为私有变量的示例:

```
Private Mx As Double, Mn As Double, binwidth As Double, k As Double
```

Public 语句声明公共模块级别变量,该变量可用于所有应用程序的模块,除非该模块为私有模块(Option Private Module)。

2. 赋值语句

赋值语句(Assignment Statements)将一个值或表达式指定给变量、常数,或设置对象的属性。例如,在下面的示例中,第一个语句将 Excel 中的命名区域 Returns 中的最大值赋值给变量"Mx"。第二个语句将 A1:D1 区域中字体的颜色属性设置为白色。

```
Mx = Application.Max ("Returns")
Range ("A1:D1").Font.Color = RGB (255, 255, 255)
```

3. 可执行语句

可执行语句(Executable Statements)是执行一个方法或函数的语句,执行可以由一个句子来完成,也可通过循环和代码块分支来执行。例如,语句

```
For k = 0 to n
    A (k) = k/100
Next k
```

以迭代(循环)方式对数组 A 中的各行赋值,行数值为 k,k 的取值范围为 0 到 n。

二、VBA 语句的构件和结构

(一) VBA 语句的构件

VBA 语句有四个构件:对象(Objects)、属性(Properties)、方法(Methods)和事件(Events)。

对象是 Excel 中的一个元素或"客体",如应用程序、工作簿、工作表、单元格、图表、窗体等。

集合是由相同的或具有某种共性的对象所组成的对象。集合中的对象或者说项目可以通过项目索引号或名称来指定。例如,"ChartObjects"是工作表中嵌入式图表的集合,"ChartObjects(1)"或"ChartObjects(Chart 1)"返回该集合中索引号为 1 的"ChartObject"对象。

属性是对象的特征,如对象的大小、位置、色彩或状态等。在 VBA 中可以通过在对象的属性后加"="号来修改对象的属性。下面的语句

```
ActiveSheet.ChartObjects ("chart 1").Shadow = True
```

修改活动工作表中的嵌入式图表"chart 1"的属性,使其边框具有阴影。方法是针对对象的行为,如添加移动和删除对象等。例如,Range 对象的"BorderAround"方法的功能是对 Range 对象添加边框(Border)。而 Border 本身又是一个对象。

```
Range.BorderAround
```

事件是由用户、程序代码或系统引发的对象可识别的动作,如用户点击鼠标,打开或关闭工作表等,包括工作簿事件、工作表事件、图表事件和用户窗体事件等。所谓事件程序是一旦某一特定事件发生就会自动执行的子过程。针对不同对象编写的事件程序必须放在特定对象的专属代码模块中。在 VBE 的"工程"窗口中,双击一个"Sheet"项目,会打开工作表的事件模块,双击"ThisWorkbook",则会打开工作簿的事件模块。

下面是一个在打开工作簿时自动显示名为"分析"的自定义视图的事件程序:

```
Private Sub Workbook_Open ()
```

```
ActiveWorkbook.CustomViews("分析").Show
End Sub
```

该程序在工作簿打开时自动执行。因为该程序针对的是工作簿事件，所以不能置于通用模块和 Worksheet 模块，而必须置于"ThisWorkbook"的专属模块。

（二）VBA 语句的结构

语句的结构指语句中各构件之间和构件参数之间的关系，由所属语言的语法确定。

在 VBA 的语言结构中，居于核心的是所谓的类。按照 VBA 的帮助文件，类是对象的定义，类定义了对象的属性和用来控制对象行为的方法，是用于创建或实例化某个对象的说明或模板。作为类比，我们可以说，动物是一个对象，人是动物的一个类，是有特定属性和行为的动物。我们可以通过 VBA 的对象浏览器来了解类的属性、方法和事件，这些属性、方法和事件称为类的成员。

要正确编写 VBA 语句，首先必须了解该语句的可用对象有哪些？这些对象有哪些属性、方法和事件。因为 VBA 是基于对象模式的，所以，一般而言，一个语句的第一个变量必须是一个对象，而不能是对象的属性和方法。例如，查询对象浏览器，知道 Axis 是一个对象，它有一个属性是 Border，代表对象的边框。因此，在 VBA 代码中，Axis.Border 是符合语法的。另一方面，我们通过对象浏览器还了解到，Border 本身也是一个类或对象，因此，Border.Color 也是符合语法的。

其次，对象之后的属性或方法必须是该对象的成员。例如，CurrentRegion（当前区域）是一个属性。在对象浏览器查询该变量，"详细数据框"显示：

```
Property: CurrentRegion As Range. 只读。Excel.Range 的成员
```

意思是：CurrentRegion 是属性（Property），数据类型为 Range，不能被设置（只读），是 Range 对象的成员。

按 F1 键，查看该变量的"帮助"文档，得到如下说明：

> 返回一个 Range 对象，该对象表示当前区域。
> 当前区域是以空行与空列的组合为边界的区域。只读。
> 语法：表达式.CurrentRegion；表达式一个代表 Range 对象的变量。

其意思是：

（1）CurrentRegion 作为 Range 的属性，代表一个 Range 对象，其所代表的 Range 对象为"当前区域"；

（2）当前区域是由空行和空列包围的一个已用区域，当前区域是"只读"的，即不可设置的（但可以对其进行复制、粘贴、扩大和赋值等操作）；

（3）按照 VBA 语法，必须将 CurrentRegion 置于"表达式"之后，即一个代表 Range 对象的变量之后。

查询对象浏览器的"类列表"，其中列出的对象名称中没有 CurrentRegion。如果我们在编写 VBA 语句时，直接将其置于"表达式"的位置，程序就会报错。假定我们在立即窗口输入一行代码

```
n = CurrentRegion.Rows.Count
```

其中，Rows 和 Count 是 Range 的属性，前者返回代表当前区域所有行这一 Range 对象；后

者是返回 long 类型的值,该值代表集合中对象的数目。按下"确定"键,程序会报出"运行时错误'424':要求对象"的信息。但即使我们给该语句添加一个对象,只要 CurrentRegion 不是该对象的成员,程序还是会报错。例如,在立即窗口执行

　　n = Worksheets ("Sheet1").CurrentRegion.Rows.Count

语句时,程序又会发出"运行时错误'438':对象不支持该属性或方法"的报告。只有下面语句的语法才是正确的:

　　n = Worksheets ("Sheet1").Cells.CurrentRegion.Rows.Count
　　n = range ("A1"). CurrentRegion.Rows.Count

其中的 Cells 是一个代表 Range 对象的变量。

但是,在 VBA 中,一些属性可以直接位于一个语句的句首。例如,查询对象浏览器,可知 ActiveWorkbook,Activesheet,Activecell,ActiveChart 等,都只是 Application 的属性,而不是像 Range 一类既是对象又是属性,但是它们都可以置于语句的句首。这既可说是 VBA 语法的灵活性,又可说是 VBA 语法缺乏严谨性。一些人很可能就是据此而把 VBA 称为"伪对象导向的"(Pseudo-object-oriented)语言。

VBA 语句的结构,仅考虑对象与属性的关系,可以简单地概括为:

　　对象.第 1 层属性(返回对象).第 2 层属性(返回对象).…….末层属性

三、分支和循环

分支和循环语句是流程控制语句。分支指根据条件选择执行语句,循环指在一定条件下重复运行同一语句。

(一) If...Then...Else 语句

1. 语法

IF 语句是最基本的分支结构,该结构根据条件选择执行语句。IF 语句分为单句和区块两种形式。单句形式的语法为:

　　$If\ condition\ Then\ [statements]\ [Else\ elsestatements]$
　　或
　　或:$If\ condition\ Then\ statements$

区块形式的语法为:

　　$If\ condition\ Then$
　　$[statements]$
　　$[ElseIf\ condition-n\ Then$
　　$[elseifstatements]$...
　　$[Else$
　　$[elsestatements]]$
　　$End\ If$

其中,condition(条件)是必要参数,为数值或字符串表达式,值为 True 或 False。在值为 True 时,执行 statements 语句,在值为 False 时,执行 elsetatements 语句。在没有 Else

的单句结构中,语句 statements 是必要参数,在其他结构中是可选参数。如果有多个语句,则可用冒号将各语句并为一个自然行。

2. 示例

表 B-4

1	Dim SimNumber As Long,Button As Integer
2	SimNumber=InputBox("输入模拟次数",Default:=1000)
3	If SimNumber>25000 Then
4	Button=MsgBox("模拟次数应小于 25,000", Buttons:=vbRetryCancel)
5	If Button=vbCancel Then
6	Exit Sub
7	Else:SimNumber=InputBox("输入模拟次数",Default:=1000)
8	If Button=vbCancel Then Exit Sub
9	End If
10	End If

这一示例展示在模拟次数(SimNumber)上的人机对话。

第 2 行语句是用户通过 InputBox 函数对 SimNumber 赋值。

第 3 行语句判断命题"SimNumber 值大于 2.5 万"的真假。如果为真,执行第 4 行语句;如果为假,执行第 10 行语句。

第 4 行语句通过 MsgBox 函数接受用户反馈的信息,再将返回值赋给 Button 变量。这一语句的执行会在活动工作表上显示一个信息框(见图 B-3),包括 Retry 和 Cancel 两个按钮。Button 的值取决于用户单击的按钮。

图 B-3 MsgBox 函数显示的对话框

第 5 行判断命题"Button=vbCancel"的真假。用户单击了取消按钮,命题为真,过程执行第 6 行语句;反之,执行第 7 行语句。

第 6 行是退出过程的语句。以这种方式退出过程不会导致 VBA 展示出错对话框。

第 7 行有两个语句:Else 和 SimNumber=InputBox(…),中间用冒号分割。后一语句再次让用户通过 InputBox 函数对 SimNumber 赋值。

第 8 行语句判断命题"Button=vbCancel"的真假。结果为真,则退出过程,反之,则执行第 9 行语句,结束分支结构。

第 10 行语句结束整个分支结构,与第一个 IF 对应。该语句何时执行,取决于第 3 行语句判断的结果。如果第 3 行语句的条件值为真,则在第 10 行语句后执行,否则,在第 3 行语句后直接执行。

（二）For...Next 语句

1. 语法

$$For\ counter = start\ To\ end\ [Step\ step]$$
$$[statements]$$
$$[Exit\ For]$$
$$[statements]$$
$$Next\ [counter]$$

其中，Counter 是循环计数器数值变量，为整数和必要参数；Start 是 Counter 初始值，必要参数；End 是 Counter 终值，必要参数；Step 即步长，是完成一次循环后 Counter 的改变量，整数，默认条件下为 1；Statements 是 For…Next 之间按指定次数重复执行的一个或多个语句。多个语句可以用冒号连接为一行。

Step 的参数值可以为正数或负数。为正数时，Counter 的值随循环增加，为负值时随循环而减少。因此，在 Step 为正数时，必须有 Start<End；反之，必须有 Start>End。

2. 示例

表 B-5

1	Sub 矩阵转列向量()
2	Dim data As Range，Rng As Range
3	Set data=Application.InputBox("选择数据区域"，Type：=8)
4	Set Rng=Application.InputBox("选择输出单元格"，Type：=8)
5	n=data.Rows.Count：m=data.Columns.Count
6	k=1
7	For i=1 To n
8	For j=m To 1 Step−1
9	k=k+1
10	Rng(k−1)=data(i, j)
11	Next
12	Next
13	End Sub

示例过程的任务是将以方阵形式排列的数据转为按单列排列的数据。

第 2 行声明两个对象变量。

第 3—4 行根据用户的选择分别给对象变量 data 和 Rng 赋值。

第 5 行计算对象变量 data 的行数和列数，将所得值分别赋给 n 和 m。因为是两句，所以中间要用冒号分隔。

第 6 行初始化参数 k。

第 7 行在 For 关键字后，确定外循环计数器 i 的起点和终点，分别是 1 和 n。

第 8 行在 For 关键字后，确定内循环计数器 j 的起点、终点和步长，起点为 m，终点为 1，步长为−1。

第 9 行对 k 赋值。

第 10 行将 data(i, j)各行的值以单列的形式赋给 Rng(i)。

第三节 参　　数

一、属性的参数

按照 VBA 帮助文件的说法,参数是"传递给一个过程的常数、变量或表达式"。VBA 的属性和方法以及内置函数都可以带或不带参数,而所带参数又分为必要的和可选的两种。前者在语法中不带方括号,后者带方括号。属性的参数一般而言比较简单,且带参数的属性也较少。下面以 Range 对象的 Resize 属性为例来说明属性参数的使用。在对象浏览器中,该属性的语法是:

  Resize ([*RowSize*], [*ColumnSize*]) As Range

在连线条件下按 F1 键,得到该属性的详细说明:

  Range.Resize 属性
  调整指定区域的大小。返回 Range 对象,该对象代表调整后的区域。
  表达式 Resize(**RowSize**,**ColumnSize**)

参数

名称	性质	类型	说明
RowSize	可选	Variant	新区域的行数。省略此参数,则该范围的行数不变。
ColumnSize	可选	Variant	新区域的列数。省略此参数,则该范围的列数不变。

返回值:区域

下面的语句将代表一个单元格的对象变量"Rng"扩展为一个代表具有 n 行和 3 列区域的对象变量,然后将其所代表的新区域的内容清空:

  Rng.Resize (n, 3).ClearContents

如果把上面的语句改为"Rng. Resize(n). ClearContents",则结果是"Rng"所代表的区域被扩大 n 行,而列数保持不变。

再举一个属性参数为必选的例子。Range 对象的 End 属性将所选范围从数据区域的起点扩展到数据区域的终端,其语法是:

  End(*Direction As* XlDirection) As Range 只读

其中,"*Direction*"参数不带方括号,因此是必需的,而"XlDirection"则是该参数的数据类型。该数据类型有四个常量:xlDown,xlToLeft,xlToRight,xlUp,分别代表区域扩展的四个方向。该属性的一个应用实例如下:

  Range (Rng (0, 1), Rng (0, 3).End (xlDown)).ClearContents

该语句的效果与上面应用 Resize 属性的语句等同。其独特之处在于:即使一个数据区域(当前区域)的行列数在程序运行中是动态变化的,即有数据区域的大小在代码运行过程中是变动的,我们也能选定该区域。

二、方法和内置函数的参数

与属性一样，方法并非都有参数。例如，在

```
Worksheets("Sheet1").Activate
```

这一语句中，Activate 是工作表这一对象的方法，用于激活工作表，不带参数。同样，即使方法有参数，其参数也分为必要的和可选的两种：参数表中无方括号的为必要参数，有方括号的为可选参数。

在对象浏览器中，对象的方法被定义为函数(Function)或子过程(Sub)，因此，方法使用参数的方式与 VBA 内置函数类似，差别仅在于：方法必须置于一个代表对象的变量之后，即必须带一个"对象识别符"，而内置函数则无需如此，可独立使用。例如，作为方法的 Inputbox 必须置于 Application 对象之后，而作为 VBA 函数的 inputbox 则可以直接使用：

```
n = Application.InputBox("请选定复制区域",type:=8)
n = InputBox("请输入迭代次数")
```

在 VBA 中，应遵循以下规则来使用方法的参数：

第一，参数总是位于方法或函数名之后，两者之间用一个空格分隔。要返回值的方法或函数，其参数需置于方法名或函数后的圆括号中。不返回值的函数和方法，其参数不能放在圆括号内。各个参数之间总是以逗点分隔。

第二，可不使用参数名而直接提供参数值，这时，各参数必须按照语法规定的顺序排列，省略的参数要用逗号来占位。

第三，参数也可用命名参数的形式提供。命名参数由参数名、冒号加等号(:=)以及参数值组成。以命名参数提供参数值时，各参数的位置可以随意调换，不必按语法规定的顺序排列。

下面举例说明：Chart 对象的 SetSourceData 方法的语法是：

```
SetSourceData(Source As Range, [PlotBy])
```

其中，"*Source*"指定"源数据"，是必要参数，数据类型为"Range"。"*PlotBy*"指定源数据的排列方式，是垂直排列还是水平排列。在一个制图的子过程中，以下两种语句都是合法的：

```
ActiveChart.SetSourceData Range("$B$37:$C$87"), xlColumns
ActiveChart.SetSourceData Source:=Range("$B$37:$C$87"), PlotBy:=xlColumns
```

因为该方法不返回值，所以不能将其参数置于圆括号中。注意 SetSourceData 与 Range 及 Source 之间都有一个空格。

再举一个必须将参数置于括号中的例子：Application 对象的 Inputbox 方法显示一个接受用户输入的对话框，返回用户输入的信息(公式、数值、逻辑值和单元格引用等)。其语法是：

```
InputBox(Prompt As String, [Title], [Default], [Left], [Top], [HelpFile], [HelpContextID], [Type])
```

其中，"*Prompt*"是必要参数，数据类型是"String"，即字符串。在上面的例子中，这一参数的值为:"请选定复制区域"(引号必须是英文引号)。因为这一参数的默认位置为 1,所以,对该参数赋值时,参数名可省略。

"Type"是可选参数,包括 0,1,2,4,8,16,64 七个值,分别代表公式、数值、文本、逻辑值、单元格引用、错误值和数值数组。当 type 值为 8 时,鼠标可在工作表上自由移动,而 VBA 的 Inputbox 函数无此功能,在使用该函数时鼠标会被冻结。

要使 Inputbox 方法的使用有意义,必须将该方法所接受的信息赋给一个过程中的变量。假定我们先在 A1 单元格中键入 1,再在 VBE 的"立即窗口"输入如下语句:

A = Application.InputBox("输入参数值",Type:= x)

或

A = Application.InputBox("输入参数值",,,,,,, x)

在第 1 个语句中,Type 不在默认位置上,所以必须采取命名参数的形式,x 代表 type 的七个参数值之一。在弹出的对话框中输入"=＄A＄1",按"确定"键。再在立即窗口中键入"? A",按"确定"键,则"立即窗口"返回的值将取决于我们赋给 Type 的值。Type 不同取值的含义见表 B-6:

表 B-6 Type 参数不同值的含义

值	含义
0	公式
1	数字
2	文本(字符串)
4	逻辑值(True 或 False)
8	单元格引用,作为一个 Range 对象
16	错误值,如 ♯N/A
64	数值数组

如果我们要让 InputBox 方法返回一个 Range 对象,然后将这一对象指定给对象变量 A,则 Type 参数的值应该是 8。

第四节 VBA 过程的调试

最简单的调试是在运行代码前执行一次"调试"菜单上的"编译 VBAProject"命令,以检查代码中是否存在编译错误,即代码中是否有未界定变量或拼写的错误。这会导致 VBA 无法将源代码转化为可执行代码。另外,我们还可以利用断点、中断模式和立即窗口等工具来发现一些更复杂的错误。

一、中断模式和断点

在 VBE 的标准和调试工具栏上,有下面四个快捷方式:

其中,第一个是 Sub 过程的"运行子过程/用户窗体"按钮(快捷键 F5),第二个是"中断"按钮

（快捷键 Ctrl＋Pause），第三个是"重新设置"按钮，第四个是"设计模式"按钮（用于编辑 ActiveX 控件）。

单击运行按钮可运行 VBE 中光标所在位置的 Sub 过程。过程在运行中会因两种原因自动进入中断模式：一是遇到断点；二是在出错时，用户单击了错误信息框的"调试"按钮。进入中断模式后中断按钮灰显，即不可以使用。如果过程是因为第一个原因进入中断模式，单击运行按钮，过程会继续执行断点后的语句。如果过程是因为出错进入中断模式，要退出中断模式必须单击"重新设置"按钮。该命令将清除内存中的过程和模块级别的变量，并重设过程所有参数。

中断模式是调试代码的一个工具。过程在运行中发生错误，会弹出错误信息框，单击"调试"按钮，过程会进入中断模式。这时，VBE 标题栏出现[中断]字样，工具栏"中断"按钮灰显，过程执行点以黄色高亮显示，边界标识条的对应点上出现一个黄色的箭头。在该执行点的语句即有错误的语句。

如果我们在"工具\选项\编辑器"中，选择了"要求声明变量 Option Explicit"，而代码中存在未显式声明的变量，或调用了一个工程的函数或子过程，而在"工具\引用"命令中未引用该工程，则过程在运行时会出现编译时间错误（显示为"编译错误"）。所谓编译时间指将源代码转换为可执行代码的时间。这时，过程会进入中断模式，首行代码以黄色底纹高亮显示，同时未声明的变量名或未引用工程的过程名以深蓝色底纹高亮显示。错误因此很容易得到改正。

我们可以通过"调校"菜单上的一些命令来主动进入中断模式。例如，可以使用"逐语句""逐过程"和"运行到光标处"等命令使过程按照我们的意愿进入中断模式，通过对代码的逐行或逐段排查来发现错误。"逐语句"命令可通过按住快捷键 F8 来连续逐行执行。

进入中断模式的另一种方式是对 Sub 过程设置断点。我们不能对声明语句、注释和空白行设置断点。设置断点的方法为：单击代码窗口边界标识条上与语句对应的点，或单击"切换断点"命令，该命令位于"调试菜单\编辑工具栏\调试工具栏"上。这时边界标识条上出现一个深红色的圆点，对应语句的背景色也变为深红色。再次点击该圆点或单击"切换断点"命令，将消除断点。一个 Sub 过程可以设置多个断点。

如果 Sub 过程在运行到断点处才进入中断模式，则我们可以断定错误语句不在断点前的语句中。这时我们应将断点向下移动，直到找到错误所在的位置。

另外，我们还可以利用断点（以及"运行到光标处"）查询变量在执行点的值是否与我们期待的值一致。当 Sub 过程在断点或光标所在处进入中断模式时，将鼠标指针置于断点前的变量上，会出现一个"数据提示窗口"，显示该变量此时的值。

断点与"调试"菜单上的"设置下一条语句"结合可以跳过一些代码块的执行。例如，假定一个过程中有一个大型的循环结构，当前的调试并不需要执行该循环，这时我们可以在该循环语句前设置一个断点，运行过程，过程在断点处停止。此时将光标置于循环语句后的一行代码上，右击边界识别条，单击"设置下一条语句"命令，光标所在语句将以黄色底纹高亮显示，过程再次运行时将跳过该循环。

二、立即窗口和 MsgBox 函数

立即窗口可以用来检验语句及其运行效果，记录变量在过程运行中所发生的变化。MsgBox 函数本身不是调试工具，但是，也有在代码运行中提示变量信息的功能，因此常常被用作调试工具。下面首先说明如何利用立即窗口来调试代码。

如前所述,BorderAround 方法(Range 对象的成员)的参数 Weight 有 xlHairline,xlMedium,xlThick 和 xlThin 四个常量。其另一个参数 ColorIndex,既可以用默认调色板的索引值(1—56)做参数值,又可用 XlColorIndex 的两个常量中的一个做参数值。假定我们不清楚何种线条的粗细和颜色的效果最佳。这时,可以利用立即窗口来帮助我们发现最佳线条粗细和颜色。从代码中将语句

Range ("C2:C7"). BorderAround Weight:=xlMedium, ColorIndex:=5

复制粘贴到立即窗口,按"确定"键后,再按"Alt＋F11"快捷键返回工作表界面查看效果。如不满意,只需简单地在立即窗口中修改参数值再次执行该语句即可。

另外,我们也可以将迭代计算的结果在输入到工作表之前先输入到立即窗口检查。例如,在代码窗口运行包含以下代码的子过程:

```
For i = 1 To 200
    R = Int ((100 - 1 + 1) * Rnd + 1)
    Debug.Print R
Next
```

则"Debug.Print R"语句将把最大为 100、最小为 1 的 200 个随机数输出到立即窗口。我们可以借此查看这些数据是否理想。这里 Debug 是一个对象,Print 是该对象的一个方法,该方法使用立即窗口来记录变量值在运行中的变化。Rnd 函数用于生成服从均匀分布的小于 1 但大于或等于 0 的随机数。Int 函数对参数取整,其括号中的 100 和 1 分别为所生成随机数的上界和下界。

现在再用一个示例说明如何用 MsgBox 函数来显示代码运行中变量的值。假定我们用 Range 对象的 CurrentRegion 属性选取了活动单元格的当前区域,同时还想知道该区域的行数和列数,则可以在代码中使用如下语句:

```
Dim CR As Range, n, m
Set CR = ActiveCell.CurrentRegion
n = CR.Rows.Count
m = CR.Columns.Count
MsgBox "n = " & n & Chr (10) & "m = " & m
```

其中,CR.Rows 和 CR.Columns 分别代表当前区域的所有行和所有列,Rows 和 Columns 的 Count 属性返回当前区域的行数或列数。MsgBox 函数后的所有文字都是其第一个参数"Prompt(提示)"的字符串表达式,其中有字符串、变量和函数,由连接符"&"连接。英文引号中的字符是文本,如 "n=",未带引号的 n 和 m 是变量,Chr 是一个函数,Chr(10) 返回换行符,将字符串表达式"Prompt"分为两行。

第五节　VBA 编程实例

在本节中,我们用几个实例来说明如何编写 VBA 过程。这些过程涉及数据整理、计算资产回报和频率,以及绘制资产时间序列价格的折线图、资产回报的散点图和资产回报频率的直方图。

一、删除数据集中的非数字行和重复行

在上一章中,我们指出在 Excel 环境下,如果要用包括文本类型数据的数据集绘制图形,必须先将数据中文本型数据用 NA() 函数转变为 Excel 可识别的符号"♯NA"。但是,在 Excel 环境下,我们不能对含"♯NA"的数据作一些基本分析,如计算数据集的描述统计量。

因此,最终我们需要用 VBA 程序将这些文本型数据转变为数字型数据,或者将其直接删除。对 VBA 来说,这两种方法在代码的编写上没有本质不同,只有形式上的差别。下面,我们说明如何编写一个 VBA 子过程来自动删除数据集中的所有文本型数据。

假定数据集位于"数据"工作表的 A2:B2520 区域,其中 A2:A2520 区域是日期类型数据,B2:B2520 是数值型数据,这里是美元/欧元汇率,其中有一些缺失的数据点,用文本 NA 表示。我们当前的任务是编写一个 VBA 子过程,逐行检查 A2:A2520 区域的数据类型,发现其不是数字,就将该行删除。用 VBA 过程来完成这一任务,需要以下几个步骤:

首先,声明代表当前区域的对象变量 CR:Dim CR As Range。

其次,创建一个对象变量,把单元格区域 A2:B2520 赋值给该对象变量:

```
Dim CR As Range
Set CR = Application.InputBox("选择时间和数值序列", Type:=8))
```

使用 Application.InputBox 方法可增加过程的灵活性,用户可以选择数据区域。

再次,编写用于检查 CR 中第二列单元格是否是数字型数据的条件语句:

```
If IsNumeric(CR(i, 2)) = False Then CR.Rows(i).Delete
```

其中,IsNumeric 是 VBA 的信息函数,返回 Cells(i, 2) 是否是数字类型的信息。整个 IF 语句的意思是:如果 CR(i, 2) 的数据不是数值型,则将 i 行删除。注意:此语句只删除对象变量中的行,而不是工作表上的整行,默认是"下方单元格上移",这是使用对象变量的优点。

最后,将上述条件语句置入一个循环语句(控制结构)中,以便对数据区域所有行自动执行上述条件语句。

包括循环语句的完整代码如下:

```
1   Sub DeleteNDRows()
2     Dim CR As Range, rw, rng, n, i
3     Set CR = Application.InputBox(prompt:="选择时间和数值序列", Type:=8)
4     n = CR.Rows.Count
5     For i = n To 1 Step -1
6       If IsNumeric(CR(i, 2)) = False Then
7         CR.Rows(i).Delete
8       End If
9     Next
10  End Sub
```

因为删除行会导致对象变量的行数收缩和计数器值混乱,所以,在上述循环中应以单元格区域的最后一行为起点,以该区域的首行为终点,逆序运行。这时,Step 应为—1。

删除数据集中重复行的代码如下:

```
1    Sub 删除重复行()
2      Dim DATA As Range, i, n
3      Set DATA = Application.InputBox("选择数值所在列", Type:=8)
4      n = DATA.Rows.Count
5      Application.ScreenUpdating = False
7      For i = n To 1 Step -1
8        If DATA(i, 2) = DATA(i + 1, 0) Then DATA.Rows(i).Delete
13     Next
14   End Sub
```

二、添加新工作表和向新表复制数据

在金融分析中,常常需要将数据引用或复制到另一个工作表进行分析,因此,在学习如何用 VBA 分析数据时,首先需要学习创建新工作表并将数据复制粘贴到新表的方法。执行这一任务的子过程如下:

```
1    Private Sub NewSheet()
2      On Error Resume Next
3      Application.DisplayAlerts = False
4      Worksheets("分析").Delete
5      Application.DisplayAlerts = True
6      Dim Dt As Range
7      Set Dt = Application.InputBox("选择日期/价格区域", Type:=8)
8      Application.ScreenUpdating = False
9      n = Dt.Rows.Count
10     Worksheets.Add
11     ActiveSheet.Name = "分析"
12     ActiveWindow.DisplayGridlines = False
13     Set Data = Range(Cells(30, 3), Cells(29 + n, 4))
14     Data = Dt.Value
15     Data.Columns.AutoFit
16     Set Dt = Nothing
17   End Sub
```

说明如下:

第 2—5 行由错误捕获、禁用或启用警告消息,以及删除命名工作表等语句构成。第 2 行是错误处理语句,该语句确保在程序发生运行错误时继续执行错误行之后的语句。这一语句要起作用,必须在"工具\选项\通用\错误捕获"单选框中选中"遇到未处理的错误时中断"。第 4 行语句执行删除"分析"工作表的操作。如果活动工作簿上没有名为"分析"的工作表,会发生运行错误,导致显示错误信息和程序中断。第 2 行语句的存在使这一后果不会发生。

如果工作簿上有名为"分析"的工作表,则程序又会显示一个用户应答类的警告消息,要求用户在"删除"和"取消"两者间选择。要避免显示警告消息,必须加上第3行语句。第5行语句是对第3行语句的逆向操作,即允许显示警告。

第6—7行创建一个对象变量Dt,代表数据工作表上的日期和资产价格数据。这一语句等同于复制工作表上选定区域数据的操作。注意,Dt不是模块级变量。

第8行禁用屏幕更新,即在过程中Excel界面不变化,过程结束时再将内存中的最后变化结果直接显示到屏幕上。在涉及大量屏幕变化的过程中,禁用屏幕更新会大大加快运行速度。这一语句必须放在第7行语句后,以避免鼠标被冻结、用户不能用Application的Inputbox方法选择单元格区域的情况发生。

第9行计算Dt的行数n。在Dt只有1列的情况下,这一句可改为n=Dt.Count。而对列数超过1的区域,Count之前必须有Range对象的Rows属性。

第10—12行用工作簿的Add方法添加工作表,将其命名为"分析",同时取消工作表的网格线。

第13行,因为在本例中n=2521,首行行号为30,尾行行号为2550,所以,这一语句创建了一个引用或代表新工作表C30:D2550区域的对象变量Data。Data是模块级变量,已经在模块顶部声明。如果在本过程中再对其声明,则又会将该变量转变为过程级别变量。对过程级别变量的赋值将只在本过程中有效。

第14行把Dt所引用单元格的值赋给Data所引用区域。这一语句等同于将所复制原始数据粘贴到新工作表指定区域的操作。

第15行对Data所引用区域的各列使用"自动对齐"方法。

第16行将Dt设为空集,释放Dt所占用的系统和内存资源。

三、计算资产回报率和描述统计量的子过程

本例说明如何用VBA过程计算资产回报率。资产回报率分为简单回报率和对数回报率,其公式分别为:

$$r_t = \frac{P_t}{P_{t-1}} - 1, \quad 或 r_t = \ln\left(\frac{P_t}{P_{t-1}}\right)$$

从金融分析角度,两个公式各有优劣。前者计算的是两个时点之间的回报率,后者计算的是一段时间内的连续复合回报率。

我们现在的任务是编写一个VBA过程来计算美元/欧元汇率的回报率。数据用美元标价,因此,设E为汇率,则$E=$美元数量/1欧元。在时间$t-1$,用1欧元购买E_{t-1}单位的美元,到时间t,1欧元可兑E_t单位的美元,则从$t-1$到t,以欧元投资美元的回报率为:

$$r_t = \frac{E_t - E_{t-1}}{E_{t-1}} = \frac{E_t}{E_{t-1}} - 1, \quad 或 r_t = \ln\left(\frac{E_t}{E_{t-1}}\right)$$

假定数据位于名为"欧元兑美元汇率"工作表的A3:B1253区域,以日期数据为依据按降序排列,则计算最近1天投资回报率的VBA语句为:

　　　　　Returns(1)= range("B3")/Range("B4") − 1
　　　　　Returns(1)= Log(range("B3")/Range("B4"))

对于 n 个数据点，要重复使用上面的公式 n 次，每次只有 Returns 的索引号和单元格的行列号发生变化。因此，可以将上述语句放入一个循环语句中，让程序来自动执行 n 次计算。我们使用 VBA 的 For⋯Next 循环语句来完成这一任务。

这一循环结构的默认步长值为 1，即一次迭代会导致计数器数值发生 1 单位的变化。因此，在默认情况下，数据依日期降序排列，则迭代过程为：

$$\text{Returns}(1) = E(1)/E(1+1) - 1$$
$$\text{Returns}(2) = E(2)/E(2+1) - 1$$
$$\cdots$$
$$\text{Returns}(1250) = E(1250)/E(1250+1) - 1$$

步长可以大于 1，例如，对于 1250 次循环，设步长为 2：

```
For counter = 1 to 1250 Step 2
    Returns(counter) = E(counter)/E(counter - 1) - 1
Next counter
```

则最初两步的算式分别是：

$$\text{Returns}(1) = E(1)/E(1+1) - 1$$
$$\text{Returns}(3) = E(3)/E(3+1) - 1$$

其余依此类推。这时 1 次循环导致计算器数的值发生 2 单位的变化。

步长还可以是负值，但这时计数器的初值必须大于其终值。例如，假定有 1251 个数据点，用于计算 1250 个回报率，数据仍依日期按降序排列，控制结构设计为：

```
For counter = 1250 to 1 Step -1
    Returns(counter) = E(counter)/E(counter + 1) - 1
Next counter
```

这时迭代过程为：

$$\text{Returns}(1250) = E(1250)/E(1250+1) - 1 \quad （第 1 步）$$
$$\text{Returns}(1249) = E(1249)/E(1249+1) - 1 \quad （第 2 步）$$
$$\cdots$$
$$\text{Returns}(1) = E(1)/E(1+1) - 1 \quad （第 1250 步）$$

(1) 计算资产回报率

计算回报的子过程有多种编写方法，其中一种方法如下：

```
1   Private Sub Returns()
2       n = n - 1
3       Set Rs = Range(Data(1, 3), Data(n, 3))
4       For i = 1 To n
5           Rs(i) = Data(i) /Data(i + 1) - 1
6       Next
7   End Sub
```

说明如下：

第 2 行将 n 的值减去 1 后再赋给 n。n 为模块级变量，其在上一过程所获得的值会一直保留，直到其被重新声明或赋值。本过程计算回报序列，而回报序列比价格序列少一项，因此这里 n 要减 1。

第3行声明一个代表回报的对象变量,该变量引用 Range(Data(1,3)和 Data(n,3))的单元格区域,即价格数据区域右边的空白单元格,用于接受代码计算的回报率。

第4—6行用循环语句 For…Next 计算资产回报。第5行语句将计算结果赋给 Rs。因为 Rs 是单元格区域的代表,所以,对 Rs 赋值就是对 Rs 所代表的单元格区域赋值。这一语句既是回报的计算过程,又是将计算结果输出到工作表的过程。

注意:
Data(i,1)是日期数据所在列(工作表的 C 列);
Data(i,2)是资产价格数据所在列(工作表的 D 列);
Data(i,3)是资产回报数据所在列(工作表的 E 列);
Data(i,0)和 Data(i,−1)是空白列(工作表的 B、A 列);
引用 Data(i,−3)会导致"应用程序定义或对象定义错误",因为 A 列已是工作表边界。

(2) 计算回报率的描述统计量

计算资产回报描述统计量的子过程如下:

```
1    Private Sub Description()
2        Range("B2") = "欧元兑美元汇率回报"
3        Range("B2").Font.Bold = True
4        Range("B3") = "描述统计量"
5        Range("B4:b10") = Application.Transpose_
6            (Array("均值","标准差","偏度","峰度","最大值","最小值","观测数"))
7        Range("C4") = Application.Average(Rs)
8        Range("C5") = Application.StDev(Rs)
9        Range("C6") = Application.Skew(Rs)
10       Range("C7") = Application.Kurt(Rs)
11       Range("C8") = Application.Max(Rs)
12       Range("C9") = Application.Min(Rs)
13       Range("C10") = Application.Count(Rs)
14       Range("B4:C10").BorderAround ColorIndex: = 1
15   End Sub
```

解释如下:

第5—6行是被断为两行的一个语句。其中,Array 是 VBA 的数组函数,括号内用逗号分隔的是数组的元素,本例中各元素是描述统计量的标签(名称)。该数组函数默认是横排,输出1行,要让其竖排,输出1列,必须用转置函数 Transpose 对该函数转置。

第7—14行调用 Excel 工作表函数计算回报率的描述统计量。

第15行对单元格区域 B4:C14 使用细线边框。

四、计算频率的子过程和函数

在金融分析中常常使用频率或相对频率的概念。频率是在 n 次试验中特定事件发生的次数,或者说是样本空间(数据集)中一个子集的样本点数。事件发生的次数与试验总次数之比,或子集的样本点数与全体样本点数之比,就是事件的相对频率。当试验次数 n 趋于无穷大时，按照统计学中的大数原理，事件的相对频率趋近于事件的概率，所以相对频率又称为经验概率。

要计算数据集中各子集的频率，首先要确定数据集的范围（函数的定义域）。资产价格不能为负，所以资产回报最小可能值为$(0-P_t)/P_{t-1}=-1$。资产回报的最大可能值无法确定，这里假定样本中的最大值就是最大可能值。这样，数据集的范围应为$[-1, \text{Max}]$。

其次是对数据集分区。我们首先把$[-1, \text{Min}]$单独划分为一个分区，然后再将剩余区域$(\text{Min}, \text{Max}]$划分为$m-1$个分区。一个数据集要分成多少组才适当，没有一个明确的答案。显然，分组数的多少与数据集的规模有关，规模越大，可分的组数也越多。组距计算公式是：

$$w = \frac{\text{Max} - \text{Min}}{m-1}$$

其中，w是组距，Max为数据集中的最大值，Min为最小值，m为分组数。因为已经有了一个分区$[-1, \text{Min}]$，所以这里m要减去1。

再次是计算分位数。将区域$[-1, \text{Max}]$划分为1个闭区间和$m-1$个左开右闭的分区

$$[-1, \text{Min}], (\text{Min}, b_2), (b_2, b_3), \cdots, (b_{m-1}, \text{Max})$$

```
       [-1, Min]   (Min, b₂)                  (b_{m-1}, Max)
    ├─────────┼─────────┼─────────┼──────┼─────────┤
    -1     b(1)=Min   b(2)      ……    b(m-1)   b(m)=max
```

即用各分区的左端点来代表各个分区，就是所谓的Bin或容器，得到一个序列：

$$\{b_1, b_2, \cdots, b_m\}$$

该序列中的各项就是各分区的分位数，且有：

$$b_1 < b_2 < \cdots < b_m$$

即序列中每一项都比其前一项多一个组宽。计算各分位数的公式是：

$$b_j = \text{Min} + w(j-1), \quad j=1,2,\cdots,m$$

复次是计数（数数）。构建一个标识函数I，将数据集中的数据点r与各分位数逐一进行比较，如果其等于或小于某个分区点，$I=1$，否则$I=0$。即

$$I = \begin{cases} 1, & \text{if } r \leqslant b_j \\ 0, & \text{if } r > b_j \end{cases}, \quad j=1,2,\cdots,m$$

然后依据I值对各分区b_j记1分或0分。一个回报值r_i与各分位数b_j的大小比较是一轮包括m次迭代的内循环：

$$r_i \begin{cases} > b_0, & I_0 = 0 \\ \cdots \\ > b_{k-1}, & I_{k-1} = 0 \\ \leqslant b_k, & I_k = 1 \quad \text{（分界点）} \\ \cdots \\ \leqslant b_m, & I_m = 1 \end{cases}$$

假定回报数组中的回报数为n，则从1到n的每一个回报值都要与各分位数b_j逐一比较，比较结果都转化为各分区的得分。如果有50个分位数，2520个回报值，共要做$2520 \times 50 = 126000$次比较，总得分为2520。因为在分位数单调递增情况下，一旦某一个分区b_k被记1分，其后的各分区都将被记1分，而r_i只能属于第一个被记1分的分区，所以，我们在编程时

应该设计一个退出机制,一旦有 $r_i \leq b_j$,有 b_j 被记 1 分,就立即让 r_i 退出内循环,开始新一轮 r_{i+1} 的内循环。这无疑会大大加快代码的运行速度。

最后是将各分区的得分加总,以计算属于各分区的回报数目:

$$F_j = \sum_{i=1}^{n} I_{ij}, \quad j = 1, 2, \cdots, m$$

其中,F_j 为 j 分区的频率,也就是属于 j 分区的数据点数。I_{ij} 为 j 分区的第 i 次得分。

现在我们根据上述算法来编写 VBA 子过程,数据来自上面新建的"分析"工作表。首先列出我们在过程中使用的模块级变量:

```
Dim Data As Range, Rs As Range, Rng As Range
Dim i, j, n, m, Indicator
Dim Mx, Mn, Binwidth, MxPrice, MnPrice, MxTime, MnTime
Dim B(), F()
```

其中 B() 和 F() 是数组变量。注意:如果要在多个过程中调用数组变量,则必须将其声明为变体型变量。

计算分位数的子过程代码如下:

```
1   Private Sub Bins()
2       m = 50 - 1
3       Mx = WorksheetFunction.Max(Rs)
4       Mn = WorksheetFunction.Min(Rs)
5       Binwidth = (Mx - Mn)/m
6       ReDim B(m)
7       For j = 0 To m
8           B(j) = Mn + j * Binwidth
9       Next j
10  End Sub
```

以下是说明:

第 2 行对变量 m 赋值。数据分为 50 组,用 49 个分位数来划分由最小值和最大值围成的区域,实际上是由-1 和最大值为边界的区域。

第 3—4 行分别计算 Rs 中的最大值 Mx 和最小值 Mn,其中 Rs 为 Returns 子过程中的模块级对象变量,仍保留着其在上一过程中获得的值。

第 5 行计算组距 Binwidth。

第 6—9 行声明一个行索引号为 0 到 m 的一维动态数组 B。其总的行数为 m+1。然后通过一个循环语句对其赋值。

计算各分区频率的子过程如下:

```
1   Private Sub Frequency()
2       ReDim F(m)
3       For i = 1 To n
4           For j = 0 To m
5               If Rs(i) <= B(j) Then Indicator = 1 Else Indicator = 0
```

```
6            F(j) = F(j) + Indicator
7            If Indicator = 1 Then Exit For
8        Next j
9    Next i
10 End Sub
```

说明如下：

第3—9行用一个二元循环语句计算各分区的回报数，即单个回报落入各个分区的频率。其中，外循环计数器变量 i 的初值和终值分别为 1 和 n，内循环计数器变量 j 的初值和终值分别为 0 和 m。

第4—8行在外循环锁定 i 的情况下，用 Rs 中的第 i 回报与 B 中各个分位数 B(j) 进行比较。如果第 i 回报值小于或等于第 j 分位数，即有 Rs(i)≤B(j)，则 Indicator 等于 1，否则，Indicator 等于 0。一个内循环运行 m 次后，开始由下一个 i 值控制的内循环。

第7行，Indicator 取值为 1 将触发 Exit For 语句，这时内循环停止，将控制权交给外循环。Indicator 取值为 1 表明 Rs(i) 已有所属，在当前的 i 值下继续进行内循环已无意义。

以上我们用两个子过程计算了数据集的分位数数组和频率数组。但是这些计算结果还都在计算机的内存中，需要编写代码将其输出到工作表上。此外还需要对输出设置格式。

输出频率计算结果的子过程如下：

```
1    Private Sub Output()
2        Set Rng = Range("G30")
3        For j = 0 To m
4            Rng(j + 1, 1) = B(j)
5            Rng(j + 1, 2) = F(j)
6        Next j
7        Data(0, 2) = "美元/欧元"
8        Rs(0, 1) = "回报"
9        Rng(0, 2) = "频率"
10       Range("D29:H29").HorizontalAlignment = xlRight
11       Rs.NumberFormat = "0.00 %"
12       Range(Rng, Rng(1, 1).End(xlDown)).NumberFormat = "0.0000 %"
13   End Sub
```

解释如下：

第2行用对象变量 Rng 来代表数据输出的起点。因为是输出在新工作表上，所以输出点可以预先设定。

第3—6行通过 m+1 次迭代将分位数数组和频率数组输出到新工作表上。计数器 j 的初值为 0，要让输出的起点单元格为 Rng(1, 1)，输出单元格的行索引号必须是 j+1。

第7—9行给数据添加标签或标题。

第10—12行对 D29:H29 单元格区域的字符串对齐方式使用"右对齐"，将回报率的数字格式设置为小数点后两位的百分数。对各分位数使用小数点后四位百分数。

一些 VBA 子过程可以改为 VBA 函数。现在我们将以上所有涉及频率计算的子过程合并成一个计算频率的函数：

```
1   Function Freq_Bins(Prices, m)
2     Dim n, i, j, Mx, Mn, Binwidth
3     n = Prices.Rows.Count - 1
4     ReDim Returns(1 To n)
5     For i = 1 To n
6         Returns(i) = Prices(i)/Prices(i + 1) - 1
7     Next
8     Mx = WorksheetFunction.Max(Returns)
9     Mn = WorksheetFunction.Min(Returns)
10    Binwidth = (Mx - Mn)/(m - 1)
11    ReDim F(m, 1)
12    For j = 0 To m
13        F(j, 0) = Mn + j * Binwidth
14    Next j
15    For i = 1 To n
16      For j = 0 To m
17        If Returns(i) < = F(j, 0) Then Indicator = 1 Else Indicator = 0
18        F(j, 1) = F(j, 1) + Indicator
19        If Indicator = 1 Then Exit For
20      Next j
21    Next i
22    Freq_Bins = F
23  End Function
```

以下是解释：

第1行声明函数过程的名称(Freq_Bins)、参数(Prices 和 m)，以及主体代码。

第2行声明变量。函数的参数已经随同函数名称一起声明，故其没有出现在 Dim 语句后。参数"Prices"实际上是一个对象变量，我们通过参数输入框来为其指定对象。

第4—7行声明 Returns 动态数组，使用 Prices 来计算资产回报，并将结果赋给 Returns 数组中的相应元素。

第11行声明一个动态数组 F(m,1)，其元素的行、列索引号初值均为0，故该数组有 m+1 行和2列。第一列(索引号＝0)中的元素为分位数，第2列(索引号＝1)中的元素为频率。

第12—14行对 F 数组0列中的各元素赋值。

第15—21行对 F 数组1列中的各元素赋值。

第22行将数组 F 的值赋给函数名。如果 F 只有1列，且结果要以1列输出，则需用 Excel 的转置函数对数组中的元素转置。

使用这一函数的方法为：

选定单元格区域中的 m 行和2列；在选定区域输入等号(＝)、函数名 Freq_Bins、参数 Prices 和 m，按 Shift＋Ctrl＋Enter 组合键。

五、用 VBA 过程创建图表

在金融数据的分析中,图表起着至关重要的作用。图表将数据的统计特征和变化趋势直观地表现出来,使我们能瞬间察觉从数据阅读中难以发现的信息。本节沿用上面的例子,说明如何用 VBA 过程绘制折线图、散点图和直方图。折线图用于反映资产价格的变动趋势;散点图用于揭示资产回报的历史波动;直方图用于描述资产回报的分布特征。

(一)用录制宏获取创建图表的代码

1. 不设置图表格式时的 VBA 代码

编写 VBA 的绘图过程最好从录制宏开始。在录制宏前,先选定时间序列和资产价格序列两组数据,包括它们的标签。然后单击开发工具选项卡上的"录制宏"命令。接着从插入选项卡的图表组中插入一个不带数据标记的折线图。再单击"停止录制"命令。按 Alt＋F11,转到 VBE 界面,工程资源管理器中多了一个模块,其中有一个我们刚才录制的宏。代码非常简单:

```
1    Sub 折线图()
2        ActiveSheet.Shapes.AddChart.Select
3        ActiveChart.ChartType = xlLine
4        ActiveChart.SetSourceData Source：= Range("频率！＄B＄11：＄C＄1271")
5    End Sub
```

说明如下:

第 2 行的 ActiveSheet 是 Workbook 的一个属性。该属性可以不指定对象识别符,即可以直接置于句首,作为活动工作表的代表。Shapes 是 Worksheet 的属性,代表工作表上所有的 Shape(图形)对象,这里代表活动工作表上的所有图表对象。AddChart 是 Shapes 对象的方法,用于在活动工作表的指定位置创建图表,在这里是所创建图表的代表。Select 是 Shape 的方法,用于选定刚创建的图表对象。

在立即窗口执行这一语句,活动工作表上出现一个空白默认图表,与我们在活动工作表上未选定任何数据就按下 Alt＋F1 快捷键的结果相同。活动工作表的默认图表为散点图。

将光标置于该语句的 AddChart 前,按 F1 键,调出帮助文件,其中有"已添加版本:Excel 2007"。这说明该方法是 2007 版 Excel 新增的。这提醒我们在使用这一方法之前要考虑兼容性问题。

AddChart 方法有五个参数:Type,图表类型;Left,即左边距,图表左边离 A 列左边的距离;Top,上边距,图表上边离工作表第一行顶端的距离;Width,宽度,即图表左右两边的距离;Height,高度,即图表上下两边的距离。这里的距离都以"磅"为单位。1 英寸等于 72 磅或 2.54 厘米,因此,1 厘米约等于 28.35 磅。如果没有指定大小,该方法生成默认的 7.62×12.7 厘米也就是 216×360 磅的图表。高与宽之比为 6/10,接近 6.18/10 的黄金分割比例。

第 3 行将图表类型设置为折线图,等同于我们在工作表上选择图表类型的操作。在立即窗口执行这一语句,再点击工作表上的空白图表,可以发现该图表已经由默认图表(这里是散点图)变成了折线图。这一语句中,ChartType 是 Chart 对象的一个属性,代表图表类型。在对象浏览器中的类列表单击 Chart,ChartType 会出现在其成员列表中。单击 Chart-

Type,发现其又是类列表中的一个枚举,由众多代表各种图表类型的常数组成,其中有代表折线图的常数 xlLine。

第 4 行中的 SetSourceData(设置源数据)是 Chart 对象的方法,有 Source(源数据)和 PlotBy(数据绘制方式)两个参数。前者为必须参数,后者为可选参数,默认是按照数据的列绘制图表。

(2)设置图表格式时的 VBA 代码

如果我们要对图表应用格式,则绘制图表的子过程体积就会急剧膨胀,且在录制宏的过程中会生产许多垃圾代码。以下是我们录制带格式图表时所生成的宏的代码:

```
Sub 绘制图表()
    ActiveSheet.Shapes.AddChart.Select
    ActiveChart.ChartType = xlLine
    ActiveChart.SetSourceData Source: = Range("频率!$B$11:$C$1271")
    ActiveChart.Legend.Select
    Selection.Delete
    ActiveSheet.ChartObjects("图表 1").Activate
    ActiveChart.Axes(xlValue).MajorGridlines.Select
    Selection.Delete
    ActiveSheet.ChartObjects("图表 1").Activate
    ActiveChart.Axes(xlCategory).Select
    Selection.TickLabels.NumberFormatLocal = "yyyy"
    ActiveChart.Axes(xlCategory).MajorUnitScale = xlYears
    ActiveChart.Axes(xlCategory).MajorUnit = 1
    ActiveChart.Axes(xlValue).Select
    ActiveChart.Axes(xlValue).MinimumScale = 0
    ActiveChart.Axes(xlValue).MinimumScale = 1
    Range("I10").Select
End Sub
```

其中,ChartObjects 是图表对象的集合,代表所有位于工作表页面上的嵌入式图表。ChartObjects("图表 1")是我们在录制宏时创建的索引号为 1 的图表对象。如果我们删除了该图表后又去执行上面的过程,在运行到语句

```
ActiveSheet.ChartObjects("图表 1").Activate
```

就会发生运行错误,因为这一语句要激活的对象 ChartObjects("图表 1")已不存在。如果我们没有删除图表 1 而只是删除了网格线,则执行这个过程仍然会遭遇运行错误,因为语句

```
ActiveChart.Axes (xlValue).MajorGridlines.Select
```

要选中的网格线已经被删除了。总之,要想正常运行,对录制得到的绘图子过程一般还需要整理。整理后录制宏的代码如下:

```
1   Sub 已整理的制图过程()
2       ActiveSheet.Shapes.AddChart.Select
3       With ActiveChart
```

```
4        .ChartType = xlLine
5        .SetSourceData Source：= Range("频率！$B$11：$C$1271")
6        .Legend.Delete
7        .Axes(xlValue).MajorGridlines.Delete
8        .Axes(xlValue).MinimumScale = 1
11       .Axes(xlCategory).TickLabels.NumberFormatLocal = "yyyy"
13       .Axes(xlCategory).MajorUnitScale = xlYears
15     End With
16     Range("I10").Select
17   End Sub
```

整理录制宏代码有以下一些要点：

(1) 删除所有 ActiveSheet.ChartObjects("图表 1").Activate 一类语句。

(2) 删除所有 ActiveChart.属性.Select 一类语句。

(3) 所有

```
ActiveChart.属性.Select
Selection.Delete
```

一类组合语句，都应改为 ActiveChart.属性.Delete 形式的单一语句。

(4) 如果过程中有多个以同一对象或属性如 ActiveChart 开头的语句，则可以对其使用 With… End With 结构来简化代码。首行语句为"With 对象或属性名"，将其余各行语句中位于句首的同一对象或属性删除，最后用"End With"结束。

(5) 在 With … End With 结构中，如果多个分支语句句首分隔符"."后的属性相同，则同样可以对这些分支语句应用 With… End With 结构。

(6) 有效整理录制宏代码需要经验。对一些没有把握的语句，可以先将其转化为注释，再依据执行情况决定是否将其删除。

(二) 编写制图的 VBA 子过程

以下说明如何自己动手编写 VBA 制图子过程。首先，编写一个删除活动工作表上的所有图表对象的子过程。其次，编写一个带参数列表的绘图子过程，这类过程在调用时需要向其传递参数值。再次，编写一个调用绘图子过程并向其传递参数值的子过程。复次，编写设置图表格式的子过程。最后，编写调用以上所有过程的子过程。

删除现有图表对象的子过程如下：

```
1   Sub DeleteCht()
2   On Error Resume Next
3     ActiveSheet.ChartObjects.Delete
4   End Sub
```

表中的第 2 行是错误控制语句，在出现错误时，不显示错误信息和中断运行，而是直接转到错误行下面的一行，即 End Sub，退出程序。

第 3 行删除活动工作表上的图表对象。由于第一句，即使活动工作表上没有图表，也不会导致程序中断。

如果我们每次都是在新创建的工作表上绘制图表，则不需要在绘图前调用此过程。

设置图表中线型的过程如下：

```
1   Private Sub ChtOboject(Typ, L, T, W, H, Src)
2       ActiveSheet.Shapes.AddChart(Typ, L, T, W, H).Select
3       With ActiveChart
4           .SetSourceData Src
5           .HasLegend = False
6           .Axes(xlValue).HasMajorGridlines = False
7           .SeriesCollection(1).Format.LINE.ForeColor.RGB = RGB(10, 10, 10)
8           .SeriesCollection(1).Format.LINE.Weight = 0.75
9       End With
10  End Sub
```

带参数的制图子过程如下：

```
1   Private Sub ChtOboject(Typ, L, T, W, H, Src)
2       ActiveSheet.Shapes.AddChart(Typ, L, T, W, H).Select
3       With ActiveChart
4           .SetSourceData Src
5           .HasLegend = False
6           .Axes(xlValue).HasMajorGridlines = False
7           .SeriesCollection(1).Format.LINE.ForeColor.RGB = RGB(63, 63, 63)
8           .SeriesCollection(1).Format.Fill.ForeColor.RGB = RGB(63, 63, 63)
9           .ChartTitle.Font.Size = 9
10          If Typ = xlLine Then
11              .Axes(xlCategory).TickLabels.NumberFormatLocal = "yyyy"
12              .Axes(xlCategory).MajorUnitScale = xlYears
13              .Axes(xlValue).MaximumScale = Round(MxPrice, 2)
14              .Axes(xlValue).MinimumScale = Round(MnPrice, 2)
15          End If
16          If Typ = xlXYScatterSmoothNoMarkers Then
17              With .Axes(xlCategory)
18                  .TickLabelPosition = xlLow
19                  .MaximumScale = DateValue(MxTime)
20                  .MinimumScale = DateValue(MnTime)
21                  .TickLabels.NumberFormatLocal = "yyyy"
22              End With
23              With .Axes(xlValue)
24                  .TickLabels.NumberFormatLocal = "0%"
25                  .MaximumScale = Round(Mx, 2)
26                  .MinimumScale = Round(Mn, 2)
27              End With
28              With .SeriesCollection(1).Format.LINE
29                  .Visible = msoTrue
```

```
30            .Weight = 0.75
31          End With
32        End If
33        If Typ = xlColumnClustered Then
34          .ChartGroups(1).GapWidth = 50
35          .Axes(xlCategory).TickLabels.NumberFormatLocal = "0.00%"
36        End If
37      End With
38    End Sub
```

以下是解释：

第 1 行声明一个名为 ChtObojec 的带六个参数的子过程。其中，Typ，L，T，W 和 H 参数的含义如前所述；Src 代表"SetSourceData"方法的 Source 参数；这六个参数均未赋值，只是一个空壳，调用时需要向过程传递参数值。

第 2 行给活动工作表添加一个没有参数值的图表对象，并将其选中。

第 3—37 行用 With…End With 结构设置所创建图表的格式。

第 4 行用 Src 变量代表"SetSourceData"方法的 Source 参数，以便调用过程时向过程传递参数值。

第 5—9 行设置图表对象的通用格式：

所有图表均无图例和网格线；

所有图表的线条及填充颜色均为灰色；

所有图表标题的字号均为 9 磅。

第 10—15 行在图表为折线图时，设置图表的格式：

折线图横轴的数字格式为"yyyy"，主要刻度单位为年；

折线图纵轴的最小和最大值分别为资产价格数组中的最小值 MnPrice 和最大值 MxPrice。对 VBA 的 Round 函数四舍五入，保留两位小数。

第 16—32 行在图表为散点图时，设置其格式。

第 17—22 行设置散点图横轴的格式：

横坐标轴的刻度标签为"低"；

横坐标轴的最小值为"=DateValue(MnTime)"，其中 MnTime 为日期数据最小值，VBA 的 DateValue 函数将 MnTime 的数字格式由日期转化为数值；

横坐标轴的最大值为"=DateValue(MxTime)"，其中 MxTime 为日期数据最大值；

横坐标轴的数字格式为"yyyy"。

第 23—27 行设置散点图纵坐标轴格式：

纵坐标轴刻度标签的数字格式为"0%"；

纵坐标轴的最小值和最大值分别为回报的最小值 Mn 和最大值 Mx。

第 28—31 行将散点图的线型设置为实线，线宽为 0.75 磅。

第 32—36 行在图表为柱形图时，设置其格式。

柱形的分类间距为 50%；横轴的数字格式为"0.00%"。

调用制图过程并向其传递参数值的子过程如下：

```
1    Private Sub PassArgs()
```

```
2       Dim Time As Range, Src1 As Range, Src2 As Range, Src3 As Range
3       Dim L1, L2, L3, T, W, H
4       T = 150: W = 200: H = 123.6
5       L1 = 25: L2 = L1 + W: L3 = L2 + W
6       MnPrice = Application.Min(Range(Data(1, 2), Data(n, 2)))
7       MxPrice = Application.Ax(Range(Data(1, 2), Data(n, 2)))
8       MxTime = Data(2, 1)
9       MnTime = Data(n, 1)
10      Set Time = Range(Data(0, 1), Data(n, 1))
11      Set Data = Range(Data(0, 1), Data(n, 2))
12      Set Rs = Range(Rs(0, 1), Rs(n, 1))
13      Set Src1 = Data
14      Set Src2 = Union(Time, Rs)
15      Set Src3 = Rng(0, 1).Resize(m, 2)
16      ChtOboject Typ: = xlLine, L: = L1, T: = T, W: = W, H: = H, Src: = Src1
17      ChtOboject xlXYScatterSmoothNoMarkers, L2, T, W, H, Src2
18      ChtOboject xlColumnClustered, L3, T, W, H, Src3
19      Range("A1").Select
20      End Sub
```

解释如下：

第 2 行声明一个代表日期数据的对象变量 Time,以及三个代表 Source 参数的对象变量 Src1、Src2 和 Src3。

第 3 行声明代表 AddChart 方法四个参数的变量:左边距 L,上边距 T,宽度 W,高度 H。其中 L1、L2 和 L3 分别代表三个图表的左边距 L。

第 4 行对 T、W 和 H 赋值,三个图表的上边距、宽度和高度相同,仅左边距不同。先确定宽度 W,再用 W 乘以 0.618,即得到高度 H。

第 5 行分别对 3 个图的左边距赋值。先确定第一个图的左边距 L1 为 25 磅,其后两个图的左边距分别为:L2=L1+1*W,L3=L1+2*W。这原本为三行的三个赋值语句,由充当语句连接符的冒号(:)连接为一个物理行。

第 6—7 行计算价格数组中的最小值和最大值,分别赋值给 MnPrice 和 MxPrice。

第 8—9 行将日期序列中的最小和最大日期分别赋值给 MnTime 和 MxTime。

第 10 行将存放时间序列数据的区域 Range(Data(0, 0)、Data(n, 0))指定给对象变量 Time。

第 11—12 行重新设置对象变量 Data 和 Rs 的范围,将其引用区域向上扩大 1 行,从而将数据标签行也添加到这两个对象变量的引用区域中。这样做有利于 Excel 图表工具识别数据,正确绘图。

第 13 行将对象变量 Src1 设定为对 Data 的引用,而 Data 又是对工作表中存放时间和价格数据及其标签的单元格区域的引用。

第 14 行将对象变量 Src2 设定为对 Time 和 Rs 两个对象变量的引用,即对工作表中存放时间数据和回报数据及其标签的两个区域的引用。这里用 Union 函数将 Time 和 Rs 两个对象变量(两个区域)合并为一个对象变量(一个区域)。

第 15 行设定对象变量 Src3 的单元格引用,其引用的区域,以 Rng(0, 1)为起点,以 Rng(m, 2)为终点,即从 Rng(0, 1)开始,用 Range 对象的 Resize 属性将引用区域向下扩展 m 列,向右扩展 1 列。

第 16 行通过向 ChtObject 子过程传递参数值 xlLine、L1、T、W、H、Src1 来调用该过程,生成一个折线图。参数值传递采用命名参数形式,过程名与参数名用空格分隔。

第 17 行通过向过程传递参数值 xlXYScatterSmoothNoMarkers、L2、T、W、H、Src2,再次调用 ChtOboject 子过程,生成一个散点图。

第 18 行向 ChtOboject 过程传递参数值 xlColumnClustered、L3、T、W、H、Src3,第 3 次调用该过程,以生成一个柱形图。

第 19 行选择单元格 A1,以此来取消最后一个图表的选定状态。

设置图表边框的子过程如下:

```
1   Private Sub Border()
2   Dim CHT As ChartObject
3     For Each CHT In ActiveSheet.ChartObjects
4       CHT.Shadow = True
5       CHT.RoundedCorners = True
6     Next CHT
7   End Sub
```

其中,第 2 行声明一个代表图表对象的对象变量 CHT。

第 3—6 行使用 For Each…Next 循环语句依次对工作表上的每一个图表对象设置边框格式。其中,ChartObjects 是"For Each"控制结构中的组,即活动工作表上所有图表对象的集合。CHT 是组中的一个要素,即其中一个图表对象。

第 4—5 行的语句分别对图表对象的边框使用阴影和圆角。

在一项任务是通过多个子过程来完成的情况下,我们需要用一个 Sub 过程来组织各子过程。将大型代码分割为几个小的子过程,最后再用 1 个子过程来调用各个子过程,好处之一是便于调试代码,好处之二是可以随意组合或随时添加新编写的子过程。调用子过程,可以用关键字 Call,也可以直接列出子过程的名称。

调用计算回报和频率子过程的 Sub 过程如下:

```
1   Sub Rs_Frq()
2     NewSheet
3     Returns
4     Description
5     Bins
6     Frequency
7     Output
8   End Sub
```

调用制作直方图的 Sub 过程如下:

```
Sub Plot()
    DeleteCht
```

```
    PassArgs
    Border
End Sub
```

最后,用一子过程来组织计算资产回报、回报频率和绘制图表的所有子过程,形成一个用价格数据制作直方图的子过程:

```
Sub 直方图()
    Rs_Frq
    PassArgs
    Border
End Sub
```

参考书目

[1]〔美〕沃肯巴赫:《中文版 Excel 2007 高级 VBA 编程宝典》,冯飞等译,清华大学出版社 2009 年版。